百年追寻

BAINIAN ZHUIXUN
SHANGHAI DAXUE FUSHU ZHONGXUE FAZHAN LICHENG

上海大学附属中学发展历程

王坤玉　刘华霞　主编

上海大学出版社
·上海·

图书在版编目（CIP）数据

百年追寻：上海大学附属中学发展历程 / 王坤玉，刘华霞主编. -- 上海：上海大学出版社，2023.10
　ISBN 978-7-5671-4810-9

Ⅰ.①百… Ⅱ.①王… ②刘… Ⅲ.①上海大学附属中学—校史 Ⅳ.① G639.285.1

中国国家版本馆CIP数据核字（2023）第184943号

责任编辑　傅玉芳
技术编辑　金　鑫　钱宇坤
装帧设计　柯国富

百年追寻——上海大学附属中学发展历程

王坤玉　刘华霞　主编

上海大学出版社出版发行
（上海市上大路99号　邮政编码200444）
（https：//www.shupress.cn　发行热线 021-66135112）
出版人　戴骏豪

上海东亚彩印有限公司印刷　各地新华书店经销
开本 889mm×1194mm　1/16　印张22　字数440千字
2023年10月第1版　2023年10月第1次印刷

ISBN 978-7-5671-4810-9/G·3541　　定价：128.00元

版权所有　侵权必究
如发现本书有印装质量问题请与印刷厂质量科联系
联系电话：021-34536788

目　录

序 / 1

第一部分　百年记忆 / 1

　　一、一母同体 / 3
　　二、红色基因 / 9
　　三、教育前贤 / 11
　　四、杰出校友 / 26
　　五、珍贵史料 / 33

第二部分　十年跨越 / 53

　　一、应运而生——高标准、现代化寄宿制高级中学的诞生 / 55
　　二、乘势而上——上海市实验性、示范性高中的创建 / 62
　　三、"在创新中学会创新"——创新型实践人才培养项目学校建设 / 88

第三部分　十年深耕 / 101

　　一、新理念：人人皆可资优 / 103

二、新课程：构建多元课程体系 / 114

三、新课堂：生成有生命力的课堂 / 133

四、新德育：聚焦学生积极人格养成的德育实践 / 144

五、新师资：拓展教师可持续发展路径 / 156

六、新评价：发挥"综评"功能，促进学生全面个性发展 / 187

七、新成效：营造资优生"无界"学习场域 / 196

八、新模式：集团发展引领学校走向持续革新之路 / 231

第四部分　附录 / 253

一、大事记 / 255

二、名誉校长 / 273

三、历任校长书记 / 274

四、历任校级副职领导 / 276

五、教师名录 / 277

六、历届市区级骨干教师名录 / 280

七、历届上海大学基础教育集团骨干教师名录 / 283

八、历任行政干部名录 / 284

九、历任年级组长名录 / 286

十、历任教研组长名录 / 287

十一、历届学生名录 / 288

十二、历年学生获奖情况 / 327

跋 / 341

序

　　21世纪伊始诞生的上海大学附属中学与100年前的"上大附中"可谓一脉相承。老"上大附中"是老上海大学的中学部，而新世纪的附属中学刚成立就确立了上海大学与其根脉一体的关系。无论是老上海大学附属中学，还是新上海大学附属中学，其创办都是为了适应和满足社会迫切的要求，并且都与上海大学一脉相承。

　　20世纪20年代的上海大学是中国共产党主导创办并实际领导的第一所正规大学。红色是时代赋予上海大学（包括其中学部）的底色。百年前的上大附中与现在的上大附中或许没有血缘上的直接联系，但它的红色基因却穿越了百年的时空坚壁，像一粒种子深深播撒在一代又一代的附中学子心中，通过"上大附中"这个校名不断传承……

　　1999年，上海大学作为国家"211工程"重点建设高校又回到了宝山建立新校区，附中建设是上海大学新校区的配套工程。我们积极参与了附中的初创及各项建设。建校三年后，我们与宝山区人民政府签署了《进一步办好上海大学附属中学合作意向书》，此后我们与附中各方面的合作开始具体化、细致化、制度化。上大附中成为上海市实验性示范性高中后，我们又与宝山区人民政府签署了《上海大学附属中学与上海大学联合培养创新型实践人才实验项目方案》，附中已成为上海大学创新型人才培养基地。2016年，我们再次与宝山区人民政府签署战略合作意向书，成立了以上大附中领衔的"上海大学基础教育集团"，后更名为"上海大学上大附中基础教育集团"，附中一直走在革新路上。

　　办学理念是一所学校的灵魂。附中秉承钱伟长老校长的"全面发展的人才观"的教育思想，卢广华校长提出了"人人皆可资优"的教育理念。附中从钱老的"全人"教育观中涵育出"明德·致远"的校训，"创新进取·和谐幸福"的办学思想，"文化立校、荟萃名师、教育优质、走向国际"的办学目标，"学会做人，学做学问"的育人目标。20年来，附中已锻冶出一支德才兼备、润物无声、追求卓越的教师队伍，积淀出团结协作、顽强拼搏、勇攀高峰的附中精神。

　　基于在"创新人才素养培养"项目中积累的经验，附中将今后发展的重大改革项目确立为"资优生培养"，还制定了学校中长期规划。附中以培养全面发展的人为教育目标，着力培养基础扎实、身心和谐、具有可持续发展能力的创新优质人才。学校以学生全面主动发展为基本价值取向，与高校合作，通过对三类课程整合、重构，建立起了基础课程、创新课程、生涯课程、视野课程、身心课程五位一体的校本化课程体系。学校尊重学生个性、挖掘学生潜能，针对有特质、有潜质的学生专门制定"资优生"梯级培养方案，帮助学生获得更高成长值，使学生的兴趣得到培养，个性得到彰显。

俱往矣，数风流人物，还看今朝。伟大的时代，从不等待一切犹豫者、观望者、懈怠者、软弱者。我们已见证上大附中过往的光辉灿烂，相信附中人必会站在历史的深厚基础上更加坚定地走向未来！

上海大学党委书记

2023 年 8 月

第一部分　百年记忆

一、一母同体

"武有黄埔，文有上大"！

1922年成立的上海大学，是在中国共产党和国民党酝酿合作的背景下，由共产党人主导，与国民党人合作创办的。在总计不到五年的办学时间里，吸引四方热血青年影从云集，为中国革命和建设汇聚、培养了一大批杰出人才，在当时即赢得了与黄埔军校并称的盛誉。

让我们倍感荣幸的是，当时，也有一所"上大附中"作为上海大学的一部分而存在。当我们追寻这段光辉的历史时，不禁热血沸腾，激情澎湃……

五四时期是中国近代历史上的一个重要转折时期，新旧文化激烈冲突，思想革命波澜壮阔，预示着传统文化发生巨大变革的历史时机已经到来。与文化革命相适应，中国的教育开始摆脱传统文化的束缚，以更为开放的姿态面对世界多元文化，深刻反思，积极选择，首先从思想意识方面走上了现代化道路。一时间，新学蜂起，上海大学就是在这样的背景下诞生的。

1922年春，王理堂假陈独秀等人之名，以提倡新文化为号召，在上海闸北青岛路创办东南高等师范专科学校，学生160余人慕名而来。但校方借学敛财，校政腐败，学生不满。10月，因吃饭问题掀起罢课风潮，要求"改造学校"，吁请陈独秀或于右任为校长。是年7月，中共召开二大，作出关于"民主的联合战线"的议决案，中共中央考虑，请国民党人出面办校于发展有利。此时于右任刚交卸西北靖国军总司令职务，由陕抵沪，发表救国必须先从教育着手之言论。在师生力邀及邵力子、杨杏佛等劝说下，于右任应允出任校长。1922年10月23日，发布启事，变更学制，更改校名，公举于右任先生为校长，上海大学正式宣告成立。（图1-1至图1-4）

上海大学成立时，正值中国民主革命伟大的先行者孙中山于广州蒙难脱险，留驻上海，筹划改组国民党，培养革命人才，孙中山对上海大学甚为关注；他希望上海大学办成"以贯彻吾党之主张，而尽言论之职责"的革命学校。

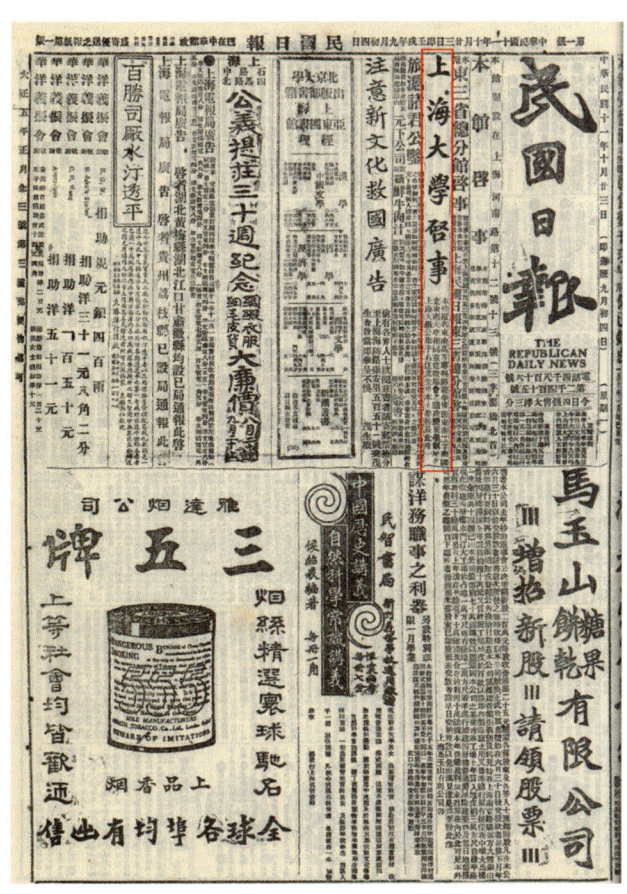

图1-1 《民国日报》1922年10月23日

图 1-2　上海大学西摩路校舍

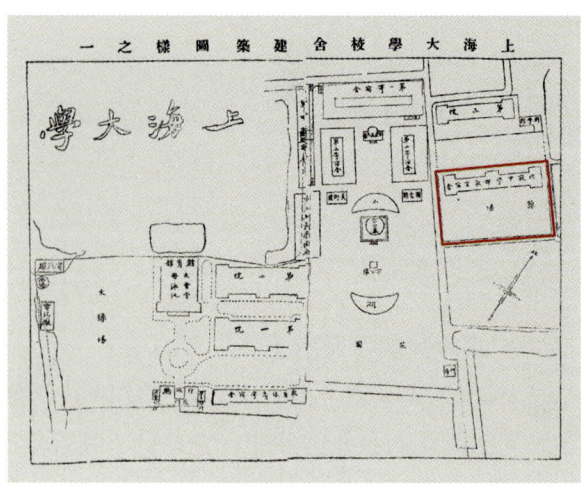

图 1-3　上海大学校舍建筑图

图 1-4　校长于右任

上海大学成立后，校长于右任放手起用共产党人和进步人士。邓中夏、瞿秋白等中共领导人先后到上海大学任教，邓中夏还出任总务长（后改称为校务长），主持学校行政工作；瞿秋白担任社会学系主任。蔡和森、恽代英、沈雁冰、任弼时、萧楚女、杨贤江、田汉、张太雷、郑振铎、蒋光慈、郭沫若、吴玉章等先后到校任职任教，上海大学一时集中众多共产党员，成为中共早期在上海的重要活动场所，有"红色学府"之称。大革命时期，师生作为骨干力量，参加了五卅反帝爱国运动、北伐战争和上海工人三次武装起义。四一二反革命政变发生后，帝国主义和国民党称"上海大学是赤色大本营"。1927 年 5 月，上海大学被反动派封闭。

"五四运动有北大，大革命时期有上大""北有北大，南有上大""武有黄埔，文有上大"，虽然只有短短的五年，上海大学因其历史功绩和地位而被载入史册。

东南高等专科师范学校附设有"普通科"，已有初高中学生就读。上海大学成立后，于 1923 年 4 月召开教职员全体会议，制定《上海大学暂行校则》改"国学组"为"中国文学系"、"英文组"为"英国文学系"，"美术科"维持原名不变，新增社会学系，将原附设之"普通科"改为"中学部"。中学部除事务仍总属于大学部之校务处外，其教务、训育皆由中学部独立主持，并正式聘请陈德徵为中学部主任。从 1923 年 6 月起，上海大学发布的招生启事中，始以"中学部"称。（图 1-5）

1924 年 2 月 11 日发布的招生启事中，首次使用了"附属中学部"之名。（图 1-6）

1925 年 7 月起，招生启事始以"上海大学暨附属中学招生"之名。1926 年 8 月 22 日，第一次以"上海大学附属中学"之名发布"招生通告"。（图 1-7 至图 1-9）

上大附中（中学部）从始至终是以上海大学的一个组成部分存在，非而独立设置的。

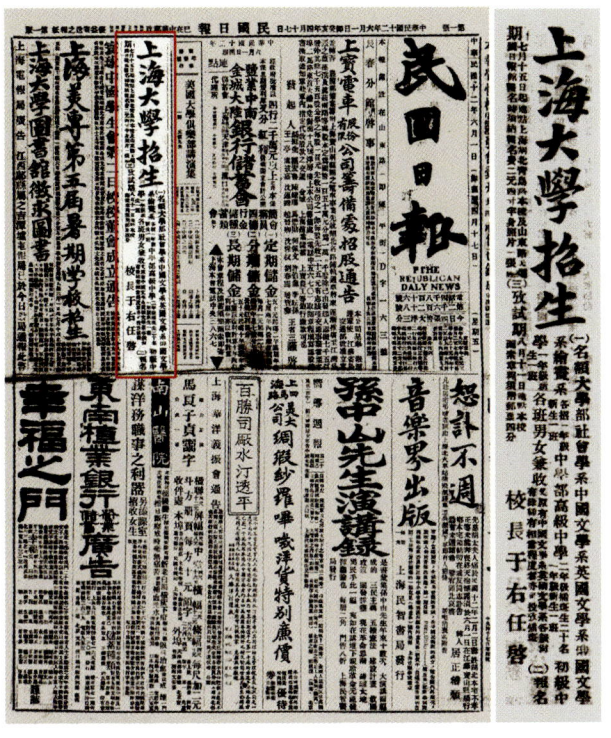

图 1-5 《民国日报》1923 年 6 月 1 日

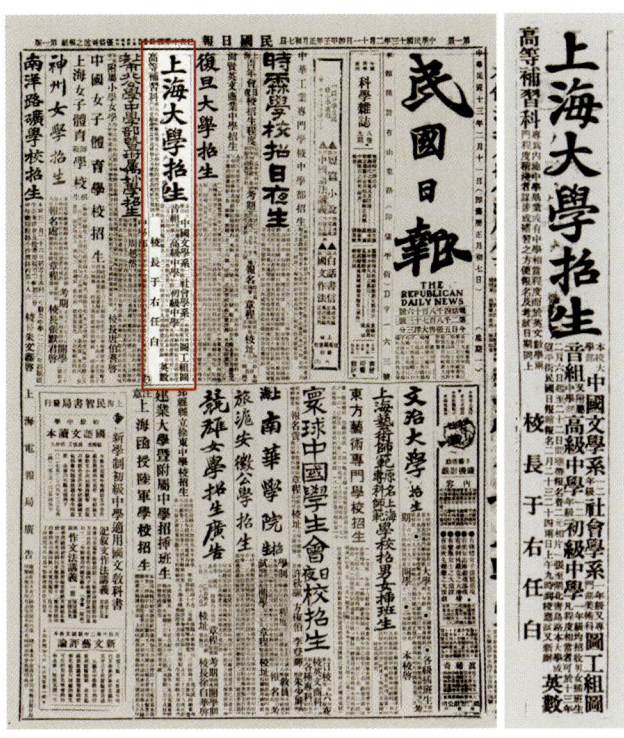

图 1-6 《民国日报》1924 年 2 月 11 日

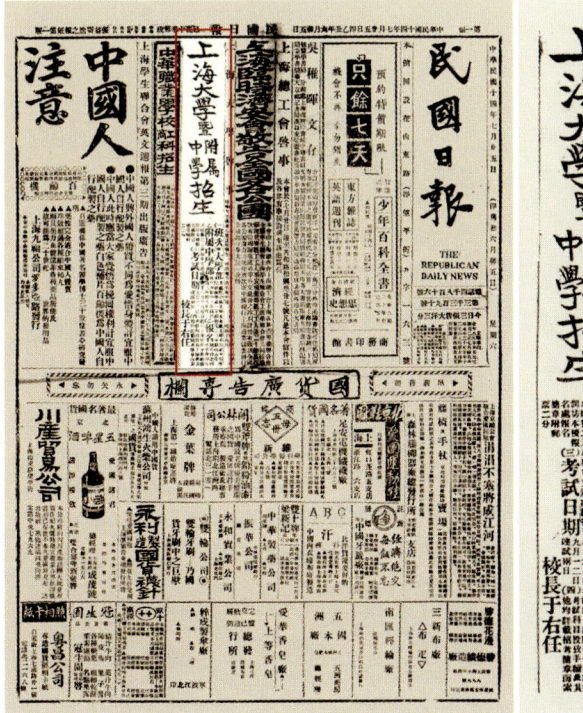

图 1-7 《民国日报》1925 年 7 月 25 日

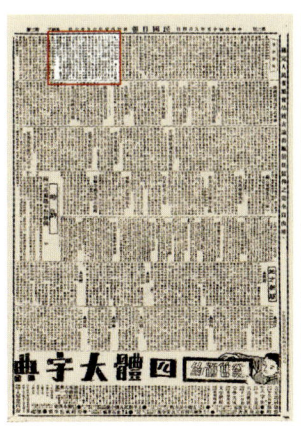

图 1-8 《民国日报》1926 年 8 月 4 日

1923年秋季，上海大学动议设立"一会""三长""四系"（科）及附属中学，明确提出附中的创办理念，是为了适应社会迫切的要求，与上海大学一脉相承。上大附中（中学部）一直与上大共用校舍，其负责人称部主任，教师多为上海大学教师兼任。（图1-10）

从《民国日报》的两则记载，可以窥见当时附中办学之一斑。

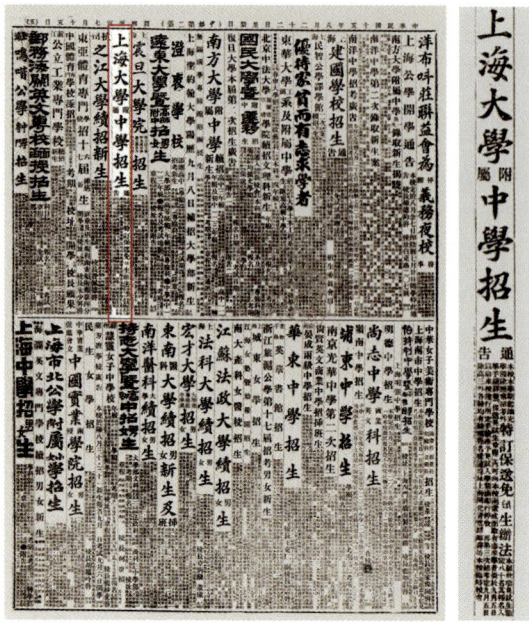

图1-9 《申报》1926年8月22日

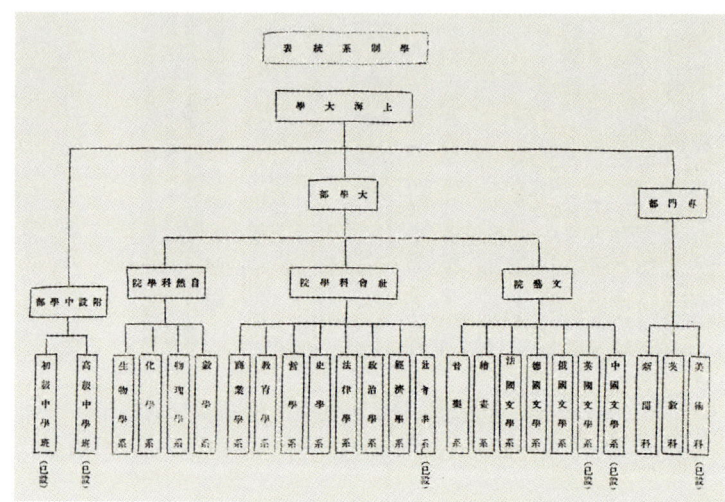

图1-10 上海大学学制系统图

上海大学概况附录之一（高三概略）

本大学为一般旧制中学毕业而程度未能考入大学之学生热心向学起见，特由评议会议决于本学年招生高级中学三年级学生一班，其办法如下：一、欲投考高中三年级者，须有旧制中等学校正式毕业文凭。二、该高级中学三年，与旧制大学预科程度相等。三、该项三年级学生毕业，由本校发给高三毕业文凭。可直接入本大学或转其他与本大学程度相当之学校肄业。四、高三定一年毕业。五、高三暂分为文学、社会科学二科。六、其他一切入学手续须按照高中章程办理。

高三课程及教授表（必修科目）：伦理学一，邵力子；国文四，叶楚伧；第一种外国语五，王登云、邵诗舟；社会科学四，曾伯兴；共计十四学分。（公共选科）：中国哲学史大纲二，沈仲九；西洋哲学史大纲二，沈仲九；中国文学史纲二，沈仲九；西洋文学史纲二，沈雁冰；美学一，陈望道；论理学及科学方法论一，陈德徵；世界文化史二，张春木；社会进化史二，瞿秋白；社会问题概观二，陈德徵；心理学二，陈德徵。第一部（文学科）选修课目：文字学一，高冠吾；文学概论二，俞平伯；历代诗文选四，叶楚伧、邵力子；中国语法及文法一，陈望道；修辞学一，陈望道；中国文学史二，沈仲九；英美文学名著选四，胡哲谋、周颂西；

英文修辞学一，胡哲谋；英美文学史二，陈德徵；俄文一，瞿秋白；近代英文学一，冯子恭。第二部（社会科学科）选修课目：社会学三，瞿秋白；社会政策二，刘宜之；社会运动史二，施存统；社会思想史二，施存统；经济学三，蔡和森；法学通论二，狄侃；万国公法二，狄侃；中国现行法二，狄侃；政治学大意二，张心诚。

本级以修毕必修科十四学分及选修科十四学分为学业期满。选修学分中公共选修学分，不得超过四学分。认定选科第一部或第二部之后，不得中途更换。各科满十人者开班。

《民国日报》1923年8月13日（图1-11）

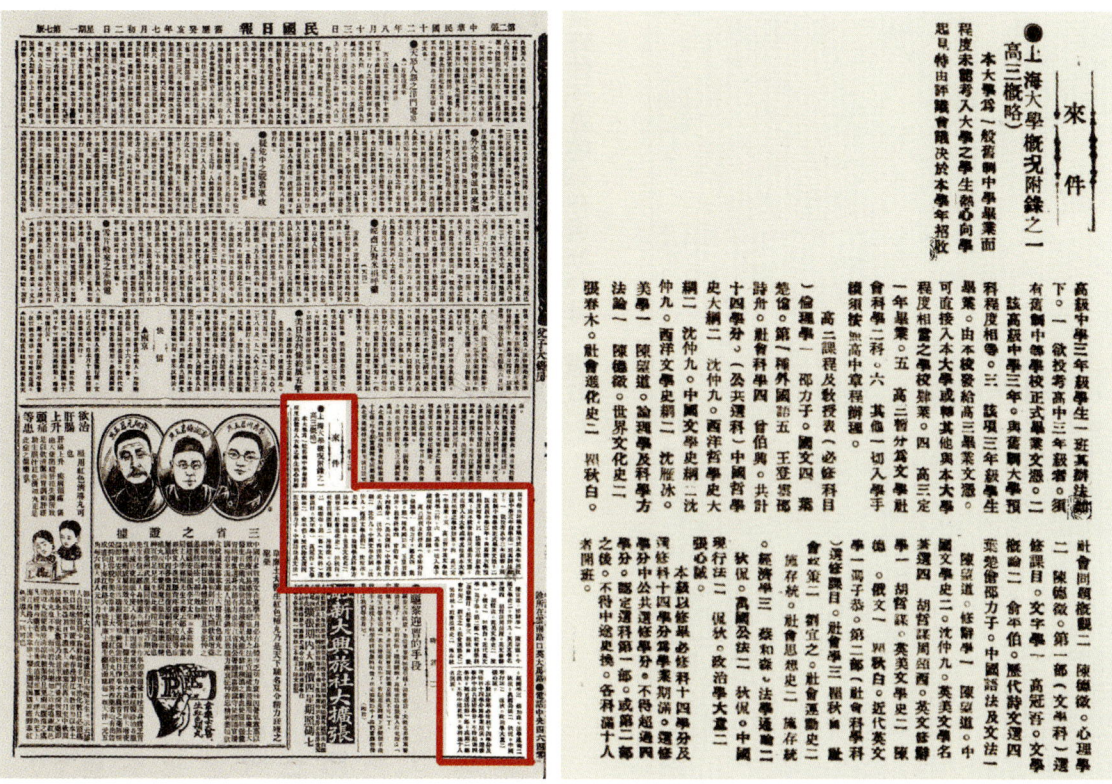

图1-11 《民国日报》1923年8月13日

上海大学中学部近况

闸北青岛路上海大学，为培植根本人材计，对于中学部异常注意。该部主任陈德徵君于中等教育研究有素，下年在高级中学方面注重选修制，闻分为文学、社会科学、艺术三科。一年级除公民学、国文、英文等必修科二十六学分外，在分科课目中得任习二学分。二年级除必修科二十学分外，在分科课目中得任习八学分。已聘定沈仲九、冯子恭、邵诗舟、施存统、徐萼女士、曾伯兴等分别担任必修科目，叶楚伧、蔡和森、狄侃、洪野、仲子通等担任选修科目。陈君又在该校评议会提议举办高三，以副一般旧制中学毕业才力不及入大学者向上求学之望,已得该校评议会正式通过。闻该校高三分为文学、社会、科学三科,其中必修科,仅十三学分,其余十五学分俱为选科。所聘讲师如瞿秋白、邵力子、叶楚伧、王登云、沈雁冰、陈望道、蔡和森、狄侃、张春木、张心诚等皆一时知名之士。又该校初级中学,现招一年级新生一班,课程经主任陈君审订后,极其完备,连日报名者颇不乏人云。

《民国日报》1923年8月23日(图1-12)

图1-12 《民国日报》1923年8月23日

二、红色基因

红色是时代赋予包括中学部在内的上海大学的底色。上海大学师生在反帝国主义、反封建军阀的运动中特别活跃,故每当上海工商学各界举行市民大会或示威活动,上海大学队伍必居前列,其中也必有上大附中的学生。

1925年5月30日,上海发生了震惊中外的"五卅惨案",最初的38支宣讲队就是在上海大学西摩路校区门口集中,继而分散到公共租界各马路散发反帝传单,进行讲演,揭露帝国主义罪行的。当几千人的宣讲队来到南京路后,遭到巡捕房的攻击,100多位学生被逮捕。万余名愤怒的群众聚集在老闸捕房门口,高呼口号要求立即释放被捕学生,遭到枪击镇压,进一步点燃了中国人民郁积已久的对帝国主义侵略的仇恨怒火。6月1日起,上海全市开始了声势浩大的罢工、罢课、罢市,抗议帝国主义屠杀中国人民,继而引领了全国范围内的革命高潮。

据《上大五卅特刊》记载:

下午,作为示威宣传的联络员何秉彝组织大批群众聚集在老闸捕房门口,要求释放被捕学生。英国巡捕、印度巡捕竟对手无寸铁的群众开枪镇压,打死13人,受伤数十人,是为震惊中外的"五卅惨案"。

年仅23岁的上海大学学生何秉彝当场被击中,身受重伤,口中仍连呼"打倒帝国主义!中华民族解放万岁!"的口号,翌日因抢救无效,英勇牺牲。(图1-13)

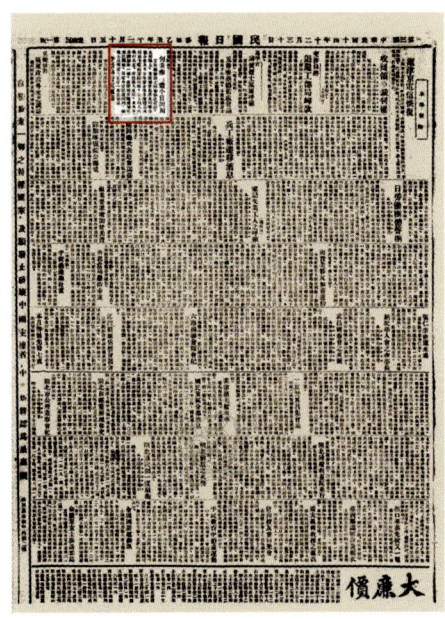

图1-13 《民国日报》1925年12月30日

五卅运动是一场由中国共产党领导的席卷全国的反帝爱国运动，在这场波澜壮阔的反帝爱国运动中，上海大学的进步师生是这场运动的最重要组织者，也是这场运动的先锋队和主力军，更有师生在"五卅惨案"中喋血街头。可以说上海大学之于五卅运动，犹如北京大学之于五四运动。

当年上大附中的学生刊物《上大附中》第五期中有这样的文字记载：

我们在上大附中的简章里面，不但知道它是我们研究社会科学的一个好的学校，还是使我们学得活动能力的唯一地点。（淮得《我为什么入上大附中》）

1926年2—8月曾任上大附中教务主任的钟伯庸在回忆上大附中办学特色时说：

在不妨碍教学的范围内，允许学生参加政治活动，如一九二五年五卅运动，附中学生参加群众示威游行者甚多。这一运动持续的时间达半年以上。我进校后，侯绍裘曾召集一次会议，由附中几个主要人员如高尔柏、沈观澜、黄正厂等，还有一个在英国巡捕房做地下工作的张企留参加，由我作记录，这是一次商讨如何保卫学生安全的会议。在上海工人三次武装起义期间，附中学生也与大学部学生一起参加武装斗争的活动，侯绍裘也召集过和上次同样的会议。（钟伯庸《本校最近设施的实况和此后进行的计划》，《上大附中》第四期）

1925年《上大附中》第四期发表学生唐棣华《女子教育与上大附中的使命》一文，文中探讨了"谁能担负政治革命的使命"：

我们上大附中是能担负政治革命的使命；我们上大附中是领导政治革命的群众的先锋队。我们只要翻开最近一页的学校历史来看，我们就可知道它在政治革命中是占了一个怎么样的地位了。就拿五卅运动来讲吧：五卅运动是中华民族的独立运动，是要中华民族在世界上得到独立、自由、平等地位的大运动，是实行和帝国主义者接触的战争，是中国在历史上少有的政治革命，是大革命的开始。而在这伟大的运动中，我们上大附中便是一个发动者、指导者，同时是斗争的先锋队。因此，我们可以说：上大附中目前的使命，是政治革命，然而它所以要政治革命，也不过为了要中国民族在世界上能独立，中国国民个个都有生命、自由的保障，和使中国各种事业都能发展吧了。它的最终的使命，还在政治改革后的各种事业之发展。当然的，提倡女子高等教育，也是它最终的使命的一部分了。

1926年3月18日，北京学生与市民在天安门集会，抗议日本军舰炮击大沽口国民军阵地和八国要求撤除大沽口防务的"最后通牒"，会后到段祺瑞执政府请愿，政府卫队以武力驱散游行队伍，制造了震惊中外的三一八惨案。

1926年3月21日，《国民日报》刊登上大附中开会的消息称：十九日下午上海大学附属中学学生因北京事件停课半天，并开会志哀，陈贵三主席。首宣布开会宗旨，并静默三分钟。次高尔柏报告大沽及北京流血事件之经过，毕任庸演讲辛丑条约之内容与此次事变之因果，全场为之怨愤。后上大附中学生积极参加上海各校学生的罢课和抗议游行。

为了要中国民族在世界上能独立，中国国民个个都有生命、自由的保障，使中国各种事业都能发展，上大附中的学生要做领导政治革命的群众的先锋队，这就是上大附中是能担负政治革命的使命！

三、教育前贤

据记载，上海大学中学部（上大附中）的教师大多由大学部教师兼任，既有瞿秋白、邓中夏、蔡和森等中共早期领导人，也有邵力子、叶楚伧、沈雁冰、陈望道、沈仲九、洪野等名流学者。对办学影响最大的当属陈德徵、杨明轩、侯绍裘等几位部主任。

图 1-14　陈德徵

1923 年 8 月，陈德徵受聘出任中学部主任。（图 1-14）

陈德徵（1893—1951），浙江浦江人。1923 年与胡山源、钱春江创办"弥洒社"并出版《弥洒》月刊。1926 年任上海《民国日报》总编辑。1927 年任国民党上海市党部主任委员、上海市教育局局长等职。据说，在陈德征执掌《民国日报》时，曾突发奇想，在报纸上搞了一次选举中国伟人的民意测验。揭晓时，第一名是陈德徵，第二名才是蒋介石。陈德徵属于国民党右派，但坚守了"不做汉奸"的底线，在 1927 年至 1930 年四年中，陈德徵写了大量反日或者研究日本的文章。陈德徵还坚持让自己的儿子陈星弼认真学习科学技术，为国家做点实事，陈星弼后来成为中国科学院院士。

陈德徵出任中学部主任后，即于 1923 年 8 月 7 日在《民国日报·觉悟》发表《发展中的上海大学中学部》，介绍中学部的办学目标和课程设置。

发展中的上海大学中学部

偌大一个中国，有几处适合民治精神的中学校？这不仅是中国教育者底羞辱，而且是全中国国民的羞辱。

看一看全中国底中等学校（我着眼在中等学校，所以暂置大学和小学于一边，俟后再论），真令人失望。我查了许多中等学校底教师，其中可以为我师的，固然也有，但大多数，简直叫人不敢恭维。这大多数不知教育为什么的教师，教出许多高明的高足来，真不禁叫我替教育二字抱屈！

固然，要造成人才，不是一个中等学校所能奏功的；可是，中国底需要，一壁是在预备做民治社会的中坚分子的中等学生，一壁是在肩得起学术思想的重大使命的大学生徒。但，依目下中国国民经济力讲，前者底重要，要比后者大得多！所以，中国现在既应产生适应社会需要的大学，尤其该多注意社会要里急不可缓的一种中学。

上海大学，便是建筑在"适应社会需要"的个原则上的；而上海大学中学部，更是建筑在"适意［应］社会迫切的要求"这个原则的。因为要想培养出多数能供社会需要的人材，并且要想培养出多数有根本工夫的能作社会中坚的人材，所以有了上海大学，更不能不有个上海大学中学部。

为了要依民治精神的目标，以适应社会底需要，所以上海大学中学部，该有下面那么一个计划：

中学部分为高级中学班和初级中学班。

高级中学班，定三学年课程；初级中学班，定三学年课程。

初级中学，侧重在一般的知识。高级中学，意在专攻的一方面，所以暂分为四科：一、文学；二、社会科学；三、数理化；四、艺术。

高级中学的学生，不仅预备他继续入大学研究，也预备他到社会干事业去。

高级中学，采学分制。每学期至少修十四学分，以每周上课二小时历一学期为一学分。高级中学必修的科目，是：

一、公民学及伦理学（每学期一学分）

二、国文（第一至第四学期，每学期三学分。第五、六学期，每学期二学分）

三、第一种外国语（每学期二学分半）

四、算学（第一、第二学期行之，每学期三学分）

五、社会科学（共十学分）

六、历史（共四学分。第一学期至第四学期行之）

七、地理（共四学分。第一学期至第四学期行之）

八、自然科学（共四学分。第一学期至第四学期行之）

共计：第一学期、第二学期各十三学分半；第三学期、第四学期各十学分半；第五学期、第六学期各七学分。

第一种外国语所有的学分，骤看似乎太少，其实已经多了。大概要专在第一种外国语上用力的人，他便会在选修上着眼，要仅靠第一种外国语看书，他既有了初级中学三年的预备，便无需这许多钟点用在这一门功课上。所以，要是高级中学预备要第二种外国语当作必修科的话，还可以从第一种外国语的钟点上，每学期抽出一学分来。

高级中学选修的科目，是：

（A）公共选修科目：中国文学史大纲、西洋学史大纲、中国哲学史大纲、西洋哲学史大纲、美学、艺术史及近代艺术思潮、心理学、社会学、社会问题概观、社会进化史、人文地理、三角术、解析几何、近代物理学概观、近世化学、生物学、科学方法论、世界文化史、中国文化史、世界语。

（B）选修课目

一，第一部（文学科）

　甲、中国文学组

　　一、文字学

二、文学概论

三、历代诗文选

四、近代文学作品底批评

五、中国文学史

乙、英文组

一、英美文学名著选

二、修辞学

三、近代英文学

四、欧洲文化史（用中文授）

五、英美文化史

六、英美文学史

丙、俄文组

一、俄文（读本、文法、会话都概括在内）（注）

二、近代俄文学

三、俄罗斯研究（用中文授）

四、欧洲文化史（用中文授）

五、俄国文化史

六、俄国文学史

（注）俄文自高中一年起，才作为必修科，俄文程度之浅，可想而知。此项俄文选修，可说仅是扩大读物而已。

二，第二部（社会科学科）

丁、社会学组

一、社会学

二、社会政策

三、社会运动史

四、社会思想史

五、经济学

戊、法学组

一、法学概论

二、万国公法

三、中国现行法

四、政治学大意

五、经济学大意

三，第三部（数理化科）

己、数理组

一、数学

二、声学

三、光学

　　四、力学

　　五、磁电学

　　六、微积分及数理哲学大意

　　七、应用物理学

　　八、物理学史

庚、化学组

　　一、理论化学

　　二、无机化学

　　三、有机化学

　　四、分析化学

　　五、物理化学

　　六、应用化学

　　七、化学史

四，第四部（艺术科）

辛、绘画组

　　一、铅画

　　二、木炭画

　　三、水彩画

　　四、油画

　　五、绘画通论

　　六、色彩学

　　七、绘画史大纲

壬、音乐组

　　一、声乐

　　二、器乐

　　三、音乐通论

　　四、和声学

　　五、制曲

　　六、音乐史大纲

　　依上海大学目下的经济状况，第三部能否举办，这是一个问题。不过，我觉得这一部也非常重要，因为：（一）中国科学教育，实在太幼稚；（二）中国现有的科学家目的大都错误；（三）民治运动中的科学人才，也非常紧要。

　　本来，照个性教育底理论讲，如果一班学生中，欢喜选读数理组、化学组、绘画组、音乐组或法学组，哪怕只有一个人，也应当为他特设一班。但，在经济力不能充裕的上大，这一层，似乎还不能办到，所以暂定了一个选修科开班的规则：凡选读某组的学生，已经达到八人至十人数目，便开班。

有人厌高中必修科的学分数太多，我也如此想。不过在中国现状之下，大家都不必客气，实在学生底程度太差，没有办法的。

同是一样课目，因教授底目的和方法不同，可以结出绝不一样的果子，所以上列几组选科和必修科，和一般高校中学所规定的，大体上没有两样。但是我们要是以民众运动的精神，贯彻到民治教育上去。将来学生的成绩，固不敢预说如何如何，不过我们自信，错路或可不走。而且，我们也敢希望，一般时髦学风中的教士气象、绅士众象，……绝可免去。我们敢这样期望着：多产生几个常识充足，能有生活技能的，到民间去的便者；更产生几个肩得起学术思想上重大使命的或实际运动底指导者。

这上海大学中学部，不仅含有预备入上海大学的目的，也有预备到社会去的目的，所以课程方面，一壁固然与大学衔接，一壁也尽不完全与大学相联续的，譬如：在大学要必修的，高级中学已将它大概学过了；在大学里不必修的，高级中学却需很注意地去学习。

高级中学里，如果要添设第二种外国语为必修科目的话，以现状论，俄文与德文，是不可少的。我以为，俄罗斯的社会制度，在现世界中是寻不出第二国了，学社会科学的人，当然应该学习俄文；而俄国文艺，又有他特殊的价值，学文艺的人，当然也应研究；至于德文，自然是为研究科学者所必修的了！

初级中学底教育，可说完全是常识的教育。现各中学对于常识的缺乏，是不能讳言的事。我主张用严格的和爱的训练，来陶冶学生底人格和能力。所以我主张初级中学，不用学分制，而且初级中学底课程应照下面那么分配：

公民常识——第一、二学年每周二小时，第三学年每周四小时。

国文——第一、二学年每周七小时，第三学年每周八小时。

英文——每周七小时，各学年同。

算学——第一学年每周六小时，第二、三学年每周五小时

历史——每周二小时，各学年同

地理——每周二小时，各学年同。

自然科学——第一学期，授植物学，第二学期，授动物学，每周各二小时。第二学年，授矿物学及生理卫生学，每周二小时。第三年，授理化大意，每周三小时。

音乐——每周一小时。

绘画——第一学年每周一小时，第二、三学年，每周二小时。

手工——每周一小时，第二学年不授。

体操——每周二小时，第三学年以运动代，不限时数

体育是必不可少的，所以高级中学，很该注意于此，初级中学，当然也不能以每周小时的体操了事的。我主张，每日清晨，有十五分钟的柔软运动，每日午后，五时到六时，该有一种适合于身体的运动。

中学底教员，确是很难找的：普通的，不适合，适合的，又怕他们不肯俯就，而且经济上也是极不容易办到。上海大学中学部，却有种幸运：大学教授多肯兼为高中和初中的教员，他们底才力和思想，自然是很可观的了。

本来，高中和初中，都该采道尔顿制，不过图书馆里的藏书，实在太少，而简陋的校舍，

又不够分配。所以只好在课余，多帮助学生在自动学习方面用力，或者使他们能够组织研究的团体，当教员的自己预备着去做"导师"了。

说到教育民众化这一层，我们实在也抱愧之至！我们底主张，开学校不取学费。但事实上竟不能办到。我们现在每学期还要收高中学生三十二元、初中学生二十二元的学费，虽比较上海一般中学，并不算多，但我们总觉得不好。其实，这事是没法的。社会上经济组织，一日不改变，免费这一层便一日办不到。我们只好在痛楚之余，慢慢把教育民众化这一种运动底种子，撒布开去，以期将来经济组织底彻底的改变！我们也可以自慰说：

"我们只要把教育民众化这一层，牢牢记着；我们千万不要总却以民众运动的精神贯彻我们教育底主张，那么，现在的收费，并没与教育民众化这一层相违背！"

发展中的上海大学中学部底计划，据我一时所想及的，略如上述，还有许多错误应当纠正的地方，要请中国教育家指正！

一九二三·七·三十

引自《20世纪20年代的上海大学》
（上海大学出版社 2014 年版）

上海大学明确提出附中的创办理念，是为了适应社会迫切的要求，陈德徵将之作为办学目标，即培养预备做民治社会的中坚分子的中学生，建设拥有民治精神的中学。初级中学的培养目标：常识教育，生活技能，陶冶中学生的人格和能力。高级中学的培养目标：大学预科程度。毕业后可继续入大学研究，某些课程设置与大学衔接，可为上海大学预备人才；或直接到社会干事业去。为实现目标，提出了与之相适应的比较完整的课程计划。为中学部的起步打下了发展基础。

1924 年 1 月 31 日，上海大学聘定杨明轩担任中学部主任，接替辞职的陈德徵。

图 1-15　杨明轩

杨明轩（1891—1967），原名荃骏，字明轩，后以字行，陕西鄠县（今户县）人，生于 1891 年。1913 年初，杨明轩考入三秦公学留学预备班。同年秋天，被推荐公费留学日本东京同文书院。由于身受种种歧视，愤懑不已，次年夏天即回国，参加了反对日本侵华群众运动。1915 年秋，考入国立北京高等师范学校（北京师范大学前身）数理部，接触《新青年》《每周评论》等进步刊物，接受了民主与科学的口号，组织成立"少年中国会"，1918 年后，又以少年中国会为核心，成立"同言社"与"工学会"，出版《工学》期刊，创办平民学校，宣传教育救国论。五四运动爆发后，杨明轩积极参加示威游行和痛捣赵家楼的行动。（图1-15）

1924 年 1 月，杨明轩接受上海大学校长于右任的聘请，来上海大学中学部担任主任，开始接受共产主义思想和理论。1926 年 12 月，杨明轩加入中国共产党。1946 年到延安，被增选为陕甘宁边区政府副主席。

新中国成立以后，杨明轩任西北军政委员会委员兼文教委员会主任、党组书记、西北行政委员会副主席等职。1958年，当选民盟中央副主席。1963年，沈钧儒逝世后，杨明轩接任民盟中央主席。1965年，当选第三届全国人大常务委员会副委员长。杨明轩还兼任光明日报社社长、中央社会主义学院副院长等职。1967年8月22日在北京病逝，终年76岁。

杨明轩是一位卓越的教育家和民主活动家，同时也是一位坚定的共产主义战士。毛泽东称其为"西北地区共产主义新潮启蒙运动中"的"最先进的战士和旗手"、"陕西青年的伟大导师"。

1924年4月编印的《上海大学一览》中刊登了杨明轩介绍上海大学中学部办学情况的《中学部概况》。

中学部概况

一、组织

本部组织，分（一）教务，（二）训育，（三）事务，三课。议事方面，除主任代表本部出席大学行政会议外，本部有全体教职员会议、教务会议、训育会议。行政方面，会计、庶务、图书、购置、保管、杂务及一切事务，统属于大学校务处。成绩统计及一切关于教务者，暂由主任及大学学务员合办。管理训练均由级任教员担任。兹将组织系统列表于左。（图1-16）

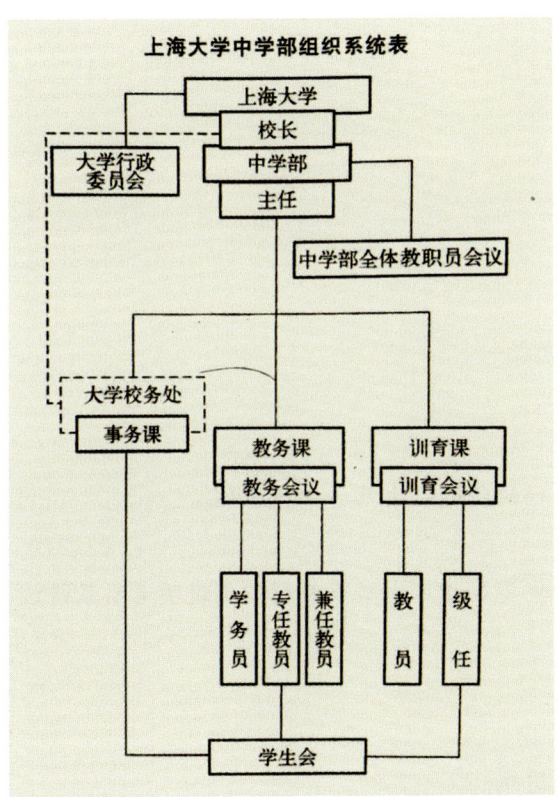

图1-16 上海大学中学部组织系统表

二、教育方针

本部教育，以平均发展青年智能，培养积极道德，造成健全公民，为宗旨；因定教育方针如下：

（一）智识方面，务求常识充足，见解正确，而富有自动研究之精神；

（二）道德方面，注重养成勤朴、耐劳、诚实、坚毅、公正、而富有进取改革之精神。

三、教学概况

本部教学，采取自动主义，一切教务设施悉本此旨。对于国文、算学、英文三科均聘请专任教员，住宿校内，指导学生自修，启发学生研究的兴味。

初级中学现有一级，各科钟点系固定的，均须学习，学生不得自由去取。高级中学现有两级，均系文科，将来拟办教育科、理科……等科；兹将各级学规及课程标准列后：

（一）初级中学及高级中学每级开班学额以二十五人为最下限。

（二）每周堂课，初级中学以三十四小时为最高限度，高级中学以三十小时为最高限度。

（三）每周工作（堂课和自作）时间，以六十小时为最高限度。

（四）高级中学暂分为文、理、教育三科。除共同必修科目，各科皆须学习外，每科各设特修科目。每科各特修科目为该科之必修科目，不得缺习。

（五）教育科参观及实习规程另定。

国文科本学期教学大纲

  初中第一学年第二学期

    讲读

      完全教授语体文

        记叙文居十分之六

        论辩解释文居十分之四

    语法

      于每篇讲读教材之末择语法重要规则附带讲授

    注音字母

      于教授生字读音时附带教授

  高中第一、二年级第二学期

    讲读

      语体文居十分之五

        学术文居五分之二

        文学文居五分之三

          文学的论文与文学的杂著居三分之一

          小说、戏剧、诗歌共居三分之二

      文言文居十分之五

        先选授近代学人关于研究古书门径的论述以次及于古代著作

    作文修辞法

      于每篇讲读教材之末择作文修辞法重要规律可由本篇教材举例说明者附带讲授

英文科教学大纲

1. 目的

本学科以训练下列两种能力为宗旨：

（1）正确而充分地用英文和英语自由发表思想；

（2）流畅地直接阅览原文书报。

2. 方法

（A）在初级中学，直接教授法宜完全采用，并辅以直观教授法。

（1）读本文法和会话，至少在前一年半用混合教授法，以互相发明，互相引用。

（2）以充分的练习和示例，代替文法的规则和定义。

（3）以英语问答代替中文的解释字句。

（4）以实物，图画，或动作辅助解释底缺欠。

（5）以造句底练习为作文和翻译底基础，而后于相当的时机继之以翻译和作文。

（6）第三年若分教文法和读本，文法宜用详于句法的书；教授八大词类的繁琐的分类和定义，以有实用的为限。

（7）每小时令学生预备下小时的功课和读课外的参考书，以养成独立地直接读原文书的能力。

（B）在高级中学，本学科宜注重于直接读原文的文学和科学的书，和阅览原文的杂志报纸；教授宜分为精研和泛读两部。

（1）宜选近世英文中最著名的短篇杰作为精深的研究，又选英文中较为浅近的作品，为泛读用。

（2）选文中文学作品宜居四分之三，富于思想的论文宜居四分之一。而文学作品中，短篇小说宜居二分之一，近代名剧四分之一，诗歌四分之一。论文中关于社会主义的宜居二分之一，关于文学批评的四分之一，关于论物事的四分之一。

（3）课外宜有阅英文报时间，由教员指导。

（4）每周宜设时评一小时，使学生对于一周间由英文报纸所得的重要新闻，用英语报告，而后用英语自由发表意见。

（5）练习每周两小时，注重翻译和应用文。

（6）作文法和修辞学宜与选文合教，不必另设钟点。

（7）学生课外宜组织英文演说和辩论会由教员指导。

数学科教学的目的和方法

（甲）目的

初级中学以授与人生必需之智识技能为主。借实际的问题，正确数量，和形的观念，养成求真的习惯。高级中学注重自然科学上数学的应用，引起研究高等数学的兴味，锻炼精确的思考力。

（乙）方法

数学教学方法分预习、讨论、讲演、练习数种。

（一）预习在堂课前行之，由教员于上次堂课毕时指定。

（二）讨论在堂课时由学生提出疑难，与教员讨论，或由教员发问，学生解答。

（三）经讨论后，大数学生仍不明了处，再由教员详细的讲演。

（四）学生每人均须预备练习簿，于自修时演算问题，交由教员核阅。

（五）课堂练习，由教员斟酌教材的段落，随时举行。

（六）指导学生组织数学研究会，以养成其独立研究之能力。

四、训育概况

本部训育，采取感化主义。各级设级任一人，与学生饮食起居作事，皆共同协动，务期涵滋长养其善的德性，潜移点化其恶的习惯。且教学与训育混合并行，级任均系专任教员，即教授，即训练，随时随地随事加以指导，俾其自觉。

五、教务课办事细则

（一）执行各会议议决案关于本部教务事项。

（二）制订关于教务诸规程。

（三）支配课程及时间表。

（四）会同各科教员选定各科用书。

（五）考查教室授课情形。

（六）掌理教员请假及补课事项。

（七）编制学历。

（八）掌理学生升级毕业留级退学及招考新生等事项。

（九）登记学生课业及旷课事项并编制统计表。

（十）办理关于成绩考查事项。

（十一）支配教室。

（十二）制定整理保管关于教务上各项表簿。

（十三）寒暑假前与训育课合办通知书。

（十四）掌理其他关于教务一切事宜。

六、训育课办事细则

（一）执行训育会议及其他会议议决关于训育事项并会同他课谋校务之进行。

（二）视察学生早晚作息及自修并指导之。

（三）考核宿舍清洁统计学生疾病。

（四）处理宿舍内学生临时发生事务。

（五）指导学生团体生活及个人生活。

（六）掌理学生请假事项并制统计表报告教务课。

（七）掌理学生违犯校规惩责事项。

（八）掌理宿舍之支配及管理。

（九）编制训育诸规程。

（十）掌理训育上表簿之制定整理保管。

七、成绩考查规则

（一）成绩考查分为定期的与平时的两种。

（二）定期考查于每学期末举行之。

（三）平时考查分为下列各种：

（A）课内考查——于各科教授时间内，由教员提出关于本科的问题，令学生作口答或讨论。

（B）临时试验——在各科教授进程中，教员认为有考查成绩底必要时，得举行该科底临时试验。

（C）终结试验——每科目授至一定底段落或授毕一书时，得举行该段或该书底终结试验以作收束。

（四）每学期内每科目底课内考查底成绩，占该科在该学期的成绩底三分之一，临时试验或总结试验占三分之一，学期试验也占三分之一。但无课内考查或临时试验或总结试验的科目（科目另有规定），得以学期试验底成绩为该科底学期成绩。

（五）成绩在八十分以上者为甲等，七十分以上者为乙等，六十分以上者为丙等，六十分以下者为丁等，即不及格。

（六）在初级中学，国语、英语和数学三门中有两门或两门以上底学期成绩不及格者须留原级；三门中有一门不及格者，得于假期内补习，在次学期开学前受试验，留级与否，须斟酌当时情形定之。

（七）在高级中学，共同必修科底学期成绩有两门或两门以上不及格而特修科又有两门或两门以上不及格者留原级。若共同必修科有两门不及格而特修科只有一门不及格，或特修科有两门不及格而必修科只有一门不及格者，得于假期内补习，次学期开学以前受试验，结果若三门中有两门以上及格者得升级，否则留原级。

（八）因为成绩恶劣而留级两次者退学。

（九）除课内考查以外，学生非有特别事故经家长或保证人证实者，或有疾病经医生证明者，不得在考查成绩时缺席。

（十）学年成绩为两学期成绩底平均数。

（十一）毕业成绩为各学年成绩底平均数。

八、学生请假规程

（一）学生因故不能上课或离校时，须向级任请假。

（二）学生请假时，须先说明理由、时期，得级任许可，即将理由、时期，亲自填入请假簿。

（三）学生须依期限销假，倘期满续假，仍须得级任许可。

（四）学生于每学期缺席满三分之一者，学校得斟酌情形，令其退学或休学。

（五）无故旷课一小时，作缺席四小时计。

（六）住舍学生不得外宿，但父兄在本埠家居者，准其由父兄直接致函级任（来函须盖章否则无效）证明，得于星期六课毕回家住宿，并限于星期日回校。

（七）学生在一学期内，不请假而外宿至二次者，得令其退学。

（八）学生连续请病假满五星期者，即令其休学。

九、教室规则

（一）上课下课时均依号铃。

（二）教员上课下课时，学生均须起立致敬。

（三）学生在教室内，宜肃静，不得任意谈笑。

（四）上课时不得随意出入教室。

（五）教室座位经编定后，不得任意更调。

（六）学生与教员问答时，应起立而对。

（七）学生不得任意在黑板上涂抹，并不得抛弃纸屑等物。

（八）非上课应用书物，不得携入教室。

（九）每学时，学生逾十分钟不到者，以旷课论。

十、宿舍自习规则

（一）宿舍内床位与自习坐位由学校派定，不得自行移换。

（二）起床、就寝、自习，皆须按照学校规定时间。

（三）书箱衣服等，皆须安置床下。

（四）起床后，须将被褥理整，用白布单蒙罩。

（五）宿舍清洁事，由住宿生轮流担任。

（六）电灯熄后，不得点用灯烛。

（七）学生不得在宿室内接待亲友。

（八）盥漱不得在宿室内为之。

（九）学生如有银钱，须交会计处代存，其他重物品不得放置室内。

（十）宿舍内不得高声朗诵，及有妨碍他人之举动。

（十一）上课时间，各室一律锁门，应用书籍什物须预先取出。

十一、未来三年之简明计划

（一）本年八月至十四年七月

（1）建筑中学校舍

（2）添招初级两级高级一级（教育科）

（3）购置初中应用仪器标本

（二）十四年八月至十五年七月

（1）续招高级一级（文科），添招高级一级（教育科），添招初中两级

（2）筹设附属小学校

（3）添置仪器图书

（三）十五年八月至十六年七月

（1）添招初中、高中各两级，续招初中、高中各一级（高中一级文科、两级理科）

（2）购置高中仪器标本

（3）嗣后每年续招高中、初中两级

十二、附记

其他实施状况详本校章程

引自《20世纪20年代的上海大学》

（上海大学出版社2014年版）

名为概况，实则是一部全面系统的办学方案。从组织模式、教育方针、教学概况、训育概况，到成绩考查规则、教室规则、宿舍规制等，都做出了详尽的规定。特别是课程标准中提出必修课课程与选修课程、学科教学目的与方法、研究会等等，即便是放在今天也有相当的参考价值。概况中还列出了中学部未来三年之简明计划。杨明轩在职时间不长，却为中学部搭建了完整的框架，做出了系统的规划，奠定了发展的基础。

1925年3月，聘定刘薰宇为中学部主任。

刘薰宇（1896—1967），贵州贵阳人。1919年，毕业于北京高等师范学校。1925年3月，任上海大学中学部主任；同年8月，离开上海大学到立达学园任教。1928年，赴法国巴黎大学留学。1930年回国，先后在中学和大学任教。1950年，任人民教育出版社副总编辑。1956年，加入中国共产党。有《马先生谈算学》《数学趣味》《数学的园地》（统称"数学三书"）行世。（图1-17）

图1-17　刘薰宇

1925年8月，刘薰宇去职，侯绍裘接替担任中学部主任。

图1-18　侯绍裘

侯绍裘（1896—1927），字墨樵，江苏省松江县（今属上海市）人。1918年，考入上海南洋公学（现交通大学）。1919年，在上海参加五四运动，并担任上海学联的教育科书记和全国学联的文牍；同年7月，与其他进步同学一起创办"南洋义务学校"，对劳动人民进行义务教育，宣传爱国思想，同时积极发售由陈独秀主编的《新青年》等进步刊物；1920年，南洋公学以"举动激烈，志不在学"为由将其开除。1921年，侯绍裘接办松江景贤女中，任校务主任。当时的景贤女中，成了宣传马克思主义、引导青年走向革命道路的场所，早期革命活动家恽代英、萧楚女、邓中夏、茅盾等人均去该校作过演讲。在恽代英等同志的教育和帮助下，侯绍裘于1923年加入了中国共产党。1925年春，侯绍裘受聘出任上海大学附属中学部主任，并担任国民党上海执行部的宣传、教育委员。在五卅运动中，他始终站在斗争的最前列，与茅盾等人发起成立上海教职员救国同志会，动员和组织全市教职员投入反帝爱国的斗争。（图1-18）

1925年8月，国民党江苏省党部成立，侯绍裘当选为常务委员，1926年1月，赴广州参加国民党第二次全国代表大会。1927年3月24日，国民革命军攻克南京，成立江苏省政府，侯绍裘和李富春等革命党人被任命为省政府委员，侯绍裘还兼任建设厅厅长。蒋介石到南京后发动反革命政变，指使暴徒捣毁了侯绍裘等领导的国民党江苏省党部和省总工会，逮捕和杀害革命者，侯绍裘毫不屈服，与反动派进行了殊死的斗争。由于被密探告密，侯绍裘不幸被捕惨遭杀害，年仅31岁。他是四一二反革命政变中首批殉难的烈士。

侯绍裘是担任中学部主任时间最长的一位教育家。对于侯绍裘任职中学部，3月2日的《申报》在《上大附中之进行》一文中有过报道和评价，称侯绍裘"系热心教育之人，曾在松江办理景贤女中，并创立松江初级中学校。兹因时局关系，景贤移沪，松江初中亦有此意，上大附中因即请彼襄理校务"。五个月以后，也就是1925年8月，侯绍裘正式受聘任上海大学中学部主任。

接棒主任一职后，侯绍裘恪尽职守，使中学部出现了新的面貌。中学部原来与大学部同属于学校行政委员会，自侯绍裘执掌以后，根据学校行政委员会开会议决，成为独立的办学单位。五卅运动以后，各地教会学校出现勒令参加运动的学生退学事件，根据上海大学决定，收容这些退学学生。

1925年8月17日《民国日报》刊登中学部消息称："本期起高中设文学社会科。该附中因容纳各地教会学校学生之要求，特增设特别转学生，学额一百六十名，近日是项转学生报名者，颇为踊跃。"

1925年8月18日《申报》刊登由上海大学中学部主任侯绍裘等署名的招生广告《上海大学暨附中招男女生》，决定"宽予收容因此次'五卅'风潮而退学之教会学校学生之议案，凡属该类学生一经证实，即予免考收录"。当时刚从安徽芜湖教会学校退学的学生领袖王稼祥正是看到这个消息后，于当年8月转入上大附中就读高三年级，并担任学生会主席。后由侯绍裘介绍赴苏联学习。同样的情况也发生在俞昌准身上，他在1925年从南洋中学失学后也免试进入了上大附中。

在侯绍裘的领导下，中学部拥有一支实力很强的教师队伍。除了大学部的各个系科教授继续在中学部兼课以外，侯绍裘上任后续聘和新聘的教师队伍受到社会的关注和好评，如1925年8月17日《民国日报》刊登上海大学中学部消息时称："主任侯绍裘，对于聘请教师，极为注意，兹悉各级教员业已完全聘定，其重要者如周天僇、张作人、钟百（伯）庸、朱复、韩觉民、沈观澜、徐文台、黄鸣祥、朱义权、黄正安、高尔柏、傅君亮、张德俞、陆宗赟、张企留、丁文澜等。"1926年3月，梅电龙也受聘到中学部任"政治经济"课程的教师，1927年2月，毕业于复旦大学的侯绍纶受聘担任高中英文教员。加之侯绍裘在任中学部副主任时学校就聘请的丰子恺、沈仲九、曹聚仁等，可以说中学部的师资队伍是很强大的。

作为中学部主任，侯绍裘很重视请名师学者到中学部演讲，开阔学生视野。1926年1月13日，中学部举办各团体联欢活动，除了讨论中学部的行政事宜以外，还特邀了大学部教授杨贤江、萧楚女作演讲。

侯绍裘在中学部，除了做好大量的行政领导工作外，也要给学生讲课。据1924年秋季进入上大附中的宋桂煌回忆，侯绍裘"年轻有为，讲课生动，关心青年，深受学生的爱戴，成为学生运动的核心人物"。1926年10月28日，中学部学生王稼祥要到苏联莫斯科中山大学学习，作为中国共产党在上海大学中学部的负责人，侯绍裘找了王稼祥谈话，告诫王稼祥苏联留学的生活将会很艰苦，要王稼祥做好充分的思想准备。这次谈话，给王稼祥留下了深刻的印象，也对他今后的革命生涯产生了积极的影响。

中学部的同事和学生，对侯绍裘充满了敬意。曾任中学部教务主任的钟伯庸，在新中国成立后接受采访时曾专门介绍了侯绍裘的办校方针和作风，他说："侯绍裘是上大附中大家所敬仰尊崇的领导，他坚强、明智、果断、勇于批评、敢于斗争。他没有吸烟、嗜酒的恶习，工作认真严谨，待人诚恳热情，谁都愿意和他接近，觉得他平易近人而从不疾言厉色。他自奉俭约，但从不忧贫叹穷。他一辈子乐于帮助人，从不做假公济私的事。他自己一无贪图，也不吝啬。我这辈子不论在旧社会和新社会，都极少看到像他这样的人物。侯绍裘具有许多与一般人不同的特点，也反映在他的办学态度和教育人的方针上。他是南洋公学的学生，接受的是资产阶级大学教育，但是，他反对专断，痛恨独裁，憎恨依赖，颂扬自由和独立。他以这种精神来办学治校，所以一进上大附中，无论同事之间、同学之间和师生之间，谁都觉得自由舒畅。在那个时代，各校都奉行资产阶级道德礼教的教育方针，而上大则否。上大附中也看不到资产阶级道德礼教的痕迹，但教育秩序和学生生活秩序，都有一定的纪律，而不流于散漫松弛。所以上大和附中的学校风气和一般学校不同。""训导方面，依照上大的教育方针，特别重视'群育'和'美育'，注重身心的自由发展，没有各种呆板的和压制性的教条和清规戒律的，创导自由、活泼的集体活动。不采取以记过、开除等作为惩戒的方法。在不妨碍教学的范围内，允许学生参加政治活动，如1925年的五卅运动……上海工人三次武装起义。"（《上海大学（一九二二～一九二七年）》，上海社会科学院出版社1986年版）。钟伯庸的这段回忆，既是对侯绍裘人品、能力和工作作风一个很好的评价，更是对侯绍裘领导的中学部工作的高度肯定。

对于侯绍裘的革命热情和表现，他的学生唐棣华是这样评价的："我们的校长是侯绍裘，是共产党员。他对革命事业很积极，他总是亲自带领我们参加革命活动。"（《上海大学（一九二二～一九二七年）》，上海社会科学院出版社1986年版）

1927年4月，张作人代理校务。

张作人（1900—1991），中国动物学家。原名念悌，号觉任，江苏泰兴人。1921年毕业于北京高等师范学校。1925年2月，任上海大学中学部生物学等课程教员。1927年4月，任上海大学中学部代理主任。1928年，赴比利时布鲁塞尔大学动物研究所留学。1932年回国，任中山大学生物系教授，1937年起兼任生物系主任。

新中国成立后，任同济大学教授兼动物系主任、华东师范大学生物系教授兼系主任、上海自然博物馆学术委员会主任和动物馆馆长。1984年6月，加入中国共产党。（图1-19）

图1-19 张作人

四、杰出校友

1927年5月，上海大学附属中学同上海大学一起被反动派封闭。短短的五年间，上大附中与上海大学一起，为中国革命和建设培养了一大批杰出人才，真可谓人才辈出。

王稼祥

图 1-20　王稼祥

1943年7月8日，延安《解放日报》头版刊载了一篇题为《中国共产党与中国民族解放的道路——纪念共产党廿二周年与抗战六周年》的文章。文章指出："中国民族解放整个过程中——过去、现在与未来——的正确道路就是毛泽东同志的思想，就是毛泽东同志在其著作中与实践中所指出的道路。毛泽东思想就是中国的马克思列宁主义，中国的布尔什维主义，中国的共产主义。""中国共产主义——毛泽东思想不仅在和中国民族解放的敌人的斗争中生长起来，并且是在和共产党内部错误思想的斗争中成熟起来的。""中国共产主义、毛泽东思想，便是马克思列宁主义与中国革命运动实际经验相结合的结果。"这是中国共产党首次提出"毛泽东思想"这一科学概念。而提出"毛泽东思想"这一科学概念的，正是这篇重要文章的作者——王稼祥同志。（图1-20）

王稼祥，原名嘉祥，又名稼啬，无产阶级革命家，安徽泾县人，生于1906年。1913年，进入本村柳溪小学学习，1919年爆发的反帝反封建的五四爱国运动给了王稼祥极大的影响，使还处在少年时代的他从此开始关心国家大事，向在城里学习的回乡学生了解反帝反封建的斗争情况。1922年到南陵乐育学校读书。在校两年时间，王稼祥读书异常用功，各门功课都很好，还练就了英语的口语能力。1924年，王稼祥以优异成绩被保送到芜湖圣雅各中学高中部。在校期间，他以"不愧做个20世纪的新青年"自勉，参加了旨在反对帝国主义奴化教育的进步社团"协社"，阅读了学校图书馆中所有关于社会科学的书籍以及当时在书店里能买到的《新青年》《向导》和《中国青年》等，思想上发生了急剧的变化。1925年3月12日，孙中山先生在北京逝世，圣雅各中学举行追悼孙中山先生大会，王稼祥在会上作了"三民主义与中国"的演讲，在演讲中，王稼祥说："创造这最适合中国的三民主义的孙中山先生，现在已经死了！实现三民主义和救中国危难的责任，已落到我们青年肩上了。诸君呀，最有希望、号称社会之花的青年呀！可知革命就是我们唯一的使命啊！"那一年，王稼祥19岁，但已显示出他的革命热情和不凡的政治见解与演讲能力。

圣雅各中学是一所教会学校，为了反对帝国主义的奴化教育，收回教会教育权，5月，圣雅各中学初中部爆发学潮，很快得到高中部声援。第二天，高中部学生全体罢课。王稼祥在校内外奔走呼号，积极参加这次学潮。几天以后，上海发生"五卅惨案"的消息传到安徽，王稼祥又投身到安徽声援五卅运动的热潮中去。安徽的教会学校风潮以及对上海五卅运动的声援很快波及省内其他学校以及外省的教会学校，王稼祥原来就读的南陵乐育学校和江苏南通英化也都掀起了反对帝国主义的爱国热潮。安徽学校当局对参加学潮的学生做出退学和除名的决定。作为学潮运动的学生领袖之一，王稼祥和一大批学生都在除名之列。

安徽学生反对教会学校奴化教育的学潮运动和声援上海五卅运动而遭到学校当局除名的消息传开以后，受到省内外舆论的关注。在中国共产党的支持下，由"五卅惨案"安徽后援会出资在安庆、芜湖各办一所学校，以接纳教会学校退学的学生。上海大学对此也作出及时反应。7月24日，《民国日报》刊登《上海大学附属中学通告》，称对因此次风潮而退学之教会学校学生表示深切之同情，决定扩充学额，并针对安徽教会学校退学学生订有特别转学章程。8月12日，已迁入闸北师寿坊校舍的上海大学附属中学又在《申报》刊登通告，称"本校为应南通英化、南陵乐育等学校为爱国运动被迫离校学生之请，议决扩充名额"。18日，《申报》又刊登《上海大学暨附中招生广告》明确提出："特别转学：本校行政委员会已通过上海学生联合会请求宽于收容此次五卅风潮而退学之教会学校学生之议案，凡属该类学生一经证实即予免考收录。"在8月底，王稼祥就来到上海，进入上海大学附属中学高中三年级继续他的学业。

这一学年，上海大学附属中学来的学生比以往要多，新生的程度也高于往届。高三33名学生中，新生特别多，从教会学校转来的学生尤为活跃。在学习成绩和能力方面很突出的王稼祥进校不久，就被推选为高中三年级的学生代表、上海大学附属中学学生会主席。9月27日，王稼祥给堂弟王柳华写信，介绍了他在上海大学附属中学学习和生活的情况。信中说：

来沪即入上大附中，人地生疏，乏善可述。近闻吾弟赴（南）通纺织学校，欣喜之至。实业之发展，纺织之改良，吾弟应负一部分责任矣。久长来沪入大夏，通函可直（寄）上海胶州路大夏大学。上大为革命之大本营，对于革命事业，颇为努力。余既入斯校，自当随诸先觉之后，而为革命奋斗也。社会险恶，愿自珍重，书不尽意。

王稼祥把上海大学称之为"革命之大本营"，可以说是代表了当时追求进步的热血青年对上海大学作出的共同评价。"自当随诸先觉之后，而为革命奋斗也。"他是这样想的，同时也是这样做的。在入校一个多月后，即加入了共青团并开始阅读秘密材料。10月1日，在他给王柳华的信中又表示："社会之腐败，至今日可谓登峰造极，我辈青年，置身斯中，不受其同化，不受其压制，盖亦难矣。欲解放青年，必自改革社会始。事理昭然，不可否认，愿你三复斯意，决定做一有用改造社会之青年。"在10月20日左右，王稼祥又给王柳华写了一封信，信中说："我们跋涉千里到外面来读书，到底为的什么？是否只想借此弄寻一个饭碗，终身做个糊涂虫呢？是想为我们前途幸福计，去改造社会呢？欲明此理，我们必先要明白今日社会里面知识阶级（我们也在这个阶级）的地位。"信中说，"我们唯一的出路，只有帮助劳动阶级去打倒资产阶级，去解放劳动者，去解放自己。"在谈到"怎样才可以打倒帝国主义"这个问题时，王稼祥说："我们必联合被压迫者，共同去革命。"关于"怎样革命才可实现"这个问题，王稼祥明确提出："我们必须加入有组织的政党，以一定政策、一定的方法，群策群力，同去干国事才可。不然，徒然说要取消不平等条约，要关税自主，要打倒帝国主义和军阀，谁也不敢相信这是可能的。"王稼祥在上海大学学习的情况，留下的史料不多，从他写给堂弟王柳华的信来看，他的思想认识提高得很快，对于自己出来求学和读书，对于中国社会和阶级，对于政党和革命等，都有着较为正确的看法。

当时担任上海大学附属中学部主任的是侯绍裘，事务主任是沈观澜（即沈志远），他们都是共产党员，对于王稼祥的表现，都看在眼里，也是满意的。10月28日，王稼祥和蔡和森、李立三、向警予等经过组织批准，离开上海到莫斯科中山大学学习。临行前，侯绍裘代表党组织找王稼祥谈话征询王稼祥本人的意见，并告诉王稼祥苏联留学的生活将会很艰苦，要王稼祥作好充分的思想准备。这次谈话，给王稼祥留下了深刻的印象，也对他今后革命生涯产生了积极的影响。王稼祥在上海大学学习的时间总计只有两个月左右，但上海大学却给王稼祥留下了深刻的印象。1926年3月13日，已在莫斯科中山大学学习了三个多月的王稼祥，在给堂弟王柳华的信中称赞"上海大学是在中国的中山大学"。正是在这座革命熔炉里，19岁的王稼祥在政治上得到升华，上海大学成了他日后成长为职业革命家的一个重要起点。

由于王稼祥具有比较好的英语会话基础，所以在莫斯科中山大学被编在第八班，也就是翻译班，既当学员，又当翻译员。1928年2月，转为中国共产党党员；9月，与张闻天、沈泽民等一起进入苏联共产党中央培养党的高级理论干部的最高学府红色教授学院。在中山大学和红色教授学院，王稼祥系统地学习了马克思列宁主义的思想和理论，从而为今后在党内军内从事马克思列宁主义理论的宣传和政治思想工作的领导打下了坚实的基础。1930年，根据王稼祥本人的请求，并得到共产国际东方部的批准，王稼祥于3月回到了中国，担任中共中央宣传部干事，开始了他长达44年的革命生涯。

1931年4月，王稼祥奉命到中央苏区，先后任中共苏区中央局委员红军总政治部主任、中央革命军事委员会副主席。曾两次当选为中华苏维埃共和国中央执行委员兼外交人民委员。1934年1月，在党的六届五中全会上增选为中共中央委员、中央政治局候补委员。1934年10月，参加长征。1935年1月，在遵义会议上坚决支持毛泽东的正确主张，对确立毛泽东在中共中央和红军的领导地位起了重要作用。会后被增选为中央政治局委员；3月，在贵州苟坝召开的中央政治局会议上，又成立由他和毛泽东、周恩来组成的军事指挥小组，负责指挥全军的军事行动；9月任红军陕甘支队政治部主任。1937年6月，赴苏联，任中共驻共产国际代表。1938年8月回国，任中共中央军委副主席、总政治部主任等职。1946年5月赴苏联治病。1947年5月回国，任中共中央东北局委员、城工部长、宣传部代部长。

新中国成立后，王稼祥担任首任驻苏联大使、外交部副部长、中共中央对外联络部部长。1966年3月，任中央外事领导小组副组长。为中共第八、第十届中央委员，第八届中央书记处书记，第二至第四届全国政协常务委员会委员。

在"文化大革命"中，他长期从事的外交工作被污蔑为"三和一少"的投降主义路线，从而遭到林彪、江青反革命集团诬陷迫害。1974年1月25日在北京猝然逝世，终年68岁。1月30日，王稼祥追悼会在八宝山革命公墓礼堂举行，王稼祥的骨灰盒上覆盖着中国共产党党旗，毛泽东和中共中央以及党和国家其他领导人送了花圈。周恩来参加了追悼会，邓小平致悼词。

1979年3月9日，经中共中央批准，中共中央对外联络部向各省、市、自治区党委和中央党、政、军、群各部门发出《关于为所谓"三和一少""三降一灭"问题平反的通报》。通报指出："林彪、康生、'四人帮'炮制的'三和一少''三降一灭'问题应予平反；强加在王稼祥同志和其他同志身上的一切诬陷不实之词，应该推倒。"

1981年7月1日，王稼祥被列入中国革命的38位杰出领导人之一。

1986年，在王稼祥毕业的芜湖圣雅各中学旧址上，建起了王稼祥纪念园。纪念园占地6 000余平方米，由王稼祥铜像、纪念碑、事迹陈列室、藏书室等组成。位于安徽泾县厚岸乡的王稼祥故居，现在是安徽省重点文物保护单位。

2006年8月16日，纪念王稼祥同志诞辰100周年座谈会在北京人民大会堂举行，会议称王稼祥同志为"中国共产党的优秀党员、忠诚的马克思主义者、杰出的无产阶级革命家、我党我军卓越的领导人、新中国优秀的外交家"。

引自《他们从上海大学（1922—1927）走进新中国》

（胡申生著，上海大学出版社2021年版）

周文在

1926年2月11日，在常熟琴川河畔的一座名为"亦爱庐"的民宅里，中国共产党常熟特别支部宣告成立，这是一个党团混合的党组织，也是常熟地区第一个党组织。其主要创建者是两位常熟籍共产党员：一位是在上海东华大学读书的李强（原名曾培洪，中国无线电专家，新中国成立后历任国家邮电部电信总局局长、新闻总署广播事业局局长、对外贸易部部长等职），另一位则是在上海大学读书的周文在。（图1-21）

周文在，江苏常熟人，生于1906年。小学就读于常熟第一高等小学。1920年，就读太仓县第四中学时，校方要求用文言体作文，周文在却以白话文交卷；老师出了《讨孙文檄》作文题，周文在则交上声讨段祺瑞的文章。1924年7月，从上海中华公学初中毕业，准备报考上海大同大学附中。升学考试后回到常熟，不料苏浙军阀"齐卢之战"爆发，不能到上海就读，只得停学

图1-21 周文在

在家半年。周文在有个小学同学叫顾治本，从上海江苏省立第一商业学校毕业以后考入上海邮务管理局。这位同学经常给周文在寄《向导》《新青年》《中国青年》等进步刊物。周文在还从这位同学那里了解到了上海大学的情况。于是，已经受过新思想熏陶和影响的周文在被上海大学的名声所吸引，毅然改考上海大学附属中学。

1925年2月，周文在进入上海大学中学部学习。2月28日《民国日报》刊登上海大学新生录取消息，明确记载周文在录取为中学部高级中学一年级正式生。由于周文在到学校报到时学校已经开学一段时间了，当中学部主任侯绍裘看到周文在时，很热情，好似盼望很久的一样。这给周文在留下了极为深刻的印象，他感到这么关心学生的老师是他从来没有遇到过的。在上课的老师方面，教国文的是汪馥泉，教英文的是朱复，教生物学的是张作人，教艺术的是丰子恺，而主讲社会学课的则是高尔柏。在老师当中，萧楚女、恽代英等给他留下了深刻印象。55年以后他在苏州接受采访的时候还清晰地回忆说："萧楚女是国文老师，讲课的特点是鼓动性很强；恽代英讲课的特点是理论性、战斗性强，学生都喜欢听他们讲课。他们上课教室里鸦雀无声，学生思想都被他们吸引住了。"

1984年10月，周文在在接受采访的时候曾说："上大是一所新型的学校，无论教学内容和教学方法都和其他学校不一样，十分生动活泼，给人以新鲜感。我们既上中学的必修课，也可听大学的课，选课很自由，只要自己对这个科目感兴趣。"当时上海大学的校舍在西摩路（今陕西北路），分第一院和第二院。校本部、中国文学系和英国文学系在第一院，中学部和社会学系在第二院。因此，周文在有机会听了社会学系不少课。另外，上海大学经常举办各种讲座，周文在听过邓演达、任弼时、戴季陶、杨杏佛、恽代英、萧楚女等在上海大学作的讲座。那些在校外的讲座，他也去听。那年在徐家汇复旦中学礼堂举行五四运动集会，国家主义派的曾琦在发表演讲时大谈无政府主义，说30岁以上的人是不革命的，结果周文在亲眼看到在下面听讲的恽代英上台指出这句话的荒谬，批驳了曾琦的无政府主义观点。恽代英的即席演讲，受到学生的热烈欢迎，激起了阵阵掌声，这给周文在以很大的教育。周文在在上海大学读书期间，正因为有恽代英、萧楚女、任弼时、杨贤江等这样的共产党员、中国早期的马克思列宁主义者的教诲，使得他在政治信仰和思想理论修养方面都得到提高和进步。他在晚年回忆起在上海大学的这段读书经历时说："上海大学学习理论不同于其他学校，它不是关门读书，而是把所学的理论用于实践，这在当时可说是全国第一。由于学生有一定的政治觉悟，所以不图安逸，不懒惰，有政治运动积极参加，没有政治运动时认真读书。"

上海大学是五卅运动的策源地。在五卅运动中，上海大学的学生担当了先锋和主力。周文在也和上海大学师生一起参加了五卅运动的全过程。在1925年5月30日上街游行那一天，周文在担任上海大学中学部一个小队的领队，带着传单、标语，打着"学生演讲队"的旗帜，来到浙江路永安公司北面向群众宣传，结果被英国巡捕抓到巡捕房关押了整整三天才由学校出面保释出来。通过五卅运动的浪潮，让周文在经历了磨炼和考验。6月间，周文在回到家乡常熟，7—8月，他同本地一些要求进步的青年组织了"改作社"，创办暑期补习学校，以上海大学的社会科学教材为课本，讲解改造社会和社会革命的道理。暑假结束以后，周文在回到上海大学继续学习，参加了反帝同盟、济难会等革命团体。12月，周文在被批准正式加入中国共产党。1926年初，根据党组织的安排，周文在被调到中共引翔港部委任宣传委员，其中一个主要任务是办好工人夜校。在纪念五卅运动一周年的活动中，周文在组织带领引翔港的工人兵分数路进行游行活动。当晚，周文在在工人夜校遭到当局逮捕。由于周文在坚不吐实，敌人问不出什么结果，最后被判决关押两周。出狱以后，部委书记曾延生告诉周文在，由于他的身份已经暴露，不宜继续在引翔港工作，党组织决定让他回家乡常熟开展工作。这样，周文在就正式离开上海大学，来到常熟，和李强取得联系，于1926年2月11日共同创建成立了常熟第一个中国共产党的组织——中共常熟特别支部，由李强担任书记，归中共江浙区委书记罗亦农直接领导。中共常熟特别支部的建立，揭开了常熟人民革命斗争的新篇章。

北伐战争开始后，经过党组织批准，周文在于1926年夏考入黄埔军校，为第六期学员。曾任国民革命军第二方面军二十军学兵营连政治指导员。大革命失败以后，他参加了南昌起义。之后，奉党的指示，回到江南开展党的秘密工作。抗日战争时期，任江南人民抗日义勇军第三支队副支队长，新四军挺进纵队第一团营政治教导员、副营长，苏北指挥部第一纵队军需处处长，新四军第一师一旅供给部政治委员，苏中军区第三军分区政治部组织科科长、政治部副主任兼组织科科长，苏中泰兴县独立团政治委员，泰兴县县委书记，苏中军区第二军分区政治部主任。解放战争时期，任苏中军区政治部组织部部长、华中野战军第七纵队政治部副主任兼组织部部长、华东野战军苏北兵团政治部组织部部长、第十兵团政治部组织部部长。参加了黄桥、淮海和渡江等战役。

新中国成立以后，周文在历任十兵团干部部部长、福州军区政治部副主任、福建省军区副政治委员。1955年，获少将军衔。1977年2月至1988年4月，任江苏省政协副主席。曾获三级八一勋章、二级独立自由勋章、一级解放勋章、一级红星功勋荣誉章。周文在于1975年离休，1994年4月10日在苏州病逝，终年88岁。

引自《他们从上海大学（1922—1927）走进新中国》

（胡申生著，上海大学出版社2021年版）

刘华

刘华（1899—1925），原名炽荣，字剑华，四川宜宾人。1920年秋，到中华书局印刷厂工作。1923年8月，进入上海大学中学部学习。不久，加入中国社会主义青年团，任上海大学学生会执行委员、四川同学会主席。1924年，加入中国共产党；同年秋，根据党组织安排，到小沙渡沪西工友俱乐部工作。1925年1月，中国共产党第四次全国代表大会决定成立中共中央职工委员会，委员会由张国焘、李立三、刘少奇、项英、刘华等组成；同年2月，任二月罢工前沿总指挥。"五卅惨案"发生后当晚，中共中央在上海召开紧急会议，决定由瞿秋白、蔡和森、李立三、刘少奇、刘华组成行动委员会，建立各阶级反帝统一战线，

图1-22 刘华

发动全上海罢市、罢工、罢课，抗议帝国主义者屠杀中国人民；决定公开上海总工会组织，由李立三任委员长、刘华任副委员长兼第四办事处主任。1925 年 11 月被捕，12 月 17 日就义。（图 1-22）

俞昌准

图 1-23　俞昌准

俞昌准（1907—1928），又名俞仲则，安徽省南陵县人。1923 年赴沪求学，考入上海南洋中学，喜读进步书刊，常与同学讨论救国之道。五卅期间，他组织南洋中学进步同学散发传单、贴标语、查洋货，劝阻群众运送食物进租界，创办工人夜校，深入工厂码头，发动工人坚持斗争。（图 1-23）

俞昌准在《中国青年》杂志发表《我们的校长》一文，揭露南洋中学"给帝国主义制造顺民"，压制迫害进步青年学生的种种罪行，激怒了国民党反动派和校领导，被南洋中学开除。1925 年 7 月，在《中国青年》主编恽代英的帮助下，他进入上海大学中学部学习，经常听邓中夏、瞿秋白、恽代英、蔡和森、任弼时等人的演讲，开始接受马克思主义和共产主义理想，与同学王稼祥、周文在等人积极投身反帝反军阀的斗争，并写下《一把朴刀》以示革命决心，其中一段："我是一柄锋利的朴刀，我能够冲锋陷阵，我会得杀魔斩妖！主人啊！我的亲爱的主人啊！使用我！充分的使用我吧！使用我，打倒帝国主义；使用我，消灭封建王朝。"后经恽代英介绍，加入中国共产主义青年团，1926 年转为中国共产党党员。1926 年 8 月，受党组织派遣，俞昌准回到南陵，开展建立党组织的工作和发动农民运动。1927 年初，任中共芜湖特别支部委员和共青团芜湖特委宣传部部长，组织群众支援北伐战争。芜湖国民党右派在蒋介石支持下叛变革命，屠杀共产党人，俞昌准坚持斗争，创办《沙漠周刊》，宣传马克思主义，揭露国民党右派的罪恶。深入裕中纱厂、火柴厂，组织工人罢工。八七会议后，他再次回到南陵，组织开展农民运动，建立了南陵县农民协会，1928 年 1 月，他在谢家坝领导成立南、芜边区苏维埃政府，任主席，在严重的白色恐怖中树起了南、芜边区农民政权的第一面红旗。他领导谢家坝、白沙圩农民武装暴动，遭国民党军队镇压后，他转移到安庆，在极其危险的环境中，以安徽大学学生的身份作掩护，领导和组织学生运动。9 月任中共怀宁县委委员、共青团怀宁县委书记。1928 年 11 月 22 日晚，因叛徒出卖被捕入狱。在狱中，他理直气壮地反驳敌人："我们共产党领导全国人民推翻黑暗统治，创造光明的新中国，何罪之有？"1928 年 12 月 16 日，蒋介石亲自下令，俞昌准被国民党军警杀害于安庆北门外刑场，牺牲时年仅 21 岁。

五、珍贵史料

（一）大事记

1923年4月，上海大学将原附设之"普通科"改为"中学部"。

1923年7月，上海大学提出中学部的创办理念是为了适应社会迫切的要求。确定高中部采取学分制，主要课程有：公民与伦理学，国文，一门外国语和算学等等。初中部则不采取学分制，以基础教育为主。

1923年8月，陈德徵受聘出任中学部主任。

1923年8月13日，开设高三一班，为一般旧制中学毕业而程度未能考入大学的热心向学的学生服务。

1923年8月23日，确认中学部采取选修制，并提议举办高三，以副一般旧制中学毕业才力不及入大学者向上求学之望，已得校评议会正式通过。

当天发布消息，正式开始初一学生招生。

1924年1月31日，聘定杨明轩担任中学部主任，接替辞职的陈德徵。

1925年3月，聘定刘薰宇为中学部主任。

1925年5月，师生参加五卅群众示威游行。

1925年8月，刘薰宇去职，侯绍裘接替担任中学部主任。

1925年8月，发布通告：凡南通英化、南陵乐育等教会学校的学生欲转学者，由本校核准即得免试入学。

1925年8月，发布通告：因容纳各地教会学校学生之要求，特增设特别转学生。学额一百六十名。

1925年9月，开设新班次和招收插班生。王稼祥等入读。

1925年10月30日，师生联名发起非基督同盟征求会，于下月成立。

1926年3月19日，师生集会，声讨北京"三一八"暴行。

1926年5月，购定江湾西首地三十余亩作为校基。

1927年3月，在上海工人三次武装起义期间，师生参加武装斗争。

1927年4月，侯绍裘因公私事繁，不能兼顾，聘请张作人代理校务。

1927年5月，同上海大学一起被反动派封闭。

（二）早期学生刊物《上大附中》辑录

《上大附中》是上海大学附属中学学生会主办的半月刊，1925年五卅运动之前出版了三期，后因五卅运动，学校被封，一度停刊，1925年10月复刊。目前所看到的只有四、五两期。该刊长为27.8厘米、宽为19.5米，内容有时评、论著、学校新闻等。（图1-24、图1-25）

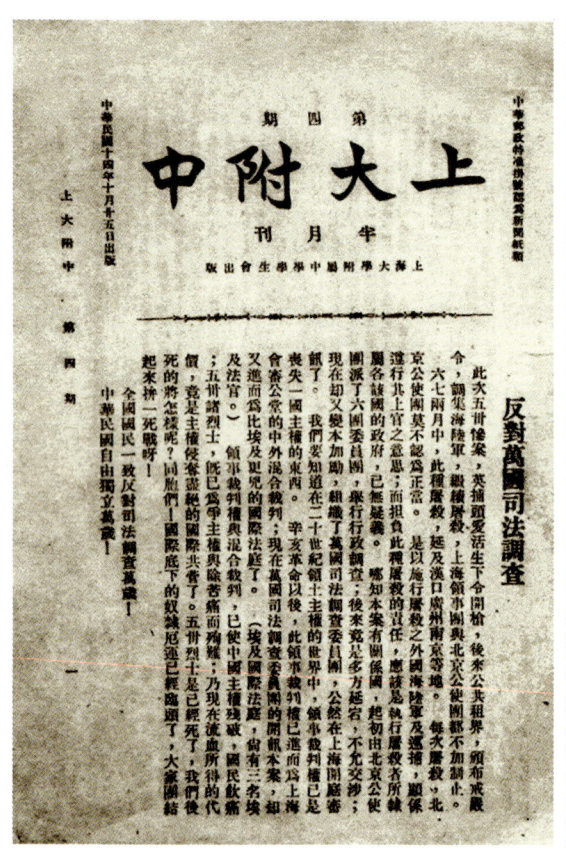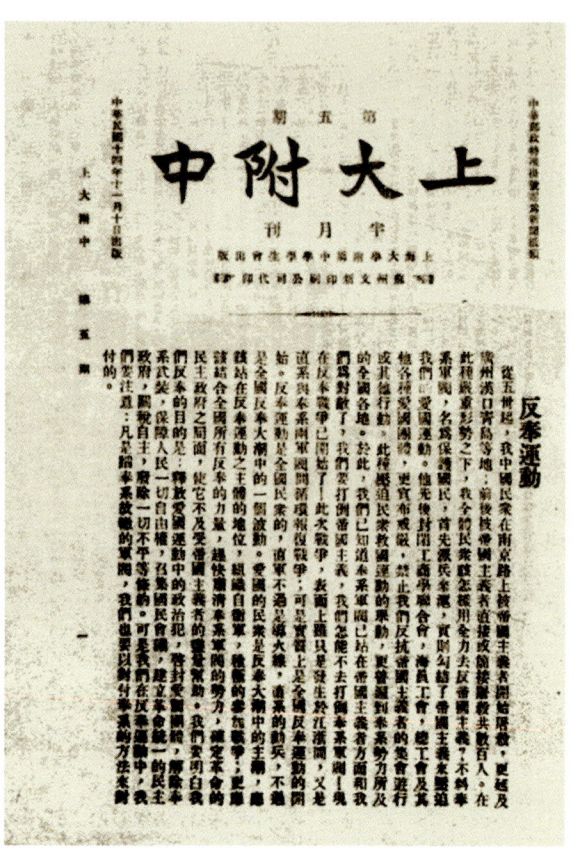

图1-24　《上大附中》第四期、第五期

第四期目录（1925年10月25日）

1. 反对万国司法调查
2. 本校最近设施的实况和此后进行的计划（钟伯庸）
3. 辛亥革命纪念（高尔柏）
4. 女子教育与上大附中的使命（唐棣华）
5. 校闻
   聘定各项主任和校务执行委员
   学级主任的推定

学科主任的推定

社会科教员和特约讲师的聘任

课外讲演

反对万国司法调查

此次五卅惨案，英捕头爱活生下令开枪，后来公共租界，颁布戒严令，调集海陆军，继续屠杀，上海领事团与北京公使团都不加制止。

六七两月中，此种屠杀，延及汉口、广州、南京等地。每次屠杀，北京公使团莫不认为正当。是以施行屠杀之外国海陆军及巡捕，显系遵行其上官之意思；而担负此种屠杀的责任，应该是执行屠杀者所隶属各该国的政府，已无疑义。哪知本案有关系国，起初由北京公使团派了六团［国］委员团，举行行政调查；后来竟是多方延宕，不允交涉；现在却又变本加励［厉］，组织了万国司法调查委员团，公然在上海开庭审讯了。我们要知道在二十世纪领土主权的世界中，领事裁判权已是丧失一国主权东西。辛亥革命以后，此领事裁判权已进而为上海会审公堂的中外混合裁判；现在万国司法调查委员团的开讯本案，却又进而为比埃及更凶的国际法庭了。（埃及国际法庭尚有三名埃及法官。）领事裁判权与混合裁判，已使中国主权残破，国民饮痛；五卅诸烈士，既已为争主权与除苦痛而殉难；乃现在流血所得的代价，竟是主权侵夺尽绝的国际共营了。五卅烈士是已经死了，我们后死的将怎样呢？同胞们！国际底下的奴隶厄运已经临头了，大家团结起来拼一死战呀！

全国国民一致反对司法调查万岁！

中华民国自由独立万岁！

本校最近设施的实况和此后进行的计划（钟伯庸）

教育的主旨，是要使被教育者得到生活上的智识技能；从而旧生活崩坏和新生活的创造，就成为教育的中心问题了。我们不必管教育思潮怎样变迁，教育的主义怎样纷更，但总离不了这个"生活"的中心而去找别个不实现的玄境的空想。生活的意义包括很广，在现今的人群组织状态中，自然以经济为构成的基础，以政治为统辖的力量。新旧生活的好坏，就是经济、政治之制度的关系。制度又根据生活的实际状况而发生的。所以教育的目的，在使被教育者明白了社会生活的实际状况和其构成的原理，再授与以相当的智识技能，为创造新生活的工具；教育的设施，除造成合于新生活的环境以外，还要使被教育者有参与社会上各种运动的机会，使他们对于新旧生活的不同格外明了，能把社会的各种制度，看成自己的生活上的需要：要那才是真正办教育；这种教育出来的青年才可以讲到"改造社会"。

上海大学的使命，就是上面所说的一些。谁也知道"上大"是最革命的学校，"上大附中"自然为"上大"之预科；以往成绩之贡献于社会的虽然不多，而一切设施上之主旨，却可以想见了。四年来突兀撑持在帝国主义笼罩住的上海市上的本校,办理的状况怎样?过去的历史如何?知道的人恐怕很少。但社会上既有了本校,就和社会发生关系,垂念本校的人们!试看一看我们办理的真相。

以往的历史,不必再说,我们也无从说起。在最近的回忆中,大家都晓得"上大"在五卅以后被帝国主义的英国军队所封闭过,那时本校也暂辍弦歌,为复活之谋。暑假以后,本校迁地重开,又复旧观;而且上课比别的学早、来的学生比从前加多;新生的程度,也比历届招收的要好;这是我们可以自慰的几点。现在把两月来设施的实况,概述如下:

（一）学校内部的组织

本校对内外的全部事务,由校务主任（正副各一人）负责施行。其下分设事务、教务、训育三主任。更聘住校的专任教员和以上各主任合组校务执行委员会,为最高权力机关;所有经济的支配,职务的分任,学生的升级降级及毕业,和采择学生的意见,都在委员会决定。教务训育二主任以下复设学级主任和科学主任。每学期开始及终了时,各开全体学科主任会一次,决定半年内教学的方针和学科的内容,会议闭幕期间,则由学级主任会负教学上最高责任。学科主任在平时各组学科分会,规划某学科内科目之增减和教材的审定等事。学级主任亦得召集各年级内的科任教员组成学级会议,商酌各年级内的诸种事项。如用图来表示,可以说学科主任会是横的组织,学级主任会是纵的组织了。

学校组织系统表

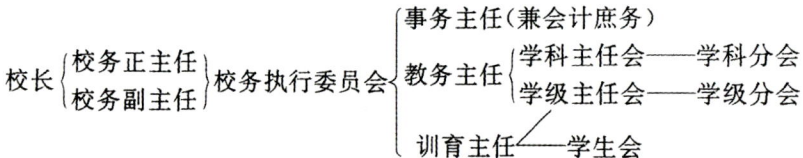

（二）学级的编制

上学年初中三年级独付缺如,所以本学年的高中一年级,完全是新招的。高中部因经费支绌的缘故,只设一科,叫做国文社会科（科的定名容后讨论）。因为上海大学有社会学系和文学系,所以附中乃有此科。原有高中二年级已升作三年级;本学年因为二年级新生投考的极少,所以停止开班。三年级新生特多,从教会学校出来的尤为踊跃。初中部三年级都全,但学生总数几和高中部两级相等。全校以初中一二年级的学生为最少,这或者因为本校以往的设施,尚未得社会大多数的同情吧?

新旧学生统计表

（甲表）　高中一年级　十七人　　高中三年级　三十三人
　　　　　初中一年级　十二人　　初中二年级　十五人
　　　　　初中三年级　二十一人

（乙表）　陕西　一人　　四川　二人　　湖北　一人
　　　　　湖南　二人　　安徽　十一人　江苏　三十二人
　　　　　浙江　二十一人　福建　三人　　广东　十八人
　　　　　广西　四人　　台湾　二人　　朝鲜　一人

（以上共九十八人,内女生十二人,男生八十六人）

（三）学科的支配

初中各级的学科，全依照新学制的课程标准，不过分量的多少，颇有不同。每周授课的时数平均为三十三时。艺术和体育两科，因校舍和设备的关系，还未完全，这是我们很抱歉的。高中部文科和社会科的设置应得相等，但是文科方面，包括中国文学及英国文学，授课时数便不得不增加了。社会科的初步，应得教授文化史和政治地理等。此外人文科及自然学科，也须加授几种。所以高中每周授课时数，较新学制所定的标准，要多出来不少，这是在初设分科所不能免的现象。已设的高中部的科目，分作以下六科。（特约讲演，不列入规定的学科以内）

甲、国文科（包括选文、文法、修辞、文学史、小学等类）

乙、英文科（包括选文、文法、修辞等类）

丙、社会科（内分社会学、社会问题、政法、经济、现代思想五科目）

丁、史地科（内分中国近世史、世界近世史、世界文化史、世界地理、政治地理五科目）

戊、人文科（内分论理、心理、伦理、哲学四科目）

己、自然科（内分生物学、科学概论两科目）

（四）教学的方法

食物要咀嚼而后能消化，决不可大口大块的生吞下去的。自己饿了，才觉得食物的需要；所以饱食的时候，什么山珍海味，都等于粪土。教学的方法，应该如给人食物一样，要把学生自己需要的教他无关的问题，虽讲得动听，也没有用的。本校教师都很注意到这一层，在初中各级，参取题讨论的教式，使学生知道探求某种学科的需要；在高中则取研究批评的教式，而不偏于讲演，以正确学生所学得的智识。两月来试验的结果，觉得教室内的兴味比前浓厚的多，不可说没有成效了。

（五）训育的要旨

训练重在课外的修养；本校唯一的希望，在能养成勇敢有为，能活动的青年，所以训育也着重团体生活一方面。学生的组织以学生会为中心，训育主任除可以直接指导学生会的行动外，还时常在学生相互讨论的中间，加入谈话；一以明白学生的个性，一以辅助发展其群性。向来学校制度上所用的几种惩戒方法，我们都废止不用，到今学生也没有闯过什么大祸。

本校最近设施之实况如此；以下再谈谈我们此后进行的计划。

（一）整顿高中部的学科　　本校高中部所设国文社会科，在名义上似乎牵强一点。假使学校的经济力增厚了，应该把"国文""社会"两类性质不同的学科，分作独立两专科（人文科、社会科）。已经施行的高中的学程，太偏于一方面，以后设法加多社会科人文科的分量，使该科的学程，格外充实；学生毕业后入大学社会学系或文学系，格外觉得便利。

（二）扩充初中部艺术体育两科　　这两科未能完全的原因，略述于前。我们希望在新校舍建筑的时候，开拓一个工场，造几间艺术科的特别教室，和一个广大的运动场；同时设法购置些工具，把这两科扩充，以合于新学制的精神。

（三）谋纪律的整饬和团体势力的集中　　学校纪律的弛懈，就是校风的颓败。我们既不愿讲"师道尊严"那种废话，却也不愿学校发现无政府的状态。我们又不希望学生都是驯良似的保守分子，却也不希望养成一般卤莽暴躁的青年，所以团体力的凝固和纪律的整饬，是现今学校中极紧要的事。中国教育的失败，大半由于无主义的训练，和一味取专制式的干涉方法的缘故吧？近来虽有讲自由主义的训育者，但实际上，只是多了一些无意识的学潮呵！本校从各处来的新生，占十余省区的地域，各人以前所进的学校，各有风气，于是生宽猛紧弛不同之感。听说学生会开会时，常有精神不甚团结的现象；又如课外闲散的时候，往往不免有一种轻率狂躁的举动（初中部的学生为多），都是这个道理。我们以后抖擞精神，准备着做矫正这种大病的工作。

（四）指导组织学术的团体　自由研究的学术团体的组织，能够补课堂教授的弊病，在一般的教育学上，有重大的价值。本校虽有各级讲演会的组织，却不重在学术研究一方面，所有须得指导学生另组织自由研究的学术团体；将来办有成绩，也可贡献到社会上去，同时本校的主义，也得普遍一点。

——十四年"双十"前一天——

辛亥革命纪念（高尔柏）

十月十日是辛亥革命的纪念日，是无数被压迫者中间的勇士很坚决勇敢的颠覆了软弱无能横征苛敛的满清的统治而建设了民主共和的中华民国的纪念日，是中华民国的国庆日！可是辛亥革命究竟给了我们多少好处？现在的政府是否对外不软弱无能，对内不横征苛敛？现在的中华民国是否已共和，已民主了？今天——第十四个国庆日——是否有可庆可贺的地方？

老实说：辛亥革命不过是使英法美日帝国主义者在中国成了统治的势力，是使军阀成了割据的领主；这种现象是可庆吗？辛亥革命不过是使人民对外加多了外债赔款的重大担负，对内加紧了军阀官僚的严重压迫；这又是可庆的吗？国际条约的加重束缚，国内战争的更为纷扰，国家政治的加倍混乱，国民生计的奇特窘迫；这些现象又是值得我们庆贺的吗？尤其是今年的国庆日，一方我们国民革命的领袖为中国民族求独立自由平等而奋斗四十余年的孙中山先生竟于三月十二日抛弃了未完的事业和全国被压迫的民众而长眠不起了；一方我们全中国的民族独立运动被帝国主义者任意惨杀至今还没有相当解决；我们在这时期内怎能不更悲伤而反庆祝呢！这样，辛亥革命纪念日——国庆日——是可庆呢？可吊呢？

辛亥革命的结果，有任何一件事可以庆贺的？辛亥革命替我们做得这样糟，累我们受尽了今日的种种痛苦！那么，辛亥革命是革命错了吗？不是！

辛亥革命是一个次殖民地的国民革命，外国资本主义势力猛烈侵略中国，压迫而且破坏了中国封建制度的经济组织，引起了许多人生活的困难，甚或离开他们的工具而流为失业者的必然结果；它不仅仅是由于满清政府昏庸暴虐和贪官污吏的横征苛敛及汉人的仇恨满族而发生的。当那整千整万人民受到国际帝国主义的经济压迫时，虽是没有国民党大声疾呼地唤醒人民，奔走运动努力革命，革命之火终于也要燃烧的。

可是辛亥革命终究错了的。——他们不能在这必然的过程中善用适当的革命方略。他们不宣传民众，不组织民众，不训练民众而只是武装暴动，以致这偶然成功的革命运动，不久便被反革命势力扑灭。十四年来军阀官僚所以能勾结帝国主义扰乱中国，都为了民众没有力量，而民众的所以没有力量，都为了革命者对于民众没有加以宣传、组织和训练！因此，我们要继续辛亥革命未成的事，我们要觉悟到宣传、组织和训练民众的重要。辛亥革命的口号单是"推翻满清"这又是错误的。辛亥革命很显明是帝国主义经济侵略的必然结果，但是辛亥革命者只把一个重要的"满清"做革命对象。因此一般民众不过希望推翻满清，皇帝也好，总统也好，只要我们汉人来做，于是辛亥革命成功了，民众便放任军阀官僚去勾结帝国主义者来压迫全体国民；而在政治上有权力的革命志士竟也忘了一般群众，自己去作乐享福了。同时，还有主张联合某一个帝国主义者向别一个帝国主义者争回利权，或希望他们自己交还我们的利权，所以不愿"打倒帝国主义"。这完全是梦想！帝国主义的所以侵入中国完全是经济发展的必然结果；就是帝国主义者自己要不侵略弱小民族，但原料何从出，市场何处找，资本何法投？它自己也没有方法的。

至联合某一个帝国主义者向另一个帝国主义者争回利权的观念也是错误的。试问帝国主义者谁能真心帮助我们？老实说，表面上要帮助我们的帝国主义者，它不过要在中国占独霸的势力吧了。我们的所以要革命，推翻满清，不过要得到一个好的政府以打倒帝国主义在华的努力吧了，然而辛亥革命的民众都忽略这一点，以致满清虽倒，帝国主义的势力仍盘据于中国！因此，我们要继续辛亥革命，我们必须直捷爽快地提出"打倒帝国主义"的口号，很毅决的不妥协的打倒帝国主义！

但我们要继续辛亥革命，要打倒帝国主义，我们应当联合各阶级，使他们为自身的利益来参加反帝国主义的革命工作。工业资本家受到外国工业资本主义的压迫，致不能发展自己的产业，自然希望打倒帝国主义的。小商人、小工人、各种职员、兵士、学生以及一切要改善自己的经济地位，求免于日趋贫困而不安定的生活地位，也是要打倒帝国主义的。尤其是农民与产业工人，在现在帝国主义剥削下更为穷苦无告；他们没有甚么挂虑留恋，他们革命了，所得的是一切利益，所失的只是铁锁吧了。因此，我们要打倒帝国主义，我们非将有此种要求的各阶级分子都联合起来不可。惟有联合各阶级一致起来，才能和帝国主义相抗！

我们更其要联合全世界反帝国主义的势力。中国为求自己的解放，要打倒帝国主义；各殖民地国家，各帝国主义国家的无产阶级，为求自己的解放，也要打倒帝国主义；就是无产阶级国家——苏俄，要想不被帝国主义所覆灭，帮助被压迫民族的反帝国主义运动，当然也要打倒帝国主义的。我们——中国，各殖民地国家和苏俄——都要打倒帝国主义，我们为甚么不把这种共同志愿的人联合起来向我们的共同仇敌——帝国主义者作战呢？而且帝国主义者都已联合一战线向弱小民族进攻了，我们要冲破他们坚强的联合战线，我们怎能不也联合起来呢？要是我们真的有联合，有可坚固的战线，帝国主义是十分恐怖，是马上要归于倒灭的。全世界十二万五千万的被压迫民众联合起来进攻二万五千万的帝国主义者人民，那是一件必胜的事呵！全世界的帝国主义者都要倒了，自然中华民族在世界上也得到了自由平等的地位，辛亥革命未完的事业于此也告成了。

因此，纪念今年的国庆日，我们应有下列口号：

联合全中国各阶级！

联合全世界被压迫民众！

打倒帝国主义！

女子教育与上大附中的使命（唐棣华）

女子在受高等教育么？

现在的教育怎么样？

政治腐败教育能振兴么？

上大附中的革命精神与女子教育？

从前以为女子的天赋体力柔弱，男子的天赋体力强壮，所以自然发生"男子治外，女子治内"的区别。但考这句话的意思，大概含二点：一是说，男子生来就有家庭以外之天职，而女子的天职仅在家庭以内，所以女子无须受高深教育；第二点是说，男子身体强壮，适于外部的操作，女子身体柔弱，适于内部操作，所以女子也无须受高深教育。不过第一个理由，于根本上就不能成立，因为男外女内不过是历史上由种种原因之结果而成为习惯的事，并非天经地义永久不变的定律。所以假使女子习惯了从事于外，男子从事于内，便可变为女外男内，想也一定可以的。第二个理由虽然有些研究的价值，可是我们看希腊故事中的亚墨孙种族，是女丈夫之群，当时的男子体力，常有不及伊们的！再看阿非利加的内地，有一种族，女子是代男子而执政权的；因为伊们腕力比男子来得大。在那阿富汗的种族，女子从事于战争和狩猎，男子反执家庭的事务。在远古民族时代，女子曾居社会经济的重要地位，女族长制度，延续得非常之久。现在野蛮民族中如印第安土人及白林海峡东南之各种野蛮部族，至今尚以女子为社会的重心人物；所以女子的体力，并非原始就柔弱，乃是环境和习惯所造成的。那么男女的体力，不是一样么？男子可在外从事社会事业，女子也可以的，男子既可受高等教育，女子当然也可受高等教育了。

至于有人说"女子的智力柔弱，若使伊们同受高等教育，将过劳生病，或竟不能上进；这是违反教育的目的"。但是女子智力，究竟柔弱吗？

上面从事实方面考察，现在再就学理上研究，便知女子天赋的智力决不下于男子。女子的智力所以幼稚，能力所以薄弱，因为女子的教育权是一向被男子剥夺了的。现在已有科学的证明，大家公认为男女的天赋智力是一样的，没有什么高低；于是所谓"男子治外，女子治内"的旧观念也不能成立。且大家都知道男女是一样的、相等的，男子做的事情，女子也可以做的，什么职业、教育、参政……等等的事，女子也可以做的，也是应该有的。男女既同是国民，国家的兴亡，女子也应担负一半重大的责任。

现在民主国体之下男女国民对于国家都有应尽之义务、应享之权利；至于义务如何去担负，权利如何去享受，这是全靠着教育慢慢的去养成的。

义务非学不会尽，权利非学不会享，全国国民，要是有一半不会尽义务，不会享权利，这个国家是断断站不稳的。所以要想建设一个健全的国家，必先要个个国民，无论男的女的都有健全人格，都有相当学识、技能、品格、体力，去分挑这公共的担子。

照这样看来，女子教育是建设健全国家的一个要素，并且女子应和男子受同等的教育。男子受高等教育，女子也断不可缺的。

所以"妇女问题"中最重要的是女子应受高等教育一问题。因为妇女没有受到高等的教育，简直谈不来"参政"，也说不到高尚的"职业"、"义务"。如果占全国国民半数的妇女都没有受到相当的教育，那么国家的改造，简直没有希望的。要知道国家是男女合组而成的，国家的事情断不是仅仅男子可以担任得了的，更不是无须女子担任的；必须要男女协力去做的！这样，女子不是也应当受高等教育和男子相等么？

果然女子是应该受高等教育的，可是没有适合的学校，给女子以受高等教育的机会，那有什么方法呢？我们试举目四顾，中国的教育终于不能不引起失望之感！男子教育尚未发达，难能找得一个在功课上思想上都合意的学校；何况女子教育！学校中的各教员苟能个抱着办教育的正确着念，于功课上可以使学生满意的，在现在的中国能找出多少？现在的社会是黑暗的、污浊的、混乱的，学校的环境便是这个社会。所以要学校改善，不能不起引社会惊疑，更不能不引起他们反对。因此办学者非有彻底的主张、坚忍的毅力、牺牲的精神，决不能向进步之路上走。可是在现在的中国有多少学校能适合上面的条件？

学校是应社会所需要而设立的，但在过渡时代新陈代谢的时候学校不能专应社会的需要了。譬如社会尚保守旧习惯，那学校不能应了社会的需要去保守旧习惯的。学校在这个时候，要做社会的先导，要改良社会的一切恶习惯、恶道德。学校能这样，社会才能进化，才能生存在这争斗的世界上。否则学校常常跟在社会的后面，不去改良社会的恶习惯，那社会永不能进化，永不能和世界各国相斗争。可是在现在的中国，有多少学校能够这样的？

在新陈代谢的时候，学校要做社会中心分子，不能不养成那种学生——能用自己的智识见解去打破家庭和社会的恶习惯，保守着个人的人格，不顾一切和社会奋斗，不被恶社会所同化。可是在现在的中国，能有几个学校能造成这种学生的！

现在的学校，在男校里，不过造就了许多"希望骗到一张吃饭证，用来做敲门砖，敲军阀的门"的学生。在女校里所造就的女学生是"只希望读了书嫁人可以便当一些吧了。到了中学毕业了，把人的资格够了，做起新娘子来也可很漂亮了。伊们的读书不为了读书而读的，不为了社会而读，不为了做人而读的，读书是为了嫁人所读的"。这是甚么现象？不要说没有机会给我们受高等教育，就是低等教育也不过造就了这些人才罢了。这样，我们就是应该受高等教育的，但没有给我们受高等教育的机会，我们有什么方法呢？

但是为什么我们没有受高等教育的机会？为什么教育不振兴呢？

说到这里，我们便不能不想到我们中国的政治状况了。政治本来是人民生命、自由等等的保障。在专制时代，保障人民生命、自由的权力全在君主一人手里，所谓君主有生杀予夺之权力的。有时人民幸而碰到了一位贤明的君主，生命和自由便得保障，安然无事；要是碰到了一位昏暴的君主，那人民便要受尽痛苦，无所逃命了。但民主时代就不同了，我们人民自己来做自己的生命、自由等的保障。我们举了我们的代表来规定保障我们自己的生命、自由等的章程，我们举了我们人民中的优秀分子来实行保障我们自己的生命、自由等的规律。我们现在的中国就是这样的国家，是民主政治的国家；可是在实际上，我们人民实在不能保障我们自己的生命、自由，我们的生命、自由都操在腐败的官僚和暴横的军阀手里头呀！那些军阀，那些官僚，勾结了外国帝国主义者，直接的、间接的杀害我们的生命，剥夺我们的自由。我们的生命没有了保障了，天津、山东……各地为了救国运动而被军阀惨杀的同胞，不能以数计了；我们的自由也没有保障了，上海、济南，……各地为了救国运动而被军阀、政客封闭的团体也不知多少了。军阀、政客把全国的收入，人民滴滴汗、滴滴血所汇合而成的全国的收入，全放在他们自己荷包里，什么教育，什么教育经费，他们是不会顾到的。提倡教育的人，又怎能饿了肚子去提倡呢？即使你用了九牛二虎之力，使教育很发达，——这实在是不可能，在坏政治之下断不容教育得有进步的机会——可是坏政治可以用一刻的功夫，把你苦心孤诣日积月累得来的成绩，扫荡得干干净净。上海大学的被封，北京女高师的被解散，都是恶政治之下的必然结果吧！

因此我们可以知道：在恶政治之下，教育是不能发展的。我们要女子受高等教育，我们必先要有好教育；可是要有好教育，必先要有好政治。但我们怎样得到好政治呢？

现在中国政治的腐败，都为了外有帝国主义者的侵略，内有军阀的压迫；所以我们要得到好政治，非用革命的手段，打倒一切帝国主义者和国内军阀不可。

用革命的手段打倒了帝国主义和国内军阀，中国才有好政治；有了好政治，才能振兴教育；教育振兴了，女子才可达到受高等教育的目的。所以我们女子要想受高等教育，我们便不能不去打倒帝国主义和国内军阀！

谁能负政治革命的使命的？

我们上大附中是能担负政治革命的使命；我们上大附中是领导政治革命的群众的；我们上大附中是政治革命的先锋队。我们只要翻开最近一页的学校历史来看，我们就可知道它在政治革命中是占了一个怎么样的地位了。就拿五卅运动来讲吧：五卅运动是中华民族的独立运动，是要中华民族在世界上得到独立、自由、平等地位的大运动，是实行和帝国主义者接触的战争，是中国在历史上少有的政治革命，是大革命的开始。而在这伟大的运动中，我们上大附中便是一个发动者、指导者，同时是斗争的先锋队。因此，我们可以说：上大附中目前的使命，是政治革命，然而它所以要政治革命，也不过为了要中国民族在世界上能独立，中国国民个个都有生命、自由的保障，和使中国各种事业都能发展吧了。它的最终的使命，还在政治改革后的各种事业之发展。当然的，提倡女子高等教育，也是它最终的使命的一部分了。

今天是中华民国十四年的国庆日，中华民国已经过了十四年的长时期了，可是成绩如何？不但我们人民在政治上得不到地位，就是连高等教育也无权享受，所以我们要争求学权，我们怎能再犹疑地不奋勇而去革命呢？

校 闻

聘定各项主任和校务执行委员

本学年开学前，校务主任侯绍裘先生即聘定沈观澜先生为校务副主任兼事务主任；钟伯庸先生为教务主任，周天僇先生为训育主任。以上各主任均为校务执行委员会的当然委员外，更请黄正厂、陈蕴章、高尔柏三先生任校务执行委员会委员。开学后，各主任分掌校事，委员会协议校政，进行均不遗余力云。

学级主任的推定

此项主任系属新设。第一届校务执行委员会中，即推定各级主任如下：初中一年级钟伯庸，二年级黄正厂，三年级陈蕴章；高中一年级沈观澜，三年级周天僇。每学级主任，均负训育、教务上的各种责任，并组织学级主任会，讨论各级共同之事。

学科主任的推定

第二届校务执行委员会议决将初高中两部各种科目之性质相同的归纳为九学科，每学科设一主任负该学科进行上的完全责任。当即推定主任九人，国文科钟伯庸，英文科沈观澜，数学科陈蕴章，社会科高尔柏，史地科周天僇，人文科杨贤江，自然科张作人，艺术科陆宗赞，体育科傅君亮（傅先生系本校校医）。各主任合组学科主任会议外，每科并组织分会议以讨论某学科内科目上之问题。

社会科教员和特约讲师的聘任

高中部社会学科内各科任教员，甚不易物色。主任侯绍裘先生为发展该学科计，本学期特敦请大学部教授施存统、高语罕两先生担任社会学及政治经济，此外并聘请恽代英先生为该学科特约讲师。

课外讲演

本学年课外讲演，想时由学校或学生会请校外名。前数周来校讲演的有董亦湘先生的《民族问题》，沈雁冰先生的《大战后的国际形势》，听讲的非常踊跃云。

第五期目录（1925年11月10日）

1. 反奉运动
2. 谈谈教育（观澜）
3. 在现代中国的社会状态之下我们青年学生应该怎样？（徐德有 吕全真）
4. 革命者对于恋爱自由的见解（正）
5. 我为什么入上大附中—告老同学（准得）
6. 校闻

    组织"修改校章起草委员会"

校舍问题的讨论

周天僇先生辞职

非基督教同盟的发起

学生会的状况

附本校学生会组织系统和各项当选人员表

国民党区分部进行状况

反奉运动

　　从五卅起，我中国民众在南京路上被帝国主义者开始屠杀，更延及广州、汉口、青岛等地；前后被帝国主义者直接或间接屠杀共数百人。在此种严重形势之下，我全体民众该怎样用全力去反帝国主义？不料奉系军阀，名为保护国民，首先派兵来沪，实则勾结了帝国主义来压迫我们的爱国运动。他先后封闭工商学联合会、海员工会、总工会及其他各种爱国团体，更宣布戒严，禁止我们反帝国主义者的集会游行或其他行动。此种压迫民众救国运动的举动，更普遍到奉系势力所及的全国各地。于此，我们已知道奉系军阀已站在帝国主义者方面和我们为对敌了，我们要打倒帝国主义，我们怎能不去打倒奉系军阀！现在反奉战争已开始了！此次战，表面上虽只是发生于江浙间，又是直系与奉系两军阀间循环报复战争；可是实质上是国反奉运动的开始。反奉运动是全国民众的，直军不过是导火线，直系的动兵，不过是全国反奉大潮中的一个波动。爱国的民众是反奉大潮中的主潮，应该站在反奉运动之主体的地位，组织自卫军，积极的参加战争；更应该结合全国所有反奉的力量，赶快肃清奉系军阀的势力，确定革命的民主政府之局面，使它不及受帝国主义者的尽量帮助。我们要明白我们反奉的目的是：释放爱国运动中的政治犯，启封爱国团体，解除奉系武装，保障人民一切自由权，召集国民会议，建立革命统一的民主政府，关税自主，废除一切不平等条约。可是我们在反奉运动中，我们要注意：凡是蹈奉系故辙的军阀，我们也要以对付奉系的方法来对付的。

谈谈教育（观澜）

　　开宗明义说几句，教育底本身，应以"人"为对象的；教育底目的，应该是扩大并丰富"人"底生活；教育底性质，应该随着时代、环境、潮流之变迁而变迁；换一句话说，教育底实施，应该是适应时代、环境、潮流的。就它对象和目的说，所谓以"人"为对象，以扩大并丰富"人"底生活为目的，就是说它是为"人而存在的；是为要使"人"底生活，由单纯进而为复杂，由冲动进而为理智，由粗蛮俗陋而为优美文明，由扰攘残暴而为和平亲爱，由黑暗悲惨而为光明幸福，而发生它的需要的就它底性质说，所谓随时代、环境、潮流之变迁而变迁，就是说实施教育时，该先从根本上把这个世界底已往的历史、目下的现状、未来的趋势，用科学的头脑和方法考察一个明白，然后再决定有适应这时代、环境、趋势并能促进之的性质的教育。明白些说，一个国家底教育的性质，要认识了这个国家底地位，认识了世界底状态，认识了国家应由之道，并认识了世界应由之道之后，才能决定的。这样的教育，才是为"人"的，才是创造的、前进的，我们所认定的真正的教育。否则终不免是盲目的、冲动的、无意识的。

因为教育是以"人"为对象的；以扩大并丰富"人"底生活为目的的；其性质，是应该适应时代、环境、潮流的；所以，一切"非凡人"的，"奴隶"的，少数特殊阶级的人所占有的，和为他们利用的教育以及复古的、保守的、空想的、反动的教育，都不是真正的教育，都是用不着的教育。以"修身齐家治国平天下"为目标的人才教育，以上帝底意志为意志以造成"上帝之骨"的宗教教育，和英国、日本、法国于印度、高丽、安南所设施的奴隶教育，果然不是教育；从前的帝王以至于近来的统治阶级——军阀、官僚、士绅阶级——对于他们脚底下的人所设施的顺民教育，何尝是教育？贵族阶级所提倡用以装饰门面的教育，国家主义者所提倡用以牢笼人心齐一天下的教育和资本主义者所提倡用以培养帮助他们掠夺劳动者生机的走狗教育，何尝配称到教育？专讲君臣父子、礼义廉耻的教育，果然不是教育；空想派的"新村"育教，"书生"气息的人格教育（我果然不否认人格的重要，但是近来有一批教育家，不留意到社会纠纷的根本原因，只是一味地提倡人格教育，以为解救纠纷的不二法门，我认为是十二分地不适合于时代与环境。）和依赖军阀官僚为行业的走狗派所提倡用以实现在军阀官僚富商脚底下他们底余唾为苟活的梦想的职业教育，何尝是适合时代、环境、潮流的真正的"人"的教育？他如店铺式的买卖教育，养成"社会之花"的"园丁"教育，更是不在话下了。因为这般教育专家，不是以培养"超人"为目的，便是以制造奴隶为目的；不是为少数特殊阶级的人而设，便是为为少数特殊阶级谋利益的人而设；却从没有以教育整个的"人"——人类"人"——为目的，也从没有为这个"人"而教育。

我对于教育是门外汉，我不敢高谈而且不高谈什么教育底精义和高妙的哲理。不过无论如何它终不能跳出"生活"（这里所谓生活"，并不是昏迷、畏怯、苟安、偷生的"生存"）圈子以外。可是生活是不绝地变迁的，是不绝地随着人类经济、政治底组织和制度而变迁的。我们因为要实施教育，所以先要明白生活底现状；我们要明白它底现状，又不得不考察现社会的经济、政治底组织和制度，因为惟有这经济政治，才决定了人底生活。所以我上面说，先要认识了国家底地位、世界底状态、和国家世界应由之道，才能决定一种教育底性质。不但教育者自身应该明白这些，就是对于被教育者，也应该竭力负使他们及早明白这些的责任。这样的教育，才不至于与人底"生活"风马牛不相及，才不至变为"超人""奴隶"……的教育。

现在要考察一考察我们底国家地位和世界状态。我们底国家是不是处于世界资本帝国主义和国内军阀的双重铁壁包围中，他们宰割、鱼肉的半殖民地的地位？现在的世界是不是呈一种凶暴压迫和平、强权压公理、统治者压迫平民……坐享的资产阶级压迫劳动的无产阶级，而成两大阶级对垒的现象？现在的中国，是不是应由打倒国际帝国主义，推翻横行不法的国内军阀而得到生活底自由和幸福？和现在的世界，是不是应由一切被压迫的和平的无产阶级,打倒压迫人的残暴的统治阶级?这些都是事实的问题,都有它们历史的背景和应运而生的现状来做我们眼前的铁证,谁也不能否认的。自来由教育的力量所建筑成的智识阶级,在人类社会上造了许多善,同时又造了许多恶。因为他这底地位,向来是处于治人者或助治者——帮助着少数上层阶级的人,谋利益幸福;所以由知识产生的法律、道德、制度等都是片面的,一部分人的。他们所造的善,尽归了少数人,恶,都加到与他们不相干的多数人身上去了。现社会底二大阶级,便从此造成。所以现在如其要提倡为"人"的教育,为"人"底生活的教育,为适应并促进时代、环境、潮流的教育,只有提倡打破旧时智识阶级少数人所作的一切,而重新建设为人群公共有利的一切的替被压迫者向压迫者革命的教育!只有提倡为和平、劳苦的平民群众底自由而杀出重重包围的铁壁的反抗教育!

现在国内一般的教育大家,他们多数都是喝过西洋的"文明汤"的;他们看到国家社会的纠纷,终摇头甩尾地叹着说,"中国教育实在太坏了,以至于国家弄到这般糟!"有的以为西洋之所以富强,由于失业者少(?),因此要提倡职业教育来救中国;有的以为欧、美、日本之所以雄踞世界,是由于国民能够一致爱国(?),能够实行富国强兵的主义,能够振兴实业征服他邦;所以要提倡国家主义的教育;有的以为社会的一切混乱,是由于"人心不古,世风日下",遂来高呼人格救国的道德教育;也有的全凭着自己的空想,以为人类始终应该互助互爱的,一切现社会的罪恶之鏊,使他们十二分厌弃而不忍再睹的,因此他们集合同志主张另造一个新天地,以"爱"来感化人,好像不吸人间烟火似地提倡所谓"新村"主义的教育,以享受个人精神上高洁的福为主旨的(这派要算最少数,而且是比较得簇新的一派)。此外还有以养成几个顾维钧、施肇基为主旨的人才教育,也不在少数。总之,他们不是要培养"机器"便是培养"君子""国家柱石";不是教育"顺民"便是教育安分的优秀分子。这是中国教育的现状。

教育界的先生们!抬起头来看一看国家社会底根本病源吧!在不平等条约紧紧束缚着,海关及其他经济大权皆操诸外国帝国义者之手,发展经济的咽喉已被人一手执住的中国,还梦想提倡实业挽回权利吗?每年数万万的被掠夺,加以国内年年月月的战争,小百姓的生机,成千成万地被灭绝;补漏式的职业教育还用得着吗?支配世界人类的生活的经济政治制度,已经把国家的墙打破了;这一国家的多数人所要打破的,也便是那一国家的多数人所要打破的;富了国、强了兵、振兴了实业,利益是谁享?所以要想用了"爱国"的美名来号召的国家主义的教育,来救多数人,是可能吗?讲到所谓人格教育、新村教育,更是"空中楼阁",他们像居在另一个地球似的,一天到晚只是讲些人道、互助,和什么精神上的慰安……,我觉得都不是被鱼肉的中国民族,被戕贼的大多数劳动群众所需要的教育!教育界的人们!你们如要赎你们过去用了知识去帮助懒惰的少数人掠夺多数人的罪恶,除了从速觉悟过来,站在被压迫阶级底地位上,鼓吹反抗,提倡革命,助他们解脱枷锁的革命的教育以外,没有第二条路!

临了,我还得简括地申述几句。我们需要革命,因为惟有它,才得把支配着"人"底生活的现有的经济和政治制度推翻了;从少数人特利的,变为人群共利的制度。我们需要革命的教育,因为惟有它,才能促进扫除人类社会中少数强盗残害多数和平群众的那种乌烟瘴气的革命事业，而把真正的"人"底生活扩大丰富到无止境的地步。这样，真正的教育目的，才会有实现的一天。

一，二，一九二五

在现代中国的社会状态之下我们青年学生应该怎样？（徐德有　吕全真）

一、

现代中国的社会状态：一方面受国际帝国主义者用奸滑的手段侵略，和强权的压迫，淫威的恐吓，要我们变做美洲的红人、非洲的黑人；另一方面是国内的军阀受洋大人的运动，死死的扩张地盘，推广私人利益，不问三七二十一的终日胡闹，横行内哄，和贪而不知足的狐狸一般，更骚扰民众生活之治安，阻遏国家政治之发展，和同类相残的兔禽为伍。腐败官僚、政客，又是专行吹拍的政策，使上者默许，令下者钦信，以谋个人生活快乐的发展。不尽公务，不负本职，专为资本家的走狗成了社会上的蠹虫。这般军阀，不独失去保卫民众治安的职守，反而专善为非作恶；这政客、官僚，不独辜负执政治民的名，并且用去了许多平民以汗血得来的金钱。

国家之兴亡，无论男女老少，都受着无穷的影响。我们青年学生，也是中华民国主人翁的分子，当这混乱无人的时候，全国国民都受着极大痛苦的时候，我们青年学生，尤其要担负着很大的"救国"责任了。要是我们青年学生再不出来救国，我们都快要做亡国奴了；这个，我们大家甘心吗？

我们青年学生既然负有救国的责任，那末先应该参入国民革命的队伍中，使得革命的步骤一致，革命早日成功，政治早入正轨。

军阀政客的恶势力这样的大，他们的淫威这样的凶猛，拿我们少数革命军的力量来和他作战，当然不能达到胜利的目的。所以我们还应该注意宣传工作，使一切劳动者和被压迫阶级，齐上战线，一同努力进攻，以期革命早成。

空言革命白说参加战线仍决是没用的。换句话说，不用炮火大战一下，革命终不得成功的。但我们在这次革命战争发生以前必须有充分的预备：

1. 储蓄钱财，以为将来粮饷之资。我们青年学生时常去不应用的金钱，如有吸香烟的嗜好等。贫民不穿美丽华服，也不见得他身体有所不畅或损失。所以吾们也可穿平常的衣服，节俭来储蓄一点金钱，预备将来在正当的时候用他。

2. 研究军事学术，以备置身战场。我们青年学生正在少壮之期，可以直接学习战术，精习操法，以便与敌方一决生死。

一切预备充足了，众心一致了，那末我想这战争没有不达到我们革命底一个圆满结果的。革命一日成功了，我们就早一天可享永远的幸福了。

二、

现在中国的社会状态，好像一个受伤极重的病人一样，周身百孔千创地，几乎没有一处皮肤是好的。他的病像虽重，我们要是把他的病源找寻出来，也不过有下列三种：外受帝国主义的压迫，内受军阀、政客的扰害，人民自身的不觉悟。中国的人民，处在这帝国主义和军阀两种压迫之下，要求真正的释放，除了实行国民革命，以打倒帝国主义和军阀外，再没有第二条路走了！革命是要国民自身的努力才行的，但现在的国民觉悟了吗？资产阶级的大买办，封建阶级的武人政客，智识阶级的大学教授，名流学者，方与帝国主义者勾结以吞噬，以剥削我们被压迫者的血，那里能够来革命？其余大部分的工农阶级、劳动者，他们虽然要革命，只因智力不够原故，使他们不容易成功。在这过渡时期，为切身的利害而加入革命战线引导无产阶级革命的是什么人呢？只有我们小资产阶级的青年学生们。中国现在已经处在次殖民地的地位了，中国的人民已经不是独立国家的人民了！可是革命不专是一部分人的事，是全中国人民的事。青年学生们！我们不要再做那学术救国的迷梦了！从图书馆里出来向民间去，加入革命的战线，打倒帝国主义！打倒军阀！那才是我们唯一的责任！

革命者对于恋爱自由的见解（正）

如果一个革命者，不晓得他自己的身体，连一根微细的毫毛也是归民众所有；不知道血管内所有的血，即使仅仅一滴也要为民众流；那末，他便不配称为革命者。因为革命不是为个人利益而是个人为民众利益而牺牲。所以，如果现在的恋爱自由说要是对于旧婚制含有革命的意义；那末，我们即使不问爱自由的本身如何，我们也当反对个人享乐主义的恋爱行为。

新制度是在旧制度中孕育成功的；在旧式婚制底下的轧姘头，本是未成形的恋爱自由。但是我们不能够拿恋爱自由加到轧姘头身上，犹之乎我们不能够拿小鸡这个名词加到将成雏鸡的鸡蛋身上去。因此，如果恋爱行为而是用了轧姘头行为，便不能称为恋爱自由。在这个革命时代，你要恋爱自由，你就先要向社会宣告，对旧婚制宣战；你要为恋爱自由而牺牲一切，你要不怕社会唾骂，你更其要使大家得着恋爱自由。如是，旧婚制才可以倒，恋爱自由才可以建立。

然而现在的所谓恋爱自由是怎样呢？他不是向旧婚制宣战的旗帜，而是自眩为新派的招牌；所以他用尽种种遮避社会耳目的方法，使自身一丝一毫也不受损失；而同时又可以借恋爱自由名义，替他个人享乐主义的轧姘头保镖。这种政策，实在比假正经的寡妇！一面偷汉子，一面建牌坊还要进一层，就是易卜生所描写的社会柱石，也是望尘莫及的。这种蝙蝠派的行为，实是世界上惟一的罪人。

虚伪永远是我们的仇人，一个国家的灭亡，往往是亡于卖国的伪国民。就是一切革命，所怕的也不是"反革命"与"不革命"，而是这班"伪革命"。所以现在的恋爱自由，所怕的也不是反对恋爱自由的旧婚制，而是这班正经寡妇式的恋伪爱自由。

现在我正告青年们，你如果要做个恋爱自由者，那末，即使旧社会因此而要毁灭你的身体，至于只剩一根毫毛，你还要向旧婚制宣战。如果你连一滴血也舍不得流掉，你便不配谈恋爱自由。

我为什么入上大附中？——告老同学（淮得）

我的一般老同学都很诧异并怀疑我此次到上大附中来读书。他们有的以为我自己不中用，没学问，可以随随便便无须考试的就进来做个正式生；有的就以为我是"赤化"了。可是，诧异并怀疑我的老同学们，都用错了心思，终于还是猜个不对！我自己虽不中用，没学问，但不至于考不取沪上的任何一个学校，这是我敢自信并已有事实证明了的，至于要指我是"赤化"，那简直是故意造谣，无中生有的话，与我实在没有一点关系！我老实告诉你们不必大惊小怪，鬼头鬼脑的，说我什么赤化，什么不中用，我进上大附中是有三个理由的。我是认清了它是什么样的一个学校才进来的。现在我把三个理由就写在下面：

（一）为研究社会科学而来的：我们在这人生存竞争的过程上看起来，都很易知道社会科学是与自然科学一样并重的；而在目前社会科学还比自然科学重要呢！我们为要适应于现社会，了解现社会，造福于现社会，我们就有研究社会科学的必要。可是那一个学校，能满足我们研究社会科学的欲望呢？我们看，沪上近来的学校，表面上为要满足青年的要求，特地设立了社会科学这一科的，却很有几所。但是这些——除去上大及附中——除了他们能达到赚钱的目的外，能不能够满足我们的欲望，那实在又是一个问题。因为他们都是资产阶级化的社会科学，不是我们所需要的。我们所需要的是无产阶级化的社会科学。而且我们要站在无产阶级方面研究社会科学，才能发现真理，能造福于现社会。施存统先生说："历史的经验告诉我们，真理是在无产阶级方面，只有站在无产阶级的观点上才能真正认识社会的真相，得正确的社会科学的知识。"这句话已说的很明白了。我要研究社会科学，我更要研究正确的站在无产阶级方面的社会科学，而只有上大及上大附中是研究正确的站在无产阶级方面的社会科学的场所；所以我就入了上大附中。

（二）为学得活动能力而来的：我们在上大附中的简章里面，不但知道它是我们研究社会科学的一个好的学校，还是使我们学得活动能力的唯一地点哩。诧异并怀疑我的人看起来，以为这又不对了！但你们曾听得蔡元培先生说的"求学毋忘救国，救国毋忘求学"的两句话没有，你们曾注意到中国的国势凌夷、经济困穷、政治混乱的状态吗？你们亦曾看见帝国主义者及其走狗——军阀、买办、富商……对中国的各种侵略和压迫工人、学生的爱国运动吗？你们亦曾晓得了外国的水兵和陆战队时常上岸无故残杀我们中国的同胞吗？……唉！像这些可痛的事实真是多的很啊！我们要免除这许多可痛可耻的事实，我们便不能不有充分的活动能力——领导民众起来革命，使中国政治改善，不再发生悲痛的事实，这样我来上大附中学习活动能力的一回事不是无意识的吧？即退一步讲，我们现在求学是要谋得将来饭碗的，可是我们对于一个半死半活不知世故人情，而单知道两句 Yes、No 或是 X 等于 Y 的公式的人出了校门有没有饭吃，也是发生很大的疑问的。倘使他觅到了一个啖饭的地方，而会不会马上就打破，那又不是两句 Yes、No 或 X 等于 Y 能做保障，能得维持的；还是要看他做事的手段高明与否和他学业程度如何为标准哩。所以我们现在就学得了活动的能力，那也是不违背求学的本意的。同时有了活动能力，在社会上活动，可以明了人间的习惯，洞悉社会的情状，学得做人的方法，得到了办事的经验。有了这番预备，虽不能担保我们将来一定有啖饭的场所，可是给了我们为解决生活问题的帮助也不少！这样我为什么不入上大附中去学习活动的能力呢？

（三）为反对基督教而来的：我一向在洋大人的基督教的学校里读书，并且是受了引诱入了教，做了个完全的基督教徒的一个人。在两年前，我好像才有点觉得我入教时的盲目和无意思，也曾痛悔自己的不该。但这时我不过是只痛悔自己当初的盲从，那会知道基督教的真实面具呢？直到我读了生理学、心理学、西洋史；课外又看了进化论、中国近百年史，我才晓得基督教的经典和教义完全是与科学相冲突的，以及它在中古的欧西和最近的中国做的种种惨无人道的罪恶了！到了这时，我一面切实的忏悔，一面就与基督教断绝关系，站在反对基督教的地位上来。唯其如此，我下了决心和老同学们一致的闹了风潮，脱离掉系着我五年多的毒链。现在我入了上大附中，是要加入反基督教的大本营，继续我反基督教的工作。我相信这样，我们才可实地和基督教宣战，连根打倒它在中国的所有势力及其侵略我国文化的政策。诧异并怀疑我的老同学们，你们既有勇气发难于先，何不继续反对于后呢？要明白我们都是吃了亏上过当的同病相怜者，我们不来反对基督教，谁来反对基督教？反对基督教正是我们的责任呀！老同学们，我们拉起手来合作吧！我的来上大附中的三个理由，就是如此。我的意思完了，我希望诧异并怀疑我的老同学们，从此可以释疑解奇；更希望你们真能觉悟到研究社会科学的重要，学得活动能力之关系，反对基督教之必须的三个切身大问题上来！

校 闻

组织"修改校章起草委员会"

本校章程，因内部组织之变更与课程之增减，认为有全部修改的必要。第四届校务执行委员会，即提出此案，议决推定沈观澜、杨贤江、钟伯庸三人为修改校章起草委员，临时组成委员会，限一月内将全部草案提出校务执行委员会公决，再提交大学行政委员会复议；大约一个月后，就可完成这项工作了。

校舍问题的讨论

上海大学建筑校舍一案，迭经大学行政会和大学学生会的讨论，到今还没有什么眉目。本校第六届校务执行委员会鉴于临时校舍不合于学生的修学，拟向大学方面建议积极进行，希望新校舍的早观落成云。

周天僇先生辞职

本校训育主任兼史地科主任周天僇先生因事辞职，特改聘潘枫涂先生担任训育主任兼国文教员，并请黄正厂先生担任史地科主任。

非基督教同盟的发起

本校本届新生从教会学生转来的很多，他们回忆在教会学校时的种种苦痛，想唤醒迷涂的青年，同情于反基督教的工作，于是就发起非基督教同盟。十月二十八日开成立大会，通过简章，选出胡警红、樊警吾、顾红玫三女士和朱怀德、徐德有二君为执行委员。听说现在加入的,还非常的多哩!兹将其宣言录后。

上海大学附属中学非基督教同盟宣言

宗教在二十世纪科学昌明时代本无立足之余地,可是在满受资本帝国主义的剥削侵略下的弱小民族而能以东方文明自慰的中国民族,那帝国主义者仍用的上帝的博爱牌子耶稣救世名义来蒙昧中国民族,消灭我们反抗的心理。

青年们,西国教徒受了祖国政府的扶养资助,到殖民地来遍设青年会教会学校以博利。诱买有作为的主力军——贫寒的青年们。青年们,我们不可以小我的私利而断送了大我民族的利益呀!

同志们!我们都是因为不耐受教会学校的压迫专制的奴隶教育而跑出来的。我们都是因为不愿天天念些"上帝""亚们"足以消磨志气的圣经而与假人道假博爱的牧师神父们反面的。

我们为什么不要奴隶教育?不愿受"博爱"的牧师神父们底教训?不是因为这种教育,足以麻醉我们清醒的头脑,永远在强盗下面做顺民的毒剂吗?最近各教会学生会所干的五卅运动都被那主张"耶稣救国"的教会学校当局摧残解散,这便是一个铁证,这不是确实可以说基督教是帝国主义侵略弱小民族的工具吗?

敬爱的青年!我们是负有极大的使命,解放民族。我们要打倒帝国主义,首先要根本铲除那麻醉人心的迷魂剂——实行文化侵略的基督教!我们知道团结便是力量,所以有组织本同盟之举。但我们要把我们底组织,建设在广大的群众上面,使他更有力量,来干实际工作。

被压迫的中国民众,快快起来!大家联成一体,共同反抗那吃人的资本帝国主义!联合全世界的平民,造成一个自由平等的大同盟世界!我们来高呼:

非基督教大同盟万岁!

中国民族解放万岁!

上海大学附属中学非基督教同盟万岁!

学生会的状况

本校学生最高而最扩大的团体,就是学生会,它的组织,系根据全国学生会的议决案而有所变动。开学后的一月内,各级举出代表,连续开了几次会议,才把章程修改完毕,内部也组织就绪了。现在各项事业,都已计划进行,希望它有较好的成绩,为新发展的本校,吐露出一些光彩来!

附本校学生会组织系统和各项当选人员表

各级代表会议——各级代表 { 徐海琛(初中一)、方志美(初中二)、覃泽汉(初中三)、赵振麟(初中三)、唐棣华(高中一)、秦治安(高中三)、朱宝栋(高中三)、王嘉祥(高中三) } 执行委员会——执行委员 {
- 总务部主任——吕全贞
- 文牍股——高万章,王心恒
- 交际股——周文在,姚丽文,邹慧珊,张际镛
- 庶务股——陆福如,李善宝
- 会计股——顾红玫,陈彭
- 图书股——吴雄基,高士林
- 卫生股——李纲枢,陈慧
- 纠察股——薛景炘,沈群仙
- 宣传部主任——俞昌准
- 出版股——谌盖勋,徐德有,包焕庚,瞿江
- 演讲股——樊警吾,来燕堂
- 演讲辩论研究股——李泳夏,文国华
- 农工部主任——朱怀德
- 农民股——吴耀麟,林惠昆
- 工人股——谭宝仁,傅孙志
}

国民党区分部进行状况

本附中自上学期在西摩路时,因党员渐多脱离大学部区分部而独立,隶第四区第二十二分部,本学期校址迁青云路遂隶属于第一区的闸北改为一区五十二分部。开学以来,外来同志报到者,新同志加入者颇多。到现在新旧党员计有四十余人了。十月十五日下午四时开全体党员大会,改选执行委员。当选者黄正厂(常委)、秦治安、沈观澜,候补委员钟伯庸、樊警吾。讨论本学期党务进行计划,议决组织通俗演讲部与中山主义研究会。前者以练习通俗演讲的技能与实行向民众宣传党的主义为宗旨。同志均得加入。该部事务另选委员主持进行。中山主义研究会,目的在使同志研究中山先生之学说,与国民革命之理论,以坚同志之信仰。会务亦另有委员主持。其研究方法,每月由执行委员会拟定各种问题令各会员认定研究。其研究结果撰为论文发表于刊物上或开会共同讨论,每月并由执行委员会请名人到会讲演以资探讨。又议决规定每一党员在三星期内须有一次工作的报告。十月二十六日复开第二次大会。黄正厂主席,修改中山主义研究会及通俗演讲会章程,通过新党员徐红涛、陈蕴章、谭宝仁、缪斯盛、郭毅、赵东海、乔余三等七人。闻近日新党员,仍日见其增云。

第二部分　十年跨越

一、应运而生——高标准、现代化寄宿制高级中学的诞生

20 世纪 90 年代，上海建设现代化国际中心城市的进程不断加快。浦东开发开放标志着我国全方位对外开放战略布局的真正确立，也把长期处于“后卫”位置的上海推向改革开放的“前沿”。党的十四大进一步提出，以上海浦东开发开放为龙头，尽快把上海建成国际经济、金融、贸易中心。邓小平同志南方谈话要求“上海要树立后来居上的指导思想，可以充分利用后发优势，发展起点更高一点，搞得更好一点，更现代化一点”。上海开启了改革开放和经济快速发展的崭新篇章。

为适应上海城市建设发展的需要，迎接 21 世纪知识经济、社会进步和人自身发展需求的挑战，提高新一代社会主义现代化事业接班人和建设者素质，提高民族创新能力，充分发挥教育的先导性、全局性、基础性作用，上海市委、市政府提出了“科教兴市”“一流城市，一流教育”的战略发展目标，把教育放在优先发展的战略地位。上海市教委制定了《上海市建设一流基础教育“九五”规划及 2010 年远景目标》，决定结合城市发展，建设 10 余所占地 150 亩左右、建筑风格各具特色、教育设施达到国际先进水平、面向 21 世纪的新型寄宿制普通高级中学，为扩大上海普通高中教育规模、提高上海基础教育办学条件水准、高标准实施素质教育、培养跨世纪人才服务。同时根据上海市示范性普通高中办学标准，建设 30 所左右各种类型的示范性普通高级中学，形成普通高中学校改革发展的导向和激励机制，发挥其在实施素质教育中的示范和辐射作用，带动普通高中教育改革和发展。

宝山作为上海第一个城乡一体的改革试点区，探索推进城乡融合发展，打破了城乡二元结构、实现了城乡一体化，经济社会快速发展，加之因城市建设动迁带来的人口快速增长，致使原有的优质基础教育资源更加不足，宝山人民迫切希望本区能有一所与市区相当的现代化标志性寄宿制高中。

为满足社会需求，宝山区委区政府决定投资兴建高

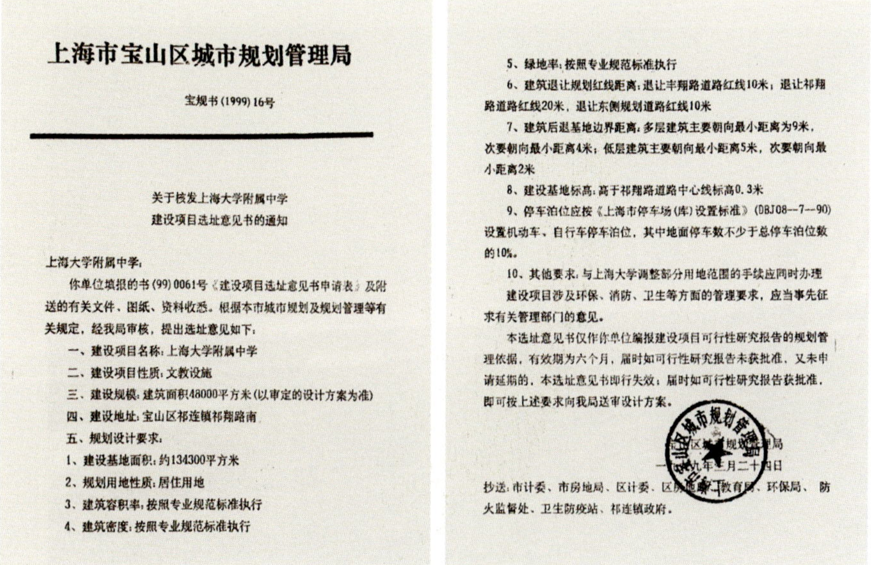

上海市宝山区城市规划管理局

宝规书（1999）16号

关于核发上海大学附属中学
建设项目选址意见书的通知

上海大学附属中学：

你单位填报的书（99）0061号《建设项目选址意见书申请表》及附送的有关文件、图纸、资料收悉。根据本市城市规划及规划管理等有关规定，经我局审核，提出选址意见如下：

一、建设项目名称：上海大学附属中学

二、建设项目性质：文教设施

三、建设规模：建筑面积48000平方米（以审定的设计方案为准）

四、建设地址：宝山区祁连镇祁翔路南

五、规划设计要求：

1、建设基地面积：约134300平方米

2、规划用地性质：居住用地

3、建筑容积率：按照专业规范标准执行

4、建筑密度：按照专业规范标准执行

5、绿地率：按照专业规范标准执行

6、建筑退让规划红线距离：退让丰翔路道路红线10米；退让祁翔路道路红线20米，退让东侧规划道路红线10米

7、建筑后退基地边界距离：多层建筑主要朝向最小距离为9米，次要朝向最小距离4米；低层建筑主要朝向最小距离5米，次要朝向最小距离2米

8、建设基地标高：高于祁翔路道路中心线标高0.3米

9、停车泊位应按《上海市停车场（库）设置标准》（DBJ08--7--90）设置机动车、自行车停车泊位，其中地面停车数不少于总停车泊位数的10%。

10、其他要求：与上海大学调整部分用地范围的手续应同时办理

建设项目涉及环保、消防、卫生等方面的管理要求，应当事先征求有关管理部门的意见。

本选址意见书仅作你单位编报建设项目可行性研究报告的规划管理依据，有效期为六个月，届时如可行性研究报告未获批准、又未申请延期的，本选址意见书即行失效；届时如可行性研究报告获批准，即可按上述要求向我局送审设计方案。

[illegible]区[illegible]规[illegible]局

一[illegible]九年三月二十四日

抄送：市计委、市房地局、区计委、区[illegible]教育[illegible]、环保局、防火监督处、卫生防疫站、祁连镇政府。

图 2-1　1999 年 3 月，上海市宝山区城市规划管理局《关于核发上海大学附属中学建设项目选址意见书的通知》

56　百年追寻——上海大学附属中学发展历程

图 2-2　上大附中征地包干协议签约

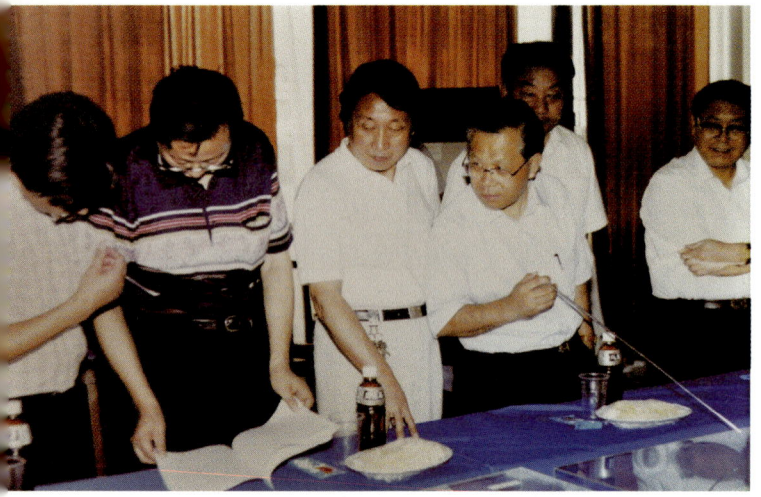

图 2-3　市委副书记龚学平、副市长周慕尧出席设计方案评审会

标准现代化寄宿制高级中学。新校区落户宝山的上海大学回报宝山人民，同意以上海大学附属中学冠名。市政府特别批准，作为与上海大学新校区的配套工程，列入上海市新型寄宿制普通高级中学行列。

1999年3月，宝山区城市规划管理局核发建设项目选址意见书，明确了建设地点、建设规模、设计要求等。（图2-1）

2000年4月，征地包干协议签约；华东建筑设计研究院设计方案评审通过。上海市委副书记龚学平、副市长周慕尧出席设计方案评审会，为学校建设把关定向。（图2-2、图2-3）

2000年5月，正式开工建设。工程占地200亩，总投资2.4亿元，总建筑面积7.4万平方米。由浙江省东海工程建设总承包公司承建。（图2-4）

2001年12月，上海市宝山区委、区政府召开上大附中建设工作会议，进行专题研究。（图2-5）

2002年6月，工程建设完工。

……

建成的校园分为三大功能区域：教学区以椭圆形综合楼为中心，智能化的教学大楼、人性化的实验大楼以及科技楼、艺术楼、电教楼、报告厅等八幢新颖的建筑分列东西两旁，以长廊平台相连互通，

图 2-4　开工打桩现场

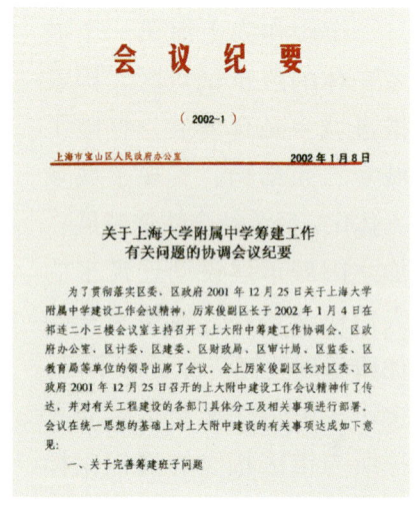

图 2-5　上海市宝山区人民政府《关于上海大学附属中学筹建工作有关问题的协调会议纪要》

图 2-6 综合楼、教学楼、报告厅、实验室、体育馆、艺术楼、学生公寓、师生餐厅

图 2-7　副市长严隽琪来校视察

构成了一个具有人本理念的整体，并建成了多网合一的校园网络，每一间教室都配置了多媒体教学设施；运动区由仿海洋生态的体育馆，符合国际标准的塑胶田径场、足球场和篮、排、网球场组成；生活区拥有按星级标准建造的可容纳 2 000 名师生住宿的学生公寓、教师公寓和师生餐厅。整个校区布局合理，功能齐全，教育教学设施达到了全市乃至全国同类学校领先水平，为学校的发展奠定了强大的硬件基础。（图 2-6）

学校建设之初，即引起了全社会的关注，得到了市、区各级领导的关心和支持。2003 年 7 月，上海市市长韩正、副市长严隽琪分别来校视察、调研学校创办情况，对高起点办好学校提出殷切期望。市教委领导多次来校，提出了许多指导性意见。（图 2-7）

宝山区委区政府把建设好上大附中作为落实"三个代表"重要思想，提升宝山基础教育水准的实事来抓。区委书记薛全荣，区长吕民元，区人大常委会主任李贵庆，区政协主席杜玉英，区委副书记徐木泉、康大华，区委常委、组织部部长朱勤皓，副区长李原，区政协副主席厉家俊等多次到学校调研、现场办公、做出决策，提出在办学体制、办学经费、教师引进等方面给予特别政策扶持，要在最短时间内把上大附中办成"上海一流，全国知名"学校，成为宝山优质教育资源的标志性品牌。

在学校建设的同时，按照上级领导的部署，区教育局积极谋划学校的开办，从全国各地引进、从全市招聘、从全区学校抽调，组建起了具有现代教育思想、专业功底深厚、教学业务精湛的教师队伍，他们中有特级教师、市（区）拔尖人才、省市级骨干教师、学科带头人。

依托上海大学是学校的天然优势。区委、区政府特别聘请全国政协原副主席、上海大学校长钱伟长先生担任学校的名誉校长。钱伟长先生欣然受聘，并应邀为学校题写了校名。（图 2-8、图 2-9）

区政府与上海大学签订了《携手共建上大附中合作意向书》，在学校管理、课程开发、师资培训、后勤社会化等方面给予指导和帮助，向师生开放图书馆、电脑房以及体育设施等教育资源。（图 2-10）

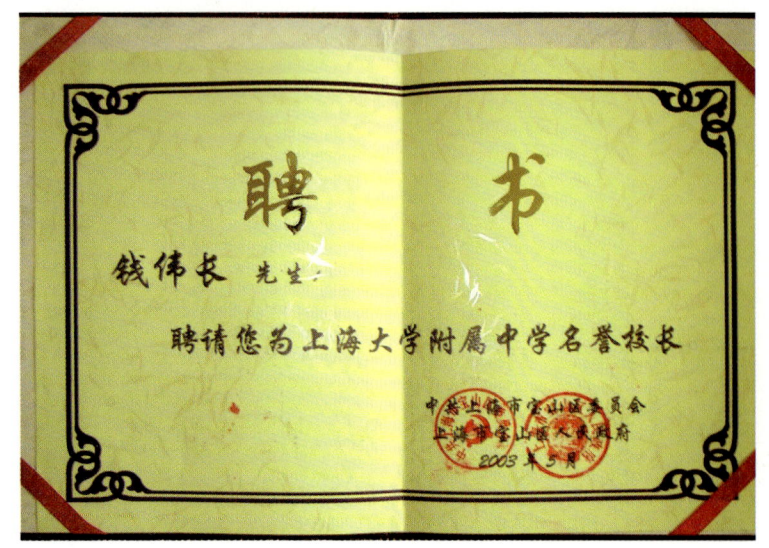

图 2-8　钱伟长任上海大学附属中学名誉校长的聘书

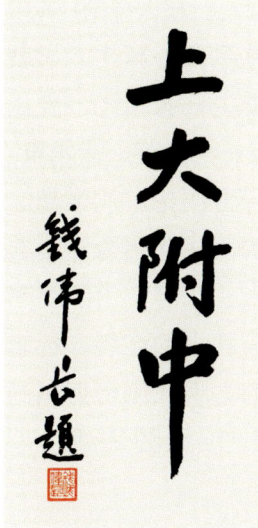

图 2-9 名誉校长钱伟长为学校题写校名

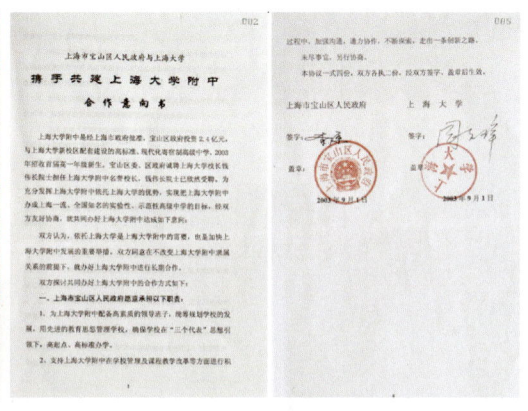

图 2-10 上海市宝山区政府与上海大学签订共建上大附中意向书

2003年4月,宝山区委、区政府正式任命张雪霖为上大附中党总支副书记、校长,陈振华为上大附中党总支书记、副校长,喻碧波、孙鸿俊为副校长,组成学校领导班子。(图 2-11、图 2-12)

图 2-11 学校首届领导班子　图 2-12 学校领导听取名誉校长钱伟长的办学意见

图 2-13 迎接首届学生

2003 年 9 月 1 日，上海大学附属中学正式开学，首届 600 名高一新生入学就读。是日，上海市教委主任张伟江，宝山区领导薛全荣、李贵庆、杜玉英、徐木泉、李原以及上海大学领导方明伦、沈学超、周哲玮等出席了学校的落成启用暨开学典礼。上海市教委主任张伟江与宝山区委书记薛全荣共同揭开了校牌上的红绫，标志着宝山区第一所高标准、现代化寄宿制高级中学的诞生。（图 2-13 至图 2-17）

图 2-14 市教委主任张伟江、区委书记薛全荣、副区长李原等领导出席开学典礼

图 2-15 上海大学附属中学落成启用暨开学典礼

图 2-16　市教委主任张伟江、区委书记薛全荣为学校揭牌

图 2-17　副区长李原与上大附中全体教职工合影

二、乘势而上——上海市实验性、示范性高中的创建

肩负着领导的重托、人民的期盼，上海大学附属中学从建设的那一天起，就决定了其不是一所一般意义的学校。

遵照区委、区政府建设"上海一流，全国知名"学校的指示，学校将创建"上海一流，全国知名"寄宿制高级中学确定为发展目标，从"一流设施、一流管理、一流师资、一流质量"四个方面明确其核心内涵。

"上海一流"即指学校教育设施、管理水平、师资力量、教育质量等诸方面达到全市同类学校的先进水平；"全国知名"即学校办学的先进性在全国范围内具有一定的影响。

一流设施：高标准配置实验室、图书馆、现代教育技术、艺术教育、科技教育等教育教学设施及体现学校办学内涵的文化设施，达到全市先进水平。

一流管理：建立具有现代学校特征的管理体制和运行机制，即现代、科学的学校管理理念，民主、开放的学校管理体系，规范、健全的学校管理制度，有序、高效的学校运行机制，自主、人本的学校管理模式。

一流师资：整体构建一支专业化程度较高的师资队伍。具有高尚的职业道德，先进的教育理念，精深的专业功底，娴熟的教学艺术，熟练的教育技术。

一流质量：以学生的发展为本，高标准实施素质教育，使每一名学生的基础性学力、研究性学力、发展性学力得到全面的培养。

"一流"既是追求目标，也是发展过程。这一目标是动态的，随着社会的发展，时代的进步，将不断充实其内涵。

基于国家对"基础教育是科教兴国的奠基工程""重在提高受教育者的基本素质"的定位，基于"培养创新人才是素质教育的最高目标"的认识，提出了"构建满足学生可持续发展需求的学校教育"的办学理念和"培养以素质为本，多元化发展的创造型人才"的培养目标。

学校的管理体制运行机制建设、教师队伍建设、课程教学体系建设及校园文化建设立足学生今天的发展，并为学生的未来发展打下坚实的基础。素质为本，即"四有""三个面向""四个学会"，多元发展，即注重每个学生潜能的开发与个性特长的培养。

一所学校从创办、建设，到发展成为一流的学校不是一蹴而就的，也不能光靠热情、决心和干劲。学校党政领导从办学实际出发，将创建"上海一流，全国知名"寄宿制高级中学分为三个阶段。

第一阶段（2003.9—2006.8）以建设为重点。稳步构建起学校的师资队伍、管理体制、德育体系及课程教学体系，形成一流学校雏形和良好的发展态势。

第二阶段（2006.9—2009.8）以完善为重点。在继续推进四项建设的基础上，注重内涵发展，形成学校的办学特色，初步实现一流的目标。

第三阶段（2009.9—2012.8）以提高为重点。基本实现一流设施、一流师资、一流管理、一流质量的办学目标。

为此，学校确立了"高起点规划、高标准建设、跨越式发展"的办学策略。

高起点规划：立足于高起点新建标志性寄宿制高级中学的实际，立足于高起点实施素质教育，探索培养创新性人才的要求，对学校的各项建设及未来发展做出规划。

高标准建设：按照现代化、国际化标准，以校本建设为抓手，推进学校各项建设，即以现代学校管理为标准的学校管理建设，以专业化发展为标准的师资队伍建设，以德育为核心、以创新精神和实践能力为重点的德育体系和课程教学体系建设，以民主和谐、科学和人文互通为特色的校园文化建设。

跨越式发展：稳步启动、科学构建、大胆创新，实践、反思、认识、提高，三年三大步，三个轮回三个飞跃，实现学校发展目标。

（一）构建充分满足学生可持续发展的教育——第一个三年发展规划的实施

在确立办学目标、梳理办学思路、谋划发展策略的同时，以上海市实验性、示范性高中为标准，编制第一部三年发展规划——《高起点规划、高标准建设、跨越式发展——创建实验性、示范性寄宿制高级中学规划（2003.9—2006.8）》，动态实施，迈出坚实的第一步。

1. 学校管理

在"传统与现代相结合，德治与法治相结合，科学与人文相结合，竞争与协作相结合"的管理原则引导下，学校管理在动态建设中逐步形成体系：

健全、规范学校管理制度，制定并实施"校长负责制""岗位责任制""教职工聘任制""结构工资制""考核奖励制"等五项核心制度及一系列教育教学常规管理制度，为各项工作的推进提供制度保证。

形成有序的学校管理体系和运行机制。校长办公会与行政办公会作为学校决策层；中层一室（校长办公室）四处（政教处、教导处、科研处、总务处）作为执行层，按职责分工，组织年级组与教研组实施学校的有关决策；党组织监督保证，教代会民主参与。

初步构建监督反馈系统，对学校工作进行全面监督，及时反馈。由党总支、工会、民主党派、团委组成校内监督反馈系统，由学生会、班级委员会组成学生监督反馈系统，由家长委员会、家长会组成社会监督反馈系统，多渠道多层面监督与反馈教育教学运行情况。

实行后勤服务社会化。利用社会单位的专业优势，提高学校后勤服务的专业水平和工作效率，保证各项服务到位，减轻学校负担。与上大后勤集团协作，对学校的物业、绿化、餐饮、保洁等实行托管式服务。在取得成功经验的基础上，逐步实现学校后勤的全方位社会化服务。

加强管理队伍建设。对学校领导和管理人员进行政治理论、教育理论、管理理论的学习和培训；选拔德才兼备、有奉献精神和管理能力的中青年骨干充实到学校管理队伍中，有重点地培养中青年骨干教师作为教研组长、年级组长、中层干部、校级干部的后备力量，初步形成学校管理干部的梯队层次，整体构建一支人品好、业务精、能力强的学校管理队伍，不断提高管理水平和服务质量。

努力营造以"团结向上、民主和谐"为核心的学校文化。学校提出了"至诚、至勤、自信、自强"的校训，形成了"艰苦创业、追求一流"的学校精神，"科学、文明、和谐、进取"的校风，"求实、求精、求活、求新"的教风，"明理、崇德、勤学、乐思"的学风。

2. 德育

确立德育的核心地位，遵循学生的成长规律，切合学生的发展需要，从大处着眼，小处入手，强调基础，注重实践，讲求实效，在以下几方面进行探索：

在全校倡导人人都是德育工作者的意识和责任，并初步形成了一支师德高、能力强的德育工作者队伍。

初步构建起"五大系列"的德育内容体系，即行为规范教育系列、责任感教育系列、社会实践教育系列、法制教育系列、心理健康教育系列。

利用寄宿制学校优势，发挥学生的教育主体作用，学生自主管理，自我教育，逐步形成学生公寓、班团活动、学生社团自主组织、自主管理的模式。

依托社区德育资源，建立外环线养护林地、宝山金篮子园艺场、南京路上好八连事迹陈列馆等一批德育实践基地。

3. 课程与教学

学校坚持以质量为本，将课程与教学作为保证学校教育质量的关键，遵循时代性、基础性、整体性、多样性的基本原则，点面结合，分步推进，初步构建促进学生可持续发展的课程教学体系。

抓住"二期"课改的契机，着力于探索构建重基础、多样化、有层次的课程结构，初步形成由基础型课程、拓展型课程、研究型课程组成的学校课程体系的基本框架。

重点在课堂教学的效率和质量上下功夫，通过加强常规教学的监控管理，促进教师研究改进教学，因材施教。

自主开发40余门拓展型课程。以30余个学生社团为载体，探索研究型课程，其中创新机器人、尔雅戏剧、定向越野等成为学校的品牌社团。

以校本教研为抓手，发挥硬件设施优势，进行课堂教学与现代教育技术的整合探索研究，构建新的教学平台，追求教学质量与教育效率同步提升。

4. 师资队伍

按照办学目标和发展需要，着力构筑教育人才高地，面向全国招聘，完成教师队伍数量上的"集聚",将不同来源、不同层次的教师,统一在学校的办学目标、办学理念下,在工作中加速磨合,既发挥各自特长,又形成整体优势。

将师德建设与教师的日常教育教学工作相结合,将为人师表与更新观念相结合,将教书育人与开拓创新相结合,将爱岗敬业与工作实绩相结合,使师德建设具体化,使教师成为知识的传递者,道德的引导者,思想的启迪者,心灵世界的开拓者,情感、意志、信念的塑造者。

根据教师队伍的实际及学校发展的需要,确立师资队伍专业化、个性化发展的思路,每位教师根据个人的特点,从课堂教学、教育科研与教学研究、特长生指导及竞赛辅导等方面,分层次、分类别确定自己的发展方向和目标,鼓励冒尖,成就个性化教师,强调协作,产生强势学科。

构筑学校教师专业化发展自培模式,对师资队伍进行梯级培养。以职初教师为重点,为他们聘请专业导师予以全面指导,传思想、帮业务、带作风,扎实教学基本功,并以任务驱动来磨练,在教育教学实践中走向成熟并形成个人的教学特点。对中年教师及脱颖而出的青年教师,推荐他们参加较高层次的培训、研讨活动,参与区级以上的教学研究、教育科研、课程开发等,形成个人的教学特色,使他们成为在学校内外有一定影响的骨干教师。对已成熟的骨干教师,支持他们在学科教学、教育科研、课程开发等方面作深层次探索研究,请专家级名师进行专门指导,形成个人的教学风格。

加大投入力度。实行教师订阅教育教学类报纸杂志补贴办法;保证教师参加区、市、全国乃至国外进行培训、科研活动的费用支出;教师在职参加高一级学历进修,给予经费资助;设立教育科研、教学研究、课程建设等专项资金,并对做出成绩的教师进行奖励;资助教师出版教育教学专著等。

通过专题培训、校本教研、专家引领、课程建设、课题研究等方式,整体提高师资队伍的质量,基本建成一支教育观念新、创新意识强、师德高尚、结构合理,有专业眼光、专业品质、专业技能的师资队伍。

2004年4月,名誉校长钱伟长先生为学校特别题词"开拓创新乐育才",给全校师生以巨大勉励。(图2-18)

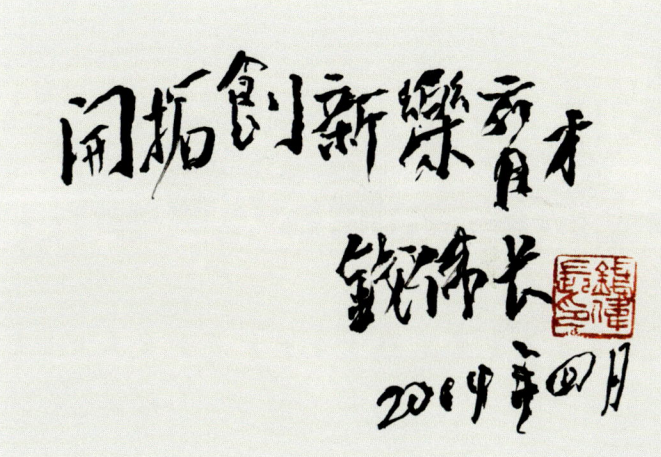 

图2-18　2004年4月,名誉校长钱伟长为学校题词"开拓创新乐育才"

上海市教委给予标志性寄宿制高级中学的有关待遇，学校得到政策扶持，2004年，上大附中开始招收外省市优秀学生。

根据国务院部署，上海市教委决定由上大附中承办内地新疆高中班。宝山区政府特别划拨15亩土地，投资3 000万元，建设学生宿舍、清真食堂、多功能活动中心等高标准的教育生活设施。

2005年6月9日，上海市人大常委会主任龚学平，副主任周慕尧、胡炜、王培生等来校视察，从新疆部的设计方案的确定，到学校的开办，龚学平一直非常关注。实地考察后，龚学平对学校的办学给予充分肯定和热情勉励。（图2-19）

图2-19　市人大常委会主任龚学平、副主任周慕尧等来校视察

2005年9月1日，学校开学典礼暨新疆部成立揭牌仪式隆重举行，名誉校长钱伟长，新疆维吾尔自治区教育厅副厅长马文华，上海市教委副主任莫负春和宝山区委副书记徐木泉、副区长李原，上海大学常务副校长周哲玮等出席。徐木泉与马文华为新疆部揭牌。（图2-20、图2-21）

图2-20　2005年9月1日，学校开学典礼暨新疆部成立揭牌仪式隆重举行

图 2-21 2005年9月1日，名誉校长钱伟长为校刊题写刊名

2006 年 3 月 25 日，上海市副市长严隽琪、市政协副主席谢丽娟来校出席第 21 届上海市青少年科技创新大赛开幕式，并视察学校。（图 2-22）

三年间，学校教育教学质量稳步提高，取得了显著的办学成效，并在科学教育、艺体教育等方面初步形成了一些特色。

学校先后获得了上海市行为规范示范校、市中小学心理辅导示范校、市教育科研先进学校、市科技教育突出贡献奖、市民族教育先进学校、市语言文字工作先进学校、市安全文明校园、市群众体育传统项目学校等荣誉称号。先后被确定为全国科学教育试点学校、全国"2049"项目上海试点学校、教育部重点课题实验基地、上海市青少年科学院团体会员单位、上海市中小学心理辅导协会实验学校。（图 2-23）

学生在全国、市级学科类、科技类、体育类、艺术类的各种竞赛中，先后获得上海市"白猫杯"中学生化学竞赛一等奖、市青少年"金钥匙"比赛一等奖、市中学生课本剧比赛第一名、市中学生乒乓球锦标赛第一名等个人或集体等奖项。

三年耕耘，一朝收获。学校首届高中毕业生参加高考，就取得了 90% 的本科录取率和 100% 达线率的优异成绩，一大批学生考入了复旦大学、上海交通大学、同济大学等，10 名高三学生光荣地加入了中国共产党。（图 2-24 至图 2-26）

图 2-22 上海市副市长严隽琪、市政协副主席谢丽娟等领导出席在学校举行的第 21 届英特尔上海市青少年科技创新大赛

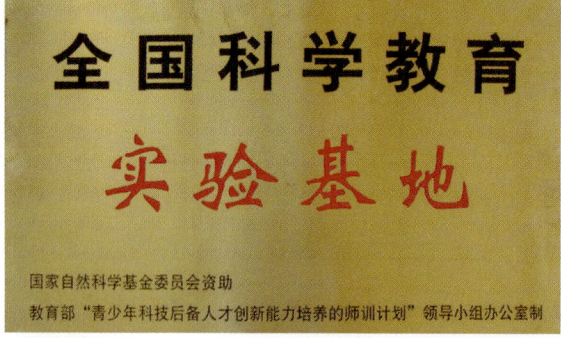

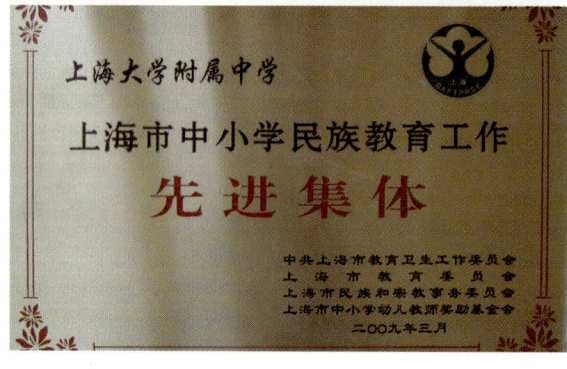

图 2-23　学校获得的各项荣誉

2006年4月4日,《宝山报》刊登专题报道《构建充分满足学生可持续发展的教育——上海大学附属中学实践"素质为本、多元发展"纪实》,记录了学校"艰苦创业,追求一流"的历程。

2006年3月25日,第21届英特尔上海市青少年科技创新大赛在上大附中举行。技能测试、展示问辩、科技论坛、专家评审,来自我市中小学校的1 000余名学生带着他们的科

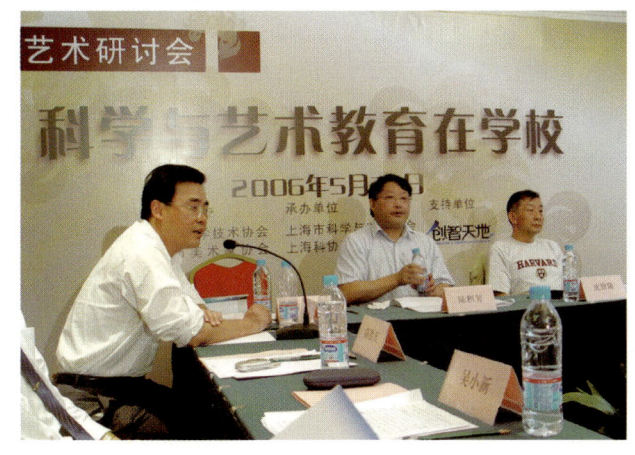

图 2-24　副校长孙鸿俊在上海市“科学与艺术教育在学校”论坛上发言

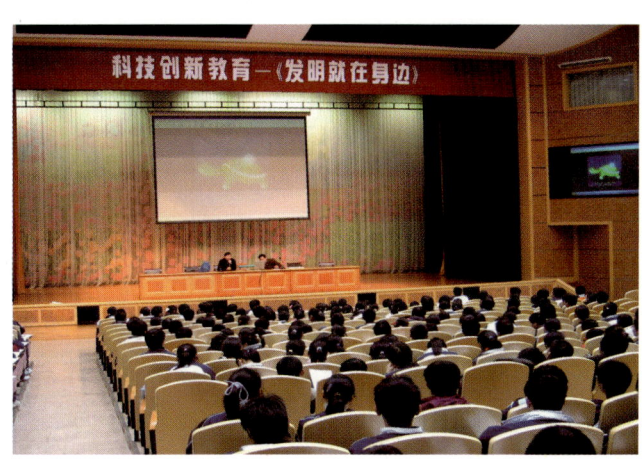

图 2-25　学校开设科技教育系列讲座

当前位置：上海宝山网首页>>最新报道

上大附中首届毕业生全部考上大学

(2006 年 07 月 14 日 09:01)

上海宝山政府门户网报道：近日来，随着高考录取工作的开展，一个消息不胫而走：创办于 3 年前的上海大学附属中学首届高中毕业生中，有 10 名同学加入了共产党。许多知情人士补充说，该校的学农、学军、社会实践活动接连不断，课外兴趣小组的活动也特别多。他们因此存有疑惑：由于种种原因，上大附中首次招生工作就比其他学校晚了一步，生源参差不齐，再不埋头抓读书能行吗？然而，当他们最终了解到，上大附中首届 12 个高三毕业班 517 位同学全部达到大学录取分数线、100%考上了大学时，不禁感慨地说，上大附中遵循德、智、体全面发展的教育方针的做法确实有道理！

上大附中从招收首届学生起，就着力遵循“讲究实效，注重实践”的原则，从细节抓起，以小着大，加强学生的思想教育。作为一所寄宿制学校，学校首先要求学生“管好自己的零花钱”，进而实现自主管理。在上大附中，你很难看到地上有纸屑废物。今年 3 月，全校师生为两名患病的新疆同学募捐，一次就捐得 4 万余元。3 年来，上大附中开展了各种志愿者活动，50%以上学生报名参加了“学生党校”培训学习，有 10 名同学在毕业前加入了共产党，为学校德育教育向深层次发展起到了示范作用。

重视培养学生的自主学习能力，是上大附中的另一个重要抓手。学校在每周课程表内设置了两堂拓展型科目，先后成立了学科类、科技类、体育类、艺术类等各大类下的各个课外兴趣小组。学校创办 3 年来，已多次承办了上海市和沪、港、澳埠际机械、机器人大赛，去年组团赴美国参加国际机器人大赛，取得第 10 名的好成绩；学校的“定向越野”运动队今年受国家教育部指派，与上海位育中学组团参加在斯洛伐克举办的国际中学生比赛，取得了我国在该项赛事中的最佳成绩；学校的戏剧组、舞蹈组在去年的市、区中学生课本剧汇演和高中组比赛中均获得第一名。目前，上大附中每个学生都参与兴趣小组活动，在展示各自的才

图 2-26　“上大附中首届毕业生全部考上大学”的报道

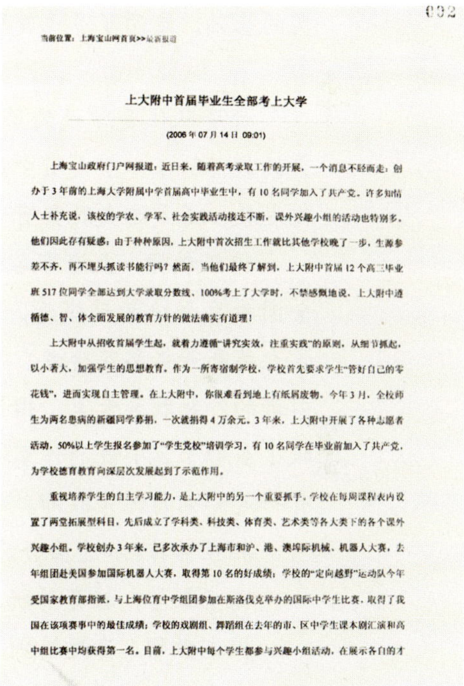

技创新成果、机器人创意设计、科技论文、社会实践成果，在大赛中争金夺银，绽放着青少年科学探索、自主创新的花朵。

在这次大赛中，上大附中学生代表队共夺得了 2 项金奖、6 项银奖、5 项铜奖，学校获得了上海市科协颁发的“杰出贡献奖”和“优秀组织奖”。

这样一次大规模的比赛，为什么选择在上大附中举行？

他们为什么能在这样高规格的比赛中获得优异的成绩？

让我们把视线回到这所新型现代化学校来寻找答案吧……

一、

应运而生的上大附中从建设的那天起，就意味着不是要办一所一般意义的学校，这在于拥有一流的现代化教育设施，在于肩负着领导的重托、人民的期望，更在于她承载着高起点实施素质教育，创建高标准的实验性、示范性学校的使命。因而“素质为本、多元发展”成为学校办学的核心理念。

上大附中是在上海市建设现代化、国际化大都市把教育放在优先发展的战略地位，高标准实施素质教育、培养跨世纪人才的背景下建设的标志性现代化寄宿制高级中学，是在宝山区加快城乡一体化建设、经济快速发展，满足社会对优质教育需求的背景下开办的以创建“上海一流，全国知名”学校为目标的高级中学。

基础教育是科教兴国的奠基工程，必须基于对受教育者一生具有的重要奠基作用，基于在培养学生的创新精神和实践能力中所起的关键作用，基于提高学生的基本素质。素质教育是以学生的可持续发展为本位，以学生的个性发展为本位，以学生的创造性发展为本位的面向全体学生的教育。这是时代赋予教育的伟大使命。

作为实验性、示范性学校，就是要高起点实践素质教育，就是要高标准示范素质教育的实施，这也是创建“上海一流，全国知名”学校唯一和必然的选择。上大附中正是基于这

一高度的深刻认识，立足于对人的发展的现代意义的思考，确立了以学生发展为本的教育观，确立了为学生的生存与发展能力奠定基础的教育价值观，确立了以创新能力为本的社会人才观和以创造性应变能力为本的个体人才观，把构建满足学生可持续发展的教育，作为学校发展的核心内涵，把"素质为本、多元发展"作为学校办学的核心理念。

"素质为本"，即着眼于学生普遍发展的需要，夯实知识与能力、做人与做事、身心与人格的基础。

"多元发展"，即立足每一个学生的兴趣爱好，开发潜能，发挥特长，发展个性，形成特色。

上大附中正是在这样的办学思想的指导下，构建起了自己的管理体系、德育体系、课程与教学体系和师资队伍。

上大附中正是在这样的教育理念的实践中取得了一个又一个的突破，实现了一次又一次的跨越。

上大附中的学生正是在这样的一种教育下成长起来，得到了全面培养，打下了扎扎实实的基础，走向了多元发展，获得了许许多多的奖励。

二、

师资队伍是学校的第一资源。要培养"素质为本、多元发展"的学生，必须有一支优秀的教师队伍。上大附中筑巢引凤，着力构筑教育人才高地，搭建平台，全面推进教师专业化发展。正是这支既具有专业水平又具有个性特色的队伍成就了学校的事业。

特级教师，上海市名师，省市级骨干教师，宝山区拔尖人才，首席教师，学科带头人；全国教育系统劳动模范，人民教师奖获得者，市园丁奖获得者，优秀班主任；全国及市教学大奖赛等第奖获得者，省市教育科研先进个人获得者，"市万名海外归国人才集聚工程"引进的外籍教育专家，指导学生在全国省市级竞赛中获得优异成绩的奥林匹克高级教练，出版了多部长篇小说的作家……在上大附中，集聚了一大批来自五湖四海、在上海市乃至全国有一定影响的优秀教师。

相互协作，加速磨合，展示个性，大胆冒尖，学校为每一位教师的发展营造了良好的氛围。

课堂教学、教育科研、课程开发、竞赛辅导，学校为每一位教师的前景规划出了方向。

校本教研、专题培训、专家引领、梯级培养，学校为每一位教师的成长搭建起了平台。

上大附中就是这样，按照学校的办学目标，打造出了一支优质的教师队伍，并在这一过程中，领会了学校教育理念的要义，统一在学校办学思想下，实现了队伍的聚集、磨合、提升，形成了学校的强势学科、教育特色，也成就了专业化、个性化发展的师资队伍，实现了学校教育教学质量的飞跃。

校长张雪霖曾多次参加上海市高中会考、高考命题，在数学教学及研究上颇有造诣。正是他，以特有的眼光选定了一位位引进的教师，以导师的身份指点着一位位教师，以长者的胸怀关心着一位位教师。每天他都要走进课堂，来到教师中间，聆听、指点、启发、感染，这支队伍凝聚着他的心血。

党总支书记陈振华，关心着每一位教师的思想、工作、生活，关注着每一位教师的成长、发展。党总支充分发挥战斗堡垒作用，积极开展"凝聚力工程"建设，不断增强师资队伍的战斗力，带领全校教职工以主人翁的精神积极投身学校的建设与发展。

区首席教师赵亦秋、陈德敏、邹志敏等一批老教师，在30多年的教学生涯中，曾培养出一批又一批考入北大、清华等名校的优秀学生。他们个个德高望重，功夫老成，在教学上游刃有余，魅力独具，老当益壮，精益求精，不但仍是学生心目中的好老师，也是中青年教师学习的好榜样。

区首席教师李昉，区学科带头人喻碧波、孙鸿俊、王葆华、万瞩、沈伟刚、周晓岚等，他们学业精湛，功底厚重，在教学上驾轻就熟，深入浅出，或循循善诱，或热情奔放，或抑扬顿挫，知识、方法、思维、思想融会贯通，让学生折服。他们是学校师资队伍的中坚。

青年教师王敏杰、金旭峰、肖丹、胡艳等，他们基本功扎实，思维敏捷，方法灵活，在上海市青年教师教学大奖赛中先后获得了一、二等奖。王敏杰指导学生多次参加全国及省市数学竞赛获得了优异成绩。胡艳还是全国青年教师基本功大赛一等奖获得者。他们是学校青年教师中的典型。

可以说上大附中的教师个个学有专长、教有特色，或在课堂教学上独树一帜，或在教育科研上颇有建树，或在竞赛辅导上成绩斐然。他们敬业爱岗、开拓进取，在教书育人的岗位上默默耕耘、无私奉献，为学生的成长与发展倾注了心血和汗水，也展示了自己的个性价值，成就了自己的人生追求。

三、

乘势而上的上大附中，紧紧抓住"二期"课改的契机，着力构建三大板块功能型课程，使之成为"素质为本、多元发展"的载体和学校教育教学特色的标志。

上大附中以培养目标为指向，遵循时代性、基础性、整体性、多样性的基本原则，从学生的特点与需要出发，将课程内容与社会进步、科技发展、学习经验有机结合，将知识技能的学习与创新精神、实践能力的培养有机结合，形成了重基础、多样化、有层次的课程结构体系。

优化基础型课程。他们着眼于学生高中阶段基础知识学习与基本技能的培养，促进学生基本素质的提高。在按照国家标准开设基础型课程的同时，以提高教学效益为目标，进行课堂教学与现代教育技术的整合，不断探索改进教师的教学与学生的学习方式。教学质量与教育效率同步提升，打下扎扎实实的发展基础。

开发拓展型课程。他们以拓展学习领域为重点，从学生的兴趣爱好、发展需要出发，在知识、技能、方法等方面拓展学习时空，丰富学习经历，激发学习热情。目前上大附中已自主开发出了60余门学科类、活动类课程，供学生有选择性地学习。经典鉴赏、挑战数学、实用英语、物理百科、趣味化学、历史与旅游、天气与气象、交际与礼仪等已成为学校的特色课程。

探索研究型课程。他们以学生社团为载体，以转变学习方式为核心，学生在教师的指导下，运用获得的知识与技能发现问题、提出问题，并自己探索、合作研究，从而解决问题。他们把重点放在"过程"中，让学生开阔视野，掌握方法，学会研究，发展智力，开发潜能，从而实现创新精神与实践能力的培养。现在学校已经组建了50余个学生社团，创新机器人、尔雅戏剧、动漫制作、电视摄录等已成为学校的品牌社团。

与此同时，上大附中创造性地整合德育的内容与形式，从理论知识、社会实践、行为规范、心理健康四个方面，实现了德育课程化，他们理论与实践相结合、认知与行为相结合，取得了良好的教育效果，也极大的丰富了学校课程的内容，深化了育人的实效。

"素质为本"是学生的基本的、综合的素质。"多元发展"既包括了全面发展，也包括了个性发展。没有"素质为本"，"多元发展"就失去了依托；没有"多元发展"，"素质为本"就缺少了意义。两者因果关联，又互相包含。因此三大板块的课程虽相对独立，又有机融合，其相互衔接、多样选择正切合学生今天的成长、未来的发展。

四、

专家报告、学生社团、课外活动、社会实践、自主管理、自我教育等形式多样、内容丰富的学校教育活动，松开了学生的臂膀，插上了翱翔的双翅。

葛剑雄、叶志明、顾骏、胡申生、王冠英……一大批著名的教授、专家、学者应邀来到上大附中。他们为学生做专题报告、讲座，或科学、或文化、或社会、或人生，开阔的是眼界，提升的是境界，激发的是兴趣，埋下的是种子。

文学社、戏剧社、科学社、创新机器人社；小记者协会、心理健康协会、志愿者协会、问题研究会；定向越野队、民乐队、合唱队、橄榄球队、手球队，50余个学生社团活跃在学校的内外。他们兴趣相同、爱好相投，自动结社组团，学校为他们聘请本校骨干以及上海大学的专家教授进行指导，提供活动场所和活动经费，甚至划出规定的课时，支持他们在校内外开展活动。在这里，一个个学生如鱼得水，寻找着自己的快乐，发挥着自己的特长。

体育节、科技节、文化节、艺术节、辩论会、演讲会，网页制作、三维建模、英语沙龙、走遍美国、几何画板、走近数学、法律案例、模拟法庭、诗词吟诵、数理史话，多姿多彩的校园文化，丰富着学生的生活，展示着上大附中学生的才华。走出校园，外环线养护林地、现代水产养殖场、金篮子园艺场、城市工业园区、南京路上好八连、上海飞机制造厂、陶行知纪念馆、大场敬老院，学生们参观学习，实践体验，认识社会，承担责任，立志成才，报效国家。

寄宿制也成为学校教育的一大优势，自主管理、自我教育成了学校的教育特色。学校成立了学生自主管理委员会。班级常规、食宿文明，学生广播站、电视台、校刊及校内外的一系列学生活动，均由学生自管会筹划、组织、管理、评价、评比。教育主体的作用得到了充分的发挥，学生在自我管理中自我认识、自我教育，经受了锻炼，增长了能力，学会了自理、自立。

上大附中已成为学生求知的学园，精神的家园，成长的乐园。

五、

学校教育质量大幅度提高，也获得了一个个荣誉，一项项奖励。家长的赞誉，社会的好评，使得上大附中成为一所令莘莘学子向往的学校。

上大附中的教育教学质量不断提高，在多次区质量管理考试中，均取得优秀的成绩。特别是在今年1月的高三质量管理考试中，学校的首届高三各学科平均分、各分数段所占人数均列全区前茅，与入学成绩相比，幅度提高之大，超出了人们的意料，令人刮目相看。

全国科技教育试点学校，全国"2049"项目上海试点学校，上海市中小学心理辅导协会实验学校,上海市安全文明校园,体育传统项目学校,语言文字工作先进学校,上海市青少年科学院团体会员,上海市东方学生记者联盟团体会员……这些是学校相继获得的称号和荣誉。

仅2005年,学校先后有200余人次在区级以上的比赛中获得个人或团体等第奖。上海市青少年"金钥匙"科技竞赛一等奖、上海市"卡西欧"杯中学生网页创作第一名、上海市中学生诗歌竞赛一等奖、上海市"SVA"未来工程师大赛一等奖、沪港澳机械奥运比赛一等奖、华东六省一市中学生作文比赛一等奖、上海市"慧鱼杯"机器人创新大赛一等奖、全国"广茂达"杯智能机器人大赛一等奖、上海市中学生课本剧比赛第一名……在全国、上海的学科类、科技类、体育类、艺术类的比赛中,上大附中的学生们捧回了30余座金杯。在全国"希望杯"数学竞赛,市数学、物理、化学竞赛,全国及上海市中学生美术摄影比赛,全国中学生定向越野比赛,上海市中学生乒乓球锦标赛等比赛中,上大附中学生们也取得了优异的成绩。

让我们听听两位家长的对话吧:

——我们的孩子原来在家娇生惯养,除了学习,什么也不做。到了上大附中后,一下子就懂事多了,还帮着大人干活。

——我们的孩子特别喜爱玩电脑,理科不错,文科一直不好。参加了机器人社团,不但理科更好了,文科成绩也进步多了,他自己说:"将来要当电脑工程师,理科要学好,语文英语不好也不行。"

上大附中以"素质为本、多元发展"的理念创建"上海一流,全国知名"学校的实践取得了初步成功,实现了学校的跨越式发展。以上两名学生的变化、成长可以说是上大附中1 800名学生的缩影。

也许学生的基本素质的提高,多方面的发展并不能在今天全部集中体现出来,而需要更多的时间,但这已经足以说明他们的办学成效。

六、

近三年的实践,上大附中收获了成熟的果实,学校上下也对"素质为本,多元发展"有了深刻的体验和深入的认识。他们在认真总结之后,又赋予了其新的内涵。

继韩正市长、严隽琪副市长之后,市人大常委会主任龚学平、副主任周慕尧、市政协副主席谢丽娟及市教委领导先后来校视察、调研,对学校的办学给予了肯定。

宝山区委、区政府更是把办好上大附中作为实施基础教育优质化战略的重点工程来抓,区委书记薛全荣、区长吕民元等宝山区领导多次来校调研,并指示一定要把上海大学附属中学办成"上海一流,全国知名"的实验性、示范性高级中学。

这对他们是极大的鼓励,也是巨大的鞭策,上大附中的领导和老师正在以"艰苦创业,争创一流"的精神,为把上大附中办成高标准实施素质教育,高质量示范素质教育的实验性示范性学校而努力奋斗。

——合格的学生要有健康的心理,优秀的人才必须具有良好的心理素质。针对学生心理成长的需求,上大附中建设了设施一流的心理辅导实验室,招聘了优秀的心理辅导教师,开设了心理辅导课,进行普遍的心理辅导和个别咨询,对学生的心理偏差给予积极干扰。

——创新正成为时代的主流，培养创新人才是素质教育的最高目标。经过探索、思考、分析，上大附中找到了适合本校实际的创新教育切入口，他们与德国慧鱼集团合作，建立了创新实验基地。

　　——科学与艺术是一双孪生姐妹，在形成学校科技教育特色的同时，上大附中的素描、油画、书法、陶艺、舞蹈、戏剧表演、民乐、钢琴等专用教室相继完成配置并投入使用。

　　……

　　桃李不言，下自成蹊。

　　今年4月，根据教育部和上海市教委的安排，上大附中将组建团队，代表我国中学生应邀前往美国和斯洛伐克参加国际中学生创新机器人大赛和国际中学生定向越野比赛。

　　他们的脚步跨出了国门，跨过了太平洋，跨越了欧亚大陆。

　　祝愿他们取得优异的成绩，为国家争光，为学校添彩。

　　我们期待着……

（二）创建初具综合性大学附中特点的实验性示范性高中——第二个三年发展规划的实施

　　在师生的共同努力下，学校实现了第一个三年规划的目标，为进一步的发展打下了比较坚实的基础。2006年初，学校即着手制定第二个三年发展规划。经过近一年的时间，反反复复，十易其稿，完成了学校规划的编制。

　　规划制定过程是一个学习提高的过程。学习上海市"二期"课改标准，学习市、区名校的经验，并将之与学校的整体改革结合在一起。

　　规划制定过程是一个反思提炼的过程。在对学校办学现状进行深入透彻总结分析的基础上，对学校的发展进行整体性思考，经过反复提炼，进一步明确办学思想，确立办学目标和培养目标。

　　规划制定过程是一个群策群力的过程。通过由上而下、由下而上的反复，凝聚全校教职工的智慧，使规划更贴近学校的实际，增强全校师生对规划的认同感和实施的责任感。

1. 办学理念

　　基于"全面推进素质教育"的要求，基于上海市"二期"课改精神与"以学生发展为本"理念的要求，借鉴上海大学钱伟长校长的"全人教育"思想，把"构建满足学生可持续发展需求的学校教育"和"培养以素质为本，多元化发展的创造型人才"统一为"学会做人，学做学问"的办学理念。

　　学校培养什么样的人？学生成为什么样的人？这是"学会做人，学做学问"的要义。高中生成长与发展的过程，是做人与做学问的过程，教育使"学会做人"与"学做学问"从自发到自觉。学生的任务就是要"学会做人，学做学问"。教师的任务就是要引导学生"学会做人，学做学问"。学校就是要为学生"学会做人，学做学问"搭建广阔的平台，提供充分的资源，促进全面的发展。

"学会做人",包括作为个体"人"的自身素质与作为社会"人"的融合能力,其内涵确定为"会健身心""会择言行""会养品德"。"学做学问"包括学知识技能、学方法策略、学实践创新三个递进生成的层面。"学会做人",侧重于学生精神品格的培养;"学做学问",侧重于学生学识能力的培养。做人包含着做学问,做学问寓于做人之中,两者互相融合促进,做人是根本、是前提、是基础,做人引领做学问,做人的境界决定做学问的境界;做学问也是做人,是做人的延伸与深化。

2. 办学目标

远期发展目标:建设"上海一流,全国知名"的高级中学。

经过若干年的努力,学校的教育设施、管理水平、师资力量、教育教学质量等方面达到上海市同类学校先进水平,力争在全国范围内有一定影响。

三年发展目标:创建初具综合性大学附中特点的实验性示范性高中。

依托上海大学,实行"开放"办学,初步形成"以人文教育与科学教育相融合"的教育模式:

初步形成"学会做人,学做学问"的学校课程框架;

初步形成以"学会做人"为核心的德育体系,并不断丰富其内涵;

初步形成以"学做学问"为核心的教学体系,并不断提升其质量;

初步形成能够保障办学理念和培养目标落实的学校管理、师资队伍、教育科研、后勤服务;

初步形成"人文与科学相融合"的校园文化。

3. 培养目标

培养"基础扎实、发展和谐、目标明确、自强不息"的具有可持续发展能力的学生。

基础扎实:以人文素质与科学素养为基石,在品德、学识、身体、心理诸方面打下扎实的基础,使学生具备可持续发展的依托和动力。

发展和谐:即"全面发展"+"个性发展"。一是学生的各种素质得到全面、和谐的发展;二是在全面发展的基础上培养学生的个性特长。全面发展是个性发展的基础,个性发展是全面发展的提升。

目标明确:具有"面向世界、面向未来、面向现代化"的视野和胸怀,在对自身认识的基础上,确立适应社会发展需要的人生目标,把追求真理、探索真知作为终身的理想。

自强不息:具有自信自强、勇于战胜困难的精神,具有与时俱进、开拓创新的精神,具有为民族、国家和人类的进步事业奋斗不息的精神。

4. 实验主题

探索"人文教育与科学教育相融合"的教育模式,力争通过三年的理论研究与实践探索,初步形成学校"人文教育与科学教育相融合"的育人模式。

钱伟长先生认为,学校对学生进行"全人教育"时,必须把人文教育和科学教育作为不可或缺的因素。"人文教育与科学教育相融合"是落实"学会做人，学做学问"理念的策略、方式与途径，是实现"基础扎实、发展和谐、目标明确、自强不息"培养目标的保证。同时，"人文教育与科学教育相融合"，也是"学会做人，学做学问"的融合。

"人文教育与科学教育相融合"，重点体现在德育、课程与教学上。学校积极营造有利于人文教育与科学教育相融合的环境与氛围，开发人文教育与科学教育相融合的校本课程，构建人文教育与科学教育相融合的德育模式与课程教学体系，培养学生的人文素养与科学素养，引导学生和谐发展。

学校通过这一主题的实验研究，探索"人文教育与科学教育相融合"的教育模式，形成学校的办学特色。

在德育方面，以班级、寝室、学生社团等各种学生场景为载体，充分利用校内外教育资源，积极构建学校德育课程框架，进行以人文素养与科学精神滋养人格的教育，探索"人文教育与科学教育相融合"的德育模式。

在课程教学方面，努力开发以人文教育、科学教育为主题的校本课程。在教学中，注重人文教育、科学教育与学科教学的整合与渗透，形成"人文教育与科学教育相融合"的课程体系与教学特色。

在学校管理方面，深入落实"以人为本"的管理理念，在学校的各项管理工作中体现人文与科学相结合的特征，创设轻松、和谐、愉悦的人文环境。力求形成"人文管理与科学管理相融合"的管理文化。（图2-27、图2-28）

2007年5月17日，学校第二届教职工代表大会第三次会议审议通过《学会做人，学做学问——实验性示范性高中创建规划（2006.9—2009.7）》。

2007年6月，学校向宝山区教育局提交《关于申报上海市实验性示范性高中的报告》。

2007年10月29日，上海市教委对学校进行"市实验性示范性高中"创建规划评审。宝山区委书记吕民元与上海大学常务副校长周哲玮出席评审开幕式，并为学校主雕塑《育》揭幕。（图2-29、图2-30）

2008年9月，学校迎来五周年校庆。名誉校长钱伟长为学校取得的成绩感到高兴并写来贺信，鼓励学校办出水平，创出特色，培养人才。宝山区人民政府与上海大学签署《进一步办好上海大学附属中学合作意向书》，进一步深化双方的合作。（图2-31至图2-36）

图2-27 机器人社团获评上海市中学生明星社团

图2-28 学校获评教育科研百强校

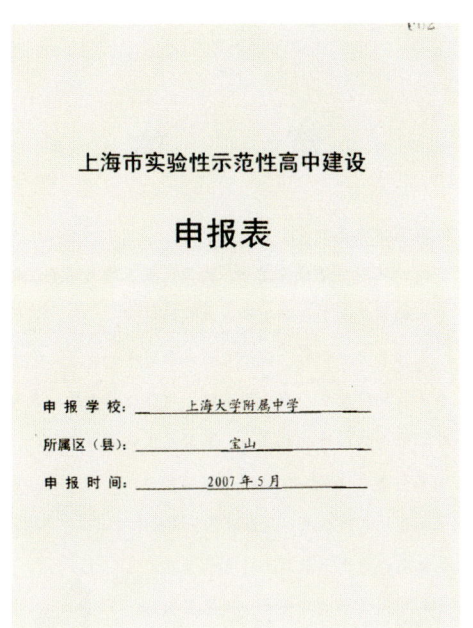

图2-29 实验性示范性高中建设申报表

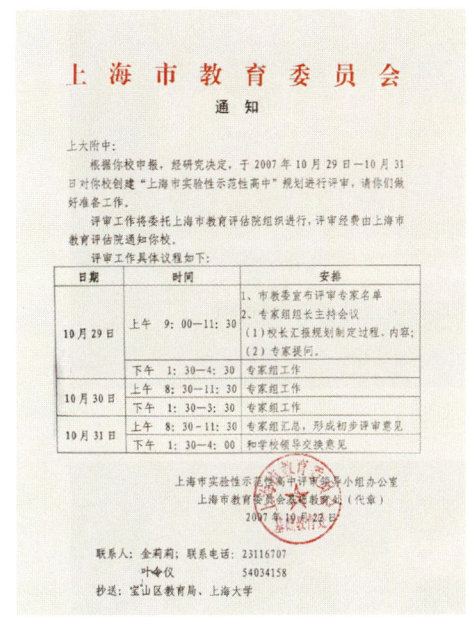

图2-30 实验性示范性高中评审通知

2008年12月8日,学校接受上海市教委"创建上海市实验性示范性高中中期检查"。(图2-37)

经过又一个三年的艰苦努力,学校创建规划目标基本实现。

(1)初步形成了办学理念的理论框架

随着规划实施的推进,对"学会做人,学做学问"办学理念的认识也在不断深入。

——进一步理清了"学会做人"与"学做学问"互相融合的关系,增强了理念的宏

图2-31 区委书记吕民元与上海大学副校长周哲玮为"育"雕塑揭幕

图2-32 实验性示范性高中发展规划评审会议

图 2-33　学校五周年校庆

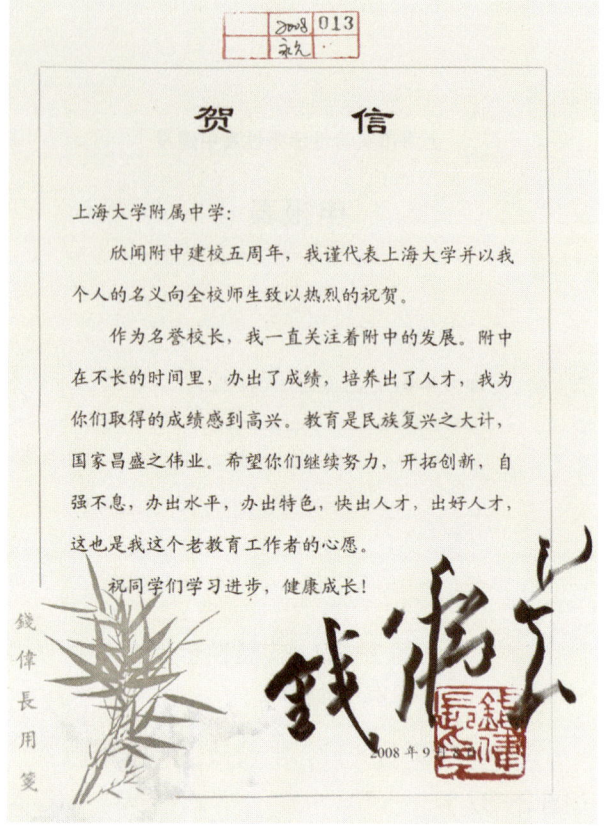

图 2-35　宝山区政府与上海大学签订"进一步办好上海大学附中合作意向书"

图 2-34　钱伟长先生贺信

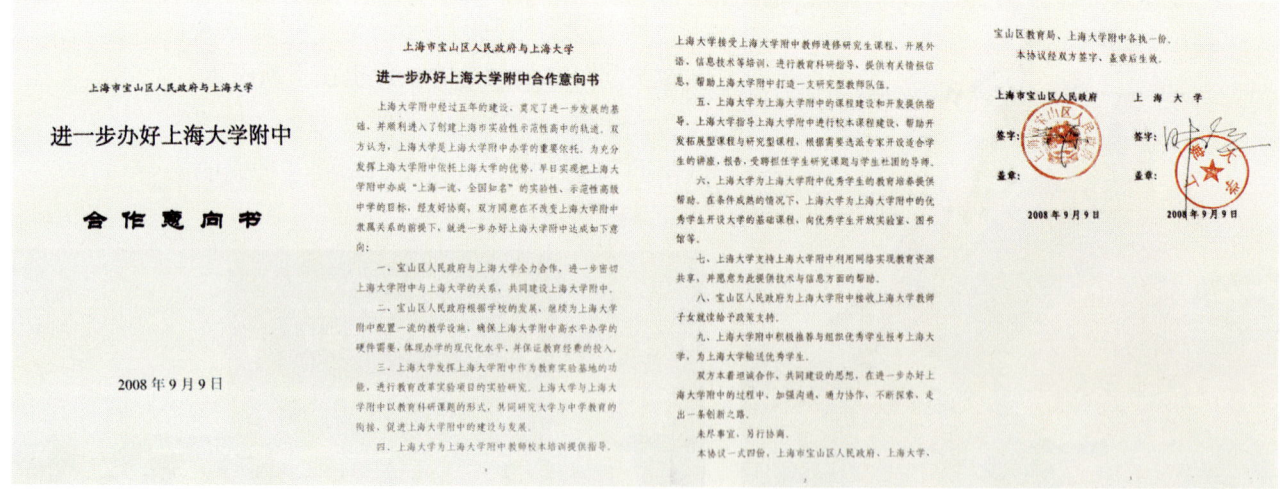

图 2-36　合作意向书

观指导作用。即两者既各有重心，又互相促进、紧密联系。做人是根本，做人引领做学问，做学问也是做人，是做人的深化；做人是做学问的起点，也是做学问的终极目标；做学问是学会做人的途径和凭借，也是做人的重要体现。"学会做人"是培养"优秀的人"，"学做学问"是培养"有用之才"，两者的统一，才是人才。这正是上大附中"基础扎实、发展和谐、目标明确、自强不息"培养目标的追求。

——进一步丰富了"学会做人"与"学做学问"的内涵，进一步增强了办学理念的对于具体操作的引领作用，即"会健身心、会择言行、会养品德"为"学会做人"的三个递进层面，"学知识技能，学方法策略，学实践创新"为"学做学问"的三个递进层面。

——进一步明确了"学会做人，学做学问"也是教

图2-37 市实验性示范性高中中期检查汇报

师（包括管理者）培养和发展的指导思想和努力目标。教师学高为师，身正为范，培养学生"学会做人"，教师先要"学会做人"；培养学生"学做学问"，教师先要"学做学问"。

（2）以实验项目落实实验主题

在对"学会做人，学做学问"办学理念认识不断深化的基础上，重新确立了"学会做人与学做学问相融合"为实验主题，并以"学会做人与学做学问相融合"的教育模式实践研究为实验项目逐步推进实践探索工作。在学校总的实验项目下，确立了"构建'学会做人与学做学问'相融合的德育体系""构建'学会做人与学做学问相融合'的课程教学体系""构建校本培训模式：建设一支具有'学会做人，学做学问'素养的研究型教师团队"以及为"做人""做学问"提供保障的"实施和完善校本化管理""后勤保障体系与硬件设施建设"等子项目。

在实验主题引领下，实验项目的推进在学校发展过程中发挥了重要作用。

——初步形成"学会做人与学做学问相融合"的理论框架。

——逐步形成"学会做人与学做学问"相融合的教育模式的实践研究框架，重点放在课程建设和德育、教学改革上，与日常教育教学的改进相结合。

——基本建立了以"学会做人"为核心，在"做"中"学"、"学"中"做"的德育操作体系。

——初步建立了"学会做人与学做学问相融合"的课程体系，为学生提供可供选择的、适合不同学生发展的学校课程，深入开展"有效教学"研究。各教研组围绕"学做学问，努力提高教学的有效性"的要求，形成了学科组研究课题，制定了新课题研究方案，推动了学科组建设。

——进一步促进了教师教育观念的转变，增强了教师"学会做人，学做学问"的自觉性和适切性，推动了广大教师积极投身教育管理与课堂教学的改革，教师的研究能力得到较快的提高，每年有近百篇论文发表、获奖，有多项教科研成果获奖，其中"语感阅读法与学生口头表达能力的研究"成果在英语教学中发挥了积极作用，多次组织市、区英语

教研活动现场会,与兄弟学校进行了交流,引领全区高中英语教学。语文学科"提高课堂教学实效性的教学策略研究"的教学交流课在全国教育教学研究会组织的研讨活动中进行了展示,中期成果在2009年1月的全国中学教育科研联合体"十一五"教育部总课题组交流评比中获得三项一等奖。

三年来,学校各项工作成效显著,教育教学质量不断提高,赢得了社会各界的好评。

全面落实培养目标,教学质量稳步提高。近三年高考达线率、本科率、一本率稳中有升,一大批学生进入全国重点大学。学生的个性特长得到较好发展,在全国、全市和全区的学科类、科技类、艺体类比赛中有200余人次获奖。2008年黄莎同学获得全市高考唯一的作文满分,胡骏同学考取北京大学。先后有33名学生加入了中国共产党。(图2-38至图2-42)

教师的专业化发展取得成效。全校教师在全国、市、区论文评比中获奖,在教学专业杂志发表教学论文150篇。在宝山区新一轮骨干教师的评选中,有17名教师入选;4名教师完成了市"双名"工程

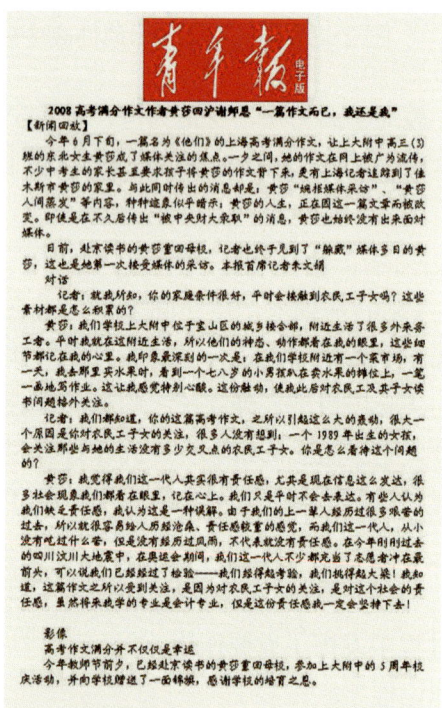

图2-38　黄莎高考满分作文刊登在《青年报》上

图2-39　黄莎向母校赠送锦旗

图2-40　2008届毕业生胡骏考取北京大学

图2-41　学校领导向黄莎、胡骏颁发永景奖学金

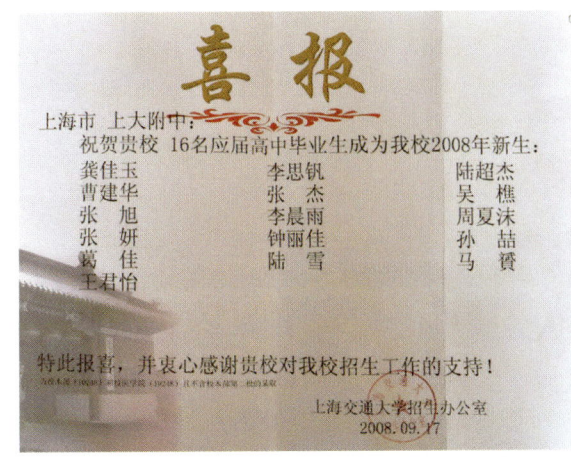

图 2-42　上海交通大学给学校发来喜报

培养基地的培养学习，并参加了市教学展示；3 名教师进入第二批上海市"双名"工程后备行列；2 名教师参加了上海市高考命题或审题。

新疆学生内地高中班喜结硕果。学校准确把握新疆班办班宗旨，有序推进各项工作，在学生的学习、生活等方面，周到安排，充实师资，配置设施，确保教育教学工作的稳定发展，各项工作取得了显著的成绩，首届 60 名毕业生，58 名学生考入本科，1 名学生光荣加入了中国共产党。

示范辐射作用得到较好发挥。牵头组建上大附中教育集团，带动扶持薄弱学校发展。向兄弟学校输出 3 名校级领导。连续三年冠名并承办上海市中小学生创新大赛，承办全国 21 世纪心理健康教育论坛，向来自全国的与会者介绍学校心理辅导教育经验。

三年来学校获得了上海市文明单位、上海市三八红旗集体、上海市民族教育先进集体、上海市群众体育先进集体、上海市安全文明校园、上海市花园单位、上海市行为规范示范校、上海市科技教育特色示范校、上海市心理辅导示范校、上海市语言文字示范校（上海市教委、全国语言文字示范校、全国课堂教学先进集体、全国教科研先进集体等市级以上集体荣誉。（图 2-43 至图 2-52）

图 2-43　宝山区学校教育科研工作先进集体

图 2-44　全国中学教育科研联合体理事学校

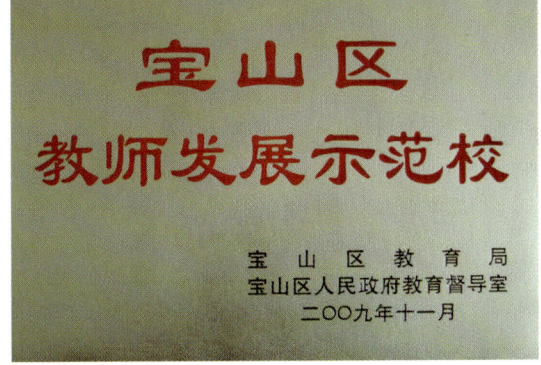

图 2-46　宝山区教师发展示范校

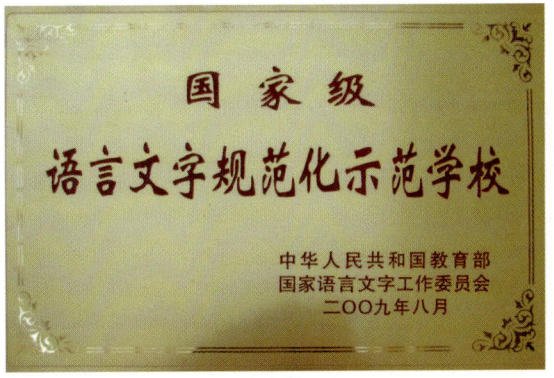

图 2-47　国家级语言文字规范化示范学校

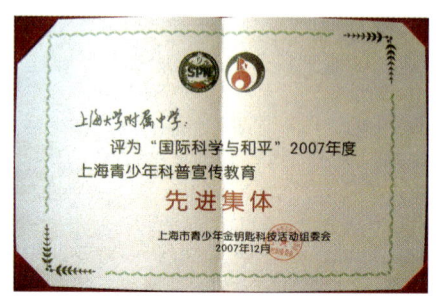
图2-47 上海市青少年科普宣传教育先进集体

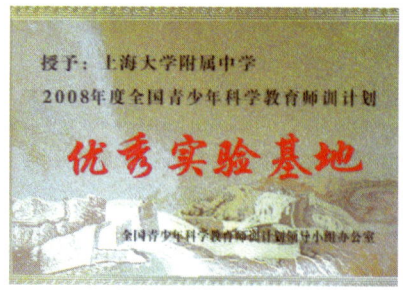
图2-48 全国青少年科学教育师训计划优秀实验基地

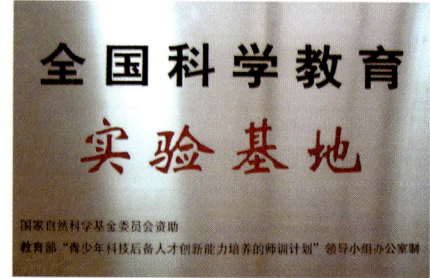
图2-49 全国科学教育实验基地

图2-50 知识产权宣传教育活动团体银奖

图2-51 知识产权试点学校

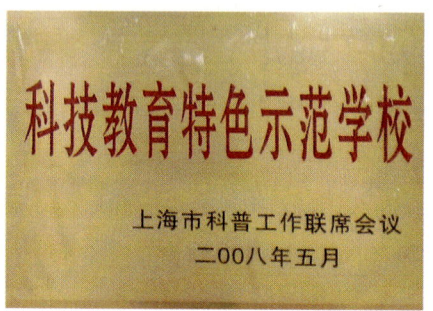
图2-52 上海市科技教育特色示范学校

2009年10月20日，学校通过上海市教委"创建上海市实验性示范性高中"总结性评审。（图2-53）

2010年3月27日，上海市教委发文，决定命名学校为"上海市实验性示范性高中"。（图2-54）

图2-53 上海市实验性示范性高中总结性评审汇报

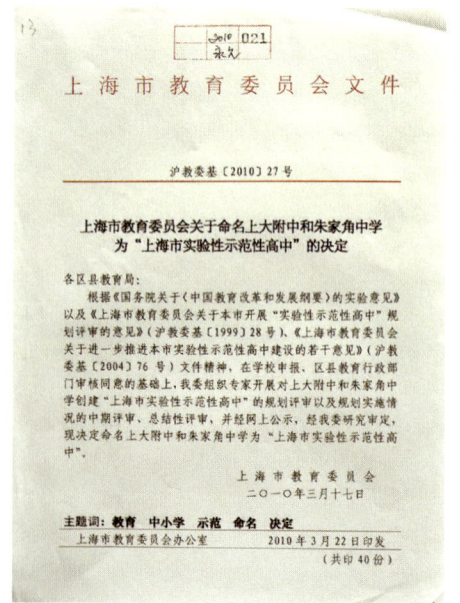
图2-54 上海市教委命名上大附中为"上海市实验性示范性高中"的决定

2009年4月14日,《宝山报》专题报道《理念与理想——上海大学附属中学学生培养剪辑》,可以窥见学校建设发展的一斑。

"上海一流,全国知名。"这是上大附中建设之际确立的发展定位。

"学会做人,学做学问。"这是上大附中成立之初提出的办学理念。

"基础扎实、发展和谐、目标明确、自强不息"这是上大附中在开办之时确定的培养目标。

六年前,所有这一切其实仅仅是一种理想。

六年过去了,他们的理想可曾变成现实?

带着这样的疑问,我们走进了上大附中,剪辑了下面的几个片段……

偶然与必然

上海市2008年的高考,最为轰动的当属一篇聚焦农民工子女生存状态的高考作文——《他们》。黄莎同学以独特的视角、朴实的文风、深邃的思想,赢得阅卷老师的一致赞赏,成为近几年来上海高考语文唯一的满分作文。一时间,各大媒体纷纷报道,成为社会议论的焦点。更让人们意想不到的是,满分作文的获得者黄莎,竟出自一所仅五年历史的学校——上大附中。

有人说,一篇作文获得满分是偶然的。

"黄莎在众多考生中,能够成为唯一的高考作文满分获得者,有一定的偶然性。"上大附中校长张雪霖在接受媒体采访时坦言道,"但偶然之中也有必然,那就是黄莎同学的综合素质。她为人正直,富有爱心,有积极的思想情怀;他关注社会,关注生活,有强烈的责任意识;她阅读视野开阔,思维品质优秀,有扎实的语文功底。这三者而形成了她的整体优势。"

一位学者的评价也印证了张雪霖校长的话:作为一名中学生,能将笔伸向农民工子女,是一种社会责任感,更是一种人文情怀。作者脑海里有真理——人人生来平等;眼睛里有真实——看到了社会问题;心底里有真诚——对弱势群体的同情、关心。

黄莎脑海里何以有真理,眼睛里何以有真实,心底里何以有真诚?

为学先为人。上大附中用"学会做人,学做学问"落实"以学生发展为本"中的"全面发展""健康发展""可持续发展"。三个"发展"首先是"人"的发展。

"做人"重在"做"上,在"学"中"做",在"做"中"学",是为实践。他们从理论、实践两方面,开发符合时代特征,适应学生要求,促进学生发展的"做人"系列教育。

比如人文教育。学校开设人文教育课程,编写《人文专题阅读》校本教材,包括了传统、时尚、生命、自然、亲情、友情、爱情等15个专题;开展读书月、科技艺术节、体育文化节、学科周等活动,以及班级文化、宿舍文化建设,学生在科学与艺术的陶冶中,提高人文素养,升华人格境界……

比如实践教育。发挥学生的德育主体作用和寄宿制学校的教育优势,成立学生自管会,文明校园、文明寝室、文明就餐等由学生参与策划、组织、管理;学校科技艺术节、体育文化节、学生论坛、班团活动、广播站、电视台、学生社团等,由学生自主设计、自主组织、自主评价;利用社区德育资源的优势,在上海警备区教导团(南京路上好八连所在部队）、宝钢集团、外环线养护林地、金篮子园艺场、祁连社区敬老院建立了德育实践基地；每周在家庭承担1次家务劳动；每月在学校参加1次义务劳动；每年在社区做10小时义工……

大处着眼，小处入手，从课堂到生活，从校内到校外，使学生在"学"与"做"的体验感悟中提高、升华"做人"的境界，不断提升学生的道德品质与精神世界。

学校的这些教育活动引导学生观察社会、融入社会，激发学生思考问题、承担责任。高中三年，黄莎没有闷头读书，她积极参加学校的各项实践活动，参加学校的志愿者队伍，到社区敬老院服务，从不会做家务到回家学习包饺子。她去买水果，看到一个小男孩趴在水果摊位上一笔一画地写作业，此后对农民工及其子女读书问题格外关注……

作文，从根本上说，是思想感情的孕育和表达。正因如此，黄莎的作文才能把来自生活的体验和独到的思想相融合，细腻真实地描写农民工子女的生存状态与变化，恰如其分的表达了对同龄人的同情、关注和企盼，写出了真情实感，引发了共鸣，获得阅卷老师的一致好评，赢得高考作文满分。

当然，她也得益于上大附中良好的语文教学氛围。上大附中努力打造优势学科，语文教研组稳扎稳打，教学成绩不断提高，在2008年的高考中，学科均分跃居全区第一。他们探索的"思想、思维、结构、语言"四位一体作文教学法，效果显著，几年来，许多学生的优秀作文被《新民晚报》《中学生知识报》《萌芽》等报纸杂志刊载，多位学生获得全国新概念作文大赛一等奖、二等奖，华东六省一市作文竞赛一等奖，上海市中学生作文竞赛一等奖、二等奖。

"从学生培养的角度说，其意义不只是黄莎赢得作文满分本身，更是上大附中落实'学会做人，学做学问'的办学理念，实现培养目标的成功。在上大附中，像黄莎这样优秀的学生不是一个两个，而是一批。"张雪霖校长如是说。

是啊，？在上大附中，脑海里有真理，眼睛里有真实，心底里有真诚的学生岂止是黄莎。

黄莎的作文获得满分是一个偶然，也是一个必然！

策略与策划

在2008年的高考中，胡骏同学以564分的优异成绩被北京大学工程力学专业录取。可在三年前的中招推优时，他曾被一些学校拒之门外。最终他选择了上大附中。三年后，他却考取了北京大学。

众所周知，上大附中的生源不是一流的，更难招到拔尖的学生。但学校并没有消极等待，而是审时度势，提出了聚焦有潜质的学生培养的策略，制定了学校优秀学生梯级培养方案。

胡骏来到上大附中后，在学校浓郁的学习氛围中，他以饱满的斗志投入学习生活，以严谨的态度贯穿学习生活，以良好的心态对待学习生活。好习惯、好方法、好心态使胡骏逐渐成长为学风扎实、方法灵活、善思好问的优秀学生，进入了学校优秀学生培养行列。

不仅如此，胡骏同学还对化学特别痴迷，高一时就自学了高中的全部内容。针对他的这一学习优势，学校专门组织化学老师给他开小灶，辅导大学化学内容。在上海市中学生化学竞赛中，胡骏一举夺得了一等奖，这更加激发了他的自信，使他真正认识到有志者事竟成，学校老师及时鼓励他树立更高的目标，并开始对他进行全面培养。

进入高三，胡骏同学的学习成绩已名列全年级前茅，显示出了一名特优生的潜质，经过分析研究，学校将他确定为冲击一流大学的重点培养对象，对他的发展进行了细致的策划。

在张雪霖校长的案头，我们看到了胡骏同学的"培养手册"。这份由师生共同填写的"培养手册"清楚记录着胡骏在上大附中的发展历程。胡骏本人的学习发展规划，每阶段的学习小结及反思，各次重要考试的成绩记录；班主任与科任老师对胡骏学习能力、学习习惯、学习方法的分析，每阶段各学科老师给予的评价与指导意见；高考的理想目标，教师团队对实现理想的可行性分析，共同拟定的计划及措施，学校领导寄语……详尽的数据、深入的分析、具体的措施，对一名学生的培养细致入微。

这只是上大附中培养胡骏"四个一工程"中的一部分。

根据胡骏的特点，学校还给他安排了"一个学习导师团队"，这个团队由学校领导、班主任和各学科老师等组成，从学习计划的确定到学习内容的指导，从学习过程的监控到学习质量的分析，从学习情绪的调控到学习心理的辅导，全程跟踪指导他的发展。

由班主任牵头，各学科老师对他进行"每月一次综合会诊""发现问题，寻找差距，想出办法，落实措施"。胡骏的文科相对薄弱，英语老师以听力、翻译和写作为突破口，让他定时收听英语广播，进行听力训练，每周一百句翻译练习，每天一篇短篇作文。正是在这样近乎苛刻的要求和精心的培育下，胡骏的英语成绩稳步提高。语文老师针对他写作薄弱项，为他个别辅导，给予精心指点。通过"会诊"，胡骏把学习时间安排得更为合理，薄弱学科得以突破，学习成绩稳步上升。

还有"每周一次谈话"。看似轻松的谈话实际都由班主任和导师精心安排，高三学习任务重、压力大、思想容易波动。老师们密切注意思想动态，有针对性地做好思想工作并进行心理疏导，使他能保持努力拼搏的毅力、克服挫折的勇气、超越自我的信心。胡骏在高考模拟考试的小结中写道："我会竭尽全力去实现我们共同的理想！"

上大附中的"四个一工程"，凝聚了学校对学子成材的希望，倾注了老师们的心血，特别是学校把对胡骏的培养当作一项课题进行研究落实，有计划、有步骤地开展，挖掘出了他身上的潜质，也创新了优秀生培养的模式，体现出统筹规划的科学精神、敢于担当的负责精神、密切协作的团队意识。

张雪霖校长说："学校教育就是要培养人才，但我们必须认识到，一是人各有才，每个学生犹如一座金矿，它的价值取决于怎样开发。二是人尽其才，学校的功能不在于筛选人才而在于培养人才，要想办法让每位学生发挥出最大潜能，把金矿提炼成金子。三是因材施教，这是教育教学的基本原则，要让每块金子闪光。"

胡骏的成长发展，正是由金矿到金子到闪光的过程。

其实，胡骏只是上大附中学生培养的一个缩影。在上大附中，学校关注每一个学生的发展，学校的策略是按照不同学生的特点，进行分层培养，让每一名学生"吃饱""吃好"。特别在基础型课程实施校本化中体现教学的针对性；在拓展型课程多样化中突出课程的选择性；在研究型课程项目化中强化学习的自主性，使每一名学生都能够闪光。正是这样，学校的教育质量才能全面稳步提高。

有高考成绩为证。2006年的高考，上大附中的第一届毕业生在高考中就取得了优异的率绩，一大批学生考取了重点大学，而且高考达线率100%。2007年，上大附中的第二届毕业生继续保持了优异达线率的同时，本科率位居全区第二。2008年，高考优秀生人数也跃居全区第二。要知道，这样的成绩是在生源与其他学校有较大差距的情况下取得的。

谈到高考，张雪霖校长并不讳言。他说，学生十多年寒窗苦读，在他们成人之际，首先面对的就是高考这道坎，该怎样面对，将影响学生未来的人生。学校必须重视高考成绩，但不应该靠拼时间、耗体力、搞题海战术来提高成绩，而要把高考当成课题来研究。学校和老师有责任帮助他们跨过这道坎，选择理想的人生之路，最重要的是要通过科学的方法来赢得高考的胜利。

特长与特色

"没有老师的慧眼，没有学校的培育，我将错过体验科学世界的奥秘和乐趣。我更理解了没有刻苦精神，做不了科学研究；没有求真务实精神，做不了科学研究；没有坚定信念，做不了科学研究。是科学研究促进了我的学习，也是它让我真正长大了。"这是李思钒同学毕业后写给母校的感谢信中的话。

刚进学校时的李思钒，还是个成绩平平贪玩好动的男生，但对科技活动却具有强烈的好奇心和浓厚的兴趣。老师发现了他的特长，积极引导他进行科学探索，他成了学校创新机器人社团的骨干，他的特长得到了充分发挥，他的潜力得到了充分的挖掘，同时，他的学习成绩也一路攀升，2008年的高考中，以542的高分考入上海交通大学。

创新人才的培养是国家教育发展的重大目标，学校如何落实这一培养目标？

每一名学生都有创新的天赋，学校如何发现、挖掘并发展他们的天赋？

"发展和谐"就是"全面发展"+"个性发展"。全面发展是个性发展的基础，个性发展是全面发展的提升。而"学做学问"，就是要"学知识技能""学方法策略""学实践创新"。

上大附中在实践办学理念的过程中，在落实培养目标的过程中，依托上海大学，以科技创新教育为平台，以发展学生个性特长为抓手，唱响了学校创新教育的旋律，形成了学校科技教育的特色。

学校每年都有科技艺术节、环保创新周、金点子创意设计大赛等多种形式的科普活动；学校先后承办了沪港澳机械奥运比赛、华东地区VEX机器人比赛、英特尔上海市青少年科技创新大赛、上海市创造发明比赛等高级别、大规模的科技活动。广泛的科普活动，营造了浓郁的科技创新氛围，也大大地激发了学生的兴趣特长。

学校将科技创新教育列入课程计划，整合相关课程形成综合性的信息科技与创新课程，体现"基础型课程+拓展型课程+研究性学习"的特点和"普及+提高+发展"的思路。

学校打破常规，不拘一格选用人才，陆续引进来自物理、机械、电子等不同专业的精兵强将，其中有不少来自名牌大学非师范专业的毕业生，弥补了目前中学科技教学知识老化、科技教师专业化程度低的不足。聘请上海大学和市、区少科站专家成立"校外专家指导团"，为学生开设讲座，进行课题指导。

学校投资50万元，与德国慧鱼集团共同建设了创新机器人实验基地，积极为学生申请课题立项并提供资金支持，科技软硬件设施每年保证30万元以上投入。

正是在这样的背景下，李思钒同学脱颖而出，他"利用苍蝇提取壳聚糖"的研究，从一万多只苍蝇中提取出有益物质壳聚糖，变废为宝，取得成功，获得了首届全国创意比赛金奖。

维吾尔族学生阿力木江设计的"会飞的建筑——蒲公英"获得了上海市未来工程师大赛一等奖，谢宇、陈文皞的研究项目"双足平地行走机械装置的研究与改进"获得了上海市青少年科技创新大赛机器人创意设计一等奖……

近年来，上大附中的学生共获得了200多个市级以上的科技比赛奖项，其中国际奖项5项，国家级奖项20多项。他们在创新实践中发展特长，在特长发展中学习创新。并以特长发展促学习进步，形成良性循环，取得优异的成绩。

目前，学校已形成了特长学生培养的机制，拥有一支高素质的特长学生培养教师队伍和凝聚集体智慧的特长学生培养课程，培育出一大批具有创新精神与实践努力的人才，科技创新教育也成为学校的教育特色。学校先后被评为全国科学教育优秀实验基地、上海市科技教育特色学校、上海市青少年科学院优秀团体单位、上海市科普宣传教育先进集体、全国"2049"试点学校、上海市知识产权试点校等。

从发展学生特长，到学校教育特色，上大附中走出了一条成功的道路。

我们剪辑的上大附中学生培养的三个片段，实在不能概况学校六年的建设与发展历程的全貌，但可以让我们感受到学校的理想正在变成现实。学校用行动落实着"学会做人，学做学问"的办学理念，用成绩实现着"基础扎实、发展和谐、目标明确、自强不息"的培养目标。

今年6月，上大附中将接受创建上海市实验性示范性高中的总结性评审，他们正朝着创建"上海一流，全国知名"学校的目标大踏步地迈进。

"他们，终将会成为我们。"这是黄莎满分作文的精彩结尾。我们也有理由相信，上大附中将会培养出更多的"他们"！

我们期待着……

经过六年的建设与发展，特别是三年创建上海市实验性示范性高中的实践，上大附中基本完成了以"学会做人，学做学问"为特征的学校德育体系、课程教学体系、师资队伍和管理制度的构建，学校教育教学质量稳步提高，取得了显著的办学成效，在德育、课程建设、学科教学等方面初步形成了特色，在建设"上海一流，全国知名"学校的过程中，提升了办学品位，为学校新一轮发展打下了坚实的基础。

三、"在创新中学会创新"——创新型实践人才培养项目学校建设

（一）回眸高速度

2003年9月1日，学校提出了创建"上海一流，全国知名"学校的发展目标。

2009年10月21日，学校顺利通过了创建上海市实验性示范性高中总结性评审，跻身"上海一流"的行列。

六年间，从2004年第一个学生获得上海市中学生化学竞赛一等奖到每年近百名学生获得市级以上比赛奖项，从2006年首届毕业生高考100%的达线率到全市唯一的高考满分作文，每年有一大批学生考取名牌大学，学校教育教学质量稳步提高。

六年间，从获得上海市"金钥匙"比赛一等奖到参加国际中学生机器人大赛，从建立慧鱼机器人创新实验室到承办第二十一届英特尔上海市青少年科技创新大赛，再到每年冠名"上大附中杯"上海市中学生创造发明大赛，从宝山区科技特色学校到上海市科技教育特色示范校、全国科学教育实验校，学校在科技创新教育方面形成了办学特色。（图2-55至图2-63）

这是学校艰苦创业的六年，上大附中人用智慧、心血、汗水创造了学校建设与发展的辉煌历史！

这是学校飞速发展的六年，上大附中人用质量、成绩、效益向全区人民交上了一份满意的答卷！

图2-55　上大附中·慧鱼创新机器人教育实验基地揭牌

图 2-56　上海市中小学知识产权试点学校授牌

图 2-57　"上大附中杯"上海市青少年创造发明设计竞赛在上大附中举行

图 2-58　学生获创新机器人一等奖

图 2-59　上海市机器人竞赛在上大附中举行

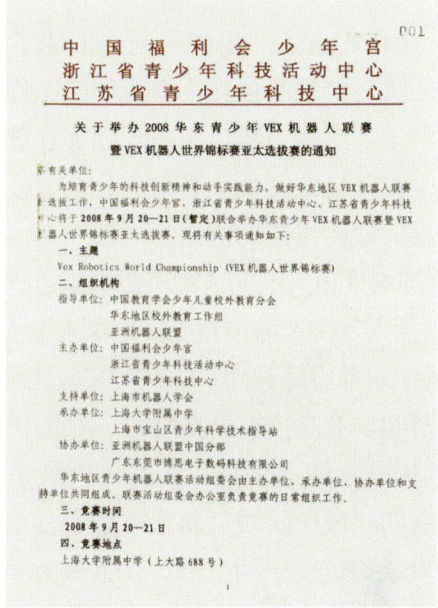
图 2-60　学校承办 VEX 机器人比赛

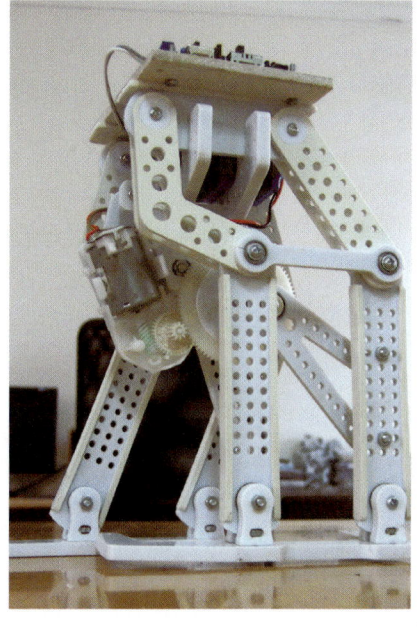
图 2-61　学生设计的平行机构步行机器人

图 2-62　上大附中机器人试验室

图 2-63　学生陈浩荣获"科技之星"称号

（二）聚集新高度

六年的发展足以令上大附中感到骄傲，然而成为上海市实验性示范性高中，只是上大附中建设"上海一流，全国知名"学校的第一步，仅初步实现了"上海一流"的办学目标，与"全国知名"还有一定距离。

站在新的起点，在全面总结创建实验性示范性高中实践的基础上，学校编制《提升理念 发展内涵 形成特色——三年（2009年9月—2012年6月）发展规划纲要》，把"创新人才培养"作为突破点，开始了新的追求。

2009年11月1日，学校召开新三年发展规划研讨会，提出创办"创新人才实验班"的设想。

"科学创新"有显著的年龄规律，世界上许多重大"创新"杰作完成于30岁之前，而绝大多数杰出的"创新人才"20岁出头已经崭露头角。高中阶段是培养学生创新意识、创新思维、创造能力的黄金期。

学校一直致力于培养创新型人才，已经积累了一定的经验，形成了一套可操作的培养程序、一支宝贵的多学科专家型教师团队，特别是依托上海大学的工程技术专业的优势领域，如机器人与人工智能领域、材料科学、生物工程、生态工程等，曾经有多名学生获得国际、国内大奖，在社会科学领域，学校坚持培养学生强烈的社会责任感和洞察社会的研究能力，暑期开展社会学实践考察项目，取得丰硕的成果。

响应国家创新体系建设工程，加速我国由人口大国向人力资源强国迈进，培养未来社会、科技、经济、文化等领域发展所急需的高端人才，上海市教委决定探索上海高中科技创新人才的培养之路，发起了"高中阶段创新人才培养行动计划"，在市实验性示范性高中范围内选择10所左右办学成果显著、办学特色鲜明、有高校直接支撑的一流高中开展试点。

上海市教委创新人才培养项目与学校办学的追求是一致的，也是学校进一步发展的重要契机。学校决定积极参与上海市教委的"高中阶段创新人才培养行动计划"。

条件分析，寻求支持，起草方案，专家论证……两个月，在上海大学的全面支持下，"上大附中与上海大学联合培养创新型实践人才项目方案"完成。

（三）行动大力度

宝山区委、区政府十分重视学校创新实验班的推进，将之视为提升宝山教育发展的一个重要抓手，写入了2010年年初召开的区六届人大六次会议的《政府工作报告》。

上海大学全面支持学校创新型实践人才培养的教育改革行动，给予招生、师资、课程、教学、资源等方面的保证。

2010年2月，宝山区人民政府与上海大学正式签约，共同推进上大附中创新型实践人才培养项目的实施。由宝山区副区长李原和上海大学副校长叶志明牵头，建立联席会议制度，共同商议推进中的各项工作。宝山区人民政府为项目的实施给予专项经费支持，并在教师配备和专业发展、课程建设、硬件保障、教育资源的协调等方面全面支持上大附中创新型实践人才培养的教育改革行动。（图2-64）

上海大学副校长叶志明教授领衔，联合50余位博导、教授组成了创新实验班导师团。上海大学教务处处长周锋博士与学校领导共同担任常务负责人。

上海大学协助开展创新型实践人才培养对象的选拔、招收与管理，全程参与培养过程，指导制定创新人才培养办班方案、课程设置与开发，全面开放资源，下移部分特色课程，选派教授开设校本课程，担任创新实验培养对象的导师。

上海大学承诺优先录取创新实验人才培养对象，在国家政策允许的前提下，对达到规定学分的学生进行托底接收。

2010年3月，在全市实验性示范性高中申报"创新人才素养培养"项目的评审中，上大附中脱颖而出，入围项目试点学校。与此同时，首届创新实验班招生启动。

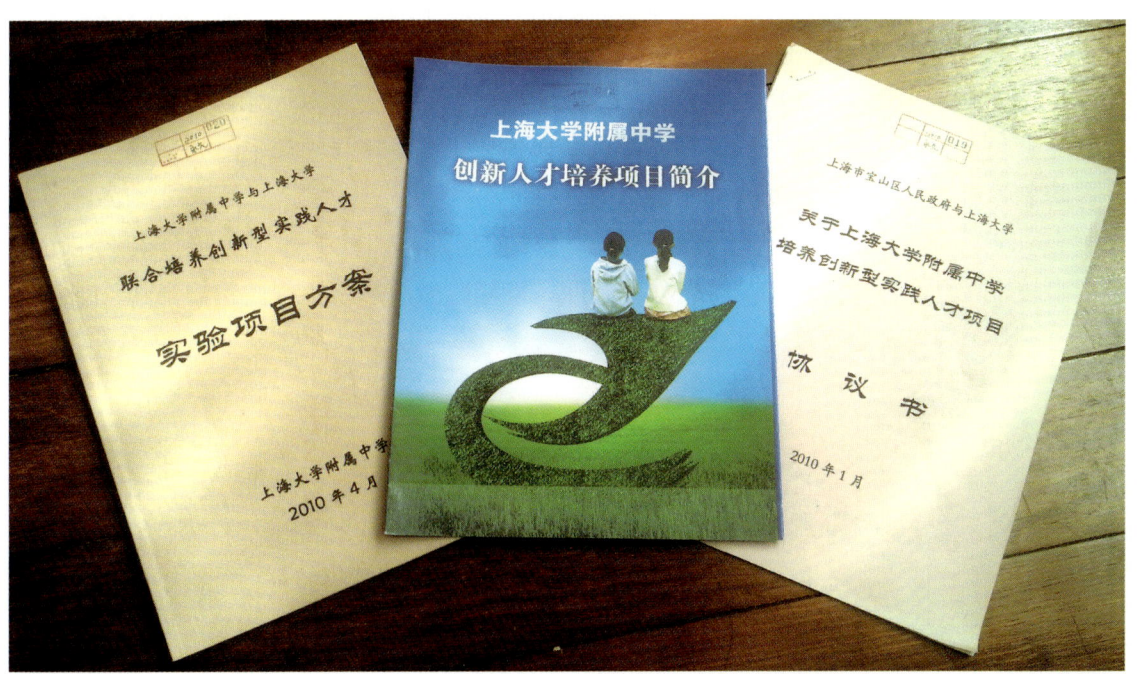

图2-64　创新型实践人才培养项目

（四）培养多维度

1. 办班目标

着眼于探索高中阶段创新人才培育的途径、方法和评价选拔机制，探索高校与中学联合培养的途径与方法，打通高校与中学之间的教育连接点，探索创新人才培养的课程体系、管理模式、评价方法和保障机制，建设及优化课程系统，从培养素质全面、人格健全而有创造力的优秀人才的目标出发，以科学、技术、人文、艺术并重的课程及其实施模式来进行综合培养，提高中学教与学的效率，引导学生独立思考、自主学习、合作探究，探索在高中阶段开设大学先修课程，为建立一套有普遍意义的高中创新型实践人才培养体系和整体提高高中教育教学质量提供经验。

2. 培养理念

遵循创新型人才成长的内在规律，着眼于促进高中阶段教育摆脱应试教育的影响，提高教与学的效率，改变一切为了考试的教育理念，改变死记硬背、反复操练、高负担低效率的教学方式；着眼于学生发现问题、解决问题能力的培养，着眼于学生创新精神、创新方法和创造能力的培养；着眼于学生动手实践和利用现代化工具进一步发展能力的培养，营造适合创新人才成长的体制、机制和环境；注重创新型人才苗子的发现与遴选、管理和培育、评价与激励，促进人才苗子的脱颖而出、茁壮成长，为培育适应未来经济、科技、社会和文化领域建设和发展需要的领军人才奠定基础。

3. 培养目标

德育目标层次：以"学会做人"为主导思想，注重培养扎实的科学和人文素养，特别体现在诚信度、相融性、爱国心；形成"做人""做学问"的良好习惯，崇尚科学和求真务实的道德品质，强烈的爱国心与责任感等。有良好的心理素质和个性情趣，能正确对待挫折和成绩，能设定自我目标并及时修正，能积极主动地去实现目标。

专业目标层次：具有扎实的学科基础，广博的知识面，较强的动手能力和核心技能，又有明确的专业爱好和浓厚的探究兴趣。

创新素养层次：具有求异求新的思维，善于使用工具，善于开展实验，善于使用现代信息技术，具有独立思考和团队合作的禀赋，能随时激活思维，创造愿望强烈，创新精神执着，学习意志坚定。

4. 选拔标准

摒弃"学业资优"标准，按照"高于平均水平的能力""执着精神"和"创造力"三个彼此平等、相互影响的人格特质群来界定资优生，既考虑综合化的资优行为特征，又考虑个性化的奇才、偏才、怪才，发现并把握不同学生个性化学习思维特征。能被确定创新素养培育人选的核心特征是：具有执着、进取、质疑的精神，超常的领悟性和思考力，主动学习与探究的品质，具有创造动机与一定的创新力，善于动手尝试自己的构想。

5. 培养方式

三年一贯，独立设定课程课时标准，融合普通高中课程和部分大学课程，实行模块教学和学分制管理。高一年级在基础型课程的基础上开设以微型选修课、讲座为主的拓展型课程，包括身心修养、人文素养、艺术与美育类模块课程。高二年级在完成基础课程的同时开展系统的创新素养课程和技能训练实践，并将大学教师的研究方向、研究课题或相关领域的小课题提供给学生，引导学生以问题解决为核心的具有针对性的研究性学习，并指导学生开始选择相关研究项目。高三年级采取一年四学期制。在秋季学期（9月—12月），主要完成核心课程的学习，冬季学期（12月—1月）完成社会实践和项目研究，在春季学期（2月—3月）指导学生生涯规划，在夏季学期（3月—6月），根据学生意愿，对完成专业去向的学生开展针对性准备辅导工作。

创新实验班的学生还要具有社会实践的经历（集中在寒暑假和双休日完成）、社区服务的经历（总时间达到60小时以上）、野外科考的经历（1次完整的野外科考经历，时间4天4夜）、课题研究或项目开发的经历（1次完整的历程，包括从课题或项目选择、项目立项、文献检索、方案确立、实验实践、数据处理、项目报告或论文撰写、展示交流、经费管理等）、到国外游学的经历（1个月）、到高校或相关中学访学的经历、提高学生团队合作的野外训练（1次）。

6. 课程设置

定位于高中教育阶段的共同基础和通识，从内容上拓宽和加深，在进度上适当加快，在方法上注重自主学习。必修课程定位于高中基础课程，着眼于基础性学力和发展性学力的培养，探索综合理科和综合文科方面集中整合上海市课程标准规定的相关学科的教学内容，以自主开发的创新素质训练和技能训练课程为主，着眼于创新的通性、通法、通则，如信息检索能力、实验设计能力、交流表达能力等。

拓展型课程基于潜能和特质，突出能力倾向，确定专业发展方向的课程，培养学生的专业兴趣和基础。由上海大学根据培养计划要求配置相应的通识课程，配备相应的授课教师，开设科目根据学校需要动态调整，逐步完善，形成贯穿三年的选修课程系列。引导学生合理规划个性化课程，学生通过与导师协商确定要选择的课程。

研究型课程是以发展能力倾向和兴趣爱好为教育价值取向的研究类课程，着眼于创新思维与方法的训练、创新的经历与体验和问题解决综合能力的提升。以上海大学教师指导为主，为学生配备学业导师，保证每位学生享有个性化培养的条件及研究性学习的经历和初步成果。学生在导师指导下进行选课学习，学校根据学生的个性化选择提供课程服务和资源支持。

学校对三类课程进行适当的统整，突出基础型（必修）课程中对学生课程三维目标的培养，并在拓展型、研究型课程中加以运用和提升。

综合以上三大类课程，以学分制进行课程教学管理，三年修满规定学分。部分学分与上海大学互认，学生进入上海大学后可以免修相关课程。

7. 课程实施

按照逐级递进、适合学生发展的原则设计阶梯型课程方案，按照分类培养、因材施教的原则构筑生态型课程架构。基础型课程、创新素质训练课程和技能训练课程作为学生发展的元课程，是必修课，元课程确保学生通过国家课程学业水平测试，并接受创新素养和动手实践技能提升的专题课程学习，是学生进一步发展和创造的基础。在此基础上，设一定比例的微型课程和综合实践研究型课程，含专题讲座和专业方向性的选修课、围绕专业领域的课题研究活动等，组成拓展型、研究型课程库，这是支持性课程。学生要从这些课程中自主选择一定量的课程，完成规定的学分。这部分课程高选择、精组合，着眼于学生的个性化发展。学校与上海大学共同安排综合实践模块课程，作为研究型课程，学生也必须完成该模块的学习，才能达到相应的学分。（图2-65、表2-1）

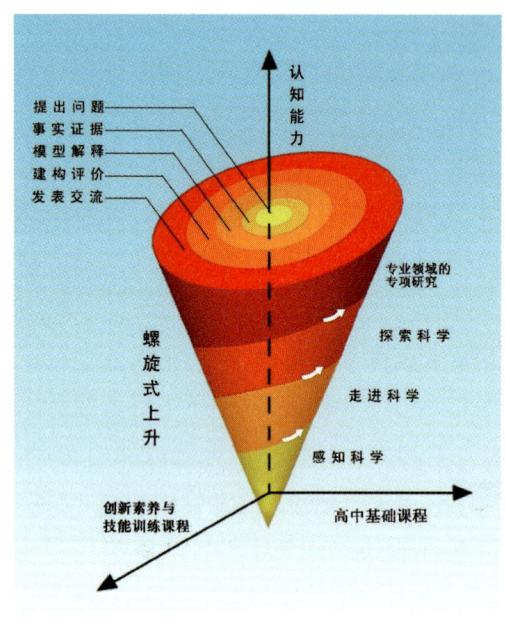

图 2-65　生态型课程架构

表 2-1　五大课程模块

模块一	模块二	模块三	模块四	模块五
身心修炼	技能训练	通识教育	创新素养	生涯规划
以会健身心、会择言行、会养品德为标准，培养学生有一项终身受用的健身项目，学会调适身心的方法，学会与人相处和合作等。	着重训练学生对现代技术的理解与运用能力，对先进设备和仪器的理解与使用，如数控机床、情报检索、编程与计算工具、生化操作、检验检测、社会调查等，为学生进一步运用现代技术平台进行创造打下基础。	以基础性培养为主的课程设置，主要包括人文素养、美育与艺术、基础性学科、基本的生存技能、规则、法律和管理常识等。	以自主发展为主的选择性课程；主要包括科学研究的方法和经历，艺术创造的基本功，研究方向的概念体系，创造思维、创新意识和创造能力训练等。	以学生可持续发展为主的课程；帮助学生确立理想，学会选择研究方向，进行社会实践，开展创业规划等，培养学生浓厚的专业兴趣和进取心，有一定特长。

8. 保障措施

（1）管理保障。由上海大学牵头，成立创新人才培养实验研究指导小组。由上大附中牵头，与上海大学一起成立创新人才培养实验领导小组，负责创新实验班的招生、培养和生涯规划，制定相关制度，协调各类资源，组建导师团队，共同开展评价。整合科研室、教务处和科技辅导员、竞赛教练组等力量，对指导教师进行必要的培训，统一思想，让教师明确实验的重要性，指导教师根据学生特点，制订符合学生发展的个性计划，保证给学生营造一个既宽松又有效的学习和发展空间。创新实验班的辅导员（班主任）负责协调，把高校智囊引入中学，带领中学资优生"预览"科学前沿，安排专门教师负责学生的课题规划、联系教授、安排讲座等事宜。上海大学负责协调大学教师工作和实验室资源的统筹。

（2）师资保障。基础课程由学校选派专业扎实、有个性和独立思考精神的教师承担，各科教师重新梳理并整合知识点，确保教学效果。拓展课程由本校教师和外聘的导师团队组成，学校充分利用各方面的教育资源，组成相关的特聘师资队伍。包括依托上海大学相关专业的专家，联系有关科研单位、研究院所专家，组成导师团，在给学生授课的同时，以项目形式保证每位学生至少有一位专家指导，直至项目完成，并获得专家导师对学生的评价。

（3）经费保障。宝山区教育局对创新人才培养实验班列支专项经费，用于实验场馆、仪器设备和活动经费的支出。学校联合宝山职校，将该校的一些精品实践课程，如数控机床使用、现代测量技术、计算与编程等，作为学生实践技能培养的一部分。此外，学校建立实验室，如工程制作室、微型车间、自主实验室、美术设计室等，培养学生的动手能力、设计能力和艺术感知。

9. 评价机制

创新性人才的培养是一个长期的过程，需要各学段接力进行。高中阶段的评价应该着眼于发展，着眼于长效评价。从根本上改变传统的以分数为主的做法，注重学生的全面发展与和谐发展，注重知识结构、能力结构和专业进取精神的统一。

具体要求包括：

（1）注重学生提出问题与解决实际问题的过程和能力。

（2）关注学生从事探索性活动的能力。

（3）关注学生的理解与感悟水平。

（4）关注学生的情感、态度和价值观的发展状况。

（5）注重形式的多样化、针对性和实效性。

（6）注重团队合作能力的评价，引导学生学会合作。

在评价时，采取多种评价方式，既包括书面形式的测验，也包括评价学生的口头表达、口试、调查和观察、实验等活动中的表现。考虑到每一种评价方式都有各自特点，结合高中阶段学生学习的心理特征、学习形式和学习特点，在评价方式的选择上应有所侧重。观察学生的表现，一定程度反映学生的参与程度和参与活动的水平。

根据上海市教委项目管理要求，在整体推进创新素养培育的基础上，着重参与"高中学生创新素养的培养目标与测评方法研究"子项目。根据学校的发展定位和学生实际，不断探索调整完善实验方案，优化教学策略。实验取得了一定的成效，培养了一批热爱工程设计的优秀苗子，实验班学生表现出明显的创造优势，100%的学生开展过课题研究或项目设计，80%的学生获得1项专利，2个项目获得全国创新大赛一等奖，获得上海市创新大赛奖项的学生有19位。

在上海大学的技术支持下，学校创新人才培养项目积累了一定的经验，形成了一些强势领域，特别是依托上海大学工程技术专业优势，如机器人与人工智能领域、材料科学、生物工程、生态工程等，有多名学生获得国际、国内大奖。在社会科学领域，学校坚持培养学生强烈的社会责任感和洞察社会的研究能力，暑期开展社会学实践考察项目，取得丰硕的成果。学校冠名承办了"上大附中杯"上海市中学生创造发明大赛、英特尔上海市青少年科技创新大赛、华东地区 VEX 机器人大赛、全国中学生机器人大赛上海赛区等，在培养青少年科技创新人才领域坚持不懈，内实外名。学校还是全国科学教育实验校，获得"全国科联体科研百强校""全国教科研先进集体""教育部重点课题实验基地""上海市科技教育特色示范校""上海市教师专业化发展学校"等称号。

学校专设 2 000 多平方米的创新活动中心，与高校合作，为创新班设置特色课程，促进优秀生多维度、多方向发展。通过实践，创新班学生已频频在国际、全国级比赛中获得殊荣，如 2011 年获得国际头脑奥林匹克决赛银奖，2011、2012 年连续两年在中学生科技含金量最高的"全国中学生创新大赛"项目中获得全国一等奖，同时还获得了全国第二十四届、第二十五届头脑奥林匹克大赛 4 项金奖等。一批教师快速成长起来，学校校本课程开发取得了突出成效，学校内涵发展和改革迈出了卓越的一步。

（五）附录

1. 学校公共选修课系列

编号	课程	类型	教师	编号	课程	类型	教师
1	阅读指导	学科	蔡弋、张绥娟	21	化学与食品	科技	徐斌
2	写作指导	学科	姚欣宏、季剑炜	22	古典人文经典选读	人文	刘德桂
3	数学思想运用	学科	顾奚峰	23	走进美文	人文	张静、徐海音
4	数学解题研究	学科	王建彬	24	园林探究	人文	张勇
5	英美概况	学科	李云霞	25	趣味数学	学科	刘和、季风
6	对外汉语	学科	孙泓	26	数学竞赛辅导	学科	王敏杰
7	新闻英语	学科	梁志峰	27	走遍美国	学科	李春晖
8	疯狂英语	学科	姚珺	28	报刊阅读	学科	赵丽琴
9	旅游天地	人文	苗刚	29	科普英语竞赛	学科	孙璐
10	法律讲堂	人文	于海波	30	空中英语	学科	童治英、邓佶
11	生活地理学	人文	李玉春、季汉萍	31	社会调查统计	人文	金花
12	C 语言设计	科技	郁龙	32	探索历史奥秘	人文	徐瑛
13	机器人设计	科技	汪玥辉	33	化学竞赛	学科	戴玉霞
14	绘画基础技法	艺术	赵炜国	34	绿色探索者	人文	夏引华
15	校园网开发	科技	陆辉	35	生活中的化学	人文	季莉莉
16	影视制作	科技	劳烨、支惠忠	36	器乐技能入门	艺术	郝靖宇
17	声乐演唱技巧	艺术	康燕华	37	心理 ABC	人文	马晓燕
18	摩天大楼	科技	黄琳玲	38	啦啦操	学科	张祯
19	物理竞赛辅导	学科	郁梅、顾敏霞	39	VB 程序设计	科技	刘健
20	动物与人类	科技	王钱菊	40	羽毛球	学科	郑明荣

2. 创新性工程技术人才特色校本课程系列

课程名称	所属领域	授课教师	课程简介
计算机辅助机械设计	技能训练	汪玥辉	本课程旨在学生之前对于基本的传动方式已有一定认知的基础上，通过 PRO—E 软件平台的培训和教学，力求让学生接触和了解计算机辅助设计这一工程学中的前沿领域，不仅要求其在高中阶段掌握 PRO—E 工程设计软件的基本操作，同时也为其进行工程或机器人项目的创新活动打下一定的理论和技术基础。目标包括： （1）完成课程不同阶段所布置的工程绘图任务。 （2）课程后期完成一个简单的模型设计效果图。 （3）课程结束后结合机械传动知识，以个人或小组的形式合作开展一个工程或机器人类的创新项目，并完成机械部分的设计。 （4）能够参与到未来工程师创意设计、创新大赛创造发明比赛等一些竞赛和活动中。
计算机辅助设计 CAD—电脑制图	技术基础	刘健	计算机绘图是各类各行业工程师和设计人员进行设计工作和创意开发的必要手段和技能。本课程的具体培养目标为：通过理论学习和实际上机实践，提高学生的上机动手能力和实践绘图能力，掌握电脑绘图的精髓。
机械传动	学科拓展	汪玥辉	课程主要关注有志于从事工程机器人类项目研究与制作的学生，在其已有认知的基础上，借助乐高、慧鱼等机器人模型套材阐述工程中常见的机械传动方式，在动手搭建的同时对于工程学中的机械部分有深入和系统的认识，为今后的创新及探究打下基础。目标包括： （1）知道不同的机械传动方式，学会一些简单的工程计算。 （2）掌握不同传动方式的特点，能在工程设计中加以关注和选择。 （3）利用机器人套材搭建出一个或多个机械组成的传动系统，并适当赋予其功能和意义。 （4）参加到未来工程师、机械奥运等一些竞赛项目中。
单片机技术基础	技术拓展	张云峰	为了培养学生创新、探索、求知能力，适应多元化的发展，提高综合素质。将单片机技术基础作为创新型工程技术课程，让学生广泛参与，促进学生的兴趣培养和未来专业选择，提高动手实践能力，为科技竞赛打好基础。目标是让学生掌握基本电路图原理，了解单片机的硬件结构，学会单片机程序设计，并能下载、运行、调试单片机程序。
光源与照明	科学研究	许晓景	围绕应用和发展的前提，让学生从生活出发，从解决实际问题出发，学习相关的光源知识，以便将来可以科学地全方位地考虑问题。帮助学生在以后的大学生活中，更好地定位与选择。学生掌握光源的主要分类和相关用途，了解国际上光源的前沿技术，能够设计简单的反射器与照明方案。
计算机程序编写的技巧与提高	技术基础	刘健	计算机程序设计是一门以知识性、技能性与应用性相结合为特征的课程。本课程立足于实践，凡事都需要经过动手与体验，在学习知识中动手，在实践过程中学习知识。本课程借助于 VisualBasic 6.0 程序设计语言，学习计算机程序设计基本方法与技巧，并在此基础上进一步提高，使学习者具备能运用程序设计语言编写出能在 Windows 系统下可运行的实用的程序的能力，并最终以能用 VisualBasic 6.0 程序设计语言编写出在 Windows 界面下可运行的实用程序的能力为本课程的培养目标。

续表

DV制作	技术基础	劳烨	坚持科学发展观，以特色内涵建设为重点，坚持艺术技术结合，培养具有人文精神、专业素养、实务技能的影视复合型人才，使学生成为与上海国际性大都市地位相适应的、与当代传媒和创意经济发展需要相适应的高层次人才。使学生对DV制作包括影视有一个基本的了解，并且在生活实践中能使用一些技术手段，从而拍出比较优秀的作品。重点是艺术技术结合、具有较强策划与制作能力的电视节目编导人才，并力求使学生做到能独立完成整部DV的制作。
材料与化学	学科拓展	戴玉霞	材料与化学面向高中生，属于学科拓展类课程。本课程以日常生活中常用材料为出发点，引出各式材料在民用、军事、工程中的应用和一些新材料的潜在应用价值。材料科学本身作为一门综合性学科，探究的是结构与性能之间的关系。本课程将着重从化学角度对此进行介绍和探讨。学生通过课堂教学和交流，将直观地感受到化学理论在材料中的应用，学会用化学思维去分析解释身边的化学问题，并提出材料改性意见或材料设计方案。本课程要求学生通过课堂授课，了解材料科学的概况、材料的基本分类和常见的材料及其性质。通过运用课堂所学的知识和对搜索引擎的使用，收集相关材料并进行整理、归纳和观点提炼，学会用科学的语言来进行表述。
电子技术基础	科学研究及技能训练	王士方	当今社会科学技术迅猛发展，今日"电子"已成为世界各国发展不可或缺的一部分。从某种意义上说，一个国家的电子发展水平已成为衡量一个国家国力的标准。创新型工程技术人才必须具备先进的电子技术技能。培养学生掌握初步的模拟、数字电路知识和解决电子信息方面常见实际问题的能力，并了解一般电子电路构成简单系统的方法。促使学生积累实际电子制作经验，准备走向更复杂、更实用的应用领域。目的在于巩固基础、注重设计、培养技能、追求创新、走向实用。使学生采用自主的探索的方法学习，在获取知识的同时，学会像电子学专家一样来思考问题，发挥其创造性。
环境工程	技术基础	夏引华	介绍当前环境科学领域的基础性知识和污染物处理方法等，使学生获得识别和解决环境问题所需的技能，通常包括环境信息的监测、收集、处理、评估的初步技能以及改善环境的初步技能。
创新心理学	公共课程	马晓燕	世界上绝大多数人都拥有一定的创新天赋，但许多人盲从于习惯，盲从于权威，不愿与众不同，不敢标新立异，错失了创新的机会。本课程从心理学的角度对创新的本质与过程、创新者必备的心理品质等进行分析、研究，对创新性人才的培养有积极的意义，可以帮助学生从生理机制、动机、情感等角度了解创新过程，可以从意志、思维、能力等角度提高创新能力。本课程的教学目的在于帮助学生正确地认识和把握自己，重视心理素质，特别是创新意识、创新思维和创新个性的培养，从而不断地提升自己和超越自己。本课程的学习不但有助于培养的创新精神和创新能力，而且能够帮助学生了解与其生活、学习和未来发展密切相关的心理学知识。
现代生物技术基础	技术基础	王伟庆	通过对现代生物学技术基础的学习，使学生掌握生物学科的一些基础知识，了解生物学科的研究对象、内容和方法。概括介绍生命科学的各分支学科，同时了解生命科学发展的热点问题及最新发展的动态。让学生了解前沿的技术方法，帮助学生理解实现研究目标可以采用的技术工具。

续表

新能源汽车发展	科学拓展	黄润育	汽车是机械工程学科的重要分支，是我国工业的支柱产业，新能源又是国家未来的发展方向。近年来，为满足建设资源节约型、环境友好型社会的需要，实现"十一五"目标，新能源的重要性日益突出。发展节能环保的清洁能源汽车，不仅有利于加强国家能源安全和环境保护，也有利于汽车工业本身的提高，增强中国汽车工业核心竞争力。上述能力不可能是天生就有的，也不是单纯学习书本知识就能具备的，必须通过创新人才课程培养，逐渐引导学生对工程学科的兴趣。
软件工程师之静态网页设计工程师	学科拓展、技能训练	郁龙	掌握计算机图形处理技术，拥有静态网站设计（网站美工）和初步掌握动态网站开发（网站程序员）技术，同时具备网站安全管理、域名与空间申请、网站维护等辅助管理技术，熟练应用计算机、网络技术的实用型IT人才。
产品造型设计基础	学科拓展、人文艺术修养、科学研究、技能训练	赵炜国	主要讲授设计师如何在工程技术与美学艺术的基础上，对产品的功能、材料、构造、工艺、形态、色彩和表面处理等因素，从社会、经济、人类生理与心理和技术与艺术的角度进行综合处理，以设计创造出符合人们物质与精神全面需求并实用、经济、新颖美观的现代工业产品。希望学生今后能为社会、为人类设计出更有价值的新产品，能成长为一位国际性的设计大师。培养具有创新精神和较强实践能力的，初步掌握本专业必需的基础理论和专业知识，具备一定的艺术和设计素质，能运用现代设计手段和方法，对工业产品造型设计技术应用和一定的可持续发展的能力。
知识产权与信息检索	技术工具	汪玥辉	知识产权课的目的是通过学生向家庭和社会普及知识产权的相关知识，与学科教学注重学习方法和检验学生知识掌握程度有所不同，知识产权的教学更应该注重学生的课堂参与程度，通过实践体验知识产权的作用和意义。本课程中结合信息检索的相关知识让每一个学生都能利用网络检索到自己课题相关的信息，加深其印象，从而达到普及专利相关知识的目的，基本规划课程如下： （1）知识产权与专利权； （2）专利类型及其专利申请条件； （3）网络信息检索的基本方法； （4）专利信息的检索与利用； （5）课题研究主题搜索——课题查新报告的撰写。

3. 上海大学教授开设的微型课程系列

课程类别	主讲人	所在学院或部门	主讲内容
人文素养类	叶志明（教授、博导）	副校长	创新教育与民族振兴
	胡申生（教授、博导）	文学院	中学生的人文和艺术教育
	顾骏（教授、博导）	文学院	中学生的创新教育和创新活动
	王石磊（教授、博导）	艺术中心	音乐欣赏技巧
	石川（教授、博导）	影视学院	电影欣赏

续表

科学与工程类	陈万米（教授、博导）	机自学院	机器人足球赛
	施利毅（教授、博导）	科研处	纳米新材料在生活中应用
	李根喜（教授、博导）	生命科学	生命科学与生物工程发展趋势
	邬冬华（教授、博导）	理学院	数学建模
	徐伟民（教授、博导）	计算机学院	计算程序设计入门
	戴世强（教授、博导）	理学院	力学原理
	马景华（教授、博导）	悉尼工商学院	宏观经济分析模型
社会科学类	张丹华（教授、博导）	社科学院	中国和俄罗斯青少年成才环境比较
	桂泳平（教授、博导）	管理学院	金融业和我们的人生
	顾晓英（教授、博导）	社科学院	中学生礼仪教育和道德修养

第三部分　十年深耕

一、新理念：人人皆可资优

2013年，学校建校十年。十年间，从成功创建市实验性示范性高中，到成为市创新人才素养培养项目学校，每一步，都见证了这所年轻学校高起点、高标准、跨越式的发展。

十年间，学校教育教学质量不断提高，每年有200多人次获得区级以上各类比赛奖项。学校的高考本科率、一本率不断提升，一大批学生考入北大、清华、复旦、交大等名牌高校，赢得社会高度赞誉。

学校还荣获全国百强特色十佳创新学校、全国课堂教育先进单位、教育部重点课题实验基地和上海市文明单位、市教育科研先进学校、市教师专业发展学校等。这份业绩单，充分反映了学校优质办学的准确定位、探索实践的卓越有为。（图3-1至图3-4）

图3-1　全国百强特色学校十佳创新学校

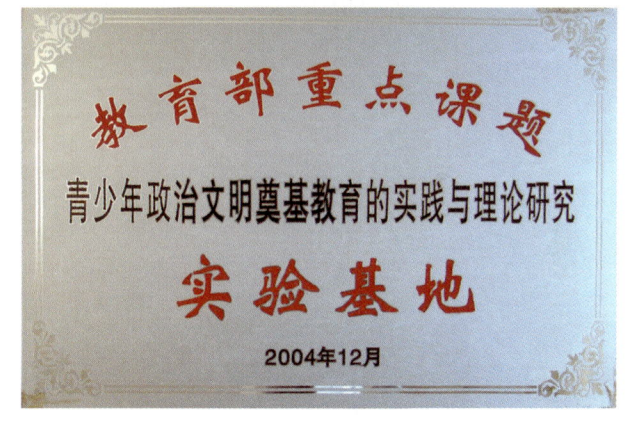

图3-2　教育部重点课题实验基地

图3-3　上海市文明单位

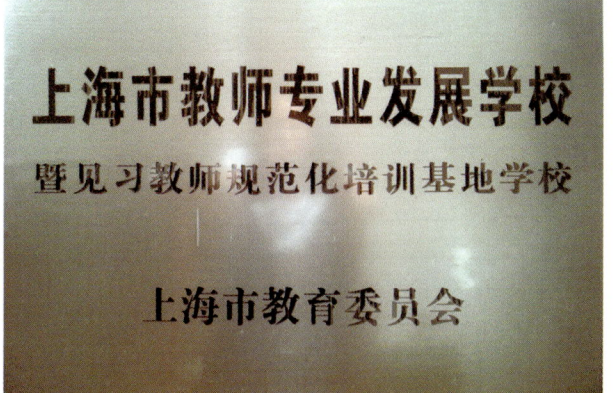

图3-4　上海市教师专业发展学校暨见习教师规范化培训基地学校

从 2010 年至 2013 年，学校更好地实现了现代化管理、实现了教育质量跨越式发展、实现了学校内涵发展。在这三年中，学校建章立制更为规范、完善，现代化学校的管理逐步形成，教育质量不断攀升。看到这份新的成绩单，特别是学校入选上海市创新人才素养培养项目学校，卢广华校长开始思考，如何以此为突破口，推动学校办学再上新台阶。

2013 年暑期的教师培训会上，卢广华校长在《关于上大附中资优生培养的早期思考》的报告中，对学校创新人才素养培养进行了全面深入的分析总结，在"教育应以增进个人潜能之适性发展为基础，并配合国家政策与社会发展需要，以培养多元人才为终极目标"这一认识的基础上，提出了"人人皆可资优"的办学新理念。在建校十周年之际，学校将"资优生培养"作为今后发展的重大改革项目，多维度探索资优生培养的途径和方法。以高水平、高质量的人才培养来适应社会发展需要，以内涵发展对接社会需求。（图 3-5 至图 3-7）

图 3-5　十周年校庆时学生成果展示

图 3-6　钱伟长名誉校长铜像落成揭幕仪式

图 3-7 十周年校庆

【纪实报道】

高中资优生与高校创新人才培养对接论坛

高中资优生与高校创新人才培养对接论坛，于 2013 年 10 月 10 日下午在上海大学附属中学举行。本次论坛旨在探讨建立中学和大学联合培养创新人才的机制，探索拓展重视资优生发展，共育创新型人才的途径方式。

论坛由宝山区人民政府和上海大学联合主办，宝山区教育局与上海大学附属中学承办。宝山区教育局党委书记、局长张晓静主持论坛。

上大附中校长卢广华以崭新的思路界定新时期的"资优生"概念，倡导"人人皆可资优"的新理念，介绍了学校在资优生培养上的一些做法：以社团为载体，开展多样化教学，为具有不同特长的学生提供针对性指导，让资优生拥有自主发展的空间，使资优生的潜能以及创新意识在实践活动中得到提升。

上海大学校长罗宏杰说，创造精神和能力形成于学生成长和受教育的整个过程，是不同教育阶段的共同责任。虽然大学和中学教育阶段不同，但是有共同的根本目标，即培养人。他提出培养创新人才需要关注的三个基础问题：充分尊重学生的主体性、注重学生人格的养成、尊重差异与多样性。

上海市教委高教处副处长束金龙教授特别指出要注重学生的"分类培养"，每个人其实都可以在不同领域、不同类别上找到最佳发展区；上海市教委基教处副处长颜慧芬则憧憬"大手牵小手"的对接模式，在高校的优质资源辐射下，基础教育的发展前景会更美好。

宝山区副区长陶夏芳在发言中指出，培养国家需要，社会期待的创新型人才是大学、中学和全社会的共同使命和责任。高中资优生培养与大学人才培养对接是一个系统工程，其核心问题在于如何在中学和大学培养学生的创新精神，增强学生的创新能力，要加强两者联系与协作，形成和谐、合理的教育整体结构，发挥整体功能。

除了上海大学，还有复旦、交大、同济、华师大、上外、财大、华理、华政、东华、上师大、工技大、立信等12所高校校长、专家以及市教委相关领导出席了论坛。

此次论坛，是宝山区首次就高中和高校人才培养衔接问题的探讨和深度交流，对推动高校与高中的改革发展具有重要意义。（图3-8）

图3-8　高中资优生与高校创新人才培养对接论坛

21世纪对人才的需求本身就是多元化的。资优生的标准也应该是多元化的，每个人都有自己的才能和潜质，并不仅限于智商高低；每个人都有可能成为某一方面的资优者，并不仅仅局限于考试成绩。具有较强学习能力、比较健全人格且在某一方面有优于他人潜质的学生就是资优生，诸如逻辑能力、归纳能力、语言表达能力、艺术才能、身体运动才能、社交能力、动手能力、组织领导能力等。习惯上认为的好学生是指思想品德、学习成绩等表现优秀的学生，属于肯定性评价。而资优生作为资质优秀的学生，强调的是具有发展成优秀学生的可能性，属于发展性评价，因此它不同于"优秀生"，也不同于"绩优生""特长生"和"智优生"。

教育的本质就在于为所有学生提供公平的学习机会和发挥其潜能的机会，即"人各有才，人尽其才"。对资优生认识的变化其实反映的是育人观的转变，学校应挖掘学生的资优特长，这些资优特长包括：一是学习能力较强，二是具有领袖气质和领导能力，三是具有较高的公共关系协调能力，四是具有卓越的思维品质，五是具有一定的创新素养，六是具有较强的

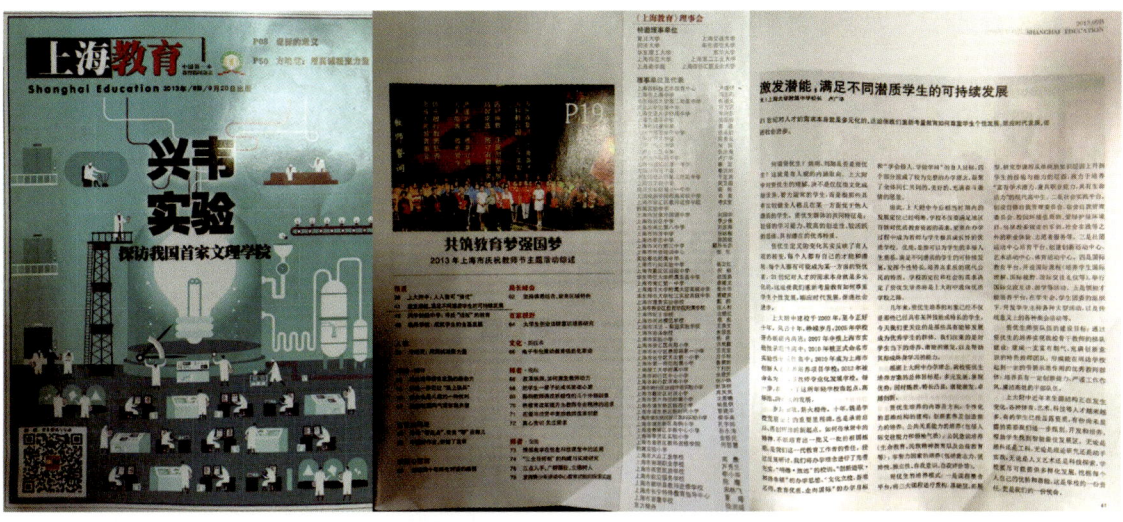

图 3-9　卢广华校长所著的《激发潜能，满足不同潜质学生的可持续发展》发表于《上海教育》2013 年第 27 期

动手制作能力。并不是资优生要具备所有这些特长，只要是具备其中的某一项或者某几项即能成为资优生。一般来说，资优生群体的共同特征是：较强的学习能力、较高的创造性、思维活跃、具有潜在优秀特质等。其中具有潜在优秀特质这一特征不容易分辨，若不注意就无法将其从一般学生中区别出来。但这恰恰是资优生培养的突破口：将其"潜藏的特质"激发出来，对学生本人的一生发展将带来非凡的意义。每个学生都具有不同的天赋、才能或有待发展的潜能。

秉承钱伟长先生全人观的教育思想，"人人皆可资优"的教育理念，以资优生培养的思维发展及运动特征、非智力因素对人格的影响、公共关系能力这三个理论为背景，确定了学校资优生培育的整体目标，即透过教育历程区别各类才能优异之学生，提供合适充实的教育方案，培养其国际视野，协助其发挥个人潜能，并建立乐观进取、服务社会的人生观，资优教育以培养多元人才为终极目标。

概括而言：培育英才、展现个性优势；因材施教、适合个体发展；多元发展、全面卓越创新。（图 3-9）

2013 年，学校制定了中长期规划（2013—2023 年），使之成为附中新十年的办学纲领性文件。卢广华校长在学校原有办学基础上进行了发展和创新，以"明德·致远"为校训，以"创新进取·和谐幸福"为办学思想，以"文化立校，荟萃名师，教育优质，走向国际"为办学目标，以"学会做人，学做学问"为育人目标，带领教职员工，为学校的新发展、新跨越而不断努力。

（一）学校办学理念的阐释

1. 校训：明德·致远

校训是一校之魂，是学校文化内涵的高度提炼，也是一所学校面向社会的精神旗帜。

"明德"二字取自《大学》首句："大学之道，在明明德，在亲（新）民，在止于至善。""致远"二字取自诸葛亮《诫子书》："非淡泊无以明志，非宁静无以致远。"明德而至善，是一种积极的人生追求，也是人性成长的极致；宁静而致远，是一种淡逸的人生智慧，更是人格修为的高峰。

"明德·致远"揭示了幸福的真谛，它源于远大理想的执着追寻，融于道德人格的自我修炼，它是"真善美"人生哲学的外显，也是志存高远、品位高尚的人生境界的体现。

2. 办学思想：创新进取，和谐幸福

（1）创新：培育求真求新、崇尚科学的精神素养。

创新是民族进步的灵魂，是社会发展与进步的永恒主题，"教育，关系着每一个人的生存与发展，是民族振兴的基石，是创新进步的源泉"（《上海市中长期教育改革和发展规划纲要（2010—2020年）》）。倡导创新、鼓励变革、追求发展、打造特色，是学校在竞争中获得发展与进步的保证。

第一，创新需要崇尚科学，具备科学素养，遵循客观规律，以科学的态度去探究和发现。

第二，创新是动态、发展的过程。创新不是颠覆，不是推倒重来，创新需要我们在已掌握的知识、技能，已具备的认知的基础上，通过再思考、再整合，不断突破教育教学常规，产生具有新颖、独特、有价值的新方法、新思想。

第三，创新是自我发展的基本路径。创新必须以人为本，必须把人的发展放在首位，因此需要我们更有广度、更有深度地观察和思考自身的教育教学行为，并且将它作为一种习惯贯穿于我们的日常生活、工作、学习之中，通过对自我的不断否定、不断实践，进而不断促进人的发展。

对教师而言：一是要不断审视自身的教育行为，更新教育理念，不断提升自己的思维能力和思维品质，不墨守成规，不断改进课堂教学，善于将书本的思维结果通过自己科学和艺术的处理转化为思维过程，以形成具有独特个性的教学风格和教学特色；二是要始终把培养学生的创新意识、创新精神、创新素养、创新能力作为教学的主旨，帮助学生形成科学合理的思维结构，提高思维水平，优化思维过程，激发学生养成独立思考的习惯，开展创造性教学活动。

对学生而言：高中生的思维发展正处于渐进变化过程中的一个较高层次的质变的阶段，一是要通过三维思维结构的培养形成更为合理、更为完善的思维方式；二是要热爱生活，能用联系、发展、全面的观点正确地认识客观世界，把握事物的本质和规律；三是要正确地认识自我，要有发现问题、解决问题的能力和敢于质疑的精神，"不唯书，不唯上，只唯实"；四是要学思结合，知行并重，有强烈的好奇心，旺盛的求知欲，丰富的想象力，敏锐的直觉力，高度的自觉性、独立性，有勇于担当的社会责任感，有追求真理、勇于创新的精神。

（2）进取：锻造努力奋进、追求卓越的意志品质。

意志品质是非智力因素的一个重要内容,心理学家研究表明:人的智慧的发展有赖于智力活动的水平,同时也依赖于与非智力因素密切相关的心理品质。

第一,奋发向上的进取精神关系到个人的成长与发展,关系到国家的前途和民族的命运。

第二,进取表现在对科学求实态度的执着,对真理的渴求,善于反思的批判意识,大胆探索的创新勇气,追求卓越的人生境界。

对教师而言:进取是对教育理想的执着追求和对教育事业的坚定信念,一是要用顽强的意志和昂扬的斗志创造出不平凡的业绩;二是要在深刻分析优势与不足的基础上,用辩证的思维审视已有的成绩,摒弃自我欣赏,自我满足的思维定式,树立不进则退的忧患意识,不断挑战和超越自我,实现个人发展的新跨越;三是在教育教学过程中,注重培养学生向未知领域不断探索的精神,形成人人思进取,人人谋发展的教育氛围。

对学生而言:进取是勇攀高峰的浩然正气。人生目标的实现不可能是一帆风顺的过程,一是要正确认识生活中必然会遇到的来自各方面的困难和不良情绪的干扰,为了达到既定目的,不怕苦,不怕难,坚持不懈,勇往直前;二是要有对知识的强烈渴望,对事物的好奇和质疑,要不囿于成见,有独立思考的创新性思维,有个人独到的见解;三是要具有批判性思维,不轻信,不盲从,能对已掌握的信息进行分析和判断,敢于否定,敢于超越。

(3)和谐:铸炼明辨慎独、和而不同的情怀操行。

第一,"和谐"的理念来自中国古代哲学。《论语》中说"君子和而不同",意思是说,君子与人和谐相处却不人云亦云、盲目从众。

第二,和谐不是你好我好大家好,不是一团和气,不是个性被压抑、矛盾被掩盖、问题被搁置,而是需要我们明辨慎独,无论是个人独处抑或是在人群之中,都能严格自律,诚于中,信于外,抵得了诱惑,耐得住寂寞。

第三,和谐需要我们有儒家的进取、有道家的淡泊、有佛家的善良,不计较人际交往中的是非恩怨,具有整体观、大局观,在大是大非面前勇于坚持立场,互相激励,互相促进,互相补充,有进、有退、有严格、有宽容、协调发展,这是一种境界、一种修养。

第四,和谐需要我们干事业、树正气,用赏识的眼光看待人的个性差异,因材施教;用发展的眼光看待人的自身不足,因势利导。

第五,和谐需要我们集思广益、博采众长,营造仁爱大度、宽松和谐的人际氛围,人与人之间相互信任、相互尊重,从而有进步、有收获、有发展、有成就。

(4)幸福:形成博学正心、立己达人的胸襟气度。

"幸福"是一个古老的概念,历史的积淀充实着它的内涵,它包含着物质需求层面、身心健康层面、主观情感层面、精神追求层面等众多维度的性质与特征。

第一,幸福是自我意识的最高境界。要把自我意识从认识自己、理解自己、悦纳自己发展到突破自己,从而到达自我实现、自我超越,继而明白,真正的自我实现,自我超越只有在追求理想、捍卫信念、造福他人、奉献社会的过程中才能体会,这是人抵御困境、战胜自我的精神力量。

第二，幸福是一个动态的概念，不同的人生阶段对幸福有着不同的诠释，唯有在有意义、有价值的行动中感受到的幸福才是共通的。

第三，要有立己达人的胸襟气度，能把发现幸福、感受幸福、追求幸福、创造幸福，把握幸福的能力传递给他人乃至整个社会。

对教师而言：一是教师要成为一个博学正心的学者，一个志存高远、品位高尚的人，以静远淡逸的修为摆脱世俗名利之累，以激情澎湃的心志臻于崇高理想之巅，静心以聚力，宁和以汲智，在恬淡与持守中培养长远而宽阔的境界，守得一份育人的真谛，等得一份绵久的幸福；二是教师的幸福感应当与人生的意义紧密相连，应当是努力奋斗中的自我肯定，应当从学生的成功、成才中看到职业的使命与希望，在人生的追求中感受职业幸福，在专业成长中实现人生幸福。

对学生而言：一是要拥有高品质的人生目标导向审视自己的生活状态和内在需求，找到适合自己个性发展的成长道路，从而走向更持久更高尚的幸福境界；二是要懂得感怀师恩，能从教师的坚守和付出中感受到来自校园内外的关爱，在奋进中体验求知的幸福；三是要积极投身于社会实践，通过志愿者活动等，在服务和奉献中把幸福传递给他人。

（二）办学目标：文化立校，荟萃名师，教育优质，走向国际

1. 文化立校

对于文化的界定，《周易》中有这样一句话："观乎天文，以察时变；观乎人文，以化成天下。"它的意思是说，在宇宙自然要观察天文，在社会生活要观乎人文，体察每一个人内心的想法，从中提炼出一种理念和价值观，再去化入行为，化入人心，化入生命。

文化并不是一个很高深、很玄乎的概念，它其实就是日常工作生活的点点滴滴，校园环境是文化，一草一木一池一石是文化，一言一行一举一动也是文化，文化正因其细琐，才可能浸润到学校生活的所有孔隙中，成为一种潜在的力量。日积月累，健康发展，这种力量便会强大到使学校组织产生稳健的生命力，凝聚和团结全校师生，提升学校的精神力和创造力。

学校文化的核心是精神层面深沉内在的价值观。这种核心价值观不仅需要精心设计，更需要赢得全校师生的理解、认同和行为支持，只有这样，价值观层面的东西才能在学校各项工作中生根开花，才能真正体现在学校成员的行为习惯中，才能真正成为学校文化的核心内涵。

（1）学校的文化建设即以学校的办学理念为核心，从校园环境、教学氛围、人际关系、行为方式等方面进行设计、实施、教养和培育，既包括硬件、环境的建设，又包括氛围、关系、行为等方面的养成。这需要有一个长期磨合、积淀和自我砥砺、锻炼升华的过程。

（2）文化立校是将办学理念深深地烙在意识深处，使大家有共同的意志和信念，内

化为习惯，深化为思想，不会因人员的变动而变动，具有稳定性和持久性。

（3）学校文化建设的最终目的是对学校成员进行熏陶和培养，逐步内化为师生的精神财富，使师生产生强大的归属感，外显于师生幸福感的转化与提升。

2. 荟萃名师

名师，是课堂教学的专家，是青年教师的榜样，他们师德高尚、业务精湛、气质儒雅、仁爱大度，他们是获得同行普遍认可的有重大贡献和影响的教师。

作为名师，他们有丰富的教学经验和教学技能，具有个人风格的教学和学生管理方面的特色；他们能潜心钻研、积极探索、锐意进取，能引领并带动其他教师突破教师专业发展的高原期。

（1）要在各个学科领域打造一批名师，使名师群体成为学校的品牌形象。

（2）构建名师培养管理体系，制订切实可行的培养计划，做到有目标、有任务、有内容、有落实，形成一支有师德、有朝气、有纪律、有战斗力、有示范引领作用的，在区、市，乃至全国都具有影响力和号召力的骨干教师队伍。

（3）要在校园内营造兼容并包的学术氛围，发现和培养有潜质的骨干教师，鼓励冒尖上进。

（4）要有静思默察、宁静致远的气度胸怀，以进一步促进学校师资的和谐优质发展。

3. 教育优质

教育优质是为学生的幸福人生奠基，是为了满足不同潜质学生的可持续发展，发挥其个性特长，培养其成为高素质的现代公民。

（1）要充分整合、开发和运用优质教育资源，贴近社会、服务社会、辐射社会，引领社会价值取向，培养优质人才，成为先进文化的孵化地。

（2）就全体学生而言，要培养学生成为品德良好、情趣高雅、个性发展、心理健康、遵纪守法的社会人。

（3）就精英学生而言，要培养修身、齐家、治国、平天下的志向，具有扎实的基础性学力、发展性学力和终身学习能力。

4. 走向国际

（1）了解、掌握、传播中华民族的文明，具有本民族文化的学养。深刻认识中华民族的五千年发展历史，认同本民族的传统文化，增强民族的自尊心和责任感，传播和扩大本民族优秀文化的影响。

（2）了解、体验全球多元文化。互联网的发展，信息交流的便捷，科技的飞速发展，世界正在变得越来越小，要进一步了解世界各国的文化历史、发展变迁、风俗习惯，了解不同体制下的人们的生存状态。

（3）引进国际教育理念，培养学生的国际视野，学会用世界的眼光看世界，扬长避短，既要继承东方文化的传统，又要吸收西方文化的精粹，提高使用不同语言进行交流的能力，中西融合，能走得出去也能走得回来。

（4）培养诚信儒雅的国际交往品格，培养基础宽厚、人格健全、思维活跃、视野开阔、具备竞争力和责任感的国际化人才。

（三）育人目标：学会做人，学做学问

"学会做人，学做学问"，两者既各有重心，又互相促进、紧密联系。做人是根本，做人引领做学问，做学问也是做人，是做人的深化；做人是做学问的起点，也是做学问的终极目标；做学问是学会做人的途径和凭借，也是做人的重要体现。"学会做人"是培养"优秀的人"，"学做学问"是培养"有用之才"。

1. 学会做人——厚德笃行。做厚德之人，以笃行而趋于厚德

五千年的历史孕育了泱泱华夏，孝悌忠信礼义廉耻的传统美德即使到了现代社会也依然具有现实意义。作为一个独特的生命体的现代公民，存于这个世界，更要有道德，拥有坦荡而充实的灵魂，能正确处理好人与人、人与社会、人与自然的关系。

（1）上善若水，厚德载物。最美好的品德、最高尚的情操应像润泽万物的水一样，以宽广浑厚的胸怀，包容万物，滋养万物。厚德之人要注重人的精神品质在后天习得的过程，重视心灵的修炼和完善，善于与环境相互适应、相互融合。

（2）心怀天下，明辨笃行。"笃行"取自朱熹的《中庸》"博学之、审问之、明辨之、笃行之"，意指忠实履行，专心致志、锲而不舍、勤于实践。要心中有大爱，关注国家的前途和中华民族的伟大复兴，脚踏实地，身体力行，持之以恒，知行合一，勇于担当。

2. 学做学问——博雅睿智。博采众长，既学又问，从而达致博雅睿智

《论语》中说"博学而笃志，切问而近思"。"博学"既指广泛地学习，也指学问渊博，意在倡导学生追求真理、博采众长、丰富自我，善于发现和掌握科学规律，不断推陈出新。

学做学问就是通过学习提升人的学识水平、提升人的精神境界，这是一个发自内心的钻研的过程，是在求真的基础上广泛地学习，专心致志地发现真理、坚持真理，联系实际地进行思考的过程。

学做学问，既要"学"，又要"问"，要有问题意识，不断增强学习力，能发现问题、分析问题、解决问题。

"博学睿智"，是育人目标在智育方面的体现，是对为学的倡导，又是气质风范、治学态度、精神境界的要求，将起到激励人、教育人、塑造人、规范人和指导人的作用。

（1）学校人才培养目标很明确。资优生培养，首先要"学会做人"。孔子有言："志于道，据于德，依于仁，游于艺。"孔子告诉我们为人需要立志高远，但必须要从服从社会基准道德做起。无论你是多么的特立独行，不愿与他人为伍，也必须服从基本道德规范。如果连这些都不能做到，那么掌握再多的知识又有何用？人之立身之本应是基于

其本身的修养，在提高个人素质的同时又能做到富有爱心。最终才是"游于艺"，在学习、生活中都能做到游刃有余。我们要教会学生志存高远，使他们看到自己的不足，从而努力向上、精益求精。而睿智型的学生若再加上远大的理想，即能成为栋梁之材。

（2）对资优生的培养有家庭社会环境的影响，但更重要的是教育问题，教育必须适应未来社会对人才的要求。在具体做法上，首先要注重学生的需求，了解他们在想些什么、渴求什么、困惑什么。还要探索德育的内容，如到底要教给他们什么。此外还应讲究教育的互动，让他们自己通过体验得出的结论比一味的灌输更为有效。学校里，学生必然会有强烈的进取心、丰富的想象力、旺盛的求知欲、多样化的个性特长，每个人都能健康、和谐地发展。因此，是学生让学校成为可能，正是学生让一所学校成为生动的学校。作为学校，要不断地提供更好的环境和更多的服务，来满足不同学生的不同需求，让每一种能力都能找到生长的土壤。我们希望学生的每一种可能都在这里得到发展，这一点在未来新高考改革模式下，尤为重要。

（3）学校尽可能地创设各种平台锻炼学生的各项能力，让学生悦纳自我、感恩生活，丰富人生经历；能够成全不同爱好、潜质的学生。教育不能用一把尺来量所有的学生。因此，在课程上，要为这批优秀的学生提供更适合他们的东西，比如开阔他们的视野，增加一定的研究性学习内容。在管理上，更加强调自我管理、自主学习，让学生懂得安排自己的生活，让他们能够清楚地认识到自己想要什么。

（4）教师高深的专业知识、强烈的责任心、高度的责任感、为之献身的精神等都是资优生培养教师所必备的素养。资优生培养是学校教育教学改革的延续与拓展，它是一项系统工程，要积极践行因材施教和个性发展的思想，创新人才培养模式，探索基于优生培养的课堂教改之路。

二、新课程：构建多元课程体系

以培养"创新进取·和谐幸福"全面发展的人为教育目标，构建厚基础、高开放、高选择、精组合的学校课程体系，帮助学生掌握扎实的基础知识和基本技能，逐步形成合理有效的思维结构，养成良好的思维品质，塑造创新型人格，并为学生专业领域的个性发展奠定坚实的基础。同时，建立与之相配套的系列管理制度及管理平台，以保障课程实施的有效性。

（一）统整三类课程

学校注重引导高中生学习方式的变革，促进学思结合、知行统一、因材施教，促进高参与、高互动、高思维、高实践、高表达的学习方式的形成，促进学生思维品质、创新人格和个性与实践能力的发展。基于上海市中小学课程计划，学校结合学生实际，将必修、选择性必修、选修课程进行统整，突出必修课程和选择性必修课程对学生课程核心素养目标的培养，并在选修课程中加以运用和提升。

（1）必修课程重在全面，夯实发展根基，着眼于基础性学力和发展性学力的培养。

（2）选择性必修课程根据学生个性发展和升学考试需要设置，满足学生的兴趣、爱好，培养和发展学生的个性。

（3）以发展能力倾向和兴趣爱好为教育价值取向的选修类课程，着眼于创新思维与方法的训练、创新的经历与体验和问题解决综合能力的提升，满足学生多样化的需求，基于潜能和特质，突出能力倾向，确定专业发展方向的课程，培养学生的专业兴趣和基础。

依据高考改革对学生学业、课题研究等方面的实际考查要求，学校各年级各类课程的分布与比例如表3-1所示。

表3-1　各年级不同类型课程比例分布

高一	必修课程		选修课程
高二	必修课程	选择性必修课程	选修课程
高三	必修课程	选择性必修课程	选修课程

即高一年级夯实基础的同时，增加选修课程，选修课程内容满足学生多样化的需求，做适度拓展，并普及研究基本方法；高二年级根据自身特点，选择性必修课程比例加大，确保选修课程的开设，并全面开展课题探究活动；高三年级必修课程内容占比进一步缩减，选择性必修课程的占比加大，选修课程的内容更趋向于个性化和专业性。

（二）指向核心素养

从三维目标的落实到核心素养的培育，学校将目光落在比高考成绩更远的地方——学生终生的发展上，以培养"全面发展的人"为核心，让学生具有健全的人格、健康的体魄、扎实的知识、有效的技能、科学的思维、持续的创造力，这是学校课改的出发点和落脚点。学校在课程建设和课程实施的过程中，关注学生个性成长，围绕"身心素养、实践能力、创新精神"三个核心要素，来实现人才培养的目标。（图3-10、表3-2）

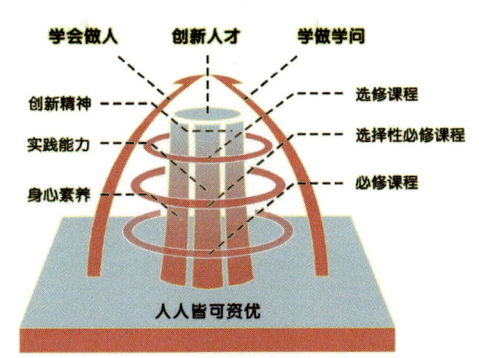

图3-10　人人皆可资优

表3-2　核心素养能力要求

核心1	核心2	核心3
身心素养	实践能力	创新精神
以会健身心、会择言行、会养品德为标准，培养学生有两项终生受用的健身项目，在学科学习的过程中具有正确的审美观，学会调适身心的方法，学会与人相处和合作的方法、学会对自我合理认知和规划等。	以顺利运用已有知识、技能去解决生活和学习中的实际问题为标准，培养学生对现代知识与技术的理解与应用能力，使其掌握基本的生存、学习技能和规则常识，为学生成长为科学、技术兼备的应用型人才打下基础。	以能够综合运用已有的知识、信息、技能和方法，提出新方法、新观点为标准，培养学生的创造思维、创新意识和创造能力，使其在基础课程的学习及课题研究的过程中，具备解决问题的综合素养。

（三）突出校本特征

学校课程围绕"学会做人，学做学问"育人目标，努力做到两方面的融合互进，既体现"学做学问"中的"学知识技能、学方法策略、学实践创新"，又体现"学会做人"中的"会健身心、会择言行、会养品德"，为学生全面发展提供丰富的学习平台，促进每一个学生的发展。在课程设置上，注重突出基础性、体现多样性、增强选择性，力求做到主体性与差异性、基础性与发展性的协调一致，既具备新课程的共性特征，又具学校个性特征。

课程实施上，必修课程以校本化实施为策略，通过对课程的再度开发，增强了课程的功能。选修课程以多元化实施为策略，体现课程的选择性、自主性与层次性，满足了不同学生的实际情况和发展需要。特色课程以精品化实施为策略，促进学生的学习品质的提升。

1. 国家课程校本化

必修课程强化"基础扎实"培养目标的落实，让学生掌握基础知识，形成基本技能，保证学生的基础知识和基础学力。必修课程由各学习领域体现共同基础要求的学科课程组成，着眼于基础性学力和发展性学力的培养。通过整合、压缩、拓展、分层，将国家课程

图 3-11　校本练习

校本化实施。根据学生实际和学科考核要求的变化，划定了各年段的教学模块，编纂校本练习。（图 3-11）

教师注重教法和学法，在课程开发过程中丰富和拓宽学科知识的内涵和外延，适当强化训练并注意训练的层次性，着眼学科核心素养的培养。针对学生学习基础和能力，把必修课程的内容模块和教学深度进行有机调整，与学科教学配套练习一起形成连贯三年的合理梯度。在强化"学做学问"的过程中，学生在老师引领下亲身实践，在体验、感悟、建构的过程中，学习如何正确确立学科的切入角度，选择并运用知识、技能、方法、策略去发现问题、解决问题，把身心素养的培养、实践能力的提升及创新精神的孕育融入课程建设之中。（表 3-3）

表 3-3　课程校本化实施

学　年	课程校本化实施
2013 学年	推出 IB 课程
2014 学年	推进国际交流课程
2015 学年	开展外教口语课程
2016 学年	启动校本练习编写；参加优秀校本课程评选
2017 学年	实施长短课程
2018 学年	完善资优生特色班课程；启动冬令营、夏令营课程
2019 学年	高一特色班课程开发"英语经典养读""开源硬件""未来问题解决"
2020 学年	实施模块化课程；实施生涯戏剧课程；实施生化"双新"课程
2020 学年	研发数学新教材校本练习
2021 学年	研发英语新教材校本练习

2. 校本课程多元化

选修课程是基础学力横向和纵向的延伸,是学习方式的创新与补充,是学生兴趣和个性发展的空间。包括三类课程:由基础型课程延伸的学科拓展选修课程;以综合实践学习领域为主,拓展学习空间和时间,关注学生实践能力和身心素养的实践拓展课程;由满足学生个性发展需求,跨学科、多样化学习方式的社团选修课程。课程涉及身心修养类、人文艺术类、工程科技类、生活技能类、社会实践类、学科拓展类等六大领域,采取社团组织架构下的走班制,真正做到了使每位学生拥有自己的个性化课表。(表3-4)

学校在选修课程建设中,充分考虑了各种资源、教师特长以及学生的需求,教师人人参与课程开发,开设选修课程达60余门,完成20余门课程读本的编写,不少课程已成为学校品牌课程,具有明显的"校本"特征。(图3-12)

表3-4　上大附中选修课程设置一览

类　别	学科与课程	
学科类	语文	经典赏读
	数学	数学方法指导
	英语	英语阅读、英语口语训练
	物理	物理实验操作
	化学	化学实验操作
	生物	生物实验操作
	政治	时事政治
	历史	图文学史
	地理	乡土地理
综合素养类	生涯教育、环境教育、心理健康教育、国防教育、民族教育、健康教育等	
校园文化活动类	校班会、晨会	
	民间艺术节、科技艺术周、体育活动周、语文周、英语周、数学周、阳光体育、致远讲堂、限定性体育活动等	
社会实践类	每学期2周,高一军训、高二学农、高三学工、志愿者服务等	
视野课程	高校体验课程、国际交流课程等	
人文艺术	琅玕社	西方哲学
	七月文学社	历史剧欣赏
	幽默与社会	模拟联合国
	上海档案研究	英文文化与国家概况
	戏剧社	法语社团
	爱乐社	水云间合唱团
	心声辩论社	动漫社

续表

工程科技	机电工程	无人机
	趣味编程社团	多媒体
	om	F1
科学实践	社会调查	5R CHEMER
	化学实验	物理实验
	未来精英魔法社	微生物
	SF 学生电视台	天文社
	瓷乙社	生物科学社
学科拓展	数学之桥	信息学科竞赛（高一、高二）
	数学建模	化学竞赛（高二）
	物理竞赛（高一）	生物竞赛（高一）
	物理竞赛（高二）	生物竞赛（高二）
身心修养	田心社	羽毛球
	知心社	定向越野
	足球社	The best 舞蹈啦啦队
	男子篮球社	女子篮球社
	乒乓社团	国际象棋社
生活技能	财商解码	JA 青年财经
	"安家"技能	人际交往

图 3-12　校本课程

3. 特色课程精品化

学校基于自身特点及大学附中优势，着眼于创新思维与方法的训练、创新经历与体验和问题解决综合能力的提升，形成了四类特色课程板块。根据各类特色课程的特点及需求，配备了专业导师，并积极开发校内外资源，在实验设备、研究指导等各方面给予强力支持，将特色课程打造为精品课程。

校本化的特色课程"工程素养课程"，以学生社团的形式展开，以项目探究为出发点，将工程项目分为创意、规划、实践、展示的四个环节，针对每个环节设计基础类或专业类相关的校本课程，从工程技术的知识和原理、工程学科的技能与素养、沟通及团队协作三个方面对学生进行培养。课程分梯度建构，将三类课程进行适当的统整，面向全体学生开设。在基础型课程中，通过结合各学科对基本工程素养的了解，认识工程教育的重要性，激发学生思考他们对什么领域感兴趣，真正体现工程特色学校的育人价值。提供针对某一工程专业深入学习的机会，通过知识学习、技术实践、课题研究或项目开发，将所学知识加以运用和提升，为学生进一步深造成为未来的工程师打下扎实的根基。（图3-13）

瓷乙社，以"跨学科整合学习"为特征，加强学生对古陶瓷相关历史、技术、文化、鉴赏等方面的全景理解，培养学生运用多门学科知识解决问题的综合能力，激发学生的创新能力。学习内容包含学习中国陶瓷的历史、化学原理、美术工艺等，制作陶瓷，绘瓷，初步鉴赏陶瓷等。（图3-14至图3-17）

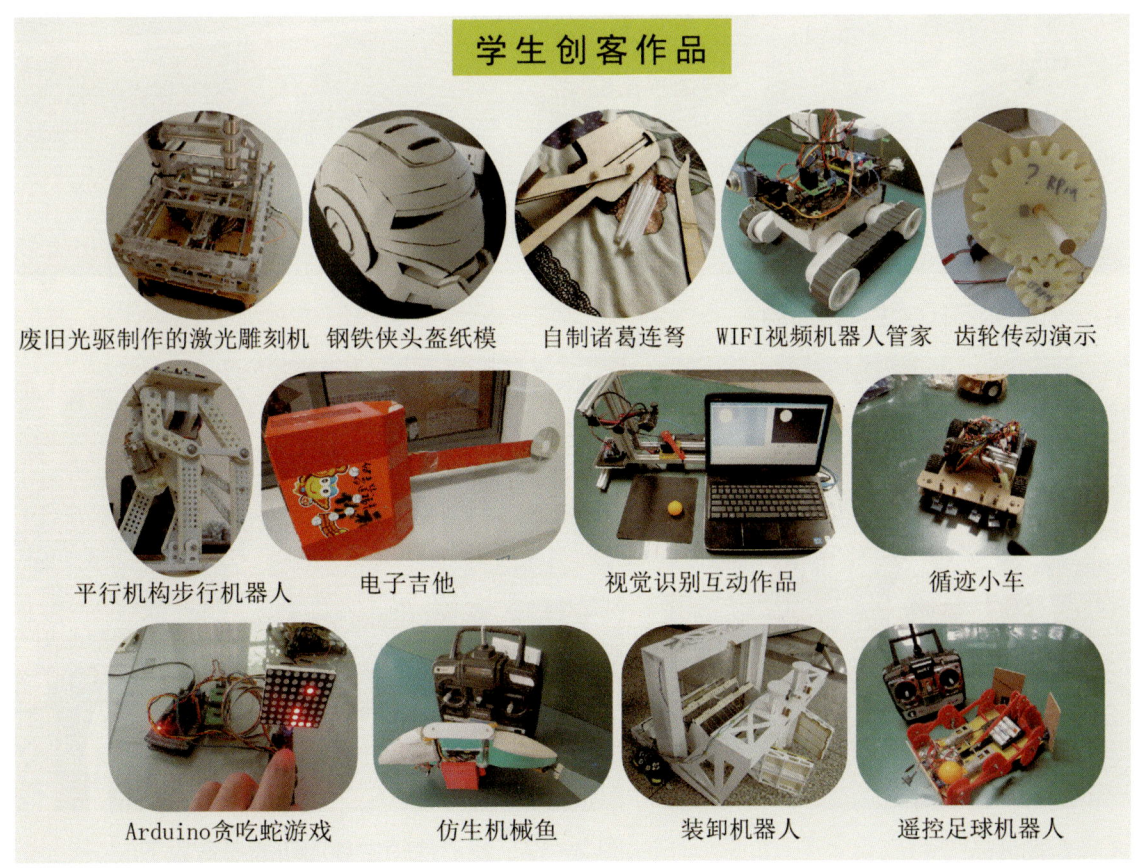

图3-13 学生创客作品

图 3-14　瓷乙社前往景德镇开展研学活动

图 3-15　瓷乙社学生实践活动

图 3-16　瓷乙社参加展示

图 3-17　瓷乙社师生参加新高考背景下高中研究型课程交流与研讨活动

"人际课程"的目标是培养学生健全的人格、良好的社会适应性和积极的心理品质。课程对高中人际交往梳理为同伴交往、亲子交往、社会交往、师生交往、领导力五大模块。以"课程活动方案、教师田野笔记、学生成长故事"三部分开展实践活动。在教师的设计和指导下,学生在活动中体验、感悟,有目标、有计划、有步骤地提升学生的心理品质,培养良好的人际交往能力,达到塑造和完善学生积极人格的目标。

《关于全面加强新时代大中小学劳动教育的意见》中提出"把劳动教育纳入人才培养全过程,贯通大中小各学段,贯穿家庭、学校、社会各方面"的新要求,"劳动教育课程"紧紧围绕"树德、增智、强体、育美、创新"五个关键点,日常生活劳动教育、服务性劳动教育、生产劳动教育等板块,打造体系完备、适应学生个性发展的特色劳动教育体系,持续探索劳动教育实施策略和组织形式,不断优化促进学生全面发展的育人生态,从而使学生成就更好的自己,适应社会发展需要,培养出德智体美劳全面发展的人才。(图3-18至图3-20)

图3-18 新艺篆刻坊参加劳动教育展示

图3-19 开展劳动教育

图3-20 学生参加田间劳动

图 3-21　学生登陆在线练习系统

在传统的综合实践活动中，学习环境容易受到时间和空间的限制，而"互联网＋教学"模式的应用能够创建综合实践活动学习环境，不受时间和空间的限制，为综合实践活动教学的新生态提供了支持。学校运用"互联网＋"的新模式，提高学生实践活动效率。

学校通过现代教育技术，输出学校特色课程。互联网提倡的共享、共建和沟通交流是课程群建设的基础。在资源共享的前提下，我们就可以根据学生的生活体验及兴趣增长点，来进行课程群的设计。建设面向全市初高中开放的慕课课程，通过现代信息化技术的方便之门，达到引导学生兴趣、发挥学生特长的效果。（表3-5、图3-21至图3-27）

表3-5　五门精品课程上线上海市高中名校慕课平台

序号	课程名称	授课教师	慕课课程简介
1	Arduino 互动电子入门	汪玥辉	本课程涵盖电子学、信息学相关知识，通过简单的电路搭建、编程控制实现各类有趣的电子实验，通过课程学习帮助学生走上小创客之路，进而开发自己的电子互动作品。每一节课学生都能跟着教师的指导完成一个电子装置，在此过程中熟悉 Arduino 的控制原理和编程环境，了解一些电学和信息学的基础知识，在动手做的不断学习中最终完成自己的互动电子作品设计。
2	歌声舞影	司南	通过本课程的学习，能够对音乐剧、音乐剧代表作及其表演方式有更为全面的认识。本课共八讲，涵盖音乐剧鉴赏、英美音乐剧的起源和发展、各国音乐剧的特征和代表作、舞台灯光和舞台调度、音乐剧代表作的歌词赏析以及本土音乐剧的发展现状等，从发源、背景、鉴赏、舞台等方面带领学生走进音乐剧的梦幻世界。
3	发现之旅——寻找不一YOUNG的申城之美	戴羽浩	本课程主要涉及人文历史社会学科，主要介绍上海近代文化的相关知识，共分为三个板块，即上海春秋、移民都会、城市精神，每个单元共两课，总计六课（从小县城到大都市、"东方小巴黎"、舌尖上的江海汇、外滩的风云际会、永不屈服的城市、敢为天下先）。通过故事化的讲述手段，帮助学生了解自己所生活的城市，同时提高学生了解上海的兴趣，进一步引导学生走出家门，前往慕课中所介绍的相关地点，亲身体验上海的城市精神与价值取向。
4	英雄——一个人与一座城，六首诗词与六段传奇	季剑炜	通过本课程的学习，了解我国历史上具有代表性的六位英雄人物的事迹和他们流传至今的著名诗篇，以此来体会中华民族传承至今的道义精神。主要学习内容：张巡与睢阳、陆秀夫与崖山、文天祥与大都、于谦与北京、史可法与扬州以及谭嗣同与北京。通过课后的师生之间、同学之间的在线互动讨论，对历史人物的行为与抉择有进一步深入的思考和理解。
5	创意产品设计	田露满	本课程主要学习内容：解析三维结构，正确读识三视图；了解三维建模环境，学做零件设计；介绍常用的装配方法，将零部件组装起来；对模型进行优化，可视化表达输出。通过课程的学习，引导学生发现和寻找生活中的创意来源，建立起对创意产品设计的兴趣，培养阅读工程图样和三维建模的基本能力，并在此基础上完成相关创意作品的设计。

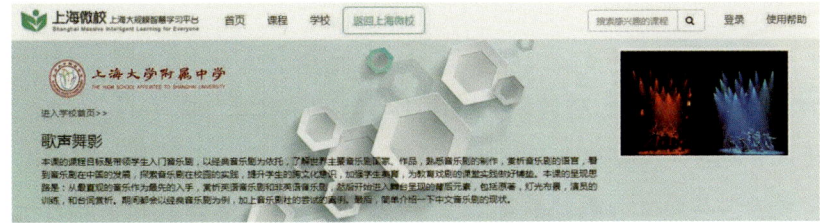

图 3-22　慕课"歌声舞影"

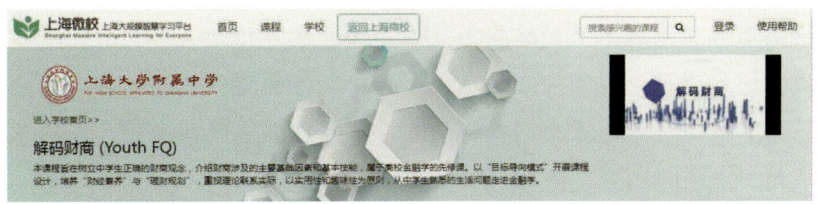

图 3-23　慕课"解码财商"

图 3-24　慕课"发现之旅"

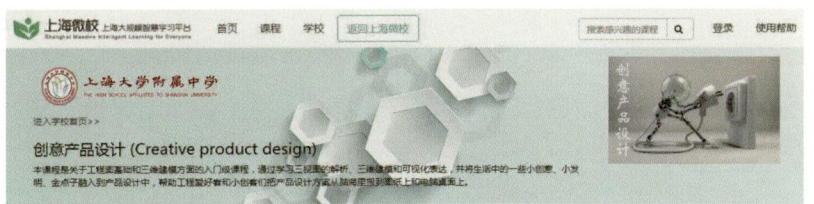

图 3-25　慕课"创意产品设计"

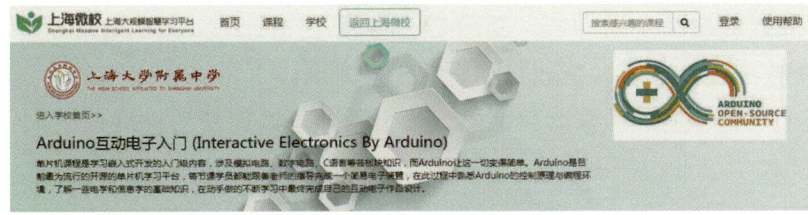

图 3-26　慕课"Arduino 互动电子入门"

图 3-27　慕课"英雄"

【纪实报道】

上大附中教师勇夺全国教育教学信息化比赛微课一等奖

2018年11月，上大附中季剑炜、倪佳颖老师报送的作品"英雄——一个人与一座城，六首诗词与六段传奇"荣获第二十二届全国教师教育教学信息化交流活动基础教育组微课一等奖！

该项赛事由教育部指导、中央电化教育馆主办，旨在促进信息技术与教育教学深度融合，提高教师信息技术及网络应用能力，提升教师信息素养，展示一线教师信息化教育教学实践成果。经过区、市多轮选拔，上大附中教师的这部微课作品入围全国比赛，又经过现场展示汇报和专家评议，在全国报送的6 082件作品中脱颖而出，获得基础教育组微课一等奖的好成绩。（图3-28、图3-29）

图3-28　全国教师教育教学信息化交流活动基础教育组微课一等奖

图3-29　季剑炜老师在第二十二届全国教师教育教学信息化会上交流

4. 双新课程任务化

2019年9月，为稳步推进普通高中新课程、新教材的实施，保障教师及时更新和掌握双新背景下的新理念、新教法，精心研读新教材和新课标，采取以下做法：

（1）全力保障各教研组、备课组的教学教研活动，学科教师不缺席新教材培训。

（2）实践单元视角下的教学设计，编写优秀案例，同时开展关于新教材主题教研活动。

（3）搭建平台，开展新教材教学展示活动。

（4）积累素材，抓住机遇，编写新教材校本练习。

（5）借助墨水屏等信息技术，提升教学效率，实现学生个性化作业，形成学校特色的校本资源库。（图3-30、图3-31）

同时，在新课程新教材实施的大背景下，学校思考四个实际问题：一是如何基于国家课程，整合开发学校课程，以满足人才的培养需要；二是如何推进新一轮的教师培训，使教师满足新课程开发及实施的要求；三是如何整合盘活软硬件资源，以更好地保障"双新"落地；四是如何借助信息技术，挖掘满足"双新"要求的课堂效率提

图 3-30　高一数学"双新"教学研讨

图 3-31　信息技术在新教材英语教学中的应用研讨活动

升的可操作方法。

课程的实施需要一支高质量的学习型教师队伍。因此，教师有效的教研、培训是"双新"落地的基础。作为高校附中，一方面有高校资源助力的优势，另一方面还有上大基础教育集团建设的责任担当。据此，学校决定开展"跨学科、跨学段、跨区域"的创新教研活动实践研究，以打造一支有温度、有精度、有广度、有深度、有力度的教师队伍，扎实有效地开展"双新"课程的实施工作。（图 3-32 至图 3-34）

图 3-32　跨学段教研

图 3-33　跨学科教研

图 3-34　跨区域教研

【纪实报道】

关注作业设计与实施，提升教师专业素养
——上大附中举行教师专业能力提升专题讲座

2019年9月1日上午，上海市教委教研室副主任王月芬老师为上大附中全体教师作了题为《提升作业设计与实施质量》的专题报告。

王老师的报告围绕着作业主要问题是什么、如何提高作业设计质量、如何提高作业实施质量等三个问题展开。王老师结合具体案例，介绍了作业在功能、目标、难度、类型、批改等十二个方面的内容，并详细地分析了影响作业设计的八个关键要素。

在王老师的带领下，老师们反思工作中作业设计情况，思考如何将现有作业设计质量与实施质量进一步提升，为教师专业素养提升、学生核心能力发展提供行之有效的路径。

上大附中在提升作业设计与实施质量方面一直在进行不断的探索与实践，学校积极推进校本作业的开发，目前各学科校本练习已完成并投入使用近30余册，在两届上海市作业设计大赛中，语文、数学、物理三个学科荣获一等奖，英语、化学、生物荣获二等奖，是本市获奖学科最多、参与教师最广的学校之一。（图3-35）

图3-35 教师专业能力提升专题讲座

宝山区信息科技"双新"课程研讨活动在上大附中举行

2020年11月9日下午，"双新"背景下的高中信息科技单元设计——宝山区高中信息科技教研活动在上大附中举行。活动由区教研员梅援老师主持。

微讲座

区学科带头人、上大附中汪玥辉老师围绕信息科技跨学科融合单元设计开设了微讲座。汪老师回顾了区级培训及各校探索等区学科团队"双新"课程活动，介绍了上大附中卓有特

色的模块化课程试点，并解读了市教委教研室徐淀芳主任在宝山区进行的单元设计培训内容，对基于核心素养和单元设计的深度学习中的基本原则与实施途径划了重点，并进一步结合教学目标的撰写、教学方式的组合以信息科技课例的形式进行剖析，加深教师们的理解。在跨学科融合的主题中汪老师结合自己在开源硬件、校外教育、教师培训各个条线的跨学科项目活动案例进行了介绍与分析，为大家开拓了思路。

活动课堂

大数据专业博士、上大附中熊珺洁老师为大家呈现了一堂以问题探究为主线的人工智能项目活动课。导入数据—设计模型—训练模型—评估模型，四个过程贯穿始终地呈现在学生和听课教师眼前。

通过本节课，学生了解了神经网络层数、学习次数等众多因素可提高模型的准确率，大家都感觉收获颇丰。

研讨交流

教研员梅老师就新课程新教材的国家课改要求及市教研精神进行了传达，提出了跨学科项目活动课程设计以及互联网等新技术应用的"双新"背景下的课堂教学新要求；梅老师对熊老师课堂中关键问题的设计、投屏直播等技术的运用给予了高度肯定。

课堂环节

设计模型环节中，学生需要根据前期所学知识自行设计节点数较少的人工智能神经网络模型，在授课教师提供的程序代码中找到相应语句并进行修改。

训练模型的过程则由奇偶数不同小组的学生分别对训练参数做数据测试，观察模型准确率与学习次数和单次学习量大小的关系，在讨论中给出答案。

模型评估环节中，学生将自己建立的模型进行数据测试，分辨理论准确率和实际准确率的差异。

听课教师感想

学生能读懂神经网络的代码，还能适当修改，可见今后学习Python编程语言可以借鉴先模仿后创造的模式。（罗店中学顾懿）

数据分析还需要Python编程，学生很投入，很多学生在完成既定任务后，还在积极地修改参数。我们在自己的教学中也要思考如何通过项目活动调动学生的积极性。（行知实验中学卢海燕）

基于项目活动的授课模式是我欣赏的，学生在课堂上收获了关于人工智能模型创建的方法，而找到、运用做事情的方法、解决问题的方法、可以通用的方法，这是我们信息学科应该要达到的目标。（行知实验中学杨荣）

神经网络反馈权值的过程可以用动画或其他方式来展示给学生看，能让学生理解得更深入。数据的来源不同，其实就是不同的课题，可适当给到学生提示。（建峰中学石秀丽）

以项目为主线设计的这堂课很值得借鉴，在其中穿插知识和技能，可以为今后的新课提供思路。（吴淞中学叶君）（图3-36）

图 3-36 宝山区信息科技"双新"课程研讨活动

跨域研究　辐射引领
——记上大附中"三跨"教研活动实践

2023年3月、4月间,上大附中各学科运用现代化信息工具开展了多场课堂教学实践,并组织了多场"跨学科、跨学段、跨区域"的教学研讨活动。

语文学科

语文学科研讨聚焦高二作文教学,旨在探索作文教学过程中行之有效的教学理念与抓手。执教教师高媛以作文"事例如何有效证明观点"为主题,从阅读切入,读写结合,引导学生从阅读中总结出运用事例有效证明观点的方法,引导学生们运用这些方法,借助表格工具,对自己的作文片段进行修改,通过实际操练,加深对这些方法的认识,取得了较好的教学效果。

教学研讨活动由宝山区语文教研员王庆老师主持,河北省唐县二中张卿、吴淞中学曹俊丽、通河中学董裕雯等各位老师都积极参与、各抒己见。上大附中正高级教师、语文教研组长王强老师也介绍了学校语文组在写作教学中梳理类型、提供可复制思维路径等实践经验。

市教研员范飚老师肯定了这堂课在教学内容"聚焦"、读写结合、关注方法指导、工具研制与使用及个性化动态梳理等方面的价值,同时也对写作教学提出了更多的思考路径,为教师的教学给予了有效指导。(图3-37)

英语学科

在宝山区"高中英语'以评促学、以评促教'试卷评析教学研讨"高三英语主题教研活动中,上大附中英语教师陆叶以iRead试卷为教学材料进行了试卷评析课堂实践。基于宝山区教育数字化转型项目,陆老师在教学过程中融合了墨水屏与多媒体两种信息化教学手段,课堂融入了鲜明的"同侪智慧课堂"元素。课前,学生在网络平台上提交试题答案,教师以数据为参考依据进行教学设计;课中,教师通过墨水屏及时收取学生的课堂学习结果,进行生生互评、师生互动,并予以教学反馈,有效提高了课堂效率。

图3-37　语文组展示研讨

图3-38　英语组陆叶老师课堂展示

在评析试卷的过程中，沉浸式试卷评析团队的教师们各自分享了对试卷的理解。云南省会泽县大成高级中学的高三英语教师也通过远程线上参加了此次联合教研。

宝山区教研员厉天宝老师对整个沉浸式教研做了介绍，并强调了试卷评析课在高三教学工作中的重要作用。他从教师专业化发展角度、课堂效率、学生核心素养培养和数字赋能助力高三教学水平提升等方面进行了剖析。（图3-38）

历史学科

上大附中历史教研组组长邓珊荣老师面向区内历史学科青年教师开设了示范课"南京国民政府的统治和中国共产党开辟革命新道路"。本节课选取典型材料精心设问，基于教材而高于教材，提升学生的史料实证和历史解释的核心素养。课堂上，邓老师将数字化教学的情景与教学内容相结合，带领学生应用数字化墨水屏终端课程交互功能，实践教育数字化转型背景下的高中历史学习。教师通过数字化平板方式将课前预习、课中教学、课后练习推送给学生，调动学生的积极性与参与度，让学生通过墨水屏终端及时反馈学习情况。通过数据统计，教师及时了解学生的情况，关注重点问题，为后续的教学行为提升效率。

本节课还运用跨学科综合分析的方法进行项目问题的探究，如：探究"红军长征路上，4 000多米的雪山为什么难走？"该综合问题融合了地理、生物和历史等多学科的相关知识，激发了学生探究问题的热情，促使学生更深刻理解了红军长征胜利的意义，将长征精神的传承和生命观念教育融入历史课堂教学。

河北省唐县二中的历史学科教师通过互联网与宝山区同行进行了课堂同步共享和跨区域教研互动，取得了良好的效果。

宝山区历史教研员唐向东老师对本次活动进行总结与点评，并就高中历史教学数字化转型工作，对青年教师们提出了希望与要求。（图3-39）

近期的多场教学展示研讨活动，是上大附中以信息技术融入课堂为依托，推进"双新"课程改革、探索"跨域研修"的有益尝试。学校一边将专家请进来，一边借助信息平台把教研拓出去，让老师们学习技能、扩展思路、拓展视野，基于课堂进行"实战"，扎实提升教师队伍的教学水平。

图 3-39　历史组邓珊荣老师课堂展示

（四）完善保障机制

为保障课程顺利、有效实施，学校建立了规范的课程管理制度，如《上大附中教学常规要求细则》《上大附中教研组长责任制细则》《上大附中备课组长责任制细则》等相关规章，形成教学管理的常规机制。此外，根据教学改革的方向指引，从教学、评价、课程管理等多个角度形成了系列管理制度，以引导教师的教、学生的学跳出分数的局限，着眼于学生的终身发展，追求身心素养、实践能力、创新精神的全面提升。（图 3-40）

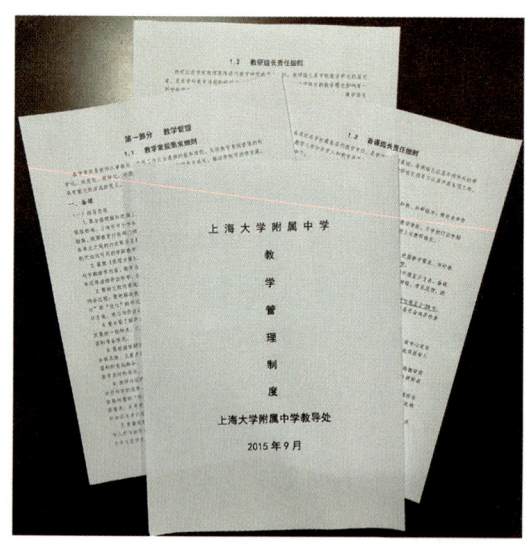

图 3-40　教学管理制度

1. 评价标准促进有效教学

为了促进教学有效性的进一步提升，学校制定了有效教学的评价标准，在学习氛围营造、学习环境创设、教学资源开发和教学媒体使用、教师角色的合理把握、学生主体地位体现、教学组织和教学时效等方面制定细则。

2. 实施学分学程制管理

在课程实施的过程中，不仅希望给学生提供丰富的个性化、可选择、有分层的课程，更希望能够对学生的修习经历进行量化记录，予以客观评价。同时，让学生能够通过课程的选择、修习、评价来形成自我规划与自我管理的意识，清晰地进行自我认知，提升相关的能力。因此，学校在课程管理中，推进了学分学程管理模式。即对课程进行模块化实施，并对课程修习进行学分制管理，用以反映学生在学校课程方面的发展履历、衡量学生在课程方面的经历和发展水平。

3. 项目的实施路径

项目推进实施了学程和学分制结合的五个内容：

（1）课程计划。根据上海市高中教学标准、本校学生需求和学校自身特色制订有上大附中特色的课程计划（将生涯规划等综合类课程纳入到三年的课程体系中）。

（2）学程规划。模块为构成学科的基本单位，同一学科中某一模块都有相对独立的教学内容、明确的教育目标；各模块间相互关联，整体能反映学科内容的逻辑联系。长课程的模块划分以一个知识单元为一个模块单位，内容独立的短课程无须再进行模块划分（独立为一个模块），微型课程可以以一个课程群为一个模块。对于实践体验类课程以主题进行大模块划分，如：高校体验营。

在教学实施过程中，将一个学年分为四个学时段（高三年级为三个学时段）：秋季学时（第一学期）、冬季学时（寒假）、春季学时（第二学期）、夏季学时（暑假）。原则上，每门学科在一个学时段内的模块集合为一个学程。

（3）走班差异化。在学程课程体系的框架下建立具有本校特色、满足学生发展需求的走班学习模式。尤其在高考改革的背景下，学生的课程选择会根据自身兴趣和考核规则发生动态变化。既要满足学生的兴趣需求，不能课程一刀切；也要细化管理，不能全部"放羊"。因此，学校根据每一届学生的课程选择情况，都会采取差异化的走班管理模式。

（4）学分细化。学分制管理的范围为学校有计划组织实施的所有课程。学分由学校认定，根据学生所学课程，以一个学程为单位对学生考核合格者赋予相应学分（通常每18课时计1学分，实践类课程进行相应折算），每个学生所经历的学程不同，学生学分结构也不尽相同，但必须达到各大类学分的基本要求。（表3-6）

（5）操作系统化。根据学程和学分制的需求建立易操作的学分评价录入系统及相关配套操作制度。通过项目组团队的建设及各部门的合作来保障个性化学程和学分制项目的实施。

4. 项目实施成果

通过研究学程制和学分制对学校特色教学的积极作用及可操作性，形成符合学校特色的学程和学分制实施方式与方法，并构建与之相符的师资队伍、管理机制。学生在自主选择课程的过程中，逐渐加深自我理解，并提升自我的规划力、认知力、决断力，形成积极向上的人生观和价值观，为探索学校资优生培养的有效方式提供课程和制度的保障。

学校加速学分管理的信息化平台的建设，通过学分制的系统平台构建，在为学生提供更具个性化的学程、课程选择的同时，对学生的经历进行量化记录，为学生提供基于群体信息的评价，对学生的发展给予有依据的指导。

表 3-6　课程学分设置及课时安排表

类别	科目	课程编号	标注1	标注2	学分 高一 夏季	高一 秋季	高一 冬季	高一 春季	高二 夏季	高二 秋季	高二 冬季	高二 春季	高三 夏季	高三 秋季	高三 冬季	高三 春季	学分合计	周课时 高一	周课时 高二	周课时 高三
基础型课程	语文Ⅰ	10101	必修	全员	3	3	3	3	3	3							18	3	3	3
	数学Ⅰ	10102	必修	全员	3	3	3	3	3	3							18	3	3	3
	英语Ⅰ	10103	必修	全员	3	3	3	3	3	3							18	3	3	3
	物理Ⅰ	10104	必修	全员	2	2	2	2									8	2	2	
	化学Ⅰ	10105	必修	全员	2	2	2	2									8	2	2	
	生命科学Ⅰ	10106	必修	全员	3	3											6	3		
	思想政治Ⅰ	10107	必修	全员	2	2	2	2			1		1				10	2	2	1
	历史Ⅰ	10108	必修	全员	2	2	2	2									8	2	2	
	地理Ⅰ	10109	必修	全员	3	3											6	3		
	音乐Ⅰ	10110	必修	全员	0.5	0.5											1	0.5		
	美术Ⅰ	10111	必修	全员	0.5	0.5					1		1				3	0.5		1
	体育与健身Ⅰ	10112	必修	全员	2	2	2	2			3		3				14	2	2	3
	信息技术Ⅰ	10113	必修	全员	4	4											8	4		
拓展型课程	语文Ⅱ	20101	选择性必修	全员	2	2	2	2	5	5							18	2	2	5
	数学Ⅱ	20102	选择性必修	全员	2	2	2	2	5	5							18	2	2	5
	英语Ⅱ	20103	选择性必修	全员	2	2	2	2	5	5							18	2	2	5
	物理Ⅱ	20104	选择性必修	限定性	1	1	1	1	6	6							16	1	1	6
	化学Ⅱ	20105	选择性必修	限定性	1	1	1	1	6	6							16	1	1	6
	生命科学Ⅱ	20106	选择性必修	限定性			3	3									6		3	
	思想政治Ⅱ	20107	选择性必修	限定性			1	1	6	6							14		1	6
	历史Ⅱ	20108	选择性必修	限定性			1	1	6	6							14		1	6
	地理Ⅱ	20109	选择性必修	限定性			3	3									6		3	
	体育与健身Ⅱ	20110	选择性必修	限定性	3	3	3	3									12	3	3	
	信息技术Ⅱ	20111	选择性必修	限定性	1	1											2	1		
	经典赏读	20201	选择性必修	全员			1	1	1	1							4		1	1
	数学方法指导	20202	选择性必修	全员	1	1	2	2	1	1							8	1	2	1
	英文阅读	20203	选择性必修	全员			1	1	1	1							4		1	1
	英语口语训练	20204	选择性必修	全员	1	1	1	1	1	1							6	1	1	1
	物理实验操作	20205	选择性必修	限定性					1.5	1.5							3			1.5
	化学实验操作	20206	选择性必修	限定性					1.5	1.5							3			1.5
	生命科学实验操作	20207	选择性必修	限定性			1.5	1.5									3		1.5	
	时事政治	20208	选择性必修	限定性					1.5	1.5							3			1.5
	图文学史	20209	选择性必修	限定性					1.5	1.5							3			1.5
	乡土地理	20210	选择性必修	限定性			1.5	1.5									3		1.5	
	心理	20301	必修	全员					0.5	0.5							1			0.5
	IB课程	20302	必修	全员			1	1									2		1	
	班会	20303	必修	全员	1	1	1	1	1	1							6	1	1	1
	特色社团Ⅰ	20400	选修	非限	1.5	1.5	1.5	1.5									6	1.5	1.5	
	游学课程Ⅰ	20501	选修	非限			7	7									7	14天/项		
	游学课程Ⅱ	20502	选修	非限			14										14		28天/项	
	国际交流课程	20503	选修	非限	0.5/项	0.5/项	0.5/项	0.5/项									2	1天/项	1天/项	
	高校体验营	20504	选修	非限			3.5	3.5	3.5	3.5	3.5	3.5					21	7天/项	7天/项	7天/项
	素养与技能Ⅰ	20600	必修	全员	1	1	1	1									4	1	1	
	素养与技能Ⅱ	20700	选修	限定性	1	1	1	1									4	1	1	
	素养与技能Ⅲ	20800	选修	非限	1	1	1	1									4	1	1	
	生涯Ⅰ	30901	必修	全员	2	2	1	1	1	1							8	2	1	1
	生涯Ⅱ	30902	选修	限定性			1	1									2		1	
研究型课程	课题研究	30101	必修	全员	3	3			7	7	2						15	12天(学年)	14天(学年)	4天(学年)
	研究方法	30201	必修	全员	1	1	1	1	1								5	1	1	1
	课题研究专题指导	30300	选修	非限	1	1	1	1									4	18课时(学期)	18课时(学期)	
实践类课程	学军	40101	必修	全员	2.5	2.5											5	10天(学年)		
	学农	40102	必修	全员				2.5									2.5		5天(学年)	
	社会调查	40103	必修	全员						2.5							2.5			5天(学年)
	民防、国防	40104	必修	全员	2												2	折合35(学年)		
	场馆考察	40105	必修	全员	0.5	0.5	0.5	0.5	0.5	0.5							3	2天(学年)	2天(学年)	2天(学年)
	志愿者活动	40106	必修	全员	0.5	0.5	0.5	0.5	0.5	0.5	0.5	0.5	0.5				4.5	3天(学年)	3天(学年)	3天(学年)
	18岁成人仪式	40107	必修	全员							0.5		0.5				0.5			1天(学年)
	党团活动	40108	必修	全员	0.5	0.5	0.5	0.5	0.5	0.5							3	10天(学年)	10天(学年)	2天(学年)
其他类课程	晨会或午会	50101	必修	全员														每天约15-20分钟		
	广播操、眼保健操体育锻炼	50201	必修	全员														每天至少60分钟		

三、新课堂：生成有生命力的课堂

有生命力的课堂教学仅仅靠新的课程方案、课程材料、教学策略等因素，并不能推行有效的变革，有效的变革还必须要有通过参与并投入其中的人来实现。教师要在课堂的教学实践中从生活实际出发，对课程内容进行深刻的理解和准确的把握，采用新的教学方式和策略，认真研究学生的特点，解放学生的思想、双手、双脚，帮助学生在自我建构中谋求个性发展。

为了帮助每一个学生达到自己的"最近发展区"，实现身心素养、实践能力、创新精神等方面的有效提升，从教学管理者到一线教师都在积极探索资优生分类教学、个性化培养的途径和方法。

（一）课堂教学方式变革

课堂是学生学习的主要场所，教师的课堂教学需要关注每个学生如何拥有学习知识的方法，思考通过哪些途径支持学生构建起个人知识，并注重知识传递过程中的创造性。这些关注点必然需要的是"目中有人"的教学，以学生为课堂主体，重新构建师生关系、生生关系、学生与媒体及文本资源间的关系，将课堂变为一个思想活跃、情感流通的场所。必然要将传统教学中"基于知识的课堂"转变为"基于关系的课堂"。

在以学生为主体的理念指引下，教师通过各种方式，积极探索既适合本学科特征，又能发挥学生主体作用的课堂形式，在教学中培养学生乐学善学、勤于思考、勇于探索、批判质疑的能力，提升学生的学科核心素养。

1. 学习共同体，改变课堂教学模式

学习共同体——与传统教学班和教学组织的主要区别在于强调人际心理相容与沟通，在学习中发挥群体动力作用。在语文、物理、化学、德育等科目的课堂教学中尝试"学习共同体"的教学模式。经过较长时间的摸索实践，实验班级的思维能力及综合素养得到了显著提升，积累了"学习共同体"模式教学的大量有益经验后进行的展示交流，得到了专家的认可。（图3-41、图3-42）

2. 翻转课堂，转变师生课堂角色

翻转课堂——利用媒体和文本资源，学生在课外完成基础性知识的学习，让课堂变成了师生间、生生间互动的场所，进一步答疑解惑，从而达到更好的教学效果。探索将课

图 3-41　学习共同体研讨活动

图 3-42　陈洁老师市级展示课
"探究消毒水的抑菌作用"

堂让给学生，让学生通过课前的准备成为小老师，学生自己完成查找、准备、提问、答疑等环节，开展课堂切磋交流，教师不再是课堂上的主角。学生在这样的课堂上，不仅实现了知识的深入学习，而且得到了综合能力的训练。

（二）个性化教学的实施

尽管班级授课制下的学生具有基本相同的年龄特征，但是每个人的成长环境差异比较大，再加上受遗传、家庭环境等因素的影响，学生的天赋、气质和性格、学习态度、学习成绩、兴趣爱好等存在很大的差异。基于学生的学习志趣和能力差异，学校在教学实施过程中采取了分层教学、分类指导、按需定制相结合的方式。

1. 流动班级的教学组织模式探索——分层教学

特长不同、潜力不同的学生，在学习中会产生不同层次的需求。同时，上海市高考改革，从原来的 3+1 变为 3+3，这样选择性变多了，学生选科种类增加了。学校自 2015 年开始实行走班制，尝试通过分层走班的方式来实现分层教学。

为充分发挥、挖掘学生潜能，开设多样性、多种类的课程，采取社团小班化的方式，对具有某方面特长或潜能的学生进行教学。如机器人社、辩论社、模联社、乒乓社等。通过开设的各类活动，为这些学生提供展示才能的机会，还会组织优秀者参与相关比赛。如陆雪枫同学参加了第 28 届全国青少年科技创新大赛并荣获英特尔英才奖，代表中国高中生赴美国参赛；袁施薇同学和她团队的同学一起参加了美国高中生数学建模竞赛并获得了一等奖等。（图 3-43 至图 3-45）

图 3-43　胡治权、陆雪枫参加第 28 届全国青少年科技创新大赛

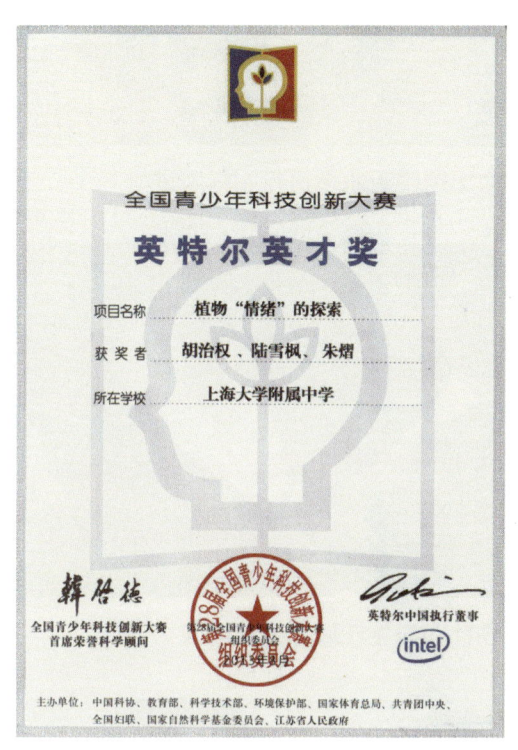

图 3-44　第 28 届全国青少年科技创新大赛获英特尔英才奖

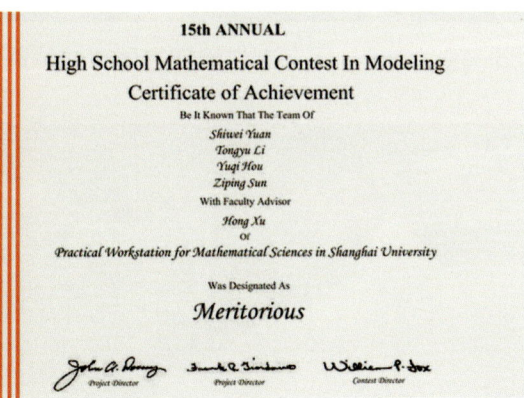

图 3-45　参加美国高中生数学建模竞赛获一等奖

2. "三小"教学模式的实践——分类指导

每个班级的学生潜力不一样、专长不一样、发展方向也不一样，为了能够满足所有学生的需求，帮助学生达到期望的目标，2011 年卢广华校长提出了"小团体、小专题、小纸条"的"三小"教学模式。通过在班级建立小团体，利用小专题的形式，为不同的学生准备不同的小纸条，满足或者补足学生的不同需求。

3. "资优"团队的精英指导——按需定制

课题指导团队。根据高考改革要求，学生必须在高中完成一个有质量的课题，可以是自己擅长的，也可以是将来发展的。为此，学校成立了创新教研组，并整合校内外教师资源，为每一个学生配对了专业的课题指导教师，以提升创新实践能力。（图 3-46 至图 3-52）

图 3-46 对大场镇附近水域进行水样测试

图 3-47 在罗店奶牛场调查牛粪资源利用状况

图 3-48 生物社团学生在采集蚂蚁蚁穴

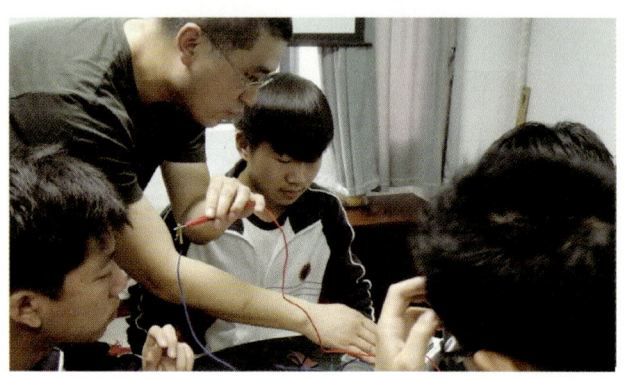
图 3-49 物理社团在制作检测物质属性装置

图 3-50 对空气样本进行检测

图 3-51 在上大实验室进行转基因植物实验

图 3-52 课题指导团队合影

图 3-53 物理竞赛指导

学优指导团队。对于擅长学科学习的学生，通过小团队的形式，由资深教师组成指导团队，对这部分学生进行高考前的学科针对性指导。（图3-53）

竞赛指导团队。对于某个学科或某方面要冲击竞赛的，学校针对其实际需求，开发校内外资源，组成竞赛团队，集中指导。如生物竞赛团队、物理竞赛团队、数学建模团队等。（图3-54至图3-56）

图3-54　参加数学建模竞赛

图3-55　参加信息竞赛

图 3-56　参加生物学竞赛

4. 数字化课堂——精准定位

　　数字教学助手实现教学全过程的数字化记录。备课助手实现区域—学校—教师多级协同的单元整体教学设计的资源建设与研究；授课助手协助教师借助课堂过程的数字化记录精准呈现学情分析，帮助教师及时调整教学策略；作业助手支持高质量作业的设计与实施，通过墨水屏实现了无纸化作业，借助智慧批阅功能减轻教师作业批改负担，教师有更多精力关注能力分层、难度分层的个性化作业。

　　知识图谱实现基于大数据的精准教学。基于未来宝及智学网等平台的大数据精准教学，通过学生学习大数据分析，实现个性化、基于知识图谱的学习诊断，不但可以帮助学生挖掘错题根源，还可以推送相匹配的微课讲解和难度适中的习题资源，为学生有针对性的学习提供帮助。依托人工智能和大数据技术，为学生提供个人知识管理的工具，帮助学生整理错题、建立规范的错题档案并配套错题解析，减轻学生的负担同时引导学生对考试反映的问题进行归因分析，培养自主探索、分析纠错、知识内化的能力。研究型课程自适应平台，有助于师生开展研究通识培训并对研究性学习进行过程管理，研学过程性数据也成为学生综合素质评价的重要组成维度。（图 3-57）

图 3-57　数字化课堂

（三）完善教学管理系统

教学管理是运用管理科学和教学论的原理与方法，充分发挥计划、组织、协调、控制等管理职能，对教学过程各要素加以统筹，使之有序运行，提高效能。

1. 智慧校园推进系统

为推进学校智慧校园建设，不断提供适切的使用建议及角色分配方案，学校结合区教育数字化转型工作，在教学场景中努力实现精准教学、多元评价，结合培训成果进行校内优秀评比与推荐，赋能"双新"背景下的创新教育。学校参与区数字化转型试点，基于宝山未来宝、三个助手以及墨水屏智慧教室等平台，开展基于"双新"背景的大数据精准教学、同侪资源共享等创新探索，完成全校 WiFi 覆盖工程，积极探索无纸化作业等新教学模式。

2. 校园信息化项目推进

2017 年 3 月，为推动上海大学基础教育集团的建设和发展，上海大学选派信息办公室副主任顾爱军、通信与信息工程学院通信工程系副主任王瑞到上大附中挂职，指导智慧校园和资优生课程项目建设。

2017 年 4 月初，学校核心机房与上海大学数据中心的光缆实现互通互联。4 月中旬，学校综合楼无线网络建设并完成，可实现使用上海大学统一身份认证；4 月下旬，学校官网主站完成改版并纳入上海大学服务器管理，成为国内为数不多的采用 edu.cn 域名后缀的高中学校。

2017 年 5 月，校园一卡通项目启动，学生可使用上海大学一卡通在学校食堂就餐，访问上海大学图书馆数字资源。

2017 年 6 月，与上海大学共同开发的学分学程项目试运行，逐步开发了综评学生成绩记录、社团报名系统等模块。

2019 年 3 月 21 日，"整合课程资源 连接智能平台 延展学习时空——新高考背景下高中研究型课程交流与研讨活动"在上大附中举行，汪玥辉作题为"研究性学习校园之变"的主旨发言。

2021 年下半年，学校成为区教育数字化转型试点学校，启用未来宝（钉钉）项目试点，用于线上直播教学及家校互动。启动市教育信息化 2.0 教师培训，整校推进方案获评上海市优秀方案。

2022 年，未来宝、智学网等平台的常态化应用，结合信息化 2.0 培训建立校本数字化培训资源，启用教学助手及墨水屏试点，支持了新冠肺炎疫情防控期间的线上教学。

3. 教师教育教学评价系统

评价是教学质量保障与监控的基础，因为所有的监控与保障都是建立在价值判断基础上的。实施教师教育教学质量的评价，不仅可以鉴别教师工作质量的优劣高低，更重要的是能够准确、科学地对每位教师的工作质量进行价值判断，为改进教学工作、加强和改进师资队伍建设提供可靠的数据，从而调动教师教学的积极性，提高教师的个人素养，最终提高教育教学质量。

学校于 2017 年制定了《教师考核量化方案》，既考核教师已有的工作表现，也考虑教师进一步的发展。其中不仅包含了教师岗位的基本要求，也包含了激励教师专业发展的能力指标，如科研论文、公开课、课题、指导学生等。考核通过教师自评、教研组互评、管理部门审评的方式进行，旨在督促教师及鼓励教师积极上进。

教师量化考核结果是一项兼具公正性和全面性的参考数据，在教师评优、教师年终考核、教师职称评定等环节，均作重要评判依据。

4. 选科走班学分教学制度

根据资优生的特点与需求，学校在选科制、走班制、学分制等方面做出了积极尝试。

选科制：让学生的个性有成长。三类课程都实行选科制，旨在提供学生多种选择，发展学生兴趣，提升学生学习潜能，促进资优生发展。通过选科制，学生学会自主选择，进行生涯规划，学生评价方式、内容更加多元。

走班制：让合适的学生在一起。根据学生的实际需求和评价方式的改变，部分学科实行分层教学，以满足学生不同层面的需求。

学习能力较强的学生实行"6 选 3"大走班，学习能力相对较弱的学生实行微走班，从而保证分层教学的效果。走班制的实施，能够提高各学科的资优生学习能力，激发学生学习兴趣，培养学生学习探究能力。通过学科竞赛，整合资优生团体，通过导师制培养学科特长学生。学生更重视个人生涯规划，注重自我选择，重视自主学习，提高自我管理能力。同时，在学校综合素质评价系统中客观记录资优生发展的典型案例，并给予相应的学分，家长和学生非常重视。

学分制：让学生获得自我规划的抓手。学分制是以"学分"作为学习的基本度量单位，在教学过程中允许学生在指导性教学计划规定范围内，在教师指导下，自主选修课程，以取得所选课程的总学分来衡量其学习总量，将取得一定的学分作为毕业的标准，采取较灵活的过程管理方式的教学管理制度。简言之，学分制是以学分计量的，以选课制为基础的教学管理制度，学校还专门制定了《学分制实施管理细则》。

5. 教学调研制度

教学调研是了解教师教学和学生学习状态的直接手段，也是发现问题、反哺教学的一种有效途径。学校拟定了常规教学调研制度。

学生全面调研。两个月一次，进行全面教学调研，包括课堂教学情况、课后作业情况、课后辅导等，及时了解学生对于教师教学的适应度和满意度。

学生座谈会调研。座谈会分为两部分，一部分是新生适应性调研，另一部分是学生抽查性调研。在新生入学一个月到两个月的时间里，随机抽取部分学生进行座谈式调研，了解各班的情况。在学生期中、期末等大型考试之后，对一些相对薄弱的班级抽取学生进行调研，了解班级是否存在问题等。

教师调研。教师调研分为两部分。一部分是在每次期中、期末大型考试之后，会举行以年级为单位的会议，一方面是对前面教学的反思，另一方面是听取教师对于年级教学中存在问题的反映以及教师对于教学的一些建议。另一部分，是在学期结束，以不同的分类，通过主题式座谈会的形式进行调研。以此获得更多具有创新、实践价值的建议。

部门调研。每学期末，根据一个学期问题的总结，各部门进行主题式调研。旨在反思各部门存在问题以及后续的处理方式。

6. 教学管理辅助系统

为了让教师及时了解学生的学习程度、让学生及时了解自己的学习现状、让家长及时了解孩子的学习情况、让学校更好地改进教学管理，学校联合上海大学开发了教学管理辅助系统。

开发教学管理系统旨在改变原有的人工进行教学管理的工作方式，实现课程管理与学生成绩管理等功能。

教学管理系统面向教导处、科训处、学生处等主要教育教学部门和全校师生，实现选课管理和成绩管理等功能。

学生：登记注册、查询新学期预开设的课程以及授课教师的情况、自主选课、查询课程成绩。

家长：查询学生的课程成绩。

教师：查询新学期预开设的课程、参与课程的学生情况以及学生的考试成绩。

教学管理：进行教学管理，包括新学期的课程注册管理和学生的成绩管理。

【纪实报道】

上附学子在 2019 上海市中学生数学知识应用竞赛中获佳绩

2019 年上海市中学生数学知识应用竞赛各项比赛成绩揭晓，上大附中学子在数学知识应用、数学建模、数学知识应用小论文等多项比拼中荣获二、三等奖，同时荣获团体第八名，进入全市八强。

学校注重学生科学素养的培养，激发学生数学学习兴趣，开发学科思维拓展课程，积极开展数学建模、数学课题指导、数学小论文撰写等活动，同时，通过学科冬令营、夏令营、高校工作站实践、导师课题指导等，进一步提升学生的思维品质和解决数学问题的能力。

获奖名单

数学知识应用竞赛：崔　阳、沈铭昊　二等奖

陈惊磊、吴朱辰　三等奖

数学建模活动：金徐逸、胡　帆、王佳豪　二等奖

王淦隆、吴朱辰、陈佳业　三等奖

刘天崟、李超然、谈伽辉　三等奖

数学知识应用小论文评选：段嘉霖、邵金阳　三等奖

（图 3-58 至图 3-63）

图 3-58　数学知识应用竞赛团体奖项

图 3-59　上海大学数学工作站专家来校开展教师培训

图 3-60　数学建模社团竞赛导师聘任仪式

图 3-61　数学建模二等奖获得者胡帆、金徐逸、王佳豪

图 3-62　数学知识应用竞赛二等奖获得者崔阳

图 3-63　数学知识应用竞赛二等奖获得者沈铭昊

四、新德育：聚焦学生积极人格养成的德育实践

2014年学校申报了教育部重点课题"培养良好人际交往能力促进高中资优生积极人格养成的实证研究"，确立了人格培养作为学校资优生教育的主要切入点。（图3-64）

教育学家杜威说："一切教育的最终目的是形成人格。"心理学的研究表明，积极人格与良好的认知能力相关，与主观幸福感呈高相关，与心理健康的稳定相关。积极人格的养成对于个体个人素质的发展和心理健康都有显著促进作用。资优生真正实现具有"较强的学习能力、较高的创造性、较活跃的思维，具有潜在的优质特质"，须以积极人格为基础，学校以积极人格培养为核心，带动学生其他素质的发展。

学校以学生积极人格的培养作为抓手，将行规教育、心理教育、生涯教育进行整合，重叠交叉的部分就是积极人格的培养，通过积极人格的培养，带动三个板块一起发展。（图3-65）

心理教育和行为规范教育是人的整体发展的两大基石，生涯教育则贯穿着人的终身发展，三个板块的内容基本可以构建起学生适应社会的基本能力和素养，而这些能力和素养都应该与学生积极人格的培养建立联系。

行规教育、心理教育、生涯教育三个板块围绕学校德育目标，通过德育课程的构建与路径的实施，转变教育理念，落实德育的基本内容与要求，聚焦学生积极人格的培养进行德育实践的探索。

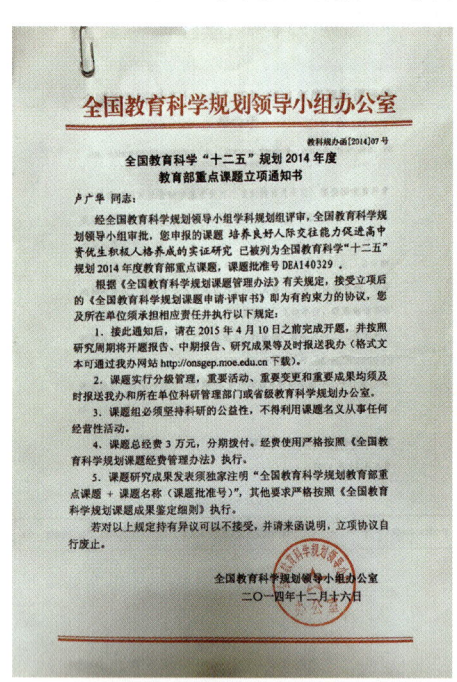

图3-64 教育部重点课题立项通知书

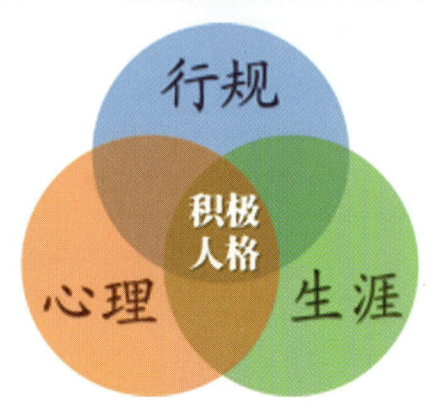

图3-65 学生积极人格培养

（一）行规教育——开发学生自我管理能力

学校尊重学生的主体地位，坚持以学生为本，积极探索和实践学生自主管理教育模式，提高学生自主管理水平，形成以"自觉、自省、自治"为核心价值目标的学生自主管理特色，促进学生全面发展。坚持实践引领，推动知行合一；坚持项目支撑，实现自主管理。

1. 抓住核心，探索"三自教育"层级化

"三自教育"即自习、自修和自学。学校探索"三自教育"，发展"三自教育"内涵，形成从"自习—自修—自学"到"三入"即入室—入定—入神的自主管理特色，培养学生时间管理能力，自我约束能力，进而达到自主学习、自我管理。

高一年级侧重培养学生自习习惯，通过预习、复习、自主安排学习内容，从而自省、自律，学会自习。高二年级重点培养自修能力，通过修学业、修德性，从而达到自我能力强化，学会自修。高三年级核心能力是自学，通过自我定位、自我规划、自我毅力，完成自主学习，实现自我梦想。（表3-7）

表3-7 "三自教育"实施举措

内 容		
年级	主题词	目标
高一	自习	通过预习、复习、自主安排学习内容，从而自省、自律，学会自习
高二	自修	通过修学业、修德性，从而达到自我能力强化，学会自修
高三	自学	通过自我定位、自我规划、自我毅力，完成自主学习，实现自我梦想
举 措		
环境改变	通过自修环境的改变，包括物质环境的改善及文化环境的创设，改变学生原本在教室进行晚自修的模式，进行年级整合，创建了八个自修教室，分别为：致忠书院、致孝书院、致仁书院、致爱书院、致信书院、致义书院、致和书院、致平书院。"致"代表四维八德中的八德"忠孝仁爱信义和平"，也阐释了校训"明德·致远"的内涵。	
理念指引	"三自"学习方法的指导。将行规教育渗透到学校教育的方方面面中，教师在指导自习、自修、自学方法中，以学科渗透的方式提高学生行规的养成教育。	
制度改变	通过成立年级自管会落实自主管理，为学生自我管理创设有效载体，学生获得自我管理、自我发展的主动权、话语权、评价权。	
方法指导	组建学生学习共同体促进"三自教育"。通过整合资源，按照不同年级的培养目标，以小团体形式分层分阶段落实"三自教育"。	

行规教育课程是培养学生各项素质发展的基石，通过理念引领、环境营造、方法指导等提升行规教育的广度、深度和高度。

2. 建章立制，保障自主管理有序化

学校践行学生自我约束、自主发展、自我教育的自主管理教育模式，设计促进学生自主管理健康有序发展的规章制度，包括：《学生干部管理条例》《学生自理团章程》《学生会生活检查部工作章程》《学生自主管理实施细则》《学生会章程》等。

设立学生自主管理委员会，包括："食堂自管会""自宣社""自律社""自洁社"等学生自主管理委员会来调动学生参与自主管理的积极性。给学生更多的自主空间，建立学生自主管理评价机制，保障自主管理有序化。

3. 搭建平台，创设自主管理立体化

学校倡导尊重教育，发挥学生的主体地位，创设学生自主管理的多元平台，为学生开展自主管理实践活动提供更多的参与机会，促成学生自主管理立体化网络的形成和发展。

学校落实事事有人管、时时有人管、人人有事管的管理理念，使管理过程自主化、责任化和制度化。（表3-8）

表3-8 层级化管理平台

序号	平台	学生组织	管理内容	指导部门
1	宿舍	宿舍自管会	学生宿舍卫生、纪律、考核等	学生处
2	食堂	食堂自管会	菜品、卫生、就餐纪律等沟通和管理	学生处
3	校园职业体验日	值周班	公共区域卫生、升旗仪式、校园交通、校园绿化等	学生处、团委
4	年级分层	年级自管会	突出年级特色，策划年级主题教育活动，开展"三自教育"	学生处
5	宣传	学生媒体中心	宣传学生活动，网络道德教育，报道学生典型事例，拍摄学生教育宣传片等。	学生处、团委

卢广华校长谈"如何上好自修课"

（2010年9月）

作为寄宿制高中的一员

如何上好自修课，是关系到我们每一位同学学习质量的关键。为此，请同学们在自修时尝试做到以下五点。（图3-66）

1. 独立、静心、有学习计划。

"非宁静无以致远"，每一位同学都要静下心来，独立自主地按照自己的学习计划稳步推进。

核心词：静心

2. 完成教师布置的学习内容，要做好预复习工作。

核心词：高效

3. 针对需强化的学科自行安排，或者是优势学科需要提高的，或者是薄弱科目需要攻克的，避免偏科现象。

核心词：提优补差

4. 自行将学科的知识点进行归纳梳理，搞清重点、难点、疑点，有问题及时问老师。

核心词：知识梳理

5. 研讨问题时轻声细语，不干扰他人。

核心词：安静

作为教师

管理好自修课，培养学生自修良好习惯是我们的职责。为此，老师们在自修时尝试做到以下六点。

1. 大胆管理，维护好纪律，保持安静的环境。

核心词：管理

2. 经常巡视，提醒学生静心学习，纠正睡觉、看闲书、聊天、发短信等行为，关心学生的学习状况及身体状况，遇到身体不适的，及时与值班领导联系，安排休息或与家长联系或送医院。

核心词：巡视

3. 指导学生如何自修，或解答学生疑问。

核心词：指导

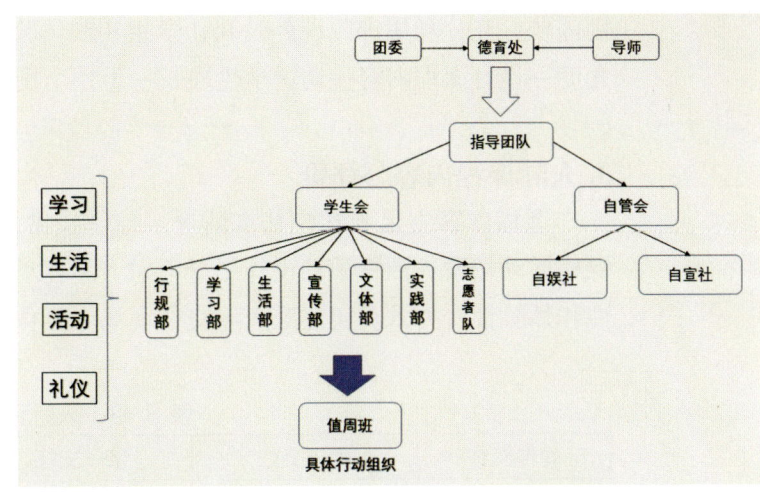

图 3-66　行规教育——学生自主管理组织架构

4. 晚自修要规范，不能上课，不能随意占掉学生自修时间。

核心词：不占时间

5. 教师自己要守纪律，不要迟到、早退，起到示范作用，我们的学生还不自觉，还没有养成良好的习惯，需要教师去引导，培养良好的习惯。

核心词：示范

6. 在学生自修习惯未养成前，家长接待放在非值班日，不要离开值班教室。

核心词：不离教室

（二）心理教育——提升学生积极人格品质

学校的心理教育以"培养良好人际交往能力促进高中资优生积极人格养成的实证研究"课题为抓手，从人际交往能力的角度提升积极人格，通过开设人际交往课程，研究提升人际交往能力、促进资优生积极人格养成的可行性。

1. 确定八项要素，梳理五大模块

学校结合学生积极人格调查结果，把思维与洞察力、创造力、真诚、友善、领导力、宽容、持重、信念与希望八项积极人格的提升作为积极人格培养的要素，根据高中生交往环境和人际交往对象的特点，对学生人际交往进行梳理，形成了同伴交往、亲子交往、社会交往、师生交往、领导力五大模块。根据对五大模块的类型特点、主要问题和能力要素的分析，对各交往能力的重要机制和培养方式进行研究。

2. 形成人际课程，确定实施路径

人际交往是人与人之间的互动过程，既需要具备人际交往的知识，又需要具体的应用实践。我们设计了"课程活动方案、教师田野笔记、学生成长故事"三大部分组成人际交往课程。课程以练习实践为核心，个别辅导和个人反思为两翼，兼顾学生的普遍需要和个

别需要,充分利用课内课外时间让学生实践体验。根据课程内容确定实施路径:确定培养角度—设计课程内容—调试学生成长—干预个别问题,最终达到学生能力的提升。

3. 人际课程内容与评价

课程内容立足于学校基本情况,与学校常规活动整合,结合人际交往五大模块设计课程活动场景。课程活动设计尽量考虑人际互动的可能性与真实性,充分体现人际的互动性和体验性,力求真实还原人际交往现场。具体的20项活动内容如表3-9所示。

表3-9 人际课程内容

同伴交往	师生交往	亲子交往	社会交往	领导力
破"冰"之旅 共筑好心情 人际交往CLUB 寻找我的天使	大声说出你的感谢 教师名片DIY 让我们有话好好说 祝福的拥抱	我为父母过中秋 母亲的手 假如我遇到…… 十八岁访谈	我展示你点赞 我是公益小卖家 你我一起来创业 "我们都一样"快闪	模拟峰会 模拟联合国 领袖的摇篮 最强大脑 领导力大讲堂

每个课程活动方案分为教师指导和学生活动两部分,分别从活动背景、主题词、具体目标、活动年级、活动流程、活动感悟、活动评价、活动反思八大板块展开,强调学生的参与、体验和感悟,以帮助、互助、自助等机制,培养学生良好的人际关系,潜移默化地促进积极人格的形成。

课程评价是教师根据活动中人际交往能力要素设计评价表格,通过自评和他评的方式引导学生对自己的行为进行反思,在评价过程中注重学生在参与过程中的自我描述性评价。人际交往课程开展过程中,教师鼓励学生间互相观察、提意见,帮助学生发现自己没有发现的问题。

4. 人际课程实施成效

通过人际交往能力和积极人格前后测结果显示,人际交往课程能够对人际交往能力有显著提升,对学生积极人格的养成具有显著成效,尤其体现在自我监控、社会洞察、人际管理维度上。多项积极人格显著变化:创造力、思维与洞察力、领导力、宽容、友善、持重、信念与希望七项积极人格都有了提升。(图3-67至图3-69)

家长和教师都认为学生身上发生了的显著变化。教师和家长在课程开始前和结束后分别对学生的人际交往能力、积极人格进行评价。教师评价显示,72%的学生人际交往能力得到提升,65%的学生八项积极人格评分总和得到提升。家长评价显示,84%的学生人际交往能

图3-67 《多维交往 积极人格——基于未来人才发展需要的资优生人格教育》(理论篇)(实践篇)书影

图 3-68 《培养良好人际交往能力促进高中资优生积极人格养成实证研究》获第一届全国中小学心理健康教育特色成果展示一等奖

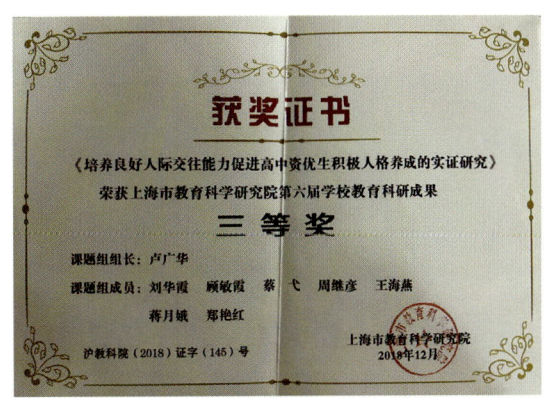

图 3-69 《培养良好人际交往能力促进高中资优生积极人格养成的实证研究》获上海市学校教育科研成果三等奖

力得到提升，56% 的学生八项积极人格评分总和得到提升。

学生参与课程过程中，明显发现自己在交往动力、交往知识、交往技能等方面产生积极变化，人际交往能力得到提升，积极人格得到促进，反映出人际课程对积极人格培养工作的成效。

（三）生涯教育——提升学生自我发展的需求与能力

生涯教育旨在培养以选择能力为核心的人生规划能力以及适应未来社会发展所需要的核心能力和重要品格，已成为高考改革新的关注点。2015 年，学校入围市教委"高中学生生涯辅导试点项目"，通过基于萨乔万尼的道德领导理论的学习共同体的建设，积极推进生涯教育，提升学生自我发展的需求与能力。

1. 生涯教育三大需求、六项能力

从高中生生涯发展的需求，学校建立了以"三大需求、六项能力"为指导的生涯教育课程框架，明确高中生生涯发展的三类发展需求：自我发展的需求、学业规划的需求、职业探索的需求。

进一步分析三类需求的达成要求，细分为六项能力指标：自我意识与自我管理的能力、人际关系的能力、学习动机与学业评估的能力、活用信息与获取社会支持的能力、职业选择与规划的能力、社会情感的能力。（图 3-70、图 3-71）

2. 生涯教育三类课程

项目实施过程中，从学习方式的维度，将生涯课程分为以专题为导向的生涯认知课程、以活动为主体的生涯体验课程、以社团为中心的生涯研究课程，根据不同年级设置相应课程目标。（表 3-10）

图 3-70　上海市中学生涯辅导展示和学术交流活动在上大附中举行

图 3-71　上大附中在上海市中学生涯辅导展示活动中作主题交流

表 3-10　三类生涯课程的课程目标

课程类型	课程目标		
	高一年级	高二年级	高三年级
生涯认知课程	促进学生自我探索和发展积极的自我概念	促进学生自我规划的意识和自我管理能力	提升自己的学业管理与评估能力；了解专业选择与职业匹配
生涯体验课程	增加角色体验和自我感悟，培养分工合作的人际协作能力，体悟职业精神，引导学生思考自己的职业兴趣	培养人际交往、团队合作的能力，增强社会责任感，积累职业体验的经验，引导学生确立自我发展目标，调动学生内在动机	积极做好选择的准备，在学习和选择的过程中承受挫折，提升适应能力，理性选择大学及专业
生涯研究课程	通过调查研究、课题撰写等社团各类活动，探索与思考自己所感兴趣的专业方向	选择和确定专题进行研究，培养学生主动获取知识、应用知识、解决问题的能力以及提高学生的社会认知能力	促进学生的知识、兴趣、能力、人格等和专业职业的匹配，为大学自主招生做好准备

3. 生涯课程内容与评价

以专题为导向的生涯认知课程侧重生涯认知，根据不同年级的认知需求来进行设计。通过心理主题课、视频课、微课程分年级、分专题来开展。

以活动为主体的生涯体验课程包括人际体验、职业模拟、职业调查、职业体验四类课程，是学校共同开发的重点课程，也是深受学生喜爱，最能激发学生自我意识、人际交往、团队合作、创新创业等能力的体验课程。

以社团为中心的研究性学习的过程是一个生涯活动体验过程。高中社团是基于学生共同兴趣形成的自主学习组织，社团是学生个性成长的载体，自主性、选择性、多样化的学习活动为学生提高实践创新能力、研究能力、合作能力等，为促进学生个性发展提供了舞台。

为了有效推进三类生涯课程，更好地解决学生在生涯发展方面的需求，学校从学生自我评价角度制定了三个评价指标：

观察——自己在需求、性格、兴趣、能力等方面的理解。

改变——能认识自己的优势和不足，悦纳自己，发展自己。

提升——尝试将自我的特点与未来发展相连接。

每一类课程体验之后，学生根据这三个指标进行自我描述性评价。通过自我描述进一步思考人、环境、行为三者之间的交互作用在生涯发展方面的积极作用。

4. 生涯课程校本化实施成效

生涯体验课程成亮点。生涯体验课程由人际交往、职业模拟、职业调查、职业体验四个模块组成。人际交往课程结合教育部重点课题《培养良好人际交往能力促进高中资优生积极人格养成的实证研究》开发而成。职业模拟课程开发了职业模拟情景剧表演、模拟商赛、模拟招聘会等特色活动。职业体验课程受益于学校、家长、校友等多方面资源，拥有近 30 个实习基地，为学生提供丰富的职业体验场所。（图 3-72）

生涯教育微团队成品牌。学校以微团队的形式开展生涯教育，挖掘了一批对生涯教育有兴趣的教师，同时在开展微团队活动的过程中，每个教师在微团队中学到了丰富的专业知识、提高了指导技能、激发了对生涯指导的兴趣，充分提升了这些教师的生涯指导胜任力。同时，借助于微团队，进一步整合了学校的生涯教育资源，现有班主任心理主题教育课微团队、生涯规划微团队、商赛微团队、人际课题微团队等。（图 3-73 至图 3-75）

图 3-73　学生走进模拟职业招聘会

图 3-73　全国生涯辅导课堂展示

图 3-74　职业模拟情景剧表演

图 3-75　《学生生涯辅导——班主任案例集》

（四）教育戏剧课程——提升学生生涯适应力的发展

2020年以市级课题《教育戏剧促进高中生生涯适应力发展的实践研究》为引领，尝试采用教育戏剧来促进高中生生涯适应力的发展水平，推动学校生涯教育迈入更高水平。（图3-76至图3-78）

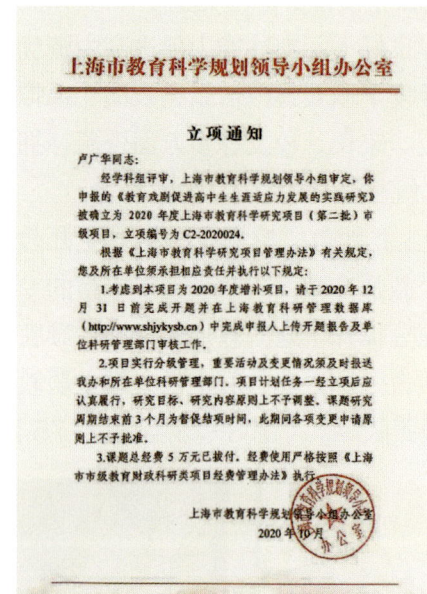

图3-76 《教育戏剧促进高中生生涯适应力发展的实践研究》立项通知

图3-77 《教育戏剧促进高中生生涯适应力发展的实践研究》课题论证会

图3-78 《教育戏剧促进高中生生涯适应力发展的实践研究》结题证书

以教育戏剧课程手段，突破了以往"重职业轻能力""重规划缺变化""重讲授轻体验""重内容缺检验"的育人方式，实现了变革。

将重心放在"个体在面对生涯发展不同阶段时表现的积极主动的适应变化的能力"，努力提高学生在生涯关注、生涯控制、生涯好奇和生涯自信四个维度中取得优异表现的能力，即学生能够积极有意识地探索自己今后的生涯发展，能够相信自己可以决定自己的未来，相信自己能够有效克服生涯发展过程中面临的挑战。

教育戏剧传递出的"以角色育人"、"以'人'育人"的教育主张，通过建构戏剧情境、戏剧角色代入、亲身体验、合作创造和主动学习的方式，在健全学生人格的基础上，促进学生全面发展。学校希望通过对教育戏剧作用于高中生生涯发展适应力的探索与发挥，促使其育人价值向学科转化，丰富学校教育的育人形式，扩展育人工具，优化育人内容，在学校各个学科教育教学当中助力育人目标的实现。（图3-79）

图3-79　生涯戏剧课程实践

1. 开展高中学生生涯和适应力发展现状的调查分析

通过运用量表《生涯适应力》和自编调查问卷，对部分学生开展生涯适应力调查，并根据数据测评结果，筛选学生进行个案访谈，以了解高中学生当前生涯适应力发展现状及存在的典型问题与表现。

2. 构建生涯适应力课程体系框架

依据生涯适应力理论建构模式，结合教育戏剧的实施理念，以高中为起点，围绕学生生涯发展不同时间节点、可能面临的生涯变化与困境和学校教育教学管理等方面的实际情况，构建了学校生涯适应力课程体系，包含了该类课程实施的对象、课时、地点、设备等基本课程要素；以生涯关注、控制、自信和好奇四个方面的内涵概念为生涯适应力课题体系主旨，形成了16节生涯教育戏剧课程教学大纲并梳理了生涯适应力四个维度方面的学生典型问题和解决方案指引。（表3-11）

表3-11 生涯适应力课程框架

模块一	生涯关注	单元一：那年的我 单元二：我身边的向往 单元三：志愿风波 单元四：而立之年的我
模块二	生涯控制	单元一：做决定时，我在…… 单元二：选择风波 单元三：大学难题 单元四：职业要素
模块三	生涯好奇	单元一：学校初探 单元二：梦想高中 单元三：我的大学 单元四：同学聚会
模块四	生涯自信	单元一：陌生校园 单元二：请相信，我可以 单元三：大学，我来了 单元四：我把事情办砸了

3. 编制学校生涯适应力校本读本

学校编制了生涯适应力校本读本，作为学校生涯教育的工具用书，包含：戏剧教学准备资源（戏剧理论知识、表演基本要求、表演基础训练）、教育戏剧典型教学模式操作要点（故事戏剧教学模式、角色戏剧教学模式、过程戏剧教学模式、多元探究教学模式）和教育戏剧教学策略三个方面的内容，从而为教师在进行教学实践与设计的过程中提供较为完善、全面的视角和参照。

4. 积累教育戏剧促进高中生生涯适应力发展的经典案例

学校围绕生涯适应力课程体系框架要求和校本实践，结合高中学生生涯关注、生涯控制、生涯自信和生涯好奇四个发展维度存在的典型问题，设计了学校生涯适应力教育戏剧典型教学案例16个，系统地、具体地展现了教育戏剧教学模式，在学生生涯适应力教育当中如何设计、如何操作、如何在课堂进行呈现指引和对学生表现进行评价等完整实践案例。

5. 形成教育戏剧促进学生生涯发展的干预策略

为确保教学戏剧生涯适应力课程在学生生涯适应力发展中发挥作用，除了课程本身的教学目的之外，学校还形成了促进学生生涯发展的四项干预策略：一是提升生涯适应力教育方式与学生实际生活需求的匹配度；二是强化学生在戏剧创作、讨论、展演等过程的感受与体验；三是重视学生个体生命在生涯适应力发展中的主体性；四是充分利用同侪教师资源开展生涯适应力教育等内容。

6. 梳理个案追踪访谈内容 形成质性研究报告

为了验证课程教学成效，课题研究中选取了16位同学进行追踪访谈，以自编半结构访谈提纲为线索，深入了解学生生涯适应力发展前后的变化和表现，其结果表明通过生涯适应力教育戏剧课程的学习与思考，学生在生涯适应力的各个方面都得到了较大发展，思考的内容也更为成熟、理智。

7. 形成学生生涯教育活动方案集

学校注重将生涯适应力教育戏剧形式与学校相关的学生生涯活动相结合，形成了以生涯适应力教育戏剧课程为主线、生涯戏剧活动为辅助的教育内容，其中在生涯教育戏剧活动方面以每学期末组织开展的学生生涯活动为主，高一年级开展的"生涯戏剧大赛"，以生涯适应力四维度为基点，以班级为单位，围绕职业发展问题，进行情景剧比赛；高二年级的"生涯职业巡礼"，各个班级选定不同的职业项目，设计不同的职业发展难题，学生进行闯关比赛，从而在职业问题解决中，进一步地深化学生的生涯发展认知；通过一系列的活动设计实践，课题组积累了多样化、多主题的辅助学生生涯适应力教育活动案例。（图3-80）

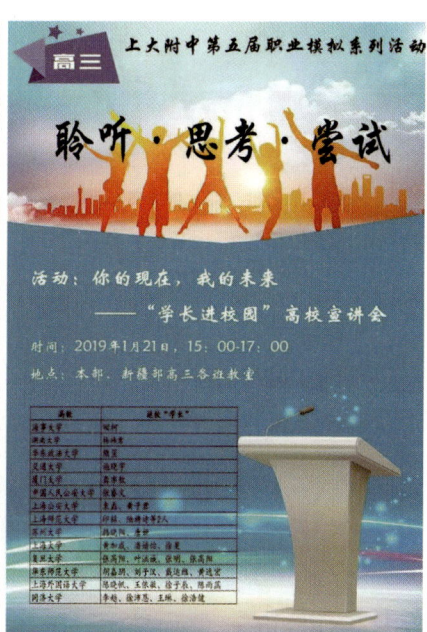

图3-80 职业模拟系列活动

五、新师资：拓展教师可持续发展路径

（一）建设符合资优生培养需求的师资队伍

随着教改的深入，结合学校资优生培养项目建设，学校将师资队伍的建设目标定为：加强教师梯队培养，整体优化师资结构，使教师综合素质、专业化水平和创新能力大幅提升，形成一支有师德、有朝气、有纪律、有战斗力、有示范引领作用的，在宝山区、上海市乃至全国都具有影响力和号召力的骨干教师队伍。

根据各层次教师的结构及其发展需要，针对学校不同阶段的发展要求，进行差异分析，设置不同的发展目标和培养要求，以基于学校的校本研究为主导，融教学、研究、培训于一体，引导教师通过个人反思、同伴互助和专业引领等途径，实现其专业的可持续发展。

做好教师专业发展规划，制定教师校本研修课程。针对教师发展实际需求，提供不同层次的培训内容，让教师在工作中增智促能，提升职业境界。

1. 建设共同体：构建教师专业发展的共同体

分析和诊断教师队伍的现状，针对教师不同阶段的发展要求，进行差异分析。设计不同层次教师专业自我发展的学习共同体。针对不同阶段的发展要求，在个人申报、教研组推荐的基础上，学校确定一批重点培养对象，明确其培养的梯度层次，以点带面，全面提高。在探索以构建行动学习共同体促进教师专业自我发展的校本培训模式的过程中，一方面加强班主任团队、学科教研组、年级组及备课组的建设，发挥团队合作精神，促进学习共同体形成；另一方面以解决共同问题为目的，组建教师学习共同体。

学校语文、数学、英语、科技创新教育四个教研组作为区学科（教学示范）基地，在同行间积极开展学习、探索与交流，让教研真正服务于教学。在此基础上，学校成立教研中心，归纳总结老教师宝贵经验，成立名师工作室，发挥骨干教师、老教师的传、帮、带作用，为青年教师的学科专业成长提供保障。（图3-81至图3-84）

学校基于人文管理、价值追求和学习共同体的构建，提升班主任团队的领导力，为班主任的专业发展提供支持和保障。在"微团队""微技能""微课程""项目领导"管理的引领下，具备了一定理论研究和实践探索经验，在全市不断发挥引领辐射作用。市级班主任工作室、"正心""子乐"两个区级班主任工作室，多次在市、区开展高质量教育教学交流展示，为青年教师搭建更高的展示平台。（图3-85至图3-87）

图 3-81　语文学科基地

图 3-82　数学学科基地

图 3-83　英语学科基地

图 3-84　科技创新教育学科基地

图 3-85　子乐工作室

图 3-86　正心工作室

图 3-87　上海市班主任带头人郑艳红工作室

2. 提升思想力：形成教师发展的催化剂

学校强化职业理想、政治思想建设，树立教育的崇高理想，让教师萌生对教育的敬畏思想，落实对每一份工作的基本要求。加强人生观、价值观的修正与确立。

一是强化职业素养培训。由校长领衔，校级领导主讲教育理念、职业规范、教育形势等。同时弘扬先进，让教师参与进来，担当培训任务。二是开设骨干教师讲座。让骨干教师宣讲自己教育教学理念、教育经验，为骨干教师出版个人专著等。三是专家导师团资源的运用。以高校专家为主体的导师团，定期组织的联建体学校教师培训、暑假大学实验室培训，使一批特长教师脱颖而出，成为学校资优生培养教育的骨干力量。（图 3-88、图 3-89）

"职初教师—成熟教师—特色教师"的发展路径，离不开教师主动研究这一行为。学校通过校内骨干带教、校外团队共建、市级名师引领等举措，以"项目共构"助力有自主发展意识的青年教师快速成长。2015 年至 2018 年，学校有四位教师连续四年成功申报上海市青年教师课题。（表 3-12、图 3-90 至图 3-98）

表 3-12　立项上海市青年教师课题

时　间	姓　名	上海市青年教师课题立项
2015 年	徐沈逸	基于学生充分预学的高中文言散文深度学习的实践研究
2016 年	戴羽浩	乡土历史文化研究在中学历史探究性学习中的应用与实践：以宝山地名、路名研究为例
2017 年	陈颖	基于 IRT 对高中生单元学业质量评价的研究——以"化学中的平衡"单元为例
2018 年	戴玉霞	关于高中生化学信息素养的优化途径的探究——信息技术和化学教学的深度融合
2022 年	沈雅茜	CLIL 模式促进高中英语文学赏析的课例研究

图 3-88　干训基地培训

图 3-89　行政干部培训

图 3-90　2021 学年见习期教师带教

图 3-91　STEM 项目培训

图 3-92　见习教师演讲比赛

图 3-93　青年教师演讲比赛

图 3-94　青年教师演讲比赛颁奖仪式

图 3-95　戴羽浩课题成果鉴定合格证书

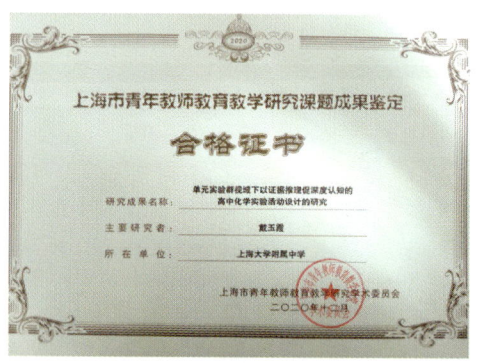
图 3-96　戴玉霞课题成果鉴定合格证书

图 3-97　陈颖课题成果鉴定获奖证书

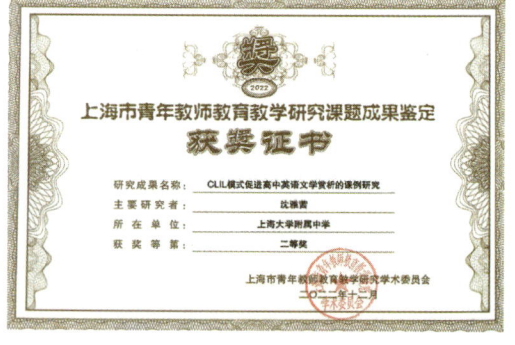
图 3-98　沈雅茜课题成果鉴定获奖证书

3. 激发行动力：建设共同发展的核心课题

　　开展教育科研一是必须与教育教学实践结合，二是要通过研究发现并解决教育教学实际中的问题，通过研究探索出适合本校实际、学生和教师实际的提高教育教学质量的低耗高效的新路，参与教育科学研究过程本身就是教师专业发展的过程。通过建设共同发展的核心课题，在理论与实际的联系中，让教师在思想境界的提升中从概念走向具体，从模糊走向清晰，从服从走向认同，从认同到逐步内化并转化为理性的行动。

　　实验主题引领发展。学校的教育科研紧紧围绕办学和发展目标，根据学校建设与发展需要而开展。通过"多级交流、主题讨论、引导性问卷、多元化讲座"等方式进行引导，使之成为全体成员共同的信念和追求。教师共享办学价值观，在认同与内化中自觉把"外在压力"转化为"内源发展力"。

深化资优生培养的实践研究，围绕实验主题，形成了学校各研究项的子课题群，确立了将重点放在深化课程建设和教育教学改革、落实"资优生培养"的学校教育上，建立了资优生培养的运行机制；初步建立了资优生培养的课程体系，为学生提供可供选择的、适合不同学生发展的优质课程，深化了"有效教学"研究，提升了课堂教学效益，学校管理、师资队伍建设进一步深化。其中，《培养良好人际交往能力促进高中资优生积极人格养成的实证研究》被立项为教育部重点课题；《基于未来人才发展需要的资优生人格教育》理论篇、实践篇已由上海教育出版社出版；《学生领导力培养课程开发和实施的研究》立项为上海市中小学心理辅导协会课题；另外，《构建高中资优生培养的课程体系》《发挥社团活动功能，培养资优生的实践研究》《学生"三自"指导实践研究》《校园环境对高中资优生培养的影响》《高中生高阶思维培养的思考》等课题提升了学校教育的实效。《高中资优生培养运行机制的研究》（上海教育出版社2021年版）被评为宝山区第十三届教育科研成果一等奖。2020年《教育戏剧促进高中生生涯适应力发展的实践研究》立项为市级课题。实验项目实施，促进了教师教育思想观念的转变，推动了课程教学的改革。（图3-99）

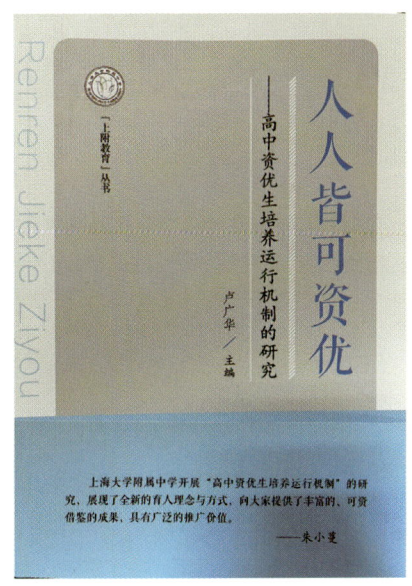

图3-99 《人人皆可资优——高中资优生培养运行机制的研究》书影

项目还通过与高校的合作研究，共同探索教育评价的新机制，促进学生创新潜能和问题解决能力的提高，促进教师教学方式的变革，促进学校办学水平的提升，通过评价来引导基础教育真正走向培养创新。（图3-100至图3-102）

聚焦课堂促提高。开展以教研组、学科组教师为主体的研究活动，组内教师共同探索和解决教学实际问题，总结和提升教学经验，达到改善教学、提高教学质量、实现教师

图3-100 宁斐斐的《且行且思 且悟且进》获评上海市师资培训中心优秀案例

图3-101 赵欣浩的"中小学研究（探究）型课程"获评上海市中小学中青年教师教学评选一等奖

图 3-102 倪国红获"上海市中小学（幼儿园）见习教师规范化培训优秀指导教师"称号

专业发展的目的。

学校提倡教师之间的合作、探究，将课题研究与教研活动进行有机结合，推进教研与科研的结合。《高中历史主题式开放性学习平台的构建与实践研究》《新高考背景下基于高中生学习心理特征的物理教学策略研究》《提高高中英语听说课堂师生互动水平的教学策略研究》《指向高阶思维发展的高中语文阅读策略研究》《运用大数据构建高中数学错题库及应用的实践研究》等一批具有选点准、效能高的教研组课题牢牢把握学科前沿的风向标。

在课题研究的实践中，学校教师以求真务实的态度自励，用有效、实效、高效作为标准，既重视理论学习，更重视行动研究；既重视课题的建立，更重视研究过程、重视经验总结。（图 3-103 至图 3-106）

图 3-103 王强、季剑炜编著《社会现象类材料作文的写作指导》书影

图 3-104 王坤玉著《四步训练法——高中数学课堂教学法初探》书影

图 3-105 肖丹编著《Write Source——英语过程性写作 STASH 提升》书影

图 3-106 肖丹主编《高中英语词汇教学的理论与实践——"CA"词汇教学新模式》书影

师生共研促发展。教师专业发展是教师主动参与的、解决教育教学实际问题的过程，仅靠培训、学习、交流是很难达到目的的，尤其是随着高考改革的逐步推进，一些矛盾和难点问题日益凸显，教师在教育教学活动中会遇到许多实践和理论问题。针对问题，在调查分析、理论探讨的基础上提出假设、制定方案，开展实践研究，探索规律，从而更好地指导教育实践。为此，学校引导教师抓住教育教学中的实际问题开展课题研讨工作，加强科学研究，在研究中发展自主学习、主动参与的欲望，在研究中提高解决实际问题的能力。

围绕"资优生培养"，学科组产生了新的研究课题，如《TOK知识论课程理念下的中学历史教学探微》《"创新实验探究法"在物理教学中应用的研究》《三维打印应用于高中创新人才培养的探究》《基于学习共同体的高中学生自治的研究》等，其中《基于学生充分预学的高中文言散文深度学习的实践研究》确立为上海市青年教师课题。这些课题的研究，解决的大多是教改中出现的新问题，也是迫切需要解决的学生创新实践的问题。课题组大胆实践，让学生成为一名研究者，《乡土历史文化研究在中学历史探究性学习中的应用与实践：以宝山地名、路名研究为例》《基于"学习共同体"的问题提出路径的探究》等课题，让学生参与到课题的设计及行动中，在了解、实践、运用成果的基础上去丰富、充实成果，使研究更贴合学生实际，满足学生自主发展的需求。

学校开创了人人参与科研、理论联系实际，不断提升品位、促进本职工作的好局面，使教科研服务于学校的发展、服务于教育教学的改革、服务于教师自身教育教学水平的提高。

4. 增强教学力：造就高素质的专业队伍

一是培训课程与教育实践对接，在主题活动中提升智慧。学校把教师培训活动嫁接到教育实践及其学习活动中去，渗透到教师日常工作中。学校顺着教师实践活动的走向来设计、调整教师校本教研内容，确定校本研修主题。二是任务驱动，在课程开发中锤炼师资队伍。学校努力使教师成为课程开发与实施的主体，组织教师在实践基础上完善基础型课程校本化实施。在开发过程中，教师对新课程标准的理解更渗透，对教材的把握更准确，专业知识也更为扎实。三是开放教学实践对话平台，在互助反思中提高课堂行为水平。关注教师的实践积累和实践反思，开展"一师一优课"活动，教师日常教学汇报课、不同课型的对比教学课、课题研究课等全程摄录，再现课堂原貌。全校教师可以任意点播教学课，参与点评，对教学整体结果进行归因评价。在互动对话中总结课堂得失，反思教学成败，梳理工作思路，改进教学行为。（图3-107至图3-109）

（1）名师工作室、首席教师领衔团队。锁定学校一批优质骨干教师，通过工作室相关研

图3-107　数学教学研讨

图 3-108 英语教学研讨　　　　　　　　　　　图 3-109 教学展示

究、骨干教师指导等,将骨干教师培育为卓越教师。

（2）各级教学交流展示、教学比赛、论文发表等。加速职初青年教师成长,成为成熟青年教师,将成熟青年教师向骨干教师培养。通过校级、上大集团、区级、市级乃至国家级的相关教学展示、比赛及论文发表等各类活动,锤炼教师加深教材理解,掌握教学方法,提升课堂教学能力,开展个人教学研究,形成特色鲜明的个人教学特点,加速教师成长。（图 3-110 至图 3-112、表 3-13）

图 3-110 获评上海市优秀教师专业　　　图 3-111 获评宝山区"十三五"学校
发展学校　　　　　　　　　　　　　　师训工作示范单位

图 3-112 周晓岚领衔团队开发的课程认定为宝山区
"十四五"教师培训区级共享课程

表 3-13　2016—2022 学年教师及教研组获奖情况

类　别	年　份	级　别	奖项名称及等第	获奖教师（团队）
个人	2016 学年	区级	宝山区中小学思想政治"学科之星"五星	金花
个人	2016 学年	区级	宝山区中小学思想政治"学科之星"四星	王海燕
个人	2016 学年	区级	宝山区中小学思想政治"学科之星"三星	刘乾琪
个人	2016 学年	国家级	中陶会"教学做合一"全国课堂大赛一等奖	沈雅茜
个人	2016 学年	国家级	中陶会"教学做合一"全国课堂大赛二等奖	季剑炜
个人	2016 学年	区级	宝山区中青赛一等奖	赵亮、李成程
个人	2017 学年	市级	上海市中青赛一等奖	司南
个人	2017 学年	部级	一师一优课部级优课	金花
个人	2018 学年	市级	上海市中青赛一等奖	汪玥辉
个人	2018 学年	市级	上海市语文教学之星	季剑炜
个人	2018 学年	部级	一师一优课部级优课	刘乾琪、刘伟、汪玥辉、鄢辉琴
个人	2019 学年	市级	上海市中青赛一等奖	苑琳
个人	2019 学年	市级	上海市中青赛二等奖	吴晓倩
个人	2019 学年	市级	上海市中青赛三等奖	黄琳玲
个人	2019 学年	区级	宝山区信息技术融合比赛一等奖	江少芳、刘乾琪
个人	2019 学年	部级	一师一优课部级优课	沈雅茜、陈洁
个人	2019 学年	区级	宝山区优质资源采集一等奖	戴羽浩、王海燕、康维佳、陈颖、顾晨曦、耿卉
个人	2019 学年	市级	上海市中小学（幼儿园）见习教师规范化培训基本功大赛课堂教学一等奖	陈莎莎
个人	2020 学年	市级	上海市中青赛一等奖	赵欣浩
个人	2020 学年	市级	上海市中青赛二等奖	黄艳
个人	2020 学年	市级	上海市中青赛三等奖	戴羽浩
个人	2020 学年	区级	宝山区优质资源采集一等奖	陈洁、江少芳
个人	2020 学年	市级	第四届上海基础教育青年教师教学竞赛二等奖	汪玥辉
个人	2021 学年	市级	上海市中青赛二等奖	沈雅茜
个人	2022 学年	市级	上海市中青赛二等奖	顾晨曦、熊珺洁
个人	2022 学年	市级	第五届上海基础教育青年教师教学竞赛三等奖	苑琳
个人	2022 学年	市级	上海市中小学实验教学说课活动一等奖	李心阳
个人	2022 学年	市级	上海市中小学实验教学说课活动二等奖	刘伟
团体	2013 学年	区级	宝山区优秀教研组	史地组
团体	2016 学年	区级	宝山区中小学思想政治"学科先锋岗"	政治组
团体	2017 学年	市级	上海市作业设计比赛一等奖	语文组、数学组、物理组
团体	2017 学年	区级	宝山区优秀教研组	语文组
团体	2017 学年	区级	学科基地一等奖	语文组
团体	2018 学年	市级	上海市作业设计比赛二等奖	英语组、化学组、生物组

续表

团体	2019学年	市级	上海市作业设计比赛一等奖	历史组
团体	2019学年	市级	上海市作业设计比赛二等奖	政治组
团体	2019学年	市级	上海市作业设计比赛三等奖	地理组
团体	2020学年	市级	上海市作业设计比赛二等奖	数学组
团体	2020学年	区级	宝山区第九届优秀教研组	物理组、英语组
团体	2021学年	区级	宝山区单元整体教学设计案例评选活动一等奖	语文组、化学组、地理组
团体	2022学年	市级	上海市作业设计比赛一等奖	生物组

5. 扩大影响力，发挥教师专业示范引领

学校以培养创新人才为目标，在学校发展、教师成长、学生培养等方面不断取得令人瞩目成绩，对外进行展示、参与各级各类赛事活动，并且随着学校影响力的不断扩大，学校承办了重要的活动，发挥示范引领作用。

教师专业发展不断深入，语文、数学、英语三个区学科基地在区中期评审中分获一、二、三等奖；语文组被评为区优秀教研组；语文、数学、物理三门学科分别组团获得市中小学优秀作业评选一等奖；英语组教师荣获市教学评选一等奖。两位青年教师分别荣获部级优课和市级优课评比一等奖；区学科基地进行区域教学展示；骨干教师进行市级教学展示。（图3-113至图3-122）

图3-113 上海市中小学优秀作业、试卷案例评选活动一等奖（语文）

图3-114 上海市中小学优秀作业、试卷案例评选活动一等奖（数学）

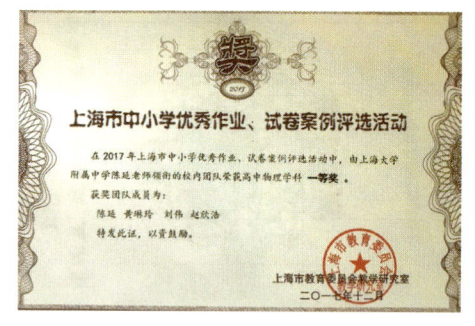

图3-115 上海市中小学优秀作业、试卷案例评选活动一等奖（物理）

图3-116 上海市中小学优秀作业、试卷案例评选活动一等奖（历史）

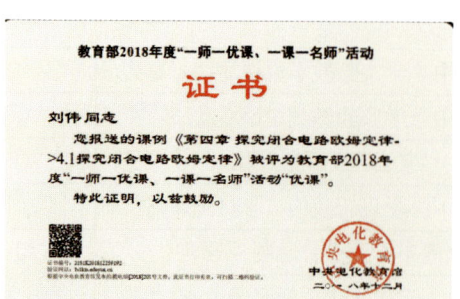

图3-117 教育部"一师一优课、一课一名师"活动"优课"证书（刘伟）

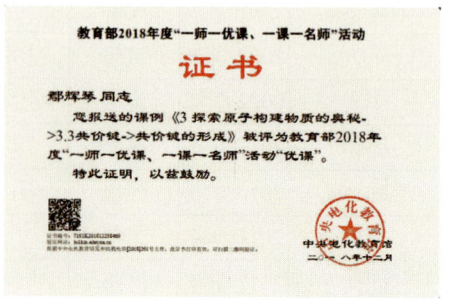

图3-118 教育部"一师一优课、一课一名师"活动"优课"证书（鄢辉琴）

图 3-119 教育部"一师一优课、一课一名师"活动"优课"证书（汪玥辉）

图 3-120 上海市中小学中青年教师教学评选活动一等奖（司南）

图 3-121 上海市中小学中青年教师教学评选活动一等奖（汪玥辉）

图 3-122 上海市中小学中青年教师教学评选活动一等奖（苑琳）

学校面向全国、上海市、宝山区，主办、承办过各类型活动以及赛事，如全国德育暨法治教育展示活动、第38届世界头脑奥林匹克中国区决赛、上海市校长课程领导力与青少年创新素养培育论坛、上海市"育人为本 以德为先"——"建设中学传统文化课程 深度推进'两纲'教育"现场会、上海市中学生生涯辅导展示和学术交流活动、上海市示范性中学学生会主席论坛等高层次活动。（图 3-123 至图 3-128）

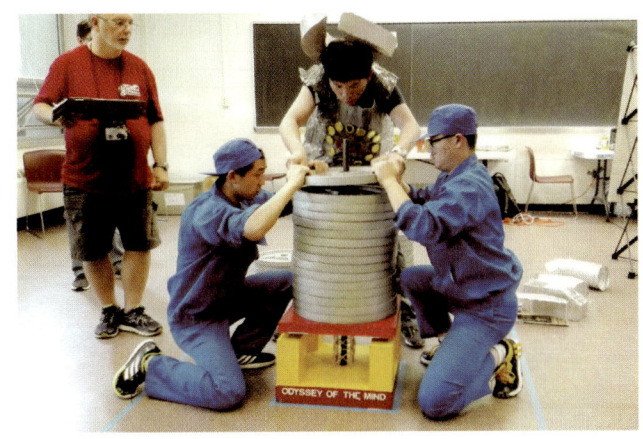
图 3-123 世界头脑奥林匹克中国区决赛

图 3-124 上海市青少年科技创新大赛终评展示

图 3-125　未来工程师大赛

图 3-126　深度推进"两纲"教育会场

图 3-127　刘华霞副校长作"两纲"教育主题发言

图 3-128　上海市校长课程领导力与青少年创新素养培育论坛

（二）选拔培养务实笃行的干部人才

　　学校的管理不是约束人、压制人、规定人的手段，而是基于人、为了人、提升人的载体，是增强学校效能、创设学校文化的有效方式。面对形形色色的具体工作，如何梳理、如何整合、如何落实、如何提升；面对工作中出现的矛盾和问题，如何避免、如何协调、如何利用、如何解决；面对师生发展遇到的瓶颈，如何预知、如何引领、如何激励、如何突破……这一切的一切都需要有理念的导引、策略的设计、制度的推行、机制的保障，更需要有一双发现的眼睛，一颗体察的爱心和一个充满创新精神与实践智慧的头脑。

　　学校管理的最高境界是基于人文关怀的管理，理解、尊重、关爱、激励是最科学最有效的管理方式，只有这样，才能激发和凝聚起人的潜在力量，形成一股源源不断的推动力，从而达到人文管理的最高境界。

　　学校开展资优生培养，确立了资优生师资队伍的建设目标。其中，最重要的是"培养具有一定创新能力、严谨工作作风、廉洁高效的干部队伍"。

1. 以人为本，高效务实的管理作风

学校将管理核心聚焦在"人"，而不仅仅是"事"。强化干部队伍行政管理能力与服务意识。暑期干部培训中，卢广华校长推出《上大附中干部工作要求》，这也成为上大附中干部工作的纲领性要求。卢校长利用寒暑假等时间开展集中培训，从党性修养、个人素养开始，到具体工作行为指导，组织开展以"管理如何体现高效""服务如何体现和谐""协调如何保持沟通""指导如何达到提升""执行如何体现坚决"为主题的部门专题汇报。

上大附中干部工作要求

一、工作纪律

1. 勤政、廉政、高效、奉献；
2. 要敢于承担责任，遇到问题不回避；
3. 有所为有所不为，部门利益、个人利益、损坏学校形象的事与话要不为，工作要有所作为，要善于发现问题，解决问题，要注意及时总结经验、弘扬先进；
4. 工作研讨时要充分发表自己的意见，建言献策，但是要注意纪律，未经授权，不将会议内容外泄；
5. 公事要与私事分开；
6. 工作中意见不同时不随意议论，对上级和同事不随意评价，要注意维护上级和同事的威信，相互支撑做好工作；
7. 要团结、协调，思想高度统一，对形成决议的事项，坚决执行。

二、工作作风

1. 工作要精益求精，认真细致，要深入到基层，反馈要迅速，工作要实在，以便完美地达成目标；
2. 要时时刻刻以身作则，干部的行为对群众有榜样作用，任何时候不能忘记自己的干部身份，要讲团结，主动排解群众心中的疑惑，能引导正确的舆论导向，服务群众，服务基层，严于律己，宽以待人；
3. 要有全员节约意识，勤俭节约，艰苦奋斗；
4. 干部在具体工作中要克服态度生硬、居高临下的倾向，说话要和气热情，回答问题要耐心，对外交流要确保学校形象；
5. 干部在具体工作中要克服不敢碰硬、不敢正面管理、做老好人的倾向；
6. 干部要注意工作艺术，提升执政能力，管理工作中既有服务也有引导的功能，要培养独当一面的能力；
7. 干部要加强学习，平时注意学习新理论、新思想、新方法，要与时俱进，提升能力，工作不能满足于常规，思路要开阔，要有创新意识，要体现主观能动性，对于本部门工作要站在更高处思考，要有可持续发展规划，按照规划逐年、逐学期落实。

2016年暑期行政干部培训专题汇报（节选）

指导力如何达到提升

教导处

提高领导干部的指导力，首先要能够提出科学的工作方法。干部的重要职责之一就是提出好主意。领导干部所出主意能够达到事半功倍的效果，他就是一名高明的指挥者，干部队伍才是一个有战斗力的团队。特别在工作任务重、压力大、节奏快的现实情况下，领导干部不仅要给下属布置工作任务，关键要教给他们行之有效的科学工作方法，这是一名干部领导能力的体现。务必破除只提出任务，不教给方法的工作方式，避免只管结果、不管过程的思维方式。

提高领导干部的指导力，其次要能够加大检查指导力度。领导干部要全力做好检查指导工作，这是一项不可或缺的重要职责，绝不能当甩手掌柜，文件发了、会议开了、任务布置了等等的这些，都是基础准备工作，大量的、艰辛的、实实在在的工作还在其后。加大检查指导力度，一要深入做好调查研究，二要注重总结经验教训，三要及时提出批评指正。切实加强检查指导，是解决"慵懒散软"的最直接、最有效的方法。不深入调查了解，浮于表面的检查工作方法只能使那些善做表面文章、善于自我吹捧的人得到肯定，反而挫伤了扎实工作的老师的积极性。

提高领导干部的指导力，还要能够发挥好示范引领作用。领导干部做到既廉政又勤政。廉政了有利于发扬优良作风，规范从政行为，正确使用权力，为勤政创造良好条件；勤政了有利于形成昂扬向上的精神状态，恪尽职守，转变工作作风，提高工作效率，充实精神生活，为廉政打下坚实基础。领导干部的言行在很大程度上反映了一个部门的心声，是一个风向标，具有很大的示范引领作用。

服务如何体现和谐

学生处

服务与管理，孰轻孰重，孰先孰后？只有以和谐统领服务与管理，充分强化我们的服务意识，以服务的方式开展我们的工作，才能更顺畅有效地实施管理。

提高服务意识——师生行为和谐

提高服务意识首先应该体现在"眼中有人"，切忌"眼中只有事"。实际工作中，尚存在管理模式仍过于刚性的情况，比如《上大附中晚自修管理条例》，其中的用词仍停留在"禁止""不准""必须"，容易在管理期间产生摩擦与矛盾，这就需要我们突破工作理念，转变工作方式，拓展工作方法。学生既是被教育者，又是被服务者，要秉承以学生为本的教育理念，着眼于培养学生终身发展能力，因为服务的对象是人。

指导要具体，切忌光布置任务。比如学生培训、班主任培训内容要接地气，不能空对空。培训结束要跟踪反馈，不能虎头蛇尾。同时还要了解师生的需求，切忌应付了事。

畅通服务平台——促使沟通和谐

沟通包含了师生沟通、家校沟通、同事间沟通、部门间沟通，沟通是门技术，更是门艺术，良好的沟通可使事情事半功倍。

当团队成员工作失误，当学生做错事，当家长不理解学校工作，要勇于承担责任，敢于自我批评，而不是急于撇清。

学生处作为学生、家长和校方间沟通的桥梁，搭建好沟通的平台就显得更为重要。对于学生、家长的需求，我们应该及时向校方反馈；要身体力行，切忌只做二传手；要换位思考，切忌自我为中心。对同事、对学生要尊重、理解和关心。

提升服务能力——构建环境和谐

这里的环境非一般意义上的校园环境，而是校园文化的价值认同的大环境。

比如"校服"，只有学生对学校的高度认同才能让他们愿意自觉穿校服，愿意自觉遵守学校规定，形成一种高度的自律。而这种认同在文化，在审美。我们在制定校服款式时一直征求多方意见，包括开家委会、学生间调查询问。2014届的灰色校服，学生认为太灰暗，第二年立刻换了款式。秋季"企鹅"校服，深受学生喜爱，还做成了钥匙扣，所以我们保留至今。这期间需要我们提升服务水平，学生一旦具有了认同感，不仅仅会对行为表现产生直接的影响，而且也将潜在地影响一所学校的文化塑造和精神传承。

协调如何保持沟通

科训处

科训处承担的多项任务中，根据工作对象的不同，大致可分为三类情况：参与部门间活动协调、部门内事务协调、校外会议及活动的协调。

一、参与部门间活动时，相互提醒，多为对方考虑

每学期，我们学校都会组织、承办各大类型的活动，而每项活动的"牵头"部门则不同。随着学校的快速发展，我们主办、承办的活动层次要求都在提升，更重要的是会遭遇许多的"第一次"。我以为，这种关键时刻才是真正考验我们沟通协作能力的时候。

我们总结多次活动经验，在参与其他部门或自己部门为主导的活动中，要放下个人、部门的得失，一切出发点站在组织（即学校）这一立场上，那么我们可能就会多一份理解：理解他人准备怎样完成任务；理解他人的做事风格是怎样的；我们部门在当下应该如何配合（主导）；我发现了规划方案中的问题该怎么提……

二、部门内事务协调，要多相互信任、敢于担当

各部门内部工作分工较为繁复，与学校教师间的沟通协作也是多方面、交叉性的，在事务性工作中，如果在一起工作合作的成员之间信息不对等，相互之间缺乏信任，那就根本谈不上支持、理解与合作了。

要处理好这个问题，我们可以从三方面考虑。首先，对教师的态度要真诚。无论是需要对方帮助部门实现任务的，还是为教师创造机会的，都要无私公正，"一碗水端平"。其次，部门要根据学校发展状况，建立相应的制度规范。另外，部门在进行指导工作时，做到沟通

目标明确。部门负责人也要敢于在工作出现偏差或过失时，具有主动承担责任的勇气。否则，参与项目的成员畏首畏尾，主要负责人拈轻怕重，那是无法成事的。

三、校外会议及活动的协调，注重沟通手段的多样性

科训处有一些工作内容是与校外进行联系、合作的，我们与不同组织机构、不同个性的人打交道时要注重沟通技巧，提升工作效率。

以往传统的沟通形式相对单一，多是上传下达、服从上级，而忽视了来自基层的声音。我们接触到的沟通协调形式中，最常见的有口头交谈和书面文书两大类。人们经常采用的信息传递方式就是口头交谈，包括开会、面谈、电话、讨论等形式，这些方式各有利弊，如果能够将其长处或特点结合实际工作，可能会取得最佳效果。我们在与校外进行各项联系合作时，要把握好一个重要的原则：维护学校的利益，塑造学校良好形象。

管理如何体现高效
新疆部

一、建章立制，依规办事，让管理规范化

学校要建立健全严格而又规范的管理制度，发挥制度的约束和规范作用。学校的各个部门也要根据工作需要尽可能制定详细的管理制度。制度在制定和实施的过程中还要不断听取大家的意见，使得制度尽可能合理、完善，为今后的管理带来更多的便捷。

二、责任到人，关注细节，让管理精细化

"学校无小事，事事皆教育。"将精细化管理理念引入教育领域并用于学校管理是必然趋势。精细化的管理需要在整体目标确定的前提下，再进一步细化学校内部各部门、组织的职责，需要健全管理网络，明确责任到人。

精细化管理还要从小处入手，要把"小事做细，细事做精"。但是管理者也不能事无巨细、大包大揽，不懂得授权的管理者会在"兢兢业业"中把单位或一个部门带上慢车道。

三、遵循规律，理论指导，让管理科学化

加强管理的科学性，就是要求在管理活动中要不断发现与摸索管理的规律性，按照管理的规律来办事，在科学的管理理论与原则的指导下，开展管理工作，提高管理效率。

"二八原则"给我们的启发主要是在工作中要抓关键人员、关键环节、关键对象、关键项目、关键岗位。要善于抓主要矛盾，善于从纷繁复杂的工作中理出头绪，把资源用在最重要、最紧迫的事情上。

要注意沟通的"漏斗原理"，一定要掌握一些沟通技巧，争取让这个漏斗漏得越来越少。一个团队要共同完成一项任务，必须要配合默契，必须达成有效的合作，合作的默契源于沟通，是对沟通的升华。

四、以人为本，疏堵结合，让管理人性化

在工作中，尊重、信任教职工，创造条件强化教职工的参与意识，实行科学的民主管理，满足教职工当家作主、不断进取的精神需要，增强教职工的责任感，有效地调动教职工的积极性和创造性。

学生管理中要本着"一切以学生为本"的理念，要倾听学生的合理诉求，疏堵结合。要充分相信学生的自我管理能力，重视学生的权益，鼓励学生的自主和创新。要看到每个学生身上的闪光点和个性，以亲和的态度去了解他们、关心他们、教育他们，进而管理他们。

五、更新理念，勇于探索，让管理创新化

随着教育改革的不断深化，教育管理者的观念、管理思想和管理模式，决定着学校的发展和进程。要想正确行使自己的管理权利，促进学生和教师的创新，作为学校管理者，必须做到：转变在观念上，落实在管理中。

执行如何体现坚决

校办

如何充分发挥本部门的功能作用？基础就在于执行。

执行力是指有效利用资源、保质保量达成目标的能力，指的是贯彻战略意图，完成预定目标的操作能力。执行力包含完成任务的意愿，完成任务的能力，完成任务的程度。对个人而言，执行力就是办事能力；对团队而言，执行力就是战斗力。

办公室的定位和角色就是要履行"参与校务、管好事务、搞好服务"三大基本职能，做好"参谋助手、综合协调、督促检查、后勤服务"四项基本任务，协助领导班子决策的落实和全局各项工作的推进，具有较为特殊的作用。

一、勤于学习

作为执行部门，应该对领导班子的决定有高度认同。如何才能有所认同？关键要学习，学习先进的教育教学理念，学习管理理论与实践，提升专业素养和职业自觉。很多人对于上级的指令不能很好地执行，很大程度上是与本身的水平和能够达到的认识高度不够有关，因为认知水平达不到上级的水准，因此会对指令产生不理解，甚至不认同，那么必然会出现执行不力的情况。

二、严于落实

作为执行部门，落实领导布置的任务是基本要务。执行者要有严谨务实、勤勉刻苦的精神，要拒绝夸夸其谈、浮光掠影的工作态度。执行力其实就是一种工作态度、精神状态，工作懈怠、不认真的人，精神状态萎靡不振的人，其执行力必然是缺乏的。

工作的落实要体现出效益，不仅是效率，更是效果。不仅要"做了"，更是要"做好"。在工作落实中也要体现轻重缓急，要有"有事就办、急事快办"的工作作风，做到特殊问题特殊办，紧急问题赶快办，重要问题着重办，有时限问题及时办。

三、敢于质疑

虽然身为执行者，但并不是盲目地、无原则地执行。作为执行者，对领导决策中的疏漏之处应该大胆提出，指出问题所在，并提出自己的意见与建议。只有敢于质疑，才能更好地协助领导做好工作，才能使自己在工作中有所成长。

当然，敢于质疑并不是指要挑战上级。提出疑问，提供参考，也是办公室的职能作用之一，是对上级、对集体的负责的表现。

四、勇于创新

我们在培养学生创新能力的同时，也要提升自身的创新素养，工作中能够具备较强的改革精神和创新能力，坚决克服无所用心、生搬硬套的问题，充分发挥主观能动性，创造性地开展工作、执行指令，突破思维定势和传统经验的束缚，不断寻求新的思路和方法，使执行的力度更大、速度更快、效果更好。

2016年暑期行政干部培训专题汇报点评（节选）

教导处工作的指导与提升

在日常教学管理中，教学管理的内容丰富，诸如教学计划的制订与执行、教学常规的督导与检查、教研活动的安排与组织、教学质量的监测与分析、教学档案的整理与规范、教师教学行为的管理等等。这些教学事务的布置落实安排故然重要，不过也要讲究工作的时效性，讲成效就需要指导、提升。教导处交给方法、加大检查力度不失为推进工作的手段。

在日常管理中，不仅要理顺和完成事务性工作，还要重视教研工作、培养教研骨干，探索更为有效的教育教学方法，提升教学效益。教导处教学职能的发挥既要管好"教"，也要强化"导"。要想有高效的"教"，就必须强化科学的"导"。工作要指导与提升，除抓好日常"教务"的同时，还要认真履行好"导"的基本职能。

一、对教学理论的"指导"职能

要全面提高教学质量，教师必须有比较丰富的教学理论储备。教育思想的更新、教学观念的转变、教学方法的变革，都需要通过有针对性指导教师的理论学习来逐步实现。从而帮助教师自觉转变教育观念、更新教学行为（改变习以为常的、驾轻就熟的陈旧教育教学行为），才能适应和跟进新课改的需要。

二、对教学研究的"引导"职能

要保证高效的教学质量，就需要有扎实的教学研究来引导，要提高教师的教学艺术，必须要有深入的教学研究来推进。及时地发现新课改推进中的倾向性问题。以课堂为主阵地，以学科教学为主要内容，突出教学重点，研究教学疑点，解决教学难点，化解教学盲点。

三、对教学行为的"督导"职能

教导处每学期都进行评教、评学、座谈等调查，撰写调查报告，进行分类分析，对工作的改进和提升起到了积极的作用。教学指导要细化落实到教学的每个环节，还要强化检查督导职能。通过过程性的督导，促使学校教师教学行为规范、科学，提升教学效益。

四、对教师的"辅导"职能

一是为青年教师提出发展目标，确定具有丰富教学经验的帮带师傅，制订相应的辅导计划及措施等。二是教学指导是教导处工作中的关键环节，在指导教学中既要辅得准，又要导得好。

"服务如何体现和谐"点评

这个命题是从干部管理的角度提出的,因此首先需要思考管理与服务的关系,我觉得管理指向的是任务,服务指向的是责任。服务的本质是在人与人的沟通过程中的情感的互动、信任的确立、价值的认同,它弥补了管理过于强调制度化、刚性化的弊端,因此好的管理加上好的服务就能营造和谐的人际氛围,提高管理效率。

其次从服务的目的来看,是为了满足个体需求,因此服务的核心要"眼中有人",我们管理者要眼中有师生,以满足师生的需求作为服务的最大要义,切忌"眼中只有事",往往关注事情本身就会出现任务观点,只要把事情布置、任务完成就算到位了,这样往往会忽视人的情感因素,在管理中不容易建立相互尊重、理解、信任和关心的良好和谐的人际关系。在我们班主任的管理中,很多时候我们跟学生家长的情感建立是和班主任的服务意识分不开的。很多班主任在军训和学农的各项活动中,与班级团队建立的情感真的让人羡慕嫉妒恨,只因为他们在活动过程中时时处处想着学生的需求。

"和谐"的核心是处理好关系,和谐的校园环境实际是由和谐的人际关系构建的,而和谐的人际关系是建立在大家对学校文化价值的认同之上的。

在青年干部的管理过程中会面临完成任务和关系协调之间的矛盾,我们有时迫于压力,会简单处理问题,任务看起来是完成了,但忽视了在任务完成中造成的不必要的人际关系紧张,有时还会影响到后续工作开展的积极性。因此作为干部要"眼中有人",要关注师生需求,提高自身的服务能力,积极营造和谐的人际关系,这有利于提高我们的工作效率和认可度。

"沟通与协调"点评

一是多为对方考虑,站在学校立场做好事;二是信任担当,以制度规范来协调;三是了解对方意图,把事做好。

沟通与协调是管理者日常工作中妥善处理好各方关系、减少摩擦、提高行政效率的保证。要求行政干部明确职责和权限,以积极心态对待工作。提高沟通协调能力,必须围绕实现总体目标进行,其目的是为了更好地实现目标。

部门工作,很多时候,需要教师的配合。协调常具有行政性,沟通通过制度这一行政执行来协调,也是一种手段。它要求调节项目团队成员间互相关系,使之达到分工合理、目标步调一致,从而取得成果和效益。所以我们的工作哪怕是制度约束,也要得到老师更多的理解。工作中要把工作意图、要求讲清、讲明,细化每个环节,这样可减少差错。

学校各项活动,是需要各部门共同完成的,各部门有自身工作安排和节奏。沟通时思路清晰,主题明确,态度真诚。要用心听取各部门意见,有些情况在计划之外,要根据实际情况及时作出调整,根据对方要求作出回应。部门间沟通的重要原则是"永远不要嫌麻烦"。只有信息完全流通,此时的沟通才能把握全局,才能凝成合力。

当然,在沟通中,发生摩擦是难免的。彼此间的互相理解和换位思考是非常重要的。

此时工作节奏打乱了，沟通时要控制好自己的情绪，不情绪化。应意识到工作是一种团队合作精神，成绩是大家努力的结果。

我们的工作少不了外部的支持，当对方意见与学校意见相左时，我们要从学校利益出发，既要协作搞好工作，还要围绕学校的工作目标，表达我们的立场和想法，争取对方的理解，化被动为主动。

"谈谈办公室工作中的执行力"点评

执行力是干部素养中的一项重要能力。作为部门主管，执行力坚决与否决定了领导层的决策和思想是否能够准确、及时、高效地落实。

一是把握好"上"与"下"的关系：行政干部是桥梁，职责是要承上启下、上传下达。既要对上级负责，要吃透领导精神，把领导的意图转化为实际行动、操作办法；同时，又要发动好下级，把领导的意图完完整整地传达清楚，做好动员和执行工作，达成对任务的共识。切忌立场不清，有些行政干部面对群众的不理解、有想法时，简单地以"这是他们领导说的"为理由进行解释，这是很糟糕的做法。

二是把握"轻与重""缓与急"的关系：今天的事，今天办；能办的事，马上办；困难的事，想法办；重要的事，优先办；着急的事，细心办。任何任务都是有时间期限的，如果领导没有明确，也要根据事情的重要程度，统筹安排，制定好时间节点表，并及时向领导反馈进展情况。

三是把握"效率"与"效果"的关系：既要把握效率，更要讲究效果。效率是执行的方式，效果是执行是否有助于达到目标。效率讲究的是短平快，是过程简洁、投入少、时间短；效果讲究的是思考缜密、细节完美。只讲效果，不讲效率，有可能会错失良机；只讲效率，不问效果，有可能会产生"二传手"或者"粗制滥造"现象。

四是把握"原则"与"变通"的关系：报告中提到，"执行要严谨务实、勤勉刻苦，坚决地完成上级指令"，这就是执行的原则。难能可贵的是，报告中也提到，"坚决不等于机械，不等于看到问题不指出，不等于每次都按老经验、固有思维去完成"，这就是灵活变通的思维。其实，无论"坚守原则"，还是"学会变通"，其在本质上都是高度统一的：那就是对执行工作的高度负责。这种负责不是尽责到一半，不是明哲保身，而是既然负责，就负责到底的态度。

2. 顶层设计，重心下移的管理机制

在确立办学理念、育人目标，并提炼出高位的管理核心、顶层设计的基础上，学校将管理重心下移，领导干部深入一线，直接参与教研组建设，发现问题，解决问题，指导教研组工作。这种方式，也能及时将一线教师的问题、情况向学校进行反馈。同时，进一步提升和强化年级组的统筹、管理职能，强化教研组的课程建设、教师队伍建设、教学研究、质量分析与监控的功能。

行政干部深入教研组工作要求：为切实抓好教学中的备课、上课、作业、考试和辅导等环节，规范教师和教研组的教学常规，行政领导深入各教研组，参与教研、听评课活

动，了解教师的"五环"落实与执行情况，便于行政领导了解、参与组内建设，使教学常规更加规范、科学、有效。深入教研组要做到以下几点：

（1）每月至少听学科组内教师的一节课，并进行点评、反馈。

（2）如果组内有新入职教师或第一年任教高三的教师，需在开学前两周完成新教师的听课，并及时做好反馈。

（3）每月至少参加一次学科教研组的主题教研活动，并对其开展形式、内容、效果等加以点评。

（4）每月至少一次和组内个别教师或几位教师进行座谈，关心教师教学、生活等情况，了解教师的现状和问题，及时和相关部门、领导沟通解决老师存在的困难。

（5）每月底前完成反馈表，交给教导处进行汇总。如果有需要特别关注的内容，须及时和教导处提出。

3. 打破壁垒，项目制的管理模式

学校实践项目制管理模式，创新教研组的建设，学分制、伟长项目、积极人格项目等都是很好的尝试，同时也包括各级各类大型活动的举办或承办工作。通过项目制管理模式，打破了行政管理中部门间的壁垒，围绕核心问题和重要任务，使各部门能够聚焦合力，避免部门之间的各自为政、互相扯皮，从而取得工作效益的最大化。各部门树立全局意识，讲究协作，确保学校各项工作细化落实，不出现盲点，提高管理效能。

卢广华校长干部培训

学会合作

合作是个人与个人、群体与群体之间为达到共同目的，彼此相互配合的一种联合行动、方式。

单个的人是软弱无力的，就像漂流的鲁滨逊一样，只有同别人在一起，他才能完成许多事业。但我以为第一要义应该是帮助他人，而不是一说到"合作"，就是要求他人为自己提供帮助。因此在学会合作之前，首先要正确认识个人在集体中的作用。

单丝不成线，独木不成林。众所周知，一滴水很快就会干涸，只有把一滴水放进在大海里才会永存，个体就像鱼儿，集体就是那无边无涯的大海，鱼儿离不开水，只有在水中才能保持自己的生命力。小溪的力量有限，大海的力量无穷，只有汇聚成大海，才能形成最大的能量。

个人是渺小的，只有在集体中才能展现出价值，才能有作为，才能发出巨大的能量，所以首先要认识到集体的作用、集体的重要性、集体对个人成长的必要性。当然，我们也不能矫枉过正，忽视和否定个体在集体中的作用。集体同样离不开每一个个体，个体的点滴行为都会直接影响集体，因为只有个体才能形成集体的独特性。每个人都努力了，集体的力量也就大了。

因为每一个人都是独立的个体，独一无二，无法复制，所以在集体中，我们要学会欣赏伙伴。你优秀，别人也优秀，甚至更优秀；你有长处，别人也同样具备你所不具备的长处。因此作为干部，尤其是青年干部，要懂得谦虚、做事谨慎，始终不忘初心，带着学习、反思、合作的态度为人处世。

作为干部，要能够上下协调、左右合作，气度胸怀要宽广；工作中意见不同时不随意议论，对上级和同事不随意评价，要注意维护上级和同事的威信，相互支撑做好工作；部门内部要加强沟通，加强合作；与其他部门合作时，要积极承担额外的工作（如国际交流的配合），要换位思考，不以自我为中心（如宣传材料的配合）。

个人利益与集体利益

一、利益、个人利益、集体利益

1. 什么是利益？

《辞海》中对于利益的解释是"人们通过社会关系表现出来的不同需要"。而落实到"集体利益"与"个人利益"这样的词条中，更是简单到了"好处"两字。在实际的分析中，财产、道义、权利等都会被纳入利益的分析范畴，因而有学者指出"利益是一种关系，是物质关系、经济关系、社会关系的体现"。

2. 什么是个人利益？

个人利益是个人活动的前提和动力，包括物质需要和精神需要两大方面，如生活条件、教育条件、工作条件以及发展自己有益于社会的个性和特长的需要等等。

3. 什么是集体利益？

集体利益是指社会利益以及组成集体的各个个体的共同利益或根本利益。

二、个人利益的着重与过度

1. 正确看待个人利益的诉求

个人追求利益本无可厚非，利益是人类生活的最基本原则，是我们个体生存的保障，是科技创造、社会发展的动力。然而，在市场经济条件下，尤其是处在社会转型期的当今时代，一些人盲目地追求个人利益最大化，以为人生目的就是个人发财致富，甚至不惜以损害集体利益为手段。这对社会的发展带来了不可估量的消极影响。

2. 预防个人利益至上

有些人凡事都只希望满足自己的欲望，要求人人为己，却将别人的需求完全置之度外。他们只要集体照顾，不讲集体纪律、集体规则。心目中充满了自我，唯独没有他人，信奉的是"人不为己，天诛地灭"。如果自我意识过度，就是一种自私。当个体面临自己利益与对方冲突时，会不及对方损失，不择手段，以满足自己利益为主。

三、利己与利他：集体中如何关注他人

"利己"是人的天性，是与生俱来的，是人的自然属性。而"利他"则包含着"善""仁爱""正义"，是一种社会责任感，是社会教化的结果，是人的社会属性。

"先天下之忧而忧，后天下之乐而乐"的利他主义是至善的标准，因而在道德的范畴内备受推崇，这种利他主义使得个人会愿意为更大范围内（整个集体内）的其他人作出贡献，从而带来精神上的满足。持有利他主义的人也许在精神上获得的荣誉等已经是自己取舍出的最大利益。

四、集体利益对个人利益的保护及原则

集体应该保障个人利益，这是必须的，但是由于集体中大多数人有着共同关注，所以，这时必须要制定相应的规则，要有前提与条件。

道德约束。集体要保护、尊重、广泛听取个体的声音，更要保障其基本权利不受侵犯，来实现其在契约维护上的信用。本质就在于制度和规则应维护集体利益，约束或限制个人对集体利益的侵害。

不损害大多数人。通过集体决策，民主集中，确保集体利益最大化。

公平原则。一个想要集结每一个个体力量的集体，最有效的办法就是尽可能地去实现公平，将共同利益部分扩大就是为了公平。不能因为个体的一己私欲而强行剥夺他人不肯牺牲的部分，如果那部分是与共同利益的基本原则相违背的就要给予惩罚。使集体往一个更为公平正义的方向前进。

公开原则。保障个体对制度的了解权、监督权，提高制度的透明度和执行的不走样。

五、个人利益与集体利益冲突时的选择

个人利益强调局部利益、眼前利益；集体利益强调全局利益，长远利益。

1. 个人利益与集体利益的辩证关系

（1）个人利益要服从集体利益。

第一，如果个人利益与集体利益发生冲突，而个人利益已失去正当性，不牺牲这种个人利益，集体利益就无法实现，那么牺牲这种个人利益是必要的。

第二，个人利益与集体利益发生冲突，而个人利益又是正当的，在其他条件下是可以得到满足的。而在此时此地，不牺牲个人正当利益，集体利益就无法实现时，那么牺牲这种个人利益就表现出崇高的道德精神。

（2）局部利益要服从整体利益。

（3）暂时利益要服从长远利益或者叫作小局服从大局、小道理服从大道理。

2. 谁来裁判

人与人之间的利益也需要平衡，这时就需要集体的领袖做裁判。

会出现两种结果：一是利己主义→利他主义→道德的高尚，二是过度损害集体，就会被集体抛弃。

六、着重集体利益就是保护个人利益

着重集体利益就是保护个人利益，因为集体是保障其群体个体利益的载体。集体利益作为一定社会成员利益的集合，本质上是每个成员利益有机联系的统一整体。因此，任何个人都离不开社会和集体。个人在社会和集体中的活动，既是为了他人，也是为了自己。个人提供给集体的价值越大，自身的发展和进步就越快，个人价值和利益实现的程度就越高。

个人是生活在集体中的，俗话说：大河满了，小河才有水，大河水位下降，小河就会干涸。

【纪实报道】

上大附中举行2016寒假行政干部培训

为了进一步贯彻落实学校工作目标与思路，提升行政干部能力与素养，使新学期学校各项工作有个良好的开端，上大附中于2016年2月14日上午举行寒假行政干部培训。

学生处与科训处用各自的部门工作计划拉开了培训的帷幕。学生处以"人人皆可资优"为工作思路，以精细化、系列化、自主化、整合化、规范化为切入口，推进各项工作更好、更快发展。科训处以全面推进资优生培养工作为指导思想的核心，以科技、体育、艺术等常规工作为基础，强化联合体、创客中心建设等重点工作。

党总支副书记胡艳作了题为《什么叫工作到位》的干部素养培训讲座。胡书记用生动、典型的事例深入浅出地阐述了工作到位的八项原则：汇报工作说结果、请示工作说方案、总结工作说流程、布置工作说标准、关心下属问过程、交接工作讲道德、回忆工作说感受、领导工作别瞎忙。讲座让所有与会者对自己的工作有了反思，获得了启迪。

卢广华校长结合各部门的具体管理工作，提出了新学期的任务与要求。全体行政干部进一步统一了思想，提高了认识，凝聚了力量，明确了职责，为新学期学校管理和教育教学工作的顺利开展奠定了良好的基础。

上大附中举行2017年寒假行政干部培训

2017年2月11日上午，上大附中举行了2017年寒期行政干部培训。会议由学校党总支书记、校长卢广华主持。

会上，学校各职能部门就上学期在各项工作开展中积累的经验进行了交流，从宣传工作、课程体系、师资队伍、学生德育、社团管理、民族团结教育、后勤保障等方面进行总结，与全体行政干部进行了交流分享。卢广华校长针对各部门的发言进行了点评，肯定了大家的工作成绩，也提出了改进的建议。

经验交流结束后，卢广华校长进行了专题讲座。卢校长提出，全体行政干部首先要注重"三个学会"，即学会学习、学会反思、学会合作。其次，要正确认识个人与集体的关系，要充分认识到集体对于个人发展的重要性和必要性，个人价值只有在集体中才能得到体现；每一个个体要对集体作出自己的贡献，发挥自己的作用。第三，要学会并善于反思，在反思工作时，要分析主观因素和客观因素，要善于从主观上寻找原因，以此不断提高工作效率。

此次会议的召开，对各部门新学期的工作起到了很好的指导作用，为各项工作的顺利开启做了充分的思想准备。

4. 开放交流，凸显管理成效

干训基地的带教。卢广华校长从2008年开始就担任宝山区干部训练基地导师，培养了一批区教育系统干部，他也是上海市优青工程后备校长带教导师，具有丰富的管理经验，干部培养卓有成效。（表3-14）

表 3-14　卢广华校长在宝山区干部训练基地带教情况

年　份	姓　名	学　校	职　务
2008—2010	金新宇	海滨中学	校长
	孟黎明	高境一中	校长
	王娟	罗南中学	校长
	江澜	罗店中学	副校长
2012—2014	沈伟	宝山区教师进修学院	副院长
	须金	大场中学／大场成人学校	校长
	柏叶忠	宝山区教育局	计财科科长
2015—2017	王坤玉	通河中学	校长
	金旭峰	上师大附属经纬实验学校	校长
	王志红	鹿鸣学校	校长
	黄英	大华新城学校	校长
2018—2020	江澜	上大宝山外国语学校	校长
	戴伟	乐之中学	校长
	顾敏霞	上大附中	学生处主任
	陶侃	陶行知纪念馆	副馆长
	陆沁	宝山中学	教师
2021—2023	严卫东	罗店中学	校长
	刘华霞	行知实验学校	校长
	刘洪权	馨家园学校	校长
	沈裕华	大华中学	书记、校长
	孟飞	上师大附属经纬实验学校	校长
	顾敏霞	上大附中	德育处主任、南大实验筹备组组长
	蔡弋	上大附中	德育处副主任

干部人才的输出。从 2008 开始，陆续有学校干部被上级有关部门选拔到兄弟单位任职。特别是从 2011 年开始，学校加大干部队伍培养力度，干部成长的速度、质量日趋提升，成为教育系统领导干部的输出地。迄今学校先后输出 16 位校级干部、5 位区教研员，为区域教育的发展作出了贡献。（图 3-129 至图 3-144）

图 3-129　副校长孙鸿俊，2008 年调任行知实验中学校长

图 3-130　党总支书记陈振华，2009 年调任宝山区教师进修学院院长

图 3-131　教务处副主任万瞩，2009 年调任上海大学附属学校副校长

图 3-132　副校长喻碧波，2010 年调任宝山区教师进修学院副院长

图 3-133　政教处主任沈伟，2011 年调任上海师范大学经纬实验学校党支部书记、校长

图 3-134　副校长王葆华，2011 年调任宝山中学党支部书记、校长

图 3-135　副校长张治，2014 年调任上海市电教馆副馆长

图 3-136　党总支副书记何敏，2014 年调任通河中学党支部书记

图 3-137　工会主席金旭峰，2014 年调任上海师范大学经纬实验学校校长

图 3-138　副校长王坤玉，2015 年调任通河中学校长

图 3-139　党总支副书记胡艳，2018 年调任顾村中学党支部书记

图 3-140　副校长刘华霞，2019 年调任行知实验中学校长

图 3-141　新疆部主任孟飞，2019 年调任上海师范大学经纬实验学校校长

图 3-142　德育处主任顾敏霞，2021 年调任南大实验学校校长

图 3-143　德育处副主任于海波，2021 年调任南大实验学校党支部副书记

图 3-144　副校长周晓岚，2022 年调任陶行知纪念馆党支部书记、馆长

开展协作指导工作。由于卢广华校长在学校管理、干部培养等方面取得的突出成效，不断有国内外同行慕名前来进修、交流，包括福建泉州教育领航团队跟岗、滨海教育团队跟岗、新疆维吾尔自治区挂职校长跟岗、安徽挂职校长跟岗，等等。学校与云南省耿马自治县第一中学、云南省宣威市第十中学、云南省会泽县实验高级中学、河北省唐县二中、安徽省蚌埠一中、江苏省滨海中学等兄弟学校签订帮扶协议，开展帮扶指导工作。

面对新高考改革，学校管理者与教师一起开展政策学习，在走班选课、综合评价等方面积极应对，取得了一定的经验，江苏、福建、云南、黑龙江、甘肃等各省市教育同行来校取经学习。

【纪实报道】

上海大学附属中学卢广华校长一行赴云南省耿马自治县指导教育教学工作

上海大学附属中学卢广华校长一行于2018年7月10日至14日到云南省耿马自治县开展了为期5天的教育教学指导工作。7月11日上午，卢校长一行到耿马自治县第一中学与学校签订结对帮扶协议，商谈了具体帮扶措施和帮扶内容。卢广华校长在签字仪式结束后，对耿马自治县第一中学及耿马民族中学教师代表，作了精心准备的"上海高考方案解读与学校实践"讲座，对耿马自治县第一中学和耿马民族中学如何应对新高考改革提供了思路。同日下午，卢校长一行到县机关幼儿园、县五华民族小学、培承小学等学校开展调研指导教学工作。12日，卢校长一行到县民族中学开展调研、指导学校教育教学及管理工作。13日，前往沧源县对边境民族地区教育进行调研。

此次调研指导，使各学校的领导及学校教师受益匪浅，为各学校高考改革指明了方向，调研指导工作取得了圆满成功。（图3-145）

图3-145 赴云南省耿马自治县调研、指导

山西省吕梁市高中校长考察团来访上大附中

2018年10月，来自山西省吕梁市部分高中的校长、教育局管理干部等一行近20人来到上大附中，进行了为期两天的沉浸式考察学习。

在两天的考察中，来访团就上大附中资优生培养中课程建设、师资队伍建设、学生综合素养培育、生涯教育等内容与学校相关老师进行了交流沟通。在课堂听课后，与上课教师就课堂教学理念、方法等进行了探讨。考察团还深入社团课堂，了解学校学生社团的开设与学生活动情况。

通过两天的学习交流，考察团对上海的高考改革情况与学校的具体工作有了深入的了解，成员们将把上海和上大附中的经验带回山西，指导当地的教育教学工作。上大附中也为全国的教学改革推进工作提供了有力的推动。（图3-146）

图3-146　山西省吕梁市高中校长考察团来访

合肥市教育管理干部赴上海杨浦跟岗学习

不忘初心，牢记使命。2023年4月25日上午，合肥市教育管理干部赴上海杨浦跟岗学习临时党支部一行前往上海大学附属中学参观交流。上海大学附属中学办公室主任蔡文瑛、德育处主任蔡弋、教导处副主任周继彦以及语文教研组副组长季剑炜等参与接待。

首先，蔡文瑛就学校历史沿革及办学情况等进行介绍。上海大学附属中学是上海市实验性示范性寄宿制高中，地处宝山大场，位于宝山北转型的重点区域，毗邻上海大学，是上海大学上大附中基础教育集团核心成员校，已故著名科学家、教育家、中国科学院院士、上海大学原校长钱伟长先生为学校首任名誉校长。学校赓续1923年上海大学附属中学的红色精神，在新时代落实立德树人任务，以"人人皆可资优"为教育理念，尊重学生个性、挖掘学生潜能，制定"资优生"梯级培养方案，着力培养基础扎实、身心和谐、具有可持续发展能力的优质人才，学校资优生培养项目获批教育部重点课题。

接着，周继彦就上大附中的教学工作进行分享。周继彦结合上海市普通高中新课程新教材实施研究与实践项目，从项目简介、实施进展、实施成效、困惑思考、后期设想等五个方面展开，突出以实践为引领的"跨学科、跨学段、跨区域"的"双新"大研讨，形成课程、师资、制度、资源四维并举的研究体系，着力打造一支会学习、能跨域、擅合作的教师队伍，全面开发一套高品质、跨学科、跨学段的课程体系。此外，大家还就课程教学、考试评价等进行交流。

然后，蔡弋就上大附中的德育工作进行分享。蔡弋简要介绍了上大附中的校训、办学思想、办学目标、育人目标及办学理念等，从教育管理、队伍建设、德育科研等三个方面介绍了学校的德育管理架构，着重强调了从课题引领、课程建设到会弹钢琴、以评促建的德育工作思路，并就行规课程、人际课程、生涯课程、劳动课程、活动课程以及家校共育等进行举例介绍，全面展现了上大附中德育工作的螺旋式推进模型。此外，大家还就德育活动、队伍建设等进行交流。

最后，在蔡文瑛、季剑炜的带领下，合肥市教育管理干部赴上海杨浦跟岗学习临时党支部一行参观了校园。专享的自习室、开放的图书馆、露天的小舞台以及丰富多彩的社团活动，都让人真切地感受到"人人皆可资优"的办学理念。

优质教育，幸福人生。合肥市教育管理干部赴上海杨浦跟岗学习临时党支部一行从杨浦到宝山，开拓了视野、提升了理念、增强了信心，将会努力成为"学在合肥"的践行者，为合肥教育的高质量发展贡献自己的智慧与力量！（图3-147）

（摘自"合肥教育人在杨浦"微信公众号）

图3-147　合肥市教育管理干部团队来访

六、新评价：发挥"综评"功能，促进学生全面个性发展

为落实新高考改革的要求和推进综合素质评价的实施，学校坚持立德树人，把培育学生核心素养作为育人工作的新常态，探索实施校本化综合素质评价，建立和完善综合素质评价机制，充分发挥综合素质评价的导向作用，促进学生全面的成长。

学校从生涯教育的维度推进学生综合素质评价，形成具有特色的评价模式。学校始终把每一个学生的发展放在首位，也为学生的个性发展留出空间，建立科学多元的评价体系，按照"写实记录—整理遴选—公示审核—导入系统—形成档案"的步骤完成评价，让学生发现一个更好的自己。

（一）建立完善综合素质评价机制

1. 顶层设计明方向

学校坚持"人人皆可资优"的理念，抓住新高考改革的契机，深入研究和领会综合素质评价改革的精神，精心设计综合素质评价体系，形成综评共同体，推动生涯教育，促进学生的全面发展和个性成长。学校成立综评工作领导小组，选取试点年级，跟踪不同类型班级，每月梳理综评工作，每学期试点班级整理经验教训，年级组总结综合素质评价工作的特色和问题。经过不断的反馈、适应和调整，学校的综评工作有序推进、分层施策，并找到推进综评工作的突破口——生涯教育。

2. 职能明确重推进

根据综合素质评价的内容和要求，学校重新整合行政职能部门的工作职责，推动综合素质评价工作的实施。首先，职责整合，分工明确。学生处（团委）负责志愿服务、军训、学农、学工、党团活动、荣誉记录、违纪违规、班主任填写日常行规、审阅专题报告等。教导处负责市级、校级公共基础课程成绩、校本和选修课程经历、专业技能课程经历的记录，推进走班教学改革。科训处负责学生研究性学习专题报告的审阅、组织科创比赛、成立创新教研组等。校长办公室负责新高考改革精神的宣传指导，聘请专家解读综合评价指标等。其次，寻找创新点，突出学校特色。学生处重点关注学生社会实践品牌建设，打造个性化实践基地，搭建学生生涯教育实践平台。教导处重点推进课程改革，发掘教师专长，借助大学资源，建设学校校本课程，为学生潜能发展提供优质课程。科训处重点建设创新社团和精品社团，培养学生兴趣，为学生竞赛提供更多机遇。学校主动迎接高考改革，积极推进学生综合素质评价，在第一个三年的高考改革中积累了经验。

3. 家长参与聚资源

家长委员会是学校的参谋和监督机构,是家长会议的常设机构,是民主办学的重要形式。在办学实践中,学校充分发挥家长对学校教育活动和管理的参谋、监督作用,增加学校办学的透明度,增强社会对学校办学的监督力度,提高学校的公信度,进一步提升学校的办学水平。在办学实践中,学校家委会成为学生社会实践的"规划师"。家委会组建学习共同体,根据新高考改革的具体要求,不断调整提升家委会的作用,为学生社会实践活动出谋划策,寻找社会实践共建单位,提供社会实践岗位信息,带领学生参加职业体验和走进大学,担任学生职业模拟导师和招聘官。在家长委员会的带动下,家长为学生生涯教育提供职业体验场所150多家,担任学生职业模拟导师和家长志愿者320多人次。

4. 社会支持拓平台

学校与社会组织构成教育共同体。高考改革多元评价录取,培养全面发展的人才,这需要政府、社会力量的支持。学生在三年学习中需要完成40小时的社会实践,开展社会调查,完成科研课题报告,政府、企事业单位为学生免费提供社会实践场所,开放各级图书馆和博物馆,接待学生开展职业体验和社会实践。经过多年的发展,目前学校已与33家单位签订协议,创建社会实践校级基地。

(二)探索实施校本化综合素质评价

为促进学生核心素养发展,学校立足校本特色,开发多元化途径,从不同角度发力,构建综合评价校本化实施路径。

1. 突出发展导向

对学生的综合素质评价是根植于学生的个体差异,挖掘学生的内在潜能,立足培养资优生核心能力的发展导向。

较强的学习能力:良好的学习习惯,对某一个特定的主题能搜集和掌握大量的资料,对各种因果关系有领悟力,能透过分析和推理来理解复杂的事物,观察敏锐。

较高的创新素养:有扎实的专业知识及对信息的获取、归纳和整合能力,富有问题意识、探索精神,喜欢独立思考,有恒心,有毅力,不墨守成规,动手能力强。

良好的沟通能力:与别人有良好的沟通并能清晰地表达自己的想法,能将事物、人和情况加以组织并找出他们之间的关系,在参与活动时有领导的意向。

积极的心理品质:积极的思想,积极的心态,积极的行动,包括对自己心理倾向、个性心理特征和心理过程的认识与评价,能掌控自己的行为,对自己的思想和行为进行自我控制和调节。

2. 做好成长记录

客观记录,真实反映。综合素质评价的信息录入,采用客观数据导入的方式,以客观性确保真实性。

内容全面,体现特色。通过"生涯手账""人际积分卡""社会实践记录册""职业体验记录册""志愿服务记录册"等方式引导学生利用写实记录及相关事实材料,记录自己的成长过程。

注重过程,指导发展。关注学生成长过程,在自我观察、自我反思、自我改变中提升素养。

学生综合素质评价纳入学生考评系统,做好过程性评价和结果性评价,完善自评和他评,并给予评价等级的体现。规范学生综合素质评价程序,建立学生考评系统的审核制度、信誉等级制度,建立校长电子信箱,做到公开公平,强化监督、公示和举报投诉制度,学生每学期对考评系统中的信息进行网上确认,如有异议,可以向学校提出更正。

(三)提升培育综合素质评价成效

在学校综合素质评价工作的推动下,学生不断提升自身综合素养,提高社会责任意识,融入社会中,树立正确的世界观、人生观、价值观。学生发挥主观能动性,自我组织,自主参与,自我管理,参与社会实践活动。

从2006年送出首届毕业生,到2023年已有18届毕业学生,近8 000名优秀学生进入各大学就读。其中考入清华、北大7人,进入复旦、交大等"985"大学的有近700人。

1. 社会实践积累经验

学生经过职业规划认知课程学习后形成自我认知和职业认知,在自我认知的基础上进行个性化的职业体验、规划与选择。每个学期末学生都会参与职业体验活动,学校为学生提供职业体验场所,或与家长合力开发职业体验环境,学生能够在真正的工作环境中体验到一些工作的社会职责与担当。在完成职业体验后,学生根据自己的体验岗位,自主设计职业体验方案,完成学习单,了解自己体验单位的岗位及相应工作内容,了解企业文化及发展现状等,在体验结束后,举行个性化的分享交流会。

除了学期中的职业体验活动,学生也参与到一些单位的见习岗位之中,利用假期的时间,深度体验一个职业的具体内涵。如每年暑假,学生到宝山区广播电视台开展社会实践活动,担任记者、编导、新媒体编辑、播音主持助理等,在为期3周的时间内,沉浸式地进行业务学习与职业体验。(图3-148)

2. 志愿服务激活责任

学生通过志愿服务提升服务社会的意识和能力,培养社会责任感。学生积极参与各类志愿服务的项目,在服务的过程中提升自我能力,学习奉献精神。依托市学生社会实践信息记录电子平台,对学生的志愿服务进行跟踪、记录、分析。

图3-148 学生赴法院参加职业体验

图 3-149　学生志愿者服务

据统计，2015—2023 学年上大附中的注册志愿服务学生人数为 9 697 人。学校与南京路上好八连展览馆、上海国际民间艺术博览馆等 26 个志愿服务实践基地签约。学生参与到各类志愿服务中，体验不同的志愿服务工作，广泛了解社会、深入社会。"参与覆盖面广，服务项目类别多，过程反馈评价好"是上大附中学生志愿服务的三个特点。

学生自发组织成立学校"笃行"志愿者服务队，设计志愿者队服与标识，提升学校的志愿服务水平，志愿者队活跃于各类志愿服务活动中。

在参加社区居委会志愿服务之前，学生志愿者会参与学校"社区服务领导力课程"的培训，接受理论课程的学习之后再参加社区居委会的管理协助工作。瓷乙社的学生在进行相关理论学习之后，承担博物馆志愿讲解员，以专业性社团为载体，进行专业性志愿服务。理论学习和实践学习相结合提升志愿服务的专业性。（图 3-149）

3. 课题研究激励创新

通过综合素质评价工作的部署和开展，指导学生的创新实践活动的有序开展，学校已经形成了系统、科学、可持续发展的课题指导团队，并开设研究型课程。学生在教师的指导下，联系自己的实践经验，运用研究性学习方式，发现和提出问题，探究和解决问题。研究型课程与基础型课程、拓展型课程相结合，共同担负提高学生素质、促进学生发展的任务。在研究型课程中，学生能够亲历从参与选择课题、制定研究方案、收集资料、开展研究、写出研究报告、成果展示和交流到反思和评价的研究全过程。

为了满足学生研究性学习的需求并打造凝聚力强、工作效率高的指导团队，学校组建创新教研组，安排学校各学科优秀教师，开展多种组织形式的课题研究指导，帮助学生完成研究性学习任务。学生通过讲座、微课程、导师团以及社团授课等指导方式，在认识

图 3-150　化学课题研究

图 3-151　全国中小学电脑制作活动创客竞赛现场

图 3-152　学生参加市级科技比赛

图 3-153　课题导师讲座

研究性学习的概念、方法和案例的基础上，自主选择自身感兴趣的课题，由学生自主组建学习团队或者学生社团，在教师的指导下按照研究型课程内容进行研究活动。

近几年，学生在课题研究创新赛事的申报数量、获奖数、获奖层次等方面都有大幅度提高。学生研究性学习任务达到100%完成，每一位学生都有一项自己的研究项目，在高中阶段进行科学的课题研究。

学校培养的一批"小创客"活跃在上海市创新大赛、明日之星评选、未来工程师大赛等舞台上，学生的研究成果在各个级别赛事中屡获佳绩，2018年参加上海市青少年创新大赛，获奖53项，一等奖的获奖项目涵盖工程学、物理与天文学、行为和社会科学、数学以及化学等多个学科领域。从2013年至2023年的十年间，学生在全国、市级创新大赛中有500余人次获奖，充分体现出学生在创新潜质和学术课题研究方面的深度与广度。（图3-150至图3-153）

4. 学生社团激发兴趣

为培养学生多方面的发展素养，根据学生不同的兴趣，学校每个学期都开设社团，供学生选择参与。其中机器人社、戏剧社、模联社、OM社等是上海市明星社团；音乐剧社、文学社、辩论社、学生电视台等被评为区级优秀社团。学生参与社团活动的比例为100%，每位学生都能选择符合自己兴趣的社团并参与其中，除了学校开设的社团，学生还可以自行开发社团，如近几年开设的天文社、魔方社、乐器舞蹈自主社团等。（表3-15）

表 3-15　2022学年第二学期社团列表

序号	社团名称	指导老师
1	尔雅戏剧社	蒋菁菁、倪佳颖、施宇妹
2	无人艇	李心阳
3	机电工程	汪玥辉
4	中国象棋	姚欣宏
5	The Wind in the Willows 读书社	康维佳
6	模拟联合国社团	杜燕

续表

7	诗琴棋艺	徐沈逸、陈莹
8	自然地理科学实验班	华思雯
9	瓷乙社	邓珊荣
10	文学社	付会
11	信息奥赛社团	田露满
12	社会调查	夏曼华
13	地球小博士	陆敏凤、梁岩
14	人工智能	熊珺洁
15	编导社团	劳烨
16	围棋社团	外聘教练
17	科普英语	沈雅茜、单婧
18	未来精英魔法社（高二化学竞赛）	戴玉霞、鄢辉琴
19	全国中学生物理知识竞赛指导（高二）	刘伟
20	全国生物联赛入门	张琳美
21	高二数学竞赛社团	吴昊
22	数学论文撰写	贺秉飞
23	短篇英语小说赏析	朱李华
24	高一数学竞赛社团	葛泽宇
25	高一化学竞赛社团	陈颖
26	全国中学生物理知识竞赛指导（高一）	郁梅、鲍贝
27	数学应用知识社团	杜艳秋、陈莎莎
28	上海档案研究社	戴羽浩
29	篮球（男篮）	李成程
30	篮球（女篮）	李成程
31	乒乓球社	蒋克冰
32	乒乓球社团（运动员训练）	赵岩
33	国际象棋社团	外聘教练
34	心理研究工作室	张亮超、万志超
35	高二化学创新社团	陈露
36	高一化学课题研究社团	吴晓倩
37	生物创新社团	王伟庆
38	游戏社	刘春
39	Fly high 花样跳绳	曹潇怡
40	羽毛球	郑明荣
41	射艺社团	赵亮
42	The Best 舞蹈啦啦队	张祯
43	B.D 舞蹈社（学生自主社团）	刘乾琪
44	多媒体制作	陆辉

续表

45	网球社	李昆
46	新艺美术社	吴伟林
47	鸣鹿文创社团（学生自主社团）	刘乾琪
48	爱乐社	郝靖宇
49	音莱特蒙音乐剧社	司南
50	水云间合唱团	刘禹欣
51	健身塑型与足球综合社	卢春龙

图 3-154　机电工程社团

图 3-155　瓷乙社

图 3-156　F1 社团

图 3-157　国际象棋社团

图 3-158　无人艇社团

图 3-159　羽毛球社团

图 3-160　解码财商社团

学生在多领域的社团活动中，培养自身兴趣，发挥个人特长，在课内知识学习之外获得了综合素养的培育和提升。根据统计，每年社团学生在各类比赛中的获奖稳定在 800 人次左右，涵盖科创、艺术、体育、学科、人文等。学校机器人工程社的学生在 2018 年暑假又一次获得全国中小学电脑制作活动创客竞赛一等奖，这是学校学生连续第三次获得创客项目的全国最高奖。（图 3-154 至图 3-160）

通过社团的活动，学生不断享受参与的过程，锻炼自己的活动组织能力，培养个人的兴趣爱好，获得自我认同感和成就感，发展并培养学生的综合素养，激发学生的潜力。

学校先后被评为上海市青少年科学实验基地、全国科学教育实验基地等，2015 年成为上海市创客教育联盟成员单位；2016 年，成为宝山区 STEM 教育试点学校、上海市戏剧特色学校；2017 年，成为上海学生戏剧团及联盟首批成员单位、上海市科技教育特色示范校；2021 年，成为上海市首批艺术"一条龙"人才培养布局学校，获评上海市防震减灾科普示范校；2022 年，获评"十四五"首批上海市科技教育特色示范校。（图 3-161 至图 3-164）

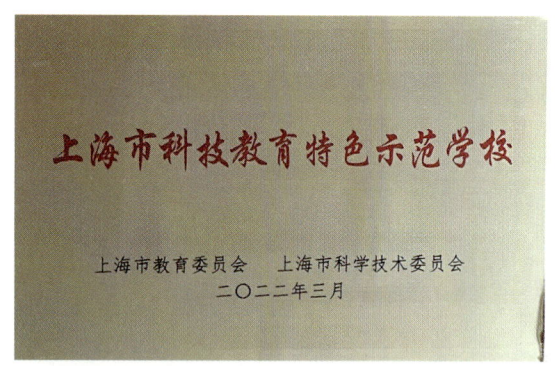

图 3-161　上海市科技教育特色示范学校

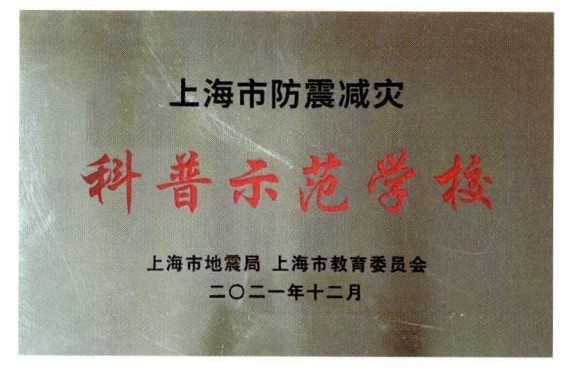

图 3-162　上海市防震减灾科普示范学校

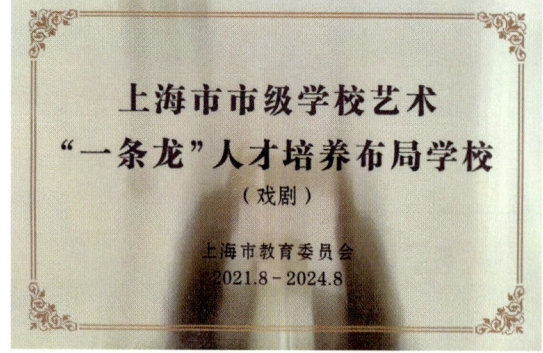

图 3-163　上海市市级学校艺术"一条龙"人才培养布局学校（戏剧）

图 3-164　上海市绿色学校

【纪实报道】

上大附中成为上海学生戏剧团及联盟首批成员单位

2016年3月29日下午,上海学生戏剧团及上海学生戏剧联盟成立主题活动在复旦大学举行,上大附中与复旦附中、格致中学、延安中学等知名高中成为首批成员单位。上海市副市长翁铁慧、市政府副秘书长宗明等领导出席了本次活动。

应主办方邀请,上大附中副校长周晓岚代表学校参加了成立大会。尔雅戏剧社和国学社的同学们在成立大会上演出了歌舞朗诵《琵琶行》,展现古典诗歌的文字之美和韵律感,获得好评。

上大附中尔雅戏剧社成立近15年,是上大附中的老牌社团,荣获宝山区社团新秀、优秀社团,上海市明星社团等称号。2016年,凭借尔雅戏剧社的优异表现和学校的优质资源,上大附中被命名为上海市首批戏剧艺术特色校。

上海学生戏剧联盟将发挥本市文教结合平台作用,通过公开展示、实践交流、争相竞技,整体推进戏剧教育教学发展,全面提升上海学生戏剧艺术水平,成为传递青春正能量、提升全民艺术素养的城市文化名片。由上海戏剧学院带动18所戏剧特色试点高中并辐射到16个区,以"赏、学、讲、演、赛"的模式,将戏剧教育辐射和覆盖至全市的大中小学校,推动全市所有中小学普及戏剧课程。

此次上大附中加入上海市学生剧团及戏剧联盟,让上大附中的学子有了更广阔的展示自身特长的平台,将获得更专业的学习与指导。(图3-165、图3-166)

学校还承办了上海市多届创新大赛、沪港澳机械奥运比赛、上海市中学生创造发明设计比赛、上海市首届创客新星嘉年华大赛、世界头脑奥林匹克中国区决赛等。组队赴国外参加ISEF工程挑战赛、机器人比赛、头脑奥林匹克,开拓了视野,加强了交流,培养了能力,在各项比赛中都取得了好成绩,激发了学生的创新欲望。

图3-165 上海市戏剧特色学校命名仪式

图3-166 上大附中加入上海学生戏剧团及联盟成立主题活动

七、新成效：营造资优生"无界"学习场域

（一）构建"人格成长生态圈"，优化育人环境

在高中资优生培养过程中，人格对一个人的成长与发展具有重要的作用和影响，而人格的发展离不开环境的影响。学校基于"人人皆可资优"的教育理念，关注师生积极人格的形成，重视育人环境的建设与优化。

学校通过构建"人格成长生态圈"，形成资优生培养的心理教育模式。通过四类生态圈、五大途径构建有助于学生人格成长的环境，从自我意识金字塔的模式建构、班主任心理主题课的渠道开发、人格教育的系统构建、生涯课程的融合发展来梳理整合人格成长生态圈的实施路径，以人格培养为核心，带动学生其他素质发展。

学校以资优生积极人格培养为课题开展相关研究，在研究过程中形成"人格成长生态圈"特色项目，并通过构建良好的人格成长环境帮助学生健康人格成长。

1. "人格成长生态圈"的内涵与构建途径

根据高中生的特点，给予学生人格成长的环境，大致可以分为四类：自我生态圈、学校生态圈、家庭生态圈和社会生态圈。

"人格成长生态圈"心理教育模式主要通过五大途径构建有助于人格成长的环境：积极的自我认知、积极的家庭互动方式、积极的师生互动方式、积极的同伴互动方式、积极的社会互动方式。

2. "人格成长生态圈"构建的实施与成效

学校把自我意识发展的目标分解为金字塔阶梯状，底层的目标是自尊、自信、自爱，进而进行自我完善，高层次的目标是实现自我超越。同时探究了对应的操作策略，使学生在自我观察、自我评价、自我体验、自我监督、自我控制等自我意识的诸成分上获得发展，并趋于成熟，从而提升学生心理健康水平。

为了拓展自我生态圈的研究成果，将心理教育基层实施者的重心由心理教师延伸到班主任群体，班主任心理主题教育课实践将自我生态圈构建的成果进行了梳理和完善，编写了校本课程读物《心成长 新成长》。

把家庭、同伴、社会等因素纳入到人格培养中，进行"培养良好人际交往能力促进高中资优生积极人格养成的实证研究"。根据高中生交往环境，对高中生人际交往进行了

梳理，梳理出同伴交往、亲子交往、社会交往、师生交往、领导力五大模块。根据对五大交往模块的类型特点、主要问题和能力要素的分析，对各交往能力的重要机制和培养方式进行研究，设计了20项活动课程。经过严谨的数据分析，发现学生的人际交往能力和积极人格都比未参加训练的时候有了显著的提升。《多维交往积极人格理论篇》和《多维交往积极人格实践篇》是对人格生态圈构建的实践成果。

2015年起，学校依据"基于高中学生发展需求的生涯教育的实践研究"开始人格生态圈的优化完善工作。

生涯教育的实践研究是人格生态圈构建方式的一次大整合，学校通过整合学校各类课程资源，将心理教育课程、人际课程、社团研究课程、主题讲座、实践活动等纳入生涯教育体系，最终从学习方式的维度形成了三类生涯课程：以专题为导向的生涯认知课程、以活动为主体的生涯体验课程、以社团为中心的生涯研究课程。

同时，生涯教育的实践研究将时间因素纳入了自我生态圈，让学生在生涯规划时从过去、现在、未来的思考中完善和提升自我意识；挖掘了更多社会资源，给学生社会交往提供平台，拓展了社会生态圈，使学生的人格能够在更广阔的环境中得到成长。（图3-167至图3-169）

图 3-167　生涯教育微论坛

图 3-168　刘华霞《"人格成长生态圈"模式下的社会实践活动课程开发》研究成果在《上海教育》2018年C1期上发表

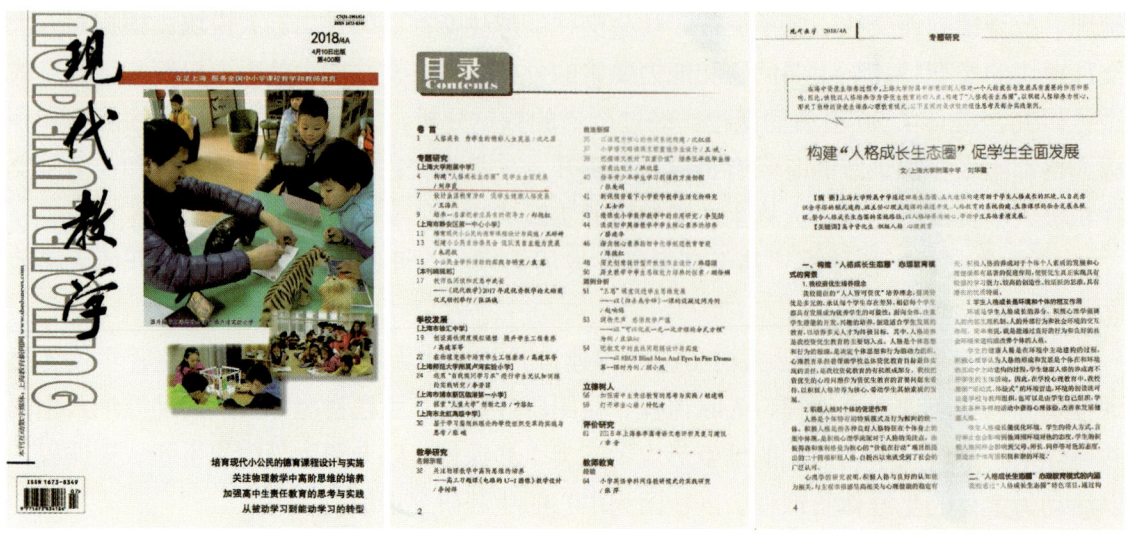

图169 刘华霞《构建"人格成长生态圈"促学生全面发展》研究成果在《现代教学》2018年第7期上发表

【纪实报道】

上大附中成为全国学校心理健康教育委员会副理事长单位

2016年4月7日,上大附中作为全国学校心理健康教育委员会副理事长单位出席了全国中小学心理健康教育特色建设与生涯教育高端论坛。其间,学校与人大附中等全国五所学校进行了名校结对。

刘华霞副校长在校长高峰论坛上作了题为《基于高中学生发展需求的生涯教育的实践研究》的报告,学校基于高考改革与学生生涯发展需求开设的三类生涯课程(以专题为导向的生涯认知课程、以活动为主体的生涯体验课程、以社团为中心的生涯研究课程)的实践研究得到了与会专家与同行的高度认可。

学校心理中心主任、区兼职教研员马晓燕老师就校园心理剧的开展与苏州中学等学校进行了校际交流。

上大附中作为上海市心理健康教育示范校,生涯教育实践走在全市前列,是上海生涯辅导项目试点学校,此次活动进一步提升了学校生涯教育在全国的影响力。(图3-170)

图3-170 刘华霞副校长在全国中小学心理健康教育特色建设与生涯教育高端论坛上发言

上大附中在全国心育高峰论坛上作主题发言并展示生涯辅导课

2017年4月，作为全国学校心理健康教育委员会副理事长单位，上大附中参加了在山东枣庄举行的"心理健康教育全员育人模式与学生素养提升高峰论坛暨第二届心理健康教育学术年会"。会上，副校长刘华霞被评为学校心理健康教育卓越人才培养计划"优秀校长"。同时，学校与河北邢台市第三中学等全国五所学校进行了心理健康教育名师名校结对活动。

在心育特色项目交流活动中，副校长刘华霞作了题为《高中资优生积极人格教育的实践研究》的发言。刘校长从研究背景入手，从学校"人人皆可资优"的育人理念出发，分享了学校近年来在这方面取得的经验和成果。与会教师和专家纷纷"点赞"并表示希望能够来上海与学校作进一步深入交流。

上大附中班主任沈雅茜向来自全国的教师展示了一堂主题为"我的未来我做主"的职业生涯规划心理辅导课。课堂上，枣庄市实验高中的学生们畅所欲言，师生交流充分，收到了良好的课堂效果，得到了与会专家、同行的一致好评。

上大附中是上海市心理健康教育示范校、上海生涯辅导项目试点学校，此次活动进一步扩大了上大附中心理健康教育在全国的影响力。（图3-171）

图3-171　刘华霞副校长被评为学校心理健康教育卓越人才培养计划"优秀校长"

心理护航，共筑成长
——高校助力附中心理健康教育

2021年4月2日上午，上大附中举行了校外心理督导师聘任仪式，由华东师范大学心理与认知科学学院应用心理系专家张麒携手助推学校心理学人才培养，支持学校心理中心的运作，为学校心理咨询工作提供指导。

张教授长期从事临床心理咨询专业教学和督导，是学校心理学教学、团体心理咨询与辅导的教学督导，在青少年与青少年工作者的营会策划、组织与实施方面有丰富经验。

上大附中党总支书记王坤玉出席仪式并为张教授颁发聘书，王书记在致辞中表示作为上海市中小学心理辅导协会示范校、上海市心理健康教育示范校，上大附中紧紧围绕着习近平总书记提出的"加强社会心理服务体系建设，培育自尊自信、理性平和、积极向上的社会心态这一目标，以学生心理健康教育与咨询为主线，从同伴交往、师生交往、亲子交往等多个维度出发，搭建学生"积极人格生态圈"。

签约仪式后，张麒教授与高一学生一同观看了第五届校园心理情景剧展演，他充分肯定了心理剧展演的意义，并针对当前青少年成长过程中人际交往的问题，为附中学生开设了专题讲座，让在场每一位同学受益匪浅。

上大附中一直致力于加强学校心理健康教育队伍建设，在师生培训、心理课程活动建设、专业能力支持等方面都开展了积极探索，不断增强学校心理健康服务水平。（图 3-172 至图 3-174）

图 3-172　校外心理督导师聘任仪式

图 3-173　华东师范大学张麒教授为上大附中学生作心理主题讲座

图 3-174　第五届校园心理情景剧展演

（二）有特色、个性化的创新人才培养

着眼于学生创新能力培养，通过教学把学生身上蕴涵的创造潜能开发出来，是学校资优生培养的重要方面。

1. 打造跨学科创新教研团队

学生创新素养的培育，不仅应该让学生学习相关的科学知识，还应该让学生学会对有关知识的整合，增强对更大范围内经济、社会政治和技术系统的了解。学校于 2015 年成立了创新教研组，一批青年教师加入了学校创新教育团队，发挥自身专业优势，指导学生学科竞赛、课题研究。科技教师与学科教师，文科老师与理科老师共同协作，通过科普活动、科技和学科竞赛培养一批在各学科专业领域有兴趣特长的学生。每学期，学校学生获市创新大赛、明日之星大赛等各级各类奖项近百项，获奖项目涉及社科类、数理化、工程等学科领域。

体育与艺术的结合，人文与科技的结合，课程教学跨越单一学科，更趋综合化，多样性。目前，创新教研组被确立为区学科基地，也为区域的人才培养发挥着积极作用。

2. 满足学生个性化培养需求

学生社团着眼于学生基本素质的提高，着眼于资优生个性的发展和创造力的提升，为资优生培养提供广阔的舞台。

满足学生个性化学习需求，进行短课程、模块课程开发。短课程是针对某一问题或主题开设的普及性课程，具有以下特点：一是开课灵活，利于学生学习；二是时效性强，针对学生的需求，及时解决问题；三是开班人数不限；四是开发方便，易于推广。学校从"学生需要什么课"为出发点，结合专家的专业方向和研究领域来设计安排短课程内容。短课程主要是专家讲学，课程以讲授、专题讲座和师生问题研讨等形式开展。课程面向全体高一、高二实验班学生和有发展需要的社团学生。

模块课程是一种形式灵活、独立性强、结构相对松散的微型课程。

模块课程主要有：工程学、软件科学、生命科学等。工程学内容包括模拟电路与数字电路基础、电子电路设计方法、单片机硬件设计、单片机汇编语言程序设计等；软件科学内容包括软件程序设计与开发等；生命科学内容包括植物学、微生物学、环境科学等。这些课程在内容编排上独立成块，具有综合性、相对独立和灵活性。学生可以根据自己的爱好特长，选择切合自己的需求与期望的不同模块进行学习，满足学生个性化学习需求。

发挥学生兴趣特长，让社团成为创新培育的孵化器。学校社团以提高创新能力为核心，带动学生整体素质的自主构建和协调发展，使学习过程成为学生不断认识、追求探索和完善自身的过程，即培养学生独立学习、大胆探索、勇于创新的能力。学校每年会根据学生需求，增设一些学生社团，如天文社、魔方社、多媒体艺术设计、辩论社等，并为每个社团安排专业指导老师。相同兴趣的学生在一起，进行专业学习。赛场上，他们团结协作，争取优异成绩，打响社团品牌，吸引更多学生的参与。他们的自主性得到充分发挥，学习更为主动。

开展以课题探究、动手创造、合作交流、实地考察、品牌活动、专业服务等支持平台为主要内涵的资优生培养活动，为学生创新意愿的实现创设条件。机电工程社、模联社、历史档案研究社、瓷乙社、乒乓球社、定向越野社、七月文学社、因特莱蒙音乐剧社、水云间合唱团等一批在市级层面具有很强竞争力的社团脱颖而出。社团让学生在活动中找到适合自己发展的路径。（图3-175、图3-176）

2018年伟长创客中心创新实验室建设完成。（图3-177）

2019年生物创新实验室和化学创新实验室建设完成。（图3-178、图3-179）

图 3-175　机电工程实验室

图 3-176　赛车创新设计实验室

图 3-177　伟长创客中心

图 3-178　生物创新实验室

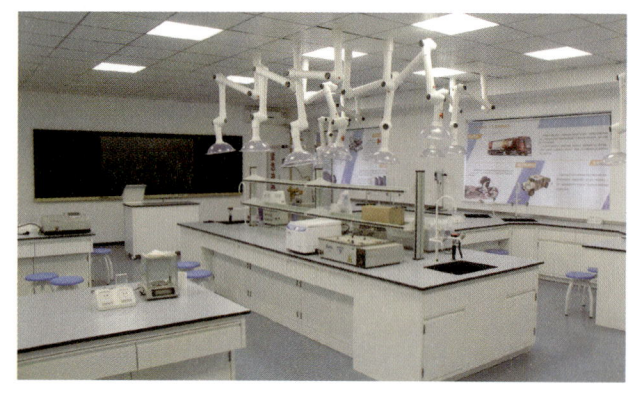

图 3-179　化学创新实验室

图 3-180　无人艇创新实验室

2020年无人艇创新实验室建设完成。（图3-180）

深入与高校对接，利用高校资源对学生进行培养。学校在高中资优生与大学创新人才培养上进行大胆尝试，扩大与高校在课程与教学方面的衔接，促进中学和大学教师的互动，组建联合进行研究的教学团队。学生共享大学的实验室、图书馆、实践站等资源；可以先修上海大学"创新中国"等通识课程，享受全国乃至世界级专家教授的讲学，大

大激发了学生的学习兴趣，拓展了学生的视界，有助于专业性向的发展。（图3-181至图3-185）

图3-181　高中、高校人工智能人才贯通培养导师聘任仪式

图3-182　与上海交通大学共建开源硬件与创客教育拓展基地揭牌

图3-183　上海交通大学专家现场指导

图3-184　学生参加高校科学营活动1

图3-185　学生参加高校科学营活动2

采用导师制，进行项目开发，形成新课题或课程。导师制是以促进学生的可持续发展为指向，承认学生的个别差异，通过个别化的教育，因人施导，促进学生的个性发展。在全面了解学生实际的基础上，为学生配备专业导师，聘请高校各学科专业领域的专家，组建校外导师团，对学生课题研究进行指导。

师生共同协商确定发展目标、学科研究方向。导师遵循学生的身心发展特点、道德水平、认知基础和发展需求，从课题选题、课题过程、实验研究、研究报告撰写及论文答辩等不同角度进行过程指导。（图3-186至图3-188）

图 3-186　开源硬件项目设计

图 3-187　人工智能初探

图 3-188　气动赛车设计与制作

3. 联盟、联合体，助力学生特长发展

联盟、联合体是注重学生创新品质和兴趣特长培养的一种校际教育组织形式。从 2011 年开始，由学校牵头，以"兴趣联盟、学段贯通、资源共享、人才共育"为原则，面向全区中小学，成立了数学联合体、化学联合体、工程联合体，乒乓球联盟、武术联盟、国际象棋联盟等多个组织。采取跨学段设计教育内容，如数学联合体的教学覆盖初高中，化学联合体的教学实现了初中高中贯通，在教学和活动的内容上形成一个大的序列，从而更切合学生的年龄和认知特点，更有层次地开展课程教学活动。（图 3-189 至图 3-194）

图 3-189　武术"一条龙"签约仪式

图 3-190　国际象棋联盟揭牌

图 3-191　工程联合体成立

图 3-192　发明协会团体成员单位证书

图 3-193　乒乓球"一条龙"签约仪式

图 3-194　上海市市级学校体育"一条龙"人才培养布局学校（乒乓球）

【纪实报道】

与上海交通大学合作共建乒乓球"一条龙"

2019年7月3日上午，宝山区与上海交通大学合作共建乒乓球"一条龙"，上海交通大学体育系和宝山区教育局、体育局、上大附中、曹燕华乒乓培训学校、杨泰实验学校六方共同签署协议。宝山区副区长陈筱洁出席签约仪式。

根据合作共建协议，宝山区教育局、体育局将协助上海交通大学体育系选择对口乒乓布点中小学，做好与乒乓布点学校的沟通工作，选派专人负责所属布点学校乒乓球运动的管理工作。同时，制定相关配套制度，为布点中小学提供"一条龙"训练交流经费、

图 3-195　与上海交通大学合作共建乒乓球"一条龙"

比赛及人员培训和招生、输送政策等保障。

早在2012年，上大附中就参与到宝山区与上海交大合作共建乒乓球一条龙项目，并培养了一批乒乓技术扎实、文化水平优秀的专业人才。上大附中积极做好"一条龙"项目的建设工作，组队参加各级比赛，并在国内、国际有关比赛中取得好成绩。此次签约，将进一步深化对乒乓人才的合作培养，开拓培养途径，提升培养效果。（图3-195）

2020起，学校推进戏剧"一条龙"及劳动教育"一体化"建设项目。采取跨学段设计教育内容，探索小学初中高中贯通培养新模式，在教学和活动的内容上形成一个大的序列，从而更切合学生的年龄和认知特点，更有层次的开展课程教学活动。（图3-196至图3-203）

图3-196　劳动教育基地校铜牌

图3-197　大基础教育集团劳动教育主题教研

图3-198　劳动教育课程展示

图3-199　劳动教育成果展示

图3-200　上海戏剧学院糜曾教授授课

图 3-201　暑期夏令营结业大戏

图 3-202　首届校园戏剧节

图 3-203　《青春不朽》剧照

探索 STEM 课程的开发，组织开展研究与学科知识相匹配的跨学科教育。通过加强校际的互动、学段间的贯通和资源的共享，共同培养跨学段兴趣特长生。学校发挥了示范辐射作用，在校园开放日、友好学校场馆进课堂等活动中的汇报演出、课程体验，得到了良好的社会反响，评价较高。

【纪实报道】

喜报｜上大附中在市运会乒乓球比赛中获多项冠军

上海市第十七届运动会乒乓球比赛暨 2022 年上海市青少年乒乓球锦标赛于 2022 年 11 月 20 日在曹燕华乒乓球馆圆满落幕。上大附中乒乓球队代表宝山区参赛，经过激烈角逐，最终获得四个冠军、五个亚军的好成绩。

赛场上，上大附中运动员们敢打敢拼，配合默契，以高超的球技与拼搏的精神，赛出了水平，赛出了风格，赢得了观众热烈的掌声，展现出了上附学子的精神风貌。

赛场边，教练赵岩、蒋克冰时而挥拳呐喊，为运动员鼓劲；时而耐心指导，指挥若定，分析对手的球路和弱点，鼓励运动员沉着应战，临危不乱。

上海大学附属中学是上海市乒乓球传统校、乒乓球二线运动队，是上海市学校体育"一条龙"人才培养体系首批布局单位，由上海交通大学体育系和宝山区教育局、宝山区体育局、上海大学附属中学、曹燕华乒乓培训学校、杨泰实验学校六方共同签署协议开展培育工作。学校制定科学的发展规划，加强区域优质资源整合和学段间培养衔接；探索体教结合培养模式，完善体育"健康知识＋基本运动技能＋专项运动技能"的教学模式，增强青少年学生体质健康和审美能力，促进体育素养水平提升；积极组织参加重要赛事，为有兴趣和潜力的优秀体育学生搭建锻炼、发展和展示的平台。（图 3-204 至图 3-206）

图 3-204　上大附中代表队合影

图 3-205　蒋克冰老师与获奖学生合影

图 3-206　乒乓球名宿徐寅生、曹燕华等到学校指导乒乓球工作

（三）国际理解在资优生培养中的实践

国际理解教育是为了培养青少年在对本民族主体文化认同的基础上，尊重、了解其他国家、民族、地区文化的基本精神及风俗习惯，学习、培养与其他国家、民族、地区人民平等交往、和睦相处的修养与技能，增进不同宗教信仰和文化背景的民族、国家、地区的人民之间的相互理解与宽容，促进整个人类与自然和睦相处、共同繁荣与发展为旨归的一种教育。

"走向国际"已是优质高中教育的必然趋势。在"互联网＋"的时代背景下，世界已变得越来越小，学校应提供学生足够多的机会去理解这个多元的世界。在资优生培养过程中，有必要借鉴国际化的教育理念，培养学生的国际视野，教会学生用全球化的眼光看世界，使学生能更加深入地理解和继承中华民族的优秀传统，这样才能在走出去后还能走回来，饮水思源、不忘初心，全力提升学生的民族认同感和自信心，赋予他们继续履行民族复兴伟大使命的能力和素养。

学校于2012年启动国际理解课程，与友好学校的合作项目不再局限于参观访问，而是逐步向课程研发、校园文化建设、课题开发等领域扩展，从更深层次、更广领域、更大范围开展合作与交流，为资优生的发展搭建更加开放的平台。

2012年2月，德国彭茨贝格一级文理中学25位师生代表来访，德国同学被安排在接待家庭中，与友好接待家庭学生一起上学、一起生活。

图3-207　赴德国彭茨贝格一级文理中学夏令营

同年7月，学生第一次跨出国门应邀到德国进行修学访问。他们受到了德方的热情接待，市长亲自会见，当地报纸也在头版报道了此次活动。此次文化交流是学校第一次走出国门正式开启了与世界各国开展的校际师生交流和教育项目。（图3-207、表3-16、表3-17）

2012年10月28日至11月4日，上大附中瑞典文化周暨瑞典库拉中学与上大附中友好交流活动在学校开展。瑞典库拉中学是一所在当地知名的优质高中，在为期一周的修学访问中，代表团全面体验上海实验性示范性高中的学习，全面感受现代化寄宿制学校的生活。11月4日下午，库拉中学校长Britt-inger Suneson女士专程来到上大附中，与卢广华校长就双方合作交流事宜交换了意见，两校签署了友好姐妹学校协议。

2013学年开始推出IB课程。本课程分为实验科学、文史类和语言类。各课程实施过程中从以下几种途径逐步培养学生的学科能力和思维能力：一是查找资料，在师生共同搭建的主题和框架下通过小组合作探究，形成小论文和研究报告；二是培养质疑和询问的精神，在学生占据主导的课堂中，与教师和其他同学平等探讨，形成自己的意识，逐步习得相关学科的思想方法；三是通过课堂讨论、角色扮演、演讲、辩论等形式，锻炼学生的语言表达能力，形成合作分享意识。（图3-208至图3-213）

表3-16　出访交流情况

序　号	时　间	项　目
1	2012年	德国彭茨贝格一级文理中学
2	2013年	瑞典库拉中学
3	2014年	德国彭茨贝格一级文理中学
4	2015年	美国小红豪斯和伊丽莎白欧文高中
5	2016年	德国彭茨贝格一级文理中学

续表

6	2017 年	美国小红豪斯和伊丽莎白欧文高中
7	2017 年	西班牙国际民间艺术节
8	2018 年	加拿大英语冬令营
9	2018 年	加拿大英语夏令营第一期
10	2018 年	加拿大英语夏令营第二期
11	2018 年	加拿大英语金秋营
12	2019 年	加拿大英语冬令营

表 3-17 来访交流情况

序 号	时 间	项 目
1	2011 年	瑞典海斯勒霍尔姆学校
2	2012 年	瑞典库拉中学
3	2012 年	德国彭茨贝格一级文理中学
4	2014 年	德国彭茨贝格一级文理中学
5	2015 年	美国小红豪斯和伊丽莎白欧文高中
6	2016 年	德国彭茨贝格一级文理中学
7	2016 年	美国肯塔基大学孔子学院
8	2016 年	美国利文斯顿高中交流团
9	2017 年	加拿大省议员
10	2017 年	俄罗斯教育代表团
11	2018 年	泰国普吉孔子学院教育官员
12	2018 年	爱尔兰中学校长代表团
13	2019 年	泰国普吉孔子学院教育官员高访团

图 3-208 俄罗斯代表团来访

图 3-209 赴加拿大冬令营

图 3-211　外国来访学生学写毛笔字

图 3-210　美国孔子学院来访交流　　　　　图 3-212　赴美国参加交流活动

图 3-213　赴西班牙参加国际民间艺术节活动

【纪实报道】

上大附中学生代表赴韩国济州岛参加2019第10届济州岛国际青年论坛

2019年10月31日至11月4日，受韩国济州岛特别自治道教育厅的邀请，上大附中选派4位青年学生代表赴韩国济州岛参加2019第10届济州国际青年论坛。

论坛上，上附的四位学子和来自各国的青年代表围绕预防青少年校园暴力行动、国家软实力在打击意识形态极端主义和恐怖主义方面的作用、青少年性别平等与反对暴力行动和减贫与建设和平的全球责任四大议题展开激烈的讨论，对其产生的原因、解决的途径充分表达了他们的意见，并用丰富的形式将讨论结果进行汇报。

同学们以流利的英语和独特的见解展示了上附学生的风采，大家的表现受到了主办方和其他国际友人的高度赞扬。其中，吴潇哲同学代表所在小组发言，呼吁更多的青年人关注世界贫困问题，发挥青年人的力量，给每个人创造有尊严的生活环境。

文化之夜晚会上，上附学子精心准备，以舞台剧的形式演绎了中国典故《庄周梦蝶》，如梦如幻，惊艳四座。

本届论坛是由韩国济州岛特别自治道教育厅、联合国训练研究所济州培训中心（UNITAR CIFAL Jeju）联合主办，旨在为全世界的青少年提供交流平台。活动共有来自中国、韩国、美国、日本等8个国家29个城市的青年代表参加。

论坛让上附学子与各国青年学生进行交流，感受了浓郁的国际氛围，拓宽了国际视野，提升了跨文化的沟通能力。

一直以来，上大附中通过开设国际课程、开

图214　与国际学生开展小组讨论

图215　学生代表赴韩国济州岛参加2019第10届济州岛国际青年论坛

展国际交流等形式，致力于培养具有国际理解力、国际对话力、国际竞争力的青年领袖，让今日培养的青年可以承担起明日国家和民族的未来！（图3-214、图3-215）

【纪实报道】

立志从医，圆梦北大
——上大附中苟旭被北京大学录取

2021年高考，上大附中又传喜讯，苟旭同学被北京大学录取。这也是自2017年新高考改革以来，附中学子连续四届考入清华和北大。

一直以来，苟旭同学就有一个医学梦想，并努力朝着梦想而前行。她知道，医学梦想的实现，需要多方面的素养基础，知识渊博、学习创新，积极乐观、坚韧不拔，敢于担当、沟通协作，胆大心细、心灵手巧……

丰富课程，助力综合素养提升

进入上大附中后，学校丰富多彩的课程设置，为苟旭能力素养的提升创设了条件。在基础课程之外，苟旭根据自己的兴趣爱好和性格特点，参加了很多社团，各方面的能力得到培养和锻炼。在手工社的各种活动中，她与同学们互相交流合作，动手能力越来越强；在经典电影赏析社各类经典影视作品的熏陶下，她的审美能力、思维品质、知识面得到了很大提升。

化学创新，明确专业目标方向

想要成为一名医生，化学的学习必不可少。各门学科中，苟旭特别喜欢化学，她在这方面投入了很多的时间和精力。她还喜欢参与各类创新活动，高二时，她参加了上海市青少年科技创新大赛，在老师指导下，她和课题组同学合作，他们的科技创意项目"稻壳二氧化硅的制备及其在牙膏中的应用与检测"荣获上海市二等奖。这些活动赛事，激发了她在化学、科技创新方面的兴趣和特长，也进一步明晰了她的学习方向。

温馨和谐，校园氛围更添学习动力

生活中难免会有迷茫与困惑，而高三的学习节奏是紧张的。幸运的是，在附中，有热情友善的同学、可亲可敬的老师。是他们，让苟旭的紧张情绪逐渐消除，在她遇到困难时，帮助她从挫折中勇敢站起来，重塑信心。特别是在紧张的复习冲刺阶段，各科老师给予她帮助与信心，使她在学习之路上不会迷失方向；身边的同学不断加油鼓励，成为她高三生活坚实的后盾。而她，也尽自己所能，帮助其他同学，一起奋斗，一起进步！

上大附中的学习与生活，为苟旭搭建起高稳的平台，助其成长，圆梦今夏。2021年高考中，苟旭取得了优异的成绩，如愿考取了情有独钟的北大医学院。她朝着自己的医学梦想又迈进了一步！

毕业感悟：

母校为我提供了平台，让我见识到更广阔的天地。丰富的主题教育活动，引发了我对个人、社会、国家的思考，激励我要做一个对社会和国家有用的人。惠鹏主任的鼓励打气，班主任陈颖老师毕业典礼上自编自唱的《飘向远方》，韩红卫老师日常的贴心关怀，秋红老师课上的小故事，孙泓老师的欢声笑语，都将成为我一生中最宝贵的记忆。

毕业留言：

学弟学妹们，希望你们在高中的生活和学习中，静心沉气，找对方法，积极思考，调整心态，付出努力，坚持不懈，最终实现梦想。当然，在附中的校园里，也要积极培养自身兴趣，尝试不同的选择，慢慢摸索未来人生的方向，他日面对选择时才不会感到迷茫仓促。

座右铭：

一个真实的现在可以创造无数个美丽的未来。（图3-216、图3-217）

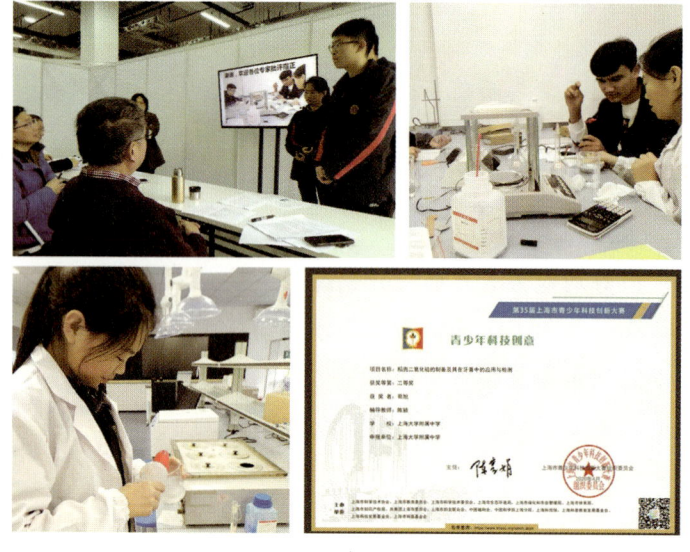

图3-216　苟旭参加课题研究并获奖

图3-217　苟旭毕业前和同学合影

2019届毕业生风采录（一）

北京大学张誉文

2016年9月，张誉文同学进入上大附中就读。学校"明德·致远"的校训、"学会做人，学做学问"的育人目标深深影响着她的成长。

学校从高一到高三对每位同学进行生涯规划教育，为学生个性化发展提供机会，激发学生进步的动力。这种氛围中，张誉文在班主任老师的指导下，其目标逐渐明晰，并更趋科学合理，尤其是对于大学和自己的乒乓球专业，更是有着自己的追求。从一开始的上海"985""211"高校目标，到进入高三后，梦想将来能够到北京大学的邱德拔体育馆训练和学习，她将此目标贴在教室的墙壁上以激励自己。

张誉文说，高中语文课本中有一篇《我所认识的蔡孑民先生》，给她留下了深刻的印象，蔡元培先生的"精神自由、兼容并包"的思想，北大学府文化的内涵和特质是她所向往的。

高三阶段，在学校和班主任邓珊荣老师个性化的升学规划指导下，张誉文确定了报考北大的目标，决心挑战自己，实现自我价值。北大对乒乓球的成绩有要求，同样，对文化学习成绩也有较高要求，只有乒乓球成绩和文化学习成绩两者同时达标才能被录取。学校领导与曹燕华乒乓球学校经常沟通，专门为她制订比赛和学习计划。

在上大附中，张誉文的课程表有点特别，除了与同学一起在教室听课，下午、课间基本上都安排了一对一的课程。当遇到学习困难时，老师们为她鼓劲加油，帮助她调整学习状态，激励她把体育竞技精神用在克服学习困难上，能够平和地对待打球和学习的双重压力。在高考送考时，任课老师们都给予她温暖的拥抱和祝福。张誉文感受到：老师们在我身边，与我一起冲刺高考！

图 3-218　张誉文参赛照

高中以来，学校给张誉文提供了各种锻炼进步、展示自我的舞台，她多次参加各项大赛，通过艰苦的训练和极佳的技艺和心理素质，先后获得了第十九届全国中学生乒乓球锦标赛高中女子单打冠军、上海市第十六届运动会女子A组双打冠军、首届上海市校园乒乓球积分巡回赛女子单打冠军等优异成绩。

经过学校个性化的培养和自身的刻苦努力，张誉文在北大高水平运动员招生测试中，体育、文化课、面试成绩都顺利过关，并取得了第二名的好成绩。她选择了国际关系学院国际政治专业，想要成为一名外交官。未来可期！

从"明德·致远"的上大附中，到"勤奋严谨·求实创新"的北京大学，张誉文同学一定会走得更稳更远！（图 3-218）

2019届毕业生风采录（二）

开发领导力，从这里出发

现代社会需要什么样的中学生？中学生展示的特征，应该是青春活力与才能素养兼备；"克服困难"甚至是"克服质疑"；能承担起中华民族伟大复兴的重要使命……一个人的领导力无论是对促进社会发展还是成就个人幸福生活都至关重要。高中阶段是学生自我意识发展和个性成熟的关键时期，上大附中着力培育、促进和激发学生身上向上尚学的领导力，包括积极的人生态度，主动学习、主动帮助他人的服务意识和社会责任感等。

蔡龙昊

学校学生会主席，宝山区学生联合会主席，共青团上海市第十五届代表大会正式代表，被评为2018年度全国"最美中学生"。

附中带给我的最大收获是责任与担当。在学校的支持下，我与伙伴们组织了"星期音乐会""'职'面未来"职业体验活动、纪念"一二·九"红歌大赛等，并创办了宝山区第一个由学生会自主创办的学生会公众号。

从模拟联合国、模拟政协，到作为宝山学子代表置身于共青团上海市十五届代表大会的现场，从研究"学习共同体"这一学习方式到探索家庭医生工作制度，我将目光更多地关

图 3-219 蔡龙昊

注到了我们身处的社会和时代，思考着如何更好地发出属于我们的声音，以奋斗之我、青春之我，为实现中国梦贡献自己的青春力量。

在老师的指导和鼓励下，我参加了创新大赛、中国好问题大赛、上海市古诗文创作大赛、上海市创客新星大赛等各类赛事，站上了上海电视台的荧幕，分享我的科创经历。

目前，我已通过综评被华东师范大学录取。

学校教育不在于向学生传授、灌输领导力知识，而是让学生在完成项目任务的过程中，感受作为人的责任，发展潜在的为公众事务、社会事业有所作为的使命意识，以及实现使命的领导力。教师适时、及时地对学生展示的领导行为予以表扬和肯定，增强学生的信心和成就感，使其不断寻求新的尝试和挑战。（图 3-219）

杨辰子

学生会干部。高中三年，在艺术比赛、模拟政协、时政大赛、模拟联合国、未来杯等项目活动中屡获佳绩。

图 3-220 杨辰子

暑假时，我参加了青年马克思主义基本理论读书班，成为"马读班"副班长，并获得了优秀学员的称号。这段经历让我对工作与生活有了更深的理解与感悟。

高一时，我担任班长一职，积极组织开展各项班级活动。

高二时，我担任学生会副主席，与学生团队一同创立了学生会微信公众号，并担任多期推文的策划与文案。在参加上海市示范性高中学生会主席论坛时，我代表学校进行了有关校园新媒体的主题演讲。

学生管理工作经历，让我养成了开朗自信的性格；策划主持多项校园大型活动的经验培养了我良好的口才与创新素养；多次社会实践的积极参与让我拥有更加开阔的视野。

目前，我已通过综评被上海交通大学录取，并凭借面试高分如愿进入第一志愿传播学专业，实现了自己的梦想。

项目学习方式是领导力培养的重要途径，学生在真实的项目实践和团队工作中能够有效提高领导效能、合作技能、沟通与决策技能等，促进群体领导力和自我领导能力的发展。（图 3-220）

夏馨婷

高中三年，担任班长和学生会干部。

高一在学生会中任职，在一次次组织活动的过程中不断历练，最后成为能够独当一面的生活部部长，并且多次被评为优秀自理团干部和三好学生。

高二，参加了青年马克思主义基本理论读书班，大大提升了自己的政治素养。

三年高中生活，学校为每位同学提供了各类社会实践机会。暑假期间，我在宝山区少年宫参与挂职锻炼活动，作为活动部助理，不仅学习了管理方法和沟通协调技巧，更感受到了一份社会责任。

除了在学生领导力方面获得了培养，在学科竞赛指导方面我也受益良多。我曾在钱寒静老师的指导下，获得上海市中学生应用数学竞赛二等奖，还与伙伴们组成团队，在上海市中学生数学建模比赛中获奖。

目前，我已通过自招被上海外国语大学录取。

在上大附中，领导力培养使每位学生的领导自我效能、团队工作、沟通与决策、理解自我都得到了很大提升。学校培养的领导力是一种以对团队、公众、社会、人类、事物的正义感、责任感、使命感为价值取向，以学习力、决策力、组织力、执行力、感召力为核心能力要素，彰显学生进行团队领导和自我领导的人格魅力。（图3-221）

图3-221　夏馨婷

陈怡洁

在校期间，担任班长、学生会生活部干事等职务。

学生会管理工作使我的能力得到提高。我负责班级心理剧的排演、学农表演的策划以及职业模拟的筹划等工作，策划活动的过程中，遇到了不少困难，但正是成功解决这些困难的过程使我的领导力得到提升，使自己逐渐自信。

为了做好学生会生活部干事一职，我从自身着手，勤打扫寝室卫生，并连续两年被评为"宿舍优秀个人"。与此同时，我每晚协助宿管老师完成查寝工作，保障住宿同学的安全与秩序。

此外，我在学校提供的各项平台中得到了锻炼，如参加瓷乙社，通过理论学习与实地考察完成课题；担任禁毒博物馆志愿者、OM头脑奥林匹克大赛志愿者；在上海大学招聘会中进行采访等，以此提升自己的研究、交流沟通等综合能力。

目前，我已通过综评被上海财经大学录取。（图3-222）

图3-222　陈怡洁

学生会的日常自主管理，是领导力培养的一个常态化载体。学校教师引导学生通过例会来分享、总结工作经验，反思或提出自己的困惑，进行研讨解决。在此过程中，学生个体的主观能动性被充分调动，提出的解决办法往往比较有针对性。

学生综合素质的提升需要适合的校园环境氛围和活动载体。学校注重学生领导力培养，通过理论学习、愿景共振、民主竞选、就职演讲、头脑风暴、团队沟通、寻求资源、社会实践、故事演绎与领导力、讲演与领导力等活动载体，帮助提升学生的领导力水平，为其后续发展提供良好的支撑。

2019届毕业生风采录（三）

关注每位学生的学习经历

关注每位学生如何拥有学习知识的方法，通过哪些途径支持学生构建起个人知识，并注重知识传递过程中的创造性？上大附中以学生为主体，丰富他们的学习经历和学习经验，提升他们的持续发展力。

徐昭旸

学校寄宿制环境，无时无刻不在为我们提供良好的学习氛围。早上七点刚过，沐浴着晨光，我们精神饱满地用早读开始一天的学习生活。高中的课业负担并不小，但我丝毫没有感到乏味，这得益于老师生动丰富的课堂讲学，得益于关注学业成绩与综合能力发展而开设的各种社团活动、通识课程等。每天晚上，同学们安静地在自修教室完成当日的作业、进行有针对性的复习。身处其中，却也能够收获一份在书房中的恬适，这种"宁静以致远"的学习环境正是我所喜爱的。

当然，学习是艰苦的。在高三成绩波动的那段时间里，我也曾陷入低谷，学校安排一对一的导师指导，深入了解我在学习方面的不足之处，并为我定制个性化的提优方案。这也增强了我的自信，培养了我积极面对困难、持续努力的学习态度。在学校的帮助下，我的成绩愈发趋于稳定，且较之学期伊始有所长进，最终在高考中取得了满意的成绩。

图3-223　徐昭旸

目前，我已通过综评被上海交通大学录取。

学习结果取决于行为，而行为取决于态度。是否能够具有持久的学习力，在很大程度上将取决于学习态度，其中包括积极、乐观、勤奋、毅力、坚持、专注等因素。当学生经过苦读顺利走进向往的大学以后，就会产生一种感触：他们已经不再惧怕任何困难，因为他们在高中学习中已经受了锻炼，养成了对学习的态度。（图3-223）

陆安诚

多经历、多方式的学习，培养了我的学习兴趣。

课堂上，我尝试运用共同体的学习方式，在学习共同体领航班级试点研究项目中，荣获第一批"领衔学者"称号，并在《中国教师报》"师道无为，生道有为"专栏发表了文章。课堂上的分享交流和公共对话，也为我后来的面试打下了扎实的基础。

三年的高中生活，我先后加入机器人社、无人机社、瓷乙社，参加研究性课程学习，参与多项比赛与实践活动；参加加拿大英语冬令营，体验异国教育；也多次参与学校组织的"走进大学"、大学社会科学冬令营等实践活动。这也坚定了我的大学专业发展方向。

在学校的个性化培养和指导下，我的学习热情与效率不断提升，目前，我已通过综评被复旦大学录取。

学习不应只为了拿高分而拼命苦读。上大附中的教学，是让学生先对自己有一个清醒的认识，知道自己最喜欢、最适合哪种学习方法。要知道，只有利用自己感觉最舒适、自己觉得最有兴趣的方法，才能把自己从学习中真正"解放"出来，才能极大地提高学习效果。（图3-224）

夏佳怡

学校为学生制定个性化的学习方案，让我们特长能够得到很好的发展。

假期，老师会在线上进行辅导；高三，市级专家一对一指导学习解题思维。在春考英语取得不错成绩的基础上，我空出额外时间加强其他学科的学习，学科老师帮我解惑答疑。

图3-224　陆安诚

在上大附中，你总能找到适合自己发展的项目。高一时，我参与了生物拓展课程，提前接触到普通生物学，并斩获全国中学生生物学联赛三等奖，这让我坚定了自己对于学医的志向。高二时，我参加了瓷乙社，实地考察，亲手制作，查阅文献，最后使自己的研究形成课题。这些都是我日后开展进一步学术研究的宝贵经历。

个性化的学习经历，使我的学习方法和知识储备都有显著的提升。目前，我已通过综评被复旦大学上海医学院录取。

教育是一个对人教化育导的过程，传道、授业、解惑是教育的基点，让优秀的孩子更卓越，让平凡的孩子更优秀，这是教育的功能。给学生提供相应的学习环境，营造适合其发展的土壤，让每个孩子获得学习的方法和经验，成就其个性成长。（图3-225）

图3-225　夏佳怡

罗沁怡

在上大附中我遇到了改变了我一生的老师。班主任老师的关心和鼓励，让我找准了自己的定位，敢于制定远大的目标，并且为之努力，无惧难题；各学科老师的资优教育和悉心指导，让我的学业成绩愈发优异，拥有了实现梦想的资本；心理老师的沟通和疏导，让我在迷茫时找回方向，重拾信心。

高三时，学校还为每位同学提供了一对一面谈辅导，了解我们的困惑，并提供针对性的解决建议。这也使我再一次明确了目标，坚定了信念，尽最大的可能提升自己的能力。

在上大附中，我收获了成长。在可期的未来，我仍会记住伟长精神，"无名无利无悔，有情有义有祖国"，走好人生的每一步。

目前，我已通过综评被复旦大学录取。（图3-226）

人能走多高首先取决于是否找准自己的目标，只有选准方向，才能持久稳健地走下去。学校帮助学生在学习中确立一个清晰的

图3-226　罗沁怡

目标，并为实现这个目标而学习，此时，学生的学习就与人生目标联系起来，学习就成了有趣的、能够决定自己命运的最紧要的事。只有这样，学生的学习才是主动的、自觉的。

秉持"人人皆可资优"办学理念，学校通过各种方式，为学生提供更为适宜的教育环境，让更多具有潜质的学生"冒"出来，以适应建设人力资源强国、培养多样化人才的需要，适应学生个性发展和终身发展的需要。

2019届毕业生风采录（四）

科技筑梦　创新成长

不是每个孩子都热衷于探索、创新，但上大附中的这些孩子，不仅在高中阶段热衷于科创，而且通过高校自主招生，进入自己心仪的校园，续写自己科创之路。为什么他们能积极探索，勇于创新？

杨仕初

全国中小学电脑制作活动一等奖，全国青少年信息学奥林匹克联赛二等奖，上海市青少年科技创新大赛二等奖，2017上海未来工程师大赛"AI时代——为机器装上'听觉'"项目一等奖……

图3-227　杨仕初

进入高中后，学校多元化的课程、专业的导师，使我对工程学产生了更为浓厚的兴趣。在汪玥辉老师带教下，完成了"基于视觉暂留的LED跳绳"项目的研究，不少公司还抛来了橄榄枝，有意开发产品。此项目在2017年上海国际技术进出口交易会上参展。

我还参加学校与高校联合举办的创新人才冬令营；学习了大学先修课程，与知名学者零距离对话，由此对算法更为着迷。在学校NOI指导员田露满老师的指导下，我参加了全国青少年信息学奥林匹克联赛，并决定将来致力于计算机科学领域。

由于在各类科创竞赛中的突出表现，我获得了华中科技大学自主招生预录取资格。

目前，我已被华中科技大学信息安全专业录取。我将凭借自己的计算机科学知识为国家网络空间安全献出一份力。

学校关注科技创新前沿成果，提供丰富的课程供学生选择，满足个性成长。通过讲座、微课程、导师团以及社团授课等指导方式，在多领域多方向的学习活动中，培养学生的科学态度和科学精神，同时帮助学生向专业性发展。（图3-227）

秦斐然

全国头脑奥林匹克大赛一等奖，"小区车位分时租赁系统"获上海市创新大赛一等奖，"语音识别照片管理"获同济大学科学营最佳执行奖，"3D打印废料回收再利用装置"获全国电脑制作三等奖，"语音智能镜"获上海市发明创造金奖……

出于对计算机的兴趣，我参加了机电工程社。在参加了全国OM大赛后，创新意识便在我的脑中扎下了根。我发现将计算机技术和创新意识融合在一起，创造更科学更美好的生活是一件多么有意思的事！在老师的指导和队友的合作下，一个个创意在埋头苦干、反复实验、坚持不懈中接连诞生，获得了不少发明奖。

我为《中学科技》撰过稿；在科学峰会上作专题发言；在上交会和长阳创谷发明展上展演作品；参加市优秀发明赛和同济大学夏令营并获"优秀营员"称号……

图 3-228　秦斐然

创新思维和工程技术的锻炼丰富了我实践经验。为延续自己的科创之路，我选择了上海科技大学，看中的是上科大雄厚的师资力量及国际化办学。上科大的学生培养模式比较独特，其采取的是学院+书院的协同培养体系，专业能力培养在学院，综合素质培养在书院，会有教授导师与本科生结成小组，定期会面交流指导。这与上大附中导师制团队的工作相契合，在师生协同探讨中，激发灵感，创新创造。

在面试中教授对我的发明创造十分感兴趣，对我的协同合作能力十分肯定，对我能用英语应答十分称道，最终取得了A等30分的成绩。目前，我已通过自招被上海科技大学录取。

自主选择自身感兴趣的课题，在教师的指导下按照研究型课程内容进行研究活动。学校系统、科学、可持续发展的课题指导团队，开展多种组织形式的课题研究指导，帮助学生实现心中的创造梦想。（图 3-228）

周致君

全国中小学生电脑作品制作活动一等奖，上海市青少年科技创新大赛的三项一等奖、六项专项奖，"明日科技之星"称号，"明天小小科学家"上海赛区一等奖，上海市优秀小研究员……

高中阶段，我参加了学校的机电工程社团，学习了制图、建模、机械设计、编程等技术知识，并参加了上海市青少年科技实践工作站，学习并了解了3D打印工艺的相关知识和技能。

假期中，我参加了全国青少年高校科学营同济大学分营、学校与高校联合举办的伟长学科冬令营等，并积极参与未来工程师、创客新星等各种创新类赛事，主动担当团队的负责人，与同学共同完成了跨学科的项目"小区空闲车位分时租赁系统"，独立完成了机械类的课题"仿生机械尺蠖"。在各种比赛中，我结识了优秀的同龄人，和知名高校的专家对话，在参加创新创业模拟和国际技术进出口交易会中与企业负责人交流，开阔了自己的眼界并明确了自己未来的发展方向。

图 3-229　周致君

丰富多彩的科技课程活动让我大开眼界，每一项都那么吸引眼球。凭借着学校提供的高层次平台以及自己在活动中培养的综合能力，我通过自招被北京理工大学录取，将在大学继续我的科创之路。（图3-229）

以研究型课题活动为主线，学校出台了诸多配套跟进措施，成立了校内外的创新指导团队，并和各大高校成立学生创新实践基地，学生可以领略高校的科研魅力。各类科技大赛比拼、创新实践活动交流，为学生的创新活动搭建更宽广的平台。

"面向全校学生，有科技创新课程；对于有科技特长的学生，可以根据自己的特长，选修科技类课程。"科创，为学生插上了飞翔的翅膀。他们用激情和活力、用聪明和才智在科创的舞台上尽情演绎风采，以睿智的科学思维和敏锐的科学眼光，积极地实践、勇敢地创造，并不断享受参与的过程，锻炼自己的活动组织能力，在创新活动中获得认同感和成就感。科学的种子已播撒在了校园的每个角落，播撒在上大附中学子的心田，不久的将来，种子会成长为创新的大树。

2019届毕业生风采录（五）

规划人生，演绎精彩

从初中到高中，不少学生可能会陷入迷茫，高中的科目多、要求高，面对更多的不确定，有更多的选择权，如果学生对未来的发展方向不明确，一旦迷失，就需要承担巨大的选择风险。因此，学会规划自己的高中生活，制定高考目标，继而明确人生方向，对于高中学生来说，至关重要。

范维灏

进入上大附中，使我的自身认识更为清晰，目标定位更明确，英语学科优势得到长足发展。晚自习做完作业后，我开始阅读英文原著，积累词汇，参加了托福考试，并取得了阅读满分、总分109分的成绩，检验了自己英语能力。高二时候，我参加了学校的美国游学课程，并在"走进大学"活动中深入了解了上海纽约大学的情况，激发了报考上纽大的愿望。春考前，我开始准备报考申请书，与来自上海"四校"、衡水中学、清华附中等国内一流高中的学子一起面试，最终取得A档预录取与奖学金。上大附中多元化课程、自主管理模式、丰富的实践体验，都给我成绩的取得提供了坚实的保障与广阔的舞台。

目前，我以584分的高考成绩被上海纽约大学录取。

优秀的人，对于自己的学习和生活都是有着清晰的目标和规划，懂得如何利用时间、确定学习内容、按计划有步骤地进行学习。学校分别从"认知、体验、研究"不同学习方

图3-230　范维灏

式和维度进行生涯课程梳理，根据课程类型制定各年级的课程目标，这有助于学生通过生涯课程，丰富体验，增加历练，在实践中明晰自身优势，确定未来目标。（图3-230）

吴月棋

一进入上大附中，我就参加了编程特色社团，研究的课题在上海市创新大赛中获奖，还获得了全国电脑制作大赛二等奖，这也为后来的大学申请助力不少。

高二生涯课程活动，使我开始关注昆山杜克大学。杜克大学是一所鼓励多样性、开放性和创新性学习，致力于培养成具有国际视野的领军人物和世界公民的新型大学，其"激励学生掌握严谨的学术课程，激发创新思维"，正是我所看中的。上大附中"走进大学"活动，给了我了解它的机会，更我坚定了"这就是我所想要的大学"的想法。借此机会，我深入了解了昆山杜克大学的申请要求。从那时起，我就开始准备申请材料，之前的科创经历，在申请者中也让我更有竞争力。因为较早进行升学规划，我在高三时没有出现选择众多、不知所措的问题。

图3-231　吴月棋

这一切，得益于学校组织的特色活动、规划课程，以及我心中的目标。目前，我已通过自招被昆山杜克大学录取，并获得了奖学金。

实践活动是高中生涯教育的重要路径。以活动为主体的生涯体验课程是上大附中师生这几年共同开发的重点课程，也是最深受学生喜爱，最能激发学生自我意识、人际交往、团队合作、创新创业等能力的体验课程。在各类课程的配合中，学生能力与优势得到进一步的提升。（图3-231）

佐藤里诺

高中的学习生活必然是紧张的，但学校提供了很多课程、活动来满足我们兴趣、特长的发展，增加历练机会，也使我明确了努力和追求的方向。

我参加了"爱乐社"，个人的钢琴特长得以发挥，在学校合唱队荣获上海市一等奖的那场比赛中担任伴奏。我也曾参加2018肖邦国际青少年钢琴（中国业余）公开赛，并获得上海赛区少年B组银奖。志愿者活动是附中学生不可缺少的经历，如果说钢琴让我锻炼了胆量和合作精神，那么志愿者活动让我懂得倾听和交流，让我收获耐心与恒心。

刚进入高中时，我和很多同学一样，对未来是迷茫的。但是高一的职业体验和职业模拟活动，却成了我未来目标的转折。职业模拟活动中，我选择了中医方向，就在那次活动中，我对医学方面产生了浓厚的兴趣，由此我在升高二时选择了化学学科。

图3-232　佐藤里诺

高二"走进大学"活动中，我又了解了高校的专业设置情况，这也使我意识到自己确实想走医学专业方向。于是，我开始查找各所大学的医学院，包括医学院中的专业分类，最终决定报考口腔医学。

目前，我已被上海交通大学医学院录取。（图3-232）

高中生生涯发展需求大致有三个方面：自我发展的需求、学业规划的需求、职业探索的需求。其中学业规划与职业探索是紧密相连、互为一体的。现代生涯教育不仅仅涉及职业生涯的指导，更关心如何帮助学生学会思考"过一种怎样的人生"。既要着眼当前，使学生顺利升入理想的大学或走向社会；也要放眼未来，为他们将来能够更好地适应快速变化的社会奠定坚实的基础。

学校成立生涯规划微团队，适应学生发展的需求，通过多种形式为学生提供了了解高校专业、未来职业和自我发展的学习途径。通过职业模拟情景剧表演、职业论坛、人物传记征文等活动，引导学生进行自我表达、自我感悟、自我设想，了解职业特点，规划未来。

生涯规划定目标，个性辅导助成功
——继北大张誉文后，上大附中再出清华李萧卉

李萧卉，2019届高三（7）班学生，高考考入清华大学土木类专业。

附中初印象

踏进上大附中大门，给我的第一印象是校园环境非常幽静，满目是郁郁葱葱的绿色。校园中有竹林、池塘等安静闲逸的休息场所，有设施设备齐全的学习场馆。宿舍的配置更是不用说，四人一间，上床下桌，还有独立卫浴，每间宿舍都配有空调和风扇，在保证大家拥有足够的学习空间的同时，又饱含了家的温馨。

丰富的课程，提升综合能力

我的印象中，高中的课程可以用丰富多彩来形容，除了基础课程，还有很多拓展类、研究类课程，心理课、口语课、IB课、丰富的社团等等。我在高中参加了动漫社和篮球社，一动一静、一文一武，既满足了自身的爱好，又锻炼了自己的能力。动漫社，让我的审美能力得到提升，让我学会静下心投入做事；篮球社，锻炼了我的反应力，培养了团队合作能力。

丰富的课程，让我们拥有扎实的知识基础、健康的身心、高雅的艺术欣赏能力和开阔的眼界，也在繁忙的学业中增添了活力。在这里，总有适合自己的课程和活动，每个人都能够拥有属于自己、适合自己的选择。

生涯规划教育，明确奋斗目标

记得高二寒假，我参加了唐君远教育基金会优秀学生冬令营，在一流大学里的丰富活动，培养了我的协调组织能力，还大大激发了我的名校梦，参加活动后，我的奋斗目标更加清晰，拼劲也更足了。

回想高中阶段，学校开展了很多的职业模拟、职业体验活动，"走进大学"等实践活动，指导我们开展社会课题研究，有效地拓宽了我的视野。在活动中，让我了解到不同行业的特点，了解高校的特色、专业的设置，也让我开始反思自己的现状：我想考什么学校？未来我想从事什么职业？现在的我能否实现自己的理想？

于是，我开始给自己设订奋斗目标，梳理自身优劣势，向老师征询建议，制定学习计划，并朝着目标不断前进。随着高考的临近，我的名校梦，也在老师的帮助和自身的努力下，正越来越清晰，越来越真实。

一群可爱可敬的人，助我实现梦想

第一次离家住校，心中难免有些紧张，但在这里，我遇到了热情友善的同学和关爱我们身心、专业能力卓越的老师，因为他们，我的紧张情绪逐渐消除，取而代之的是安定和幸福。

学习的过程，总有些曲折坎坷，但身边的这群可爱可敬的人，帮助我渡过了难关。记得高二的第一次期中考试，我的成绩波动很大，退步到班级的倒数，当时，自我怀疑、自我否定，种种负面情绪充斥着我的内心。但老师们却没有放弃，他们更加关心我，耐心地解答难题、时常鼓励，同学们也会开导我。在大家的共同帮助下，我的信心又回来了！

图 3-233　李萧卉

到了关键的高三，老师的教学方法更具有针对性，各科老师对处于不同层次的同学进行不同复习方法的指导。语文老师和英语老师的作业面批，数学老师的专题小卷子，班主任老师时常的谈心，这些个性化的辅导、日常的关爱和帮助，让我在高中的学习过程中不断汲取能量，实现梦想。

"如果说我在高中求学路上还获得了一些小小的成绩的话，我觉得和学校的学生培养理念、课程设置，和教师的专业、敬业，和同学的热情、友善，都是分不开的。学校关注每个学生，不仅注重学业成绩的个别化辅导，也注重综合素质的培养，挖掘我们身上的潜力和闪光点，并不遗余力去帮助每一个梦想成功、愿意努力的人。现在，我已离开母校，踏上新的人生旅程，但我不会忘记这段美好的高中时光。"（图 3-233）

圆梦北大，遇见更好的自己
——记上大附中 2020 届毕业生段蕾

得知自己被北京大学预录取的这天，段蕾激动得流下了眼泪。

三年前，作为体育特长生的她，带着梦想与憧憬走进上大附中校园，而今三年之期已毕，站在新的起点回顾过往点滴，良师益友已兼得，拼搏勇气亦收获，前行道路，无惧风雨！

一直以来，无论是学习还是训练，段蕾都对自己有着严格的要求。打破"体育生文化课肯定不会好"的传统刻板印象，成为一名优秀的学生运动员，是她前进的动力。背"两个书包"前行必然是一趟艰辛的旅程，但凭借学校全方位搭建的平台和自身坚持不懈的努力，她做到了。

皆可资优，找到最初的自己

上大附中秉承"人人皆可资优"的教育理念，发现每一个学生的优势，激发每一个学生的潜能。在段蕾的专业发展道路上，无论是训练导师的安排，还是学科课程的设置，都制订了个性化的培养计划。除此之外，课外拓展、生涯规划、社团活动，也对段蕾的成长起到了推波助澜的作用。高一的职业体验，去乾溪幼儿园体验幼儿园教师的一天，让她充分感受到了做老师的艰辛；高二的"走进大学"，和同学们一起参观了交通大学，高校厚德博学的学术氛围，独立自由的文化气息，让她沉浸其中。也是从那时起，她立志要通过自己的

图 3-234 段蕾参赛照

努力考上"985"；高三的18岁成人礼，作为上大附中的学生代表，她在发言时说，三年的高中生活，附中提供的不仅是一个高起点的平台，更是人生道路上一个能够让她尽情绽放、超越自我的舞台。

磨砺意志，突破现有的自己

刚刚进入上大附中的她并不太适应高中生活的节奏，第一次月考排在年级300名后。但她并没有气馁，而是越发顽强拼搏，加之学校的学业指导及科学的管理制度，使之养成了良好的自主学习习惯，高一期末成绩一跃进入年级前10%。在学习和训练中忙得不可开交是她生活的常态，但每当想到自己的目标，她总能咬紧牙关，坚持下来。为了保持手感和竞技状态，她利用课间操、午休和自修课，去学校体育馆训练。作为学校乒乓球队的队长，段蕾勇于承担职责，带领队员共同拼搏、共同进步，同时，遇到队员学习上有困难时热心、耐心地帮忙解困，她既是同学们的好伙伴，也是老师的好助手。2018年，她还被评为宝山区"百优美德少年"。段蕾曾多次代表上大附中及宝山区参加比赛并取得优异成绩：2018年上海市中小学生积分总决赛单打第三；2019年全国中学生乒乓球锦标赛双打第二；第十六届上海市市运会上代表宝山区获团体第二。她说，不是不曾陷入低谷，不是不曾迷失方向，不是不曾自困自扰顿足不前，只是不愿满足现有的自己。

圆梦北大，遇见更好的自己

高三，对段蕾而言是极具挑战的一年，既要准备各所大学的高水平运动队测试，又要备战高考。尤其在备战北大高水平运动队测试期间，学校不断和曹燕华乒乓球学校沟通交流，制订有针对性的学习、训练计划。最终，在北大高水平运动队招生测试中，凭借强大的心理素质和顽强的拼搏精神，段蕾取得了文化测试和专项测试双第一的好成绩。赛前，面对曾经打不过的对手，她并没有害怕退缩，在她心里，一直有一个声音告诉她："你必须去拼每一个球，战胜每一个人！"

备战高考期间，由于准备大学的高水平运动队测试落下很多的课程，在学校、年级组、班主任的关心、帮助下，各科老师尽己所能地为她查缺补漏。蓝丝带活动时，老师们的拥抱和那一句"相信你一定可以的"，使她倍感温暖，自己从来不是一个人在战斗。她最终在高考中突破自我，圆梦北大！

上大附中"明德·致远"的校训、"人人皆可资优"的理念、"顽强拼搏、勇攀高峰"的精神、"学会做人，学做学问"的目标，从来不是生硬的文字或抽象的概念，而是时时刻刻在塑造学生的人生，影响学生的成长。

段蕾说，我很幸运。走进上大附中是幸运，能够付出是幸运，有所收获是幸运，圆梦北大亦是幸运。独立自由的思想，明德致远的校训，求真务实的追求，定将伴着这名附中学子，乘风破浪，迈步向前。（图3-234）

科技达人——陆蓺飞

我是来自上大附中2017级创新班的陆蓺飞。

高一时，我便加入了学校的机电工程社团。社团以成为校园小创客为目标，通过学习我接触到了开源硬件编程，学习了CAD制图、3D打印、激光切割等知识。在社团学习中，老师由简入难，教会了我编程的知识，指导我们自主完成小组任务，并给予及时帮助。除了学习基础知识，社团指导汪玥辉老师鼓励我们设计制作属于自己的创新工程作品。我们还可以预约使用学校创新实验室的各类设备机器，让我实现我的创意，不断雕琢我的作品。这类拓展课程让我学会了如何去发现问题、解决问题，形成发散思维和团队协作。

在学校、老师的帮助下，在伙伴们的协作努力下，我在各类创新比赛中也获得了优异的成绩：高一时获得上海未来工程师的二等奖以及上海创客新星大赛一等奖；高二时获得了上海未来工程师的软件工程师一等奖，同时获得了该组别最高荣誉ASML软件工程奖，此外还夺得全国中小学电脑制作竞赛创客项目组上海赛区冠军并赴全国参赛。作为一名

图3-235 陆蓺飞

校园小创客，我还参与了中美"创客马拉松24小时"、上海市青少年科技创新大赛等活动。

上大附中还为我提供了更多的学习机会，让我有所体验和收获。我参加了国际游学交流访问活动；多次利用假期前往上海交通大学等高校开展交流学习。这些活动不但培养了我交流的能力，而且拓展了我的眼界，让我对未来有更多的思考。

感谢学校对我三年来的培养，我将不辜负家长和老师们的期待，在新时代成为一个为社会服务的创客型人才！（图3-235）

科技达人——黄时雨

我是上大附中2018级致远班的黄时雨。

初中阶段我对科技活动并没有太多的关注。进入上大附中后，学校众多的社团活动让我耳目一新。在高一，我参加了赵欣浩老师的赛车设计制作社团。赛车设计制作社团是以F1 in school国际青少年科技教育及挑战赛为基础，培养学生创新理念、团队合作的运动精神和系统严谨的工程态度为目标的。我们组成车队、分配任务、合作学习，参加F1官方打造的国际性中学生F1赛事。其间，我担任了3D建模师的职务，在老师的指导下学习了建模软件。自2019年，我们的车队从高中学校邀请赛开始积累经验，一路过五关斩六将，获得了2019 F1 in school上海交流赛最佳设计奖、创新思维奖；随后又在F1 1000上海分站的总决赛上获得了上海总冠军，代表上海出战全国赛，最终斩获2019 F1 in school全国一等奖。同时，我设计的宣传册亦获得了最佳宣传册奖。

图3-236 黄时雨

进入高二年级,我加入了汪玥辉老师指导的上海市明星社团——机电工程社。机电工程社是学校创客文化的发源地,我在社团中学习了激光切割、3D打印、开源硬件等技术,并且在汪老师指导下完成了自己的科创研究"自适应入户小车轮胎清洗机",该项目在上海国际发明创新展览会上荣获金奖,在第35届上海青少年科技创新大赛上荣获工程类二等奖,作为一项非接触式的创意还受邀参与市区级"线上战疫"展示活动。

在上大附中的两年时光中,丰富多彩的社团课程让我掌握了专业的工程设计知识,各类青少年科技赛事开拓了我的眼界。我从一个懵懂无知的初中生,成长为一个拥有科技素养的青年,同时更坚定了我以后的奋斗目标——成为一名工程师。科技活动让我学会了解决问题、主动学习,带给我学习的快乐和多方面的成长。(图3-236)

领导力达人——李欣仪

我是来自高二(2)班的李欣仪。

上大附中的寄宿制生活,培养了我的自主管理能力,帮助我更好地管理自己的学习与生活。就拿每天的晚自修来说,学校为我们创设了良好的自习环境,更培养了我们自律的品质。

丰富多彩的生涯规划与社团活动,也为我们提供了广阔的舞台和展示自我的机会。超能日、科技艺术节、学科周、蓝丝带活动……在这里,沉淀了太多的思想与活力,足以让每一个附中学子都留下属于自己的特别的回忆。

图3-237 李欣仪

对我影响最大的无疑是学生会的工作,它培养了我的领导力。高一时,我成为学校自管会自宣社的社长,主要负责年级组各类活动的组织策划与宣传管理,我的组织能力和管理能力得到了培养和提升,在学期末我被评选为"自管会优秀学生干部"。后来,我加入了学生会,成为团委办公室的一员,主要负责协调校园的各项活动以及团员的管理和发展。高二时,我有幸加入了学生会主席团,成为校学生会主席,并且在暑假期间参加了上海市示范性中学学生会主席论坛,经申请与选拔,担任学生组委会校际联络组的成员,负责宝山区和金山区的校际联络,同时结识了许多其他学校的学生会主席,与之共同进步努力。学生会工作让我有了更多走出校园的机会,我参加了上海市学联会议、亚洲青年商业领袖峰会……开拓了眼界,收获了友谊。

校园生活与学生会工作都为我提供了展示自己的广阔舞台。"不积跬步,无以致千里;不积小流,无以成江海",我相信,经过一次次的锻炼与挑战,将成就一个更完美的自己。(图3-237)

领导力达人——管彦超

初入上大附中伟长班,我也怀着与大多数人相同的憧憬:进入一流的高中就读,努力考取国内顶尖的院校,抑或是考虑在大学时出国深造。然而,有着如此宏伟的目标,却没有相应的精彩的过程,显然是不合适的。因此,我加入了上大附中学生会,也在同学的推荐下加入了模拟联合国社团。

提到学生会的生活，我很荣幸地担任了2020届学生会主席，也正是在学生会的工作中，我开始思考什么是领导力。领导力不是个人英雄主义，每一次工作与活动成功的背后，都是同学们的精心策划，是志愿者们的无私付出。参与其中的每个人都能在其中找到自己的位置，发挥自己的特长，为偌大校园的缤纷绚烂，点上自己个性鲜明的星星之火。我为在学生会工作自豪，因为我的背后有一群同行的伙伴，因为有他们，我才不至于独行，才能在人生的道路上走得更远。

图 3-238　管彦超

同时，我更清晰地认识到：领导力是属于自律者的。我会在在食堂排队时，拿着一本词汇背书；我会在床头放一本钟爱的书，利用熄灯前的最后十分钟阅读；我会在周五的时候检查背包，保证自己在周六完成作业；我会压缩每一个碎片化的时间；我会每天十点半前准时睡觉，因为我知道，明天还有新的挑战等着我。感谢上大附中的学习生活，锻炼了我的时间管理能力，督促着原本不太勤快的我全力前行。

而在模拟联合国，我的收获也是巨大的。在社团活动中，我体会到：领导者应当拥有一个冷静客观的头脑。起初在会议上，我纵然"担任"着各国的决策者，思维和发言却依旧是中式的。但在一次次模拟的学习过程中，我逐渐明白，拥有客观理性的思想，才能冷静、多面地看待问题；理解并发掘他人的才能，也能更加清晰地进行自我定位，找到自己的目标所在。

随着中国与国际的接轨，个人的综合能力愈发重要。我们需要平台，解决未来可能阻碍我们实现梦想的短板。同时，我们需要平台，展现自己的魅力，达到更远的彼方。上大附中，是我梦开始的地方。（图 3-238）

学习力达人——夏思明

我是上大附中高三（1）班的夏思明。2017年的夏天我进入上大附中正式开启了充实而又精彩的高中生活。

高一时，我就加入了学校的明星社团机电工程社。在这里，我学会了3D建模、arduino硬件编程，还掌握了3D打印机和激光切割机的操控技能。带着这些本领，我在上海创客新星大赛、全国中小学电脑制作比赛等众多赛事中斩获了殊荣。在第十五届上海市未来工程师大赛中，我凭借编程的优势，获得了上海市一等奖以及ASML软件工程奖。

文化课方面当然也不能落后。在保证常规学业的基础上，学校的学科导师团会为学有余力的同学进行各类个性化学科指导。出于兴趣，我加入了物理竞赛团队。物理竞赛的指导课程不仅有理论知识的学习，还有实验的探究。我和伙伴们走入大学实验室，由学校聘请的高校教师带领我们进行实验原理的学习和实验现象的探究。在老师的指导下，我通过努力在上海市

图 3-239　夏思明

物理基础知识竞赛中获得了二等奖。我还是一个数学迷，积极参加了学校组织的数学思维冬令营和夏令营活动，通过赛前集训，我在全国高中数学联赛中获得了上海市三等奖。

有实力型的教师指导团队、有志同道合的伙伴，相信我还将在上大附中继续书写我的精彩！（图3-239）

学习力达人——王若禹

我是来自高三（4）班的王若禹。高中三年让我完成了人生中的第一次蜕变，我从经验缺乏、做事莽撞的懵懂少年，成长为品学兼优、均衡发展的优秀学生，这都离不开上大附中文化的浸润和培养。

入学之初，我便担任高一（2）班的班长与自管会副会长，新的起点、新的任务，让我着实有些惴惴不安。在班主任李老师的耐心指导与方法传授之下，我很好地完成了班级和年级的工作。与此同时，我还加入了学生会，担任生活部部长，并在高二成功竞选为主席团的一员。学生工作的繁忙促使我不断提升效率，在工作与学业间寻找到合适的"甜蜜点"。

我不但在多次大型活动的策划与组织中迅速提升了自己的领导和协调能力，而且也始终在学科学习中保持优势。这还特别得益于上大附中的资优生小团队指导。学校根据同学们的学习情况组建了多个资优提升梯队，利用寄宿期间的灵活时段，根据每个团队成员的学习情况安排针对性的指导。在原有学习内容的保障下，辅以资优指导课程，让每个梯队的同学都能够得到恰当的学科补充，也最大程度的发挥了寄宿制高中的优势。

此外，学校每年与高校合作组织的思维训练营是我的最爱。记得2018年的冬天，初次参加化学冬令营时天空还飘着雪。整整七天，我们把自己沉浸在高校的化学实验室里，做各种实验探究、撰写实验报告。溶液五光十色的变幻，就像施了魔法的艺术品，自此，我对科学实验一往情深。

虽然英语不是我的主场，但是每年我都很期待英语周的到来。因为，英语周会成为我们每个班级的狂欢。主题海报制作、词汇PK赛、歌曲演出和演讲比赛等系列活动让每位同学都参与其中。我还有幸代表班级参加了演讲比赛，从毫无头绪到耐心撰稿，从对着镜子大脑一片空白到可以自如应对老师临时提出的各种问题，我用自己的努力完成了又一次成长。

可以说，无论是资优生梯队培养计划、与高校共同开发的思维拓展训练营，还是学科周等活动，都使我在保证基础知识、基本技能学习的同时，最大限度地提升了学业水平。

严谨的学风和多元的平台加速了我的成长。宝山区优秀学生干部、上海市物理实验竞赛二等奖、英语阅读竞赛一等奖……这些荣誉和我的上大附中经历一起成为我高中生活的绚丽组成部分。感谢上大附中，我会和每一个上大附中学子一样心存感激、砥砺前行！（图3-240）

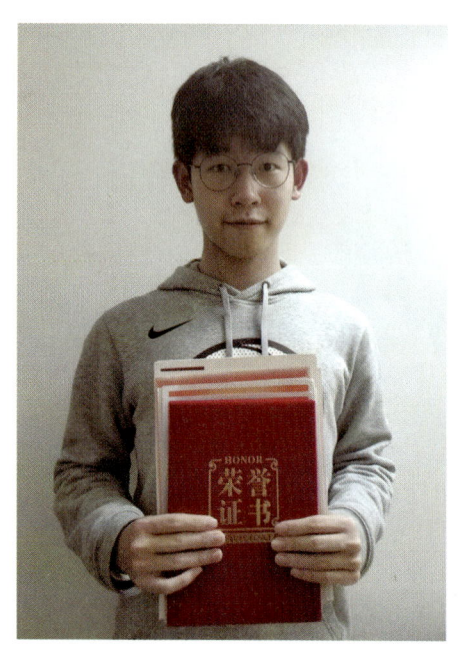

图3-240　王若禹

八、新模式：集团发展引领学校走向持续革新之路

2013年，学校十周年校庆之际，上海大学罗宏杰校长受聘担任附中第二任名誉校长。罗宏杰校长多次调研大场地区基础教育的现状，针对大场地区基础教育供给不足，教育质量偏低的现状，认为这不仅影响到当地老百姓的满意度，也不利于大场地区转型发展和上海大学建设目标的实现。他提出必须以超常规方式加快该地区基础教育发展。2015年，上海市教委出台《关于促进优质均衡发展、推进学区化集团化办学的实施意见》，罗校长多次来到附中调研，与卢广华校长进行了深入沟通，多次与市教委、宝山区委区政府、区教育局沟通，思考如何发挥上海大学的高校优势，发挥上大附中优质教育品牌，通过成立上海大学基础教育集团，探索人才一体化培养的新路径。

2016年1月，宝山区人民政府与上海大学共同推进宝山区基础教育战略合作，积极推进集团化办学，为充分发挥学区协同优势、学段完整优势、上海大学高等教育资源和品牌优势，成立以上大附中领衔的"上海大学基础教育发展集团"。

纪实报道（一）

上海大学基础教育发展集团成立

2016年1月12日，上海大学基础教育发展集团成立签约仪式在上海大学举行。宝山区委书记汪泓、上海大学党委书记罗宏杰出席签约仪式并讲话。宝山区委副书记、区长方世忠，区委常委、组织部部长吴延风，副区长陶夏芳，上海大学副校长丛玉豪等出席签约仪式。

罗宏杰在讲话中指出，上海大学基础教育发展集团的成立，是上海大学和宝山区合作的新篇章，是大学履行社会责任、改进社会服务方式的体现。他表示，上海大学将全力支持集团的建设和发展，配备专门机构和人员，面向集团各学校开放专家讲座、实验室等资源，全面提升集团各学校的办学质量与办学品位，争取在宝山区、大场镇的大力支持下，通过几年努力，使集团办学水平有较大幅度提高。

汪泓在讲话中指出，建设优质城区离不开优质教育，社会发展教育必须先行。上海大学基础教育发展集团的成立，是双方战略合作的重要内容之一，是大学服务区域社会发展的生动体现，对促进宝山基础教育发展具有重要意义。集团的各所学校已经有了较好的声誉和口碑，希望双方进一步把集团各所学校办好，为市民提供更优质的教育服务。

罗宏杰、汪泓对上海大学和宝山区的前期战略合作进行了回顾，并就进一步推进大学和区域联动发展、推进环上大科技园区建设、加强干部挂职锻炼等进行了交流。

图 3-241　上海大学基础教育发展集团成立签约仪式

仪式上，陶夏芳、丛玉豪分别代表双方签署了《宝山区人民政府与上海大学关于共同推进宝山基础教育战略合作意向书》。随后，上海大学组织部部长王军华宣读了成立上海大学基础教育发展集团的通知。

据了解，上海大学基础教育发展集团成员学校目前包括上海大学附属中学、上海大学附属学校、上大附中实验学校、上海大学附属小学，未来还将涵盖幼儿教育。上海大学基础教育发展集团设立管理委员会，成员由上海大学、宝山区人民政府、宝山区教育局、大场镇人民政府、上海大学冠名学校相关人员等组成。集团成立后，宝山区和上海大学将密切协作，在教师引进培养、课程开发建设、对外交流合作等方面大力支持集团建设发展，全力打造"上海大学基础教育发展集团"品牌。（图3-241）

摘自上海教育网站　发布日期：2016年1月13日

学校依托上海大学的资源优势，从学校文化、办学质量、课程建设、教师培训、教育资源、招生政策等方面制定了发展目标，引领学校走向持续革新之路。

——在秉承钱伟长教育思想的基础上，结合学校的发展现状，进一步打造学校文化品牌，形成学校鲜明的文化特色。

——提高学校课程建设的领导力。依托上海大学的课程资源，建立起适合学校发展、有利于学生个性培养的课程结构体系。满足学生课程选择的多样性、层次性、综合性、时代性、发展性的需求。

——创新教师招聘、管理、培训机制，提高学校的师资力量。借助集团资源，从体制、机制合作入手，做好教师专业发展的培养工作。

——发挥集团优势，通过伟长创新人才培养的实验项目，形成小学、初中、高中、大学资优生创新人才贯通式的培养模式。

——发挥上海大学教育资源优势，形成校园资源共享机制。利用校园一卡通，打通与上大资源使用上的壁垒。利用网络实现教育资源共享，提供技术与信息方面的帮助。

结合集团创新项目这一实验主题，学校开设了伟长创新实验班，探索人才成长的规律，从遴选制度、课程设置、资源配置、教学方式、管理手段、创新文化等方面不断探索创新，在学生创新人格塑造、创造技能培养和人格素养等方面形成经验，以此来带动集团其他学校的发展。

图3-242　"上海大学—宝山区中小幼思政一体化"项目启动仪式

小学—初中—高中—大学贯通培养模式。

传承钱伟长先生的"全人"教育思想，选拔在初中阶段乃至小学阶段已显示出综合能力突出、创新潜质优越、个性特长明显的学生组成"上大附中创新人才伟长英才班"（简称伟长班），结合高中阶段学生的生理、心理特点和发展要求，突破现行的分段培养模式，建立中学和大学联合培养创新人才的机制，使大学与中学，在学生选拔、培养、评价和课程、教学内容、教育方法等方面更好地衔接。高中资优生培养与大学人才培养对接，这种对接，对普通高中而言，是发展优质特色高中的基本途径；对大学而言，是优秀人才选拔和培养的重要基础。

在高中、大学贯通式人才培养方案通过后，由宝山区教育局、上海大学基础教育集团共同制定初中、小学阶段的衔接试点方案，并共同组织推进实施。

2021年6月30日，"上海大学—宝山区大中小幼思政课一体化"项目正式启动。（图3-242）

项目团队由幼儿园、小学、初中、高中和大学的16位思政课教师组成，已申报"一体化视域下大中小幼思政课教学内容差异化实践研究"课题。2021年10月，成员参加思想政治理论课第26期"青椒论坛"。2022年6月，上海大学、上海师资培训中心共同举办"讲好抗疫这堂'大思政课'——大中小学思政课一体化建设线上教学展示活动"。（图3-243）

图3-243　2022年6月，上海大学、上海师资培训中心举办"讲好抗疫这堂'大思政课'——大中小学思政课一体化建设线上教学展示活动"

2021年1月，上海大学基础教育集团探索大中小幼一体化的劳动教育课程内容建立，关注大中小学各学段学生的发展特点和接受意趣，以"一城一地一非遗"项目为切入点，合理设置各学段劳动教育课程内容，有效开发课程教材，向学生讲解非遗文化知识，展示我国历史悠久的非遗文化，启发学生多元化地探索非遗背后的生活艺术和劳动智慧，通过借助有趣的非遗文化实践活动，增强民族文化自信，培养学生严谨认真、精益求精、追求完美、勇于创新的"工匠精神"。（图3-244至图3-247）

图3-244　劳动教育项目成员合影

图3-245　堆布成艺课程教研

图3-246　非遗"扎染"项目实践交流研讨

图3-247　成果手册

图3-248　上海大学语文教育研究中心揭牌

2019年4月，集团与上海大学文学院签署战略合作协议。双方共同建设上海大学语文教育研究中心，聘请上海大学文学院谭旭东教授担任中心主任，聘任文学院相关专业教授、集团中小学语文教师担任研究员，共同开展语文研究工作。2021年实施"心享"创意写作项目和启动实施"敏思"小学文体教学项目。（图3-248）

2019年5月，集团与上海市校园足球发展中心签署战略合作协议。中心派遣专业足球教练团队、协助集团学校进行足球队伍和足球训练课程建设，邀请知名教练、裁判员、球员与集团学校共同开展校园足球活动，双方聚焦体教深度融合，在足球师资队伍建设、硬件场地建设、升学成才通道，尤其是上海市乃至全国的足球后备人才培养方面做出积极的探索。（图3-249）

2017年，集团4所学校、29位教师参与上海大学牵头的中华传统文化慕课项目。（图3-250）

上大附中作为集团核心成员，在学校管理、课程建设、师资建设、学生培养等方面发挥重要作用。集团组建专家指导委员会，聘任集团内外骨干教师和专家担任名师工作室领衔人，通过组织青年教师教学设计比赛、集团教学质量评价研讨会等各项活动，为集团教师搭建平台、提供学习交流的机会，促进教师的专业发展。集团还积极探索优秀教师干部柔性流动，建立健全集团教学质量评价与考核体系。通过举办学生学科素养展示、"创意大爆炸"学生创意作品设计展示大赛，设计开展了"燃梦少年""邂逅未来""伟长创新人才"等各类夏令营冬令营，锻炼了学生的跨学科思维能力、动手实践能力，进一步提升了学生的综合素养和创新意识。集团启动实施"卓越教师队伍建设工程""伟长精品课程建设工程""夯实基础教育研究工程""伟长英才培育工程""国际交流合作工程"等五大工程。启动基础教育科研"攀登计划"，申报教育部"智能美育教学场景构建与应用实

图3-249　2019年上海大学基础教育集团庆六一足球嘉年华

图3-250　"文物慕课"中小学教育传播项目研讨会

图3-251　集团青年教师教学设计比赛现场

图3-252　集团"燃梦"夏令营

图 3-253　2020"邂逅未来"中学生科学创意冬令营

图 3-254　集团"攀登计划"会议

践共同体"项目，成立上海市创新教育联合实验室，融合高校、科研院所、企业优势资源，打造引领上海科普创新教育龙头的新型科创平台。（图 3-251 至图 3-254）

上海大学基础教育集团以"理念引领、资源共享、协同创新、文化共融"作为集团的发展宗旨，在教育资源平台的建设、学段衔接促进教育一体化建设、特色项目建设等方面加强研究与实践，切实为区域教育优质均衡发展做贡献。

纪实报道（二）

"集团福利"提升学生成就感：上大附中集团化办学显成效

几天前，上海大学附属中学高二学生武军哲带着队友们苦战四天四夜后，终于提交了研究论文，为参加国际中学生数学建模竞赛画上了圆满句号。在数学建模领域，武军哲也算是身经百战，斩获了不少大奖。"这都源于我享受了'集团福利'。"作为"上海大学基础教育集团"联建课程的受益者，武军哲从初中开始，就有机会跨校"辅修"高中的科技特色课程，进入上大附中后，又加入了软件设计社团，埋在心中的科学种子得以生根开花。

据悉，多年来，宝山区先后通过设立五大区域，组建以优质学校为核心的教育集团。截至目前，共有 4 个小教学区、26 所公办小学参与到学区化办学试点中，已成立 2 个教育集团，另有 3 个教育集团正在筹建过程中，涵盖基础教育阶段学校近 30 所。

跨校"辅修"，初高中联建课程共育创新人才早在初中时，在上海大学附属学校就读的武军哲就对计算机编程萌生了兴趣，但苦于无处学习，碰到问题又无人解答，直到他参加了上大附中郁龙老师的"软件制作"联建课程。作为"集团福利"，每周六，尚在读初二的武军哲都会前往上大附中听课，接受系统化的专业指导。

"我们会给予每个集团成员校二三十个学生名额，开放我们的五大板块课程供学生体验。"上大附中科技老师汪玥辉介绍，这五大板块的联建课程包括动手动脑、实验分析、逻辑思维、艺术设计和体育运动。除了联建课程外，近两年来，学校还组建了 30 多个创新类社团，积极鼓励学生开展研究性学习。每年 12 月的社团嘉年华也向集团各校学生开放，搭建互动交流展示的平台。

进入上大附中后，武军哲加入了软件设计社团，学习编程及算法，高二后又加入了机器人社团，学习自动控制技术，获得了2014美国高中生数学建模大赛一等奖等多项大奖。结合其个人兴趣及学校的培养，他逐步在计算机编程、创客制作、网页设计、视频剪辑等方面有了长进。目前武军哲家庭已荣获宝山区"家庭创客工作坊"称号，周末在家与志趣相投的同学一起开展创客制作，还创建了"科学帮"爱好者网站。

目前，"上海大学基础教育集团"包括上大附中、上大附属学校、上大附属实验学校和上大附小等四所学校。从2011年开始，由上海大学附属中学牵头，以"兴趣联盟、学段贯通、资源共享、人才共育"为原则，成立了宝山区数学联合体、化学联合体、工程联合体，还成立了乒乓球、武术、国际象棋等多个教育联盟，并定期开展活动。

"集团希望通过这个平台，使本区中小学特别是集团学校能共享来自高校专业人士的学识与智慧，共享丰富的科技、艺术和体育教育基地资源。"上大附中校长卢广华说，集团化办学的优势之一就是"资源共享"，一所学校的力量、资源是有限的，每所学校的强项、弱点也不尽相同，只有把各校资源汇聚在一起，通过校际交流取长补短，各校才能携手共进，实现共同体内优质教育资源的辐射推广与合成再造，取得各自发展效益的最大化。

管乐联盟是集团学校共享优质艺术教育资源之一。从没有请过一天长笛家教，罗店中学初二学生陆馨怡今年就要考长笛九级了。"我从小学四年级开始学长笛，都是在学校里学的，为家里省下了一大笔学费，我身边的一些同学也是如此。"陆馨怡说，从小学开始，自己就加入了罗店中学集团的管乐联盟，每个周末，她都会和同学们到罗店中学去学管乐，跟着校队的学长们一同接受专业老师的指导。

管乐联盟是罗店中学集团资源共享的一张亮眼"名片"。据罗店中学校长陆建国介绍，该校管乐团作为宝山区一个有品质、上规模的艺术团队，鼓励并欢迎周边地区其他学校学生来参加管乐艺术学习，产生良好的社会效益。事实证明，完善的日常训练制度、优秀的师资队伍、专业的训练教室、可喜的乐团成绩吸引了周边学校与该校乐团的共建发展，管乐联盟应运而生。

管乐联盟成立后，周边学校的学生可以在周末特定的时间来校免费上课，与该校乐团学生共同享受专业教师的指导；还可以参加罗店中学乐团每年一次的专场音乐会观摩，并且可随学校乐团到市中心各大剧场观看演出。各校在乐队建设的过程中，但凡有需要，罗店中

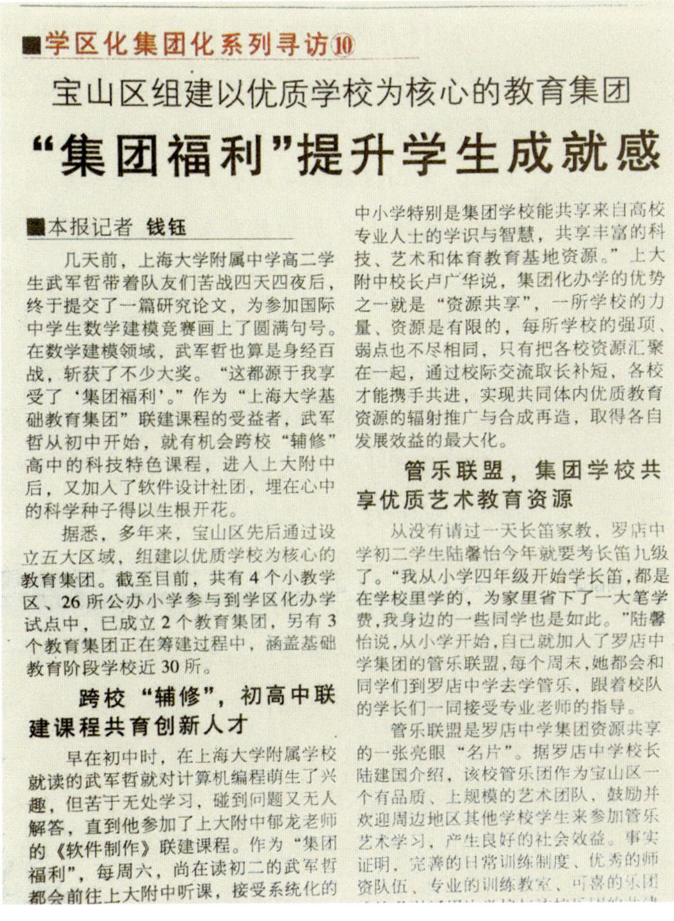

图3-255 《文汇报》专题报道集团化办学

学的乐团老师都会给予帮助。

"学习乐器不是一朝一夕的事儿。"罗店中学艺术教师周宝良说，管乐联盟的建立，使学生在三年级就可以开始学习乐器，到了六年级，学校就会拥有一批素质较好的小乐手，保障乐团生源的同时还能带动初学者共同进步。

据介绍，宝山区按照"品牌战略，区域模式，组团推进，多元发展"的十六字发展策略，多年来先后通过设立五大区域、组建以优质学校为核心的教育集团、建立以项目为纽带的特色资源组团等方式，探索有区域特色、以资源共享为基础的优质均衡发展路。

宝山区教育局负责人表示，教育的优质均衡发展绝对不是搞平均主义、大锅饭，而应是建立在现有基础上的生态多样、螺旋上升、可持续发展的动态过程。宝山区将学区化、集团办学试点的目标定位于通过项目带动，激发学校自主发展的动力与活力，鼓励学校因地制宜地开展多种模式的探索，让更多学校发展，让更多学生受益。（图3-255）

转载自《文汇报》2016年4月7日第七版

集团化办学新动态

上海大学基础教育发展集团首批学科专家聘任仪式在上大附中隆重举行

2016年8月27日上午，上海大学基础教育发展集团首批学科专家聘任仪式在上大附中报告厅隆重举行。聘任仪式由上大附中党总支书记、校长、上海大学基础教育发展集团管理委员会秘书长卢广华主持。上海大学副校长、上海大学基础教育发展集团管理委员会主任丛玉豪，宝山区教育局局长、上海大学基础教育发展集团管理委员会副主任张晓静，大场镇副镇长、上海大学基础教育发展集团管理委员会副主任李才生，大场镇教委主任左忠明等领导出席，集团学校全体领导和老师、大场党建分会全体党员参加了聘任仪式。

仪式上，张晓静局长代表宝山区教育局致辞。张局长指出，由高校参与组建基础教育集团，实行集团化办学模式，是一种全新尝试，需要不断去探索、不断去完善。举行上海大学基础教育发展集团首批学科专家聘任仪式，把大学的优秀教师请到集团学校，这不仅是充分发挥集团化办学优势的重要举措，更是呼应高考制度改革，推进人才培养模式改革的积极探索，必将对基础教育未来发展产生深远的影响。张局长希望各校、各位老师都珍惜集团为大家创造的学习交流机会，开拓视野、自我加压、不断成长。

宝山区大场镇李才生副镇长宣读了首批15位受聘学科专家名单。据悉，此次受聘的15位专家中，有的是沪上知名的音乐教育专家、有的是中国数学奥林匹克国家集训队教练、有的是"长江学者奖励计划"青年学者、有的是指导学生多次在国际国内竞赛中获奖的资深教师、有的是在上海教学竞赛的获奖教师……"含金量"十足。

专家代表，上海大学外国语学院教师朱音尔博士代表受聘专家发言，她表示将发挥专长，在英语人才"一体化培养""连贯性培养"方面积极探索，为集团发展做出应有的贡献。

仪式最后，上海大学副校长丛玉豪发表讲话。丛校长肯定了集团取得的成绩，并对集

图 3-256 上海大学基础教育发展集团首批学科专家聘任仪式

团工作提出两点希望：一是希望集团各学校进一步解放思想、更新理念、抢抓机遇、深化改革，共同把上海大学基础教育发展集团打造成为宝山乃至上海基础教育的一张"新名片"。二是希望集团各学校牢固树立"立德树人"的使命意识，为学生全面发展、个性发展创造更多的机会、更好的条件。他还表示，上海大学将继续通过聘任专家学者到集团工作、逐步向集团各学校开放实验设施和体育场馆等途径，全力支持集团工作开展。

聘任仪式结束后，集团举行了首次暑期教师培训，由上海大学教授、上海市高校思想政治理论课名师工作室——"胡申生工作室"负责人胡申生教授，上海大学社会发展研究院院长张恒龙教授分别作题为《发现和培养创新人才是教师的重要职责》《"一带一路"战略解读》的专题辅导报告。

背景链接：

上海大学基础教育发展集团是宝山区和上海大学为了进一步加强战略合作、提升宝山基础教育水平，于2016年1月12日签约成立的。集团以"理念引领、资源共享、协同创新、文化共融"为发展宗旨，目前汇集了上大附中、上附实验、上大附校和上大附小四所学校。（图3-256）

上大附中校长卢广华受聘担任上海大学基础教育集团办公室主任

2017年3月16日，上海大学基础教育集团办公室主任聘任仪式在上海大学举行。上大附中党总支书记、校长卢广华受聘担任上海大学基础教育集团办公室主任。

上海大学校长金东寒，党委副书记、副校长龚思怡，党政办副主任秦凯丰，上海大学基础教育集团办公室副主任李志芳，上大附中党总支副书记胡艳等参加了仪式，仪式由上海大学组织人事部副部长、组织部部长王军华主持。

签约仪式上，上大附中校长、上海大学基础教育集团办公室主任卢广华表示，担任集团办公室主任责任重大，将与同事们一起竭尽全力、克服困难，努力实现集团的发展目标，

图 3-257　卢广华校长（右）受聘担任上海大学基础教育集团办公室主任

切实提升集团学校办学水平。

上海大学党委副书记、副校长龚思怡表示，上大基础教育集团的成立和发展将为区域内学生提供更加优质的教育，是大学服务社会责任的体现。上海大学的各类资源都可以为集团学校所用，实现优质资源共享。

上海大学校长金东寒指出，集团化办学要贯彻钱伟长教育思想，培养热爱祖国、身心健康、全面发展的学生。集团学校要制定五年规划，确定具体目标，落实实施方案，确保办学目标的实现。相信卢校长一定能带领集团找准发展定位，充分依托上海大学全面提升集团学校办学水平。（图 3-257）

上海大学基础教育集团成立于 2016 年 1 月。一年多以来，上大附中在集团内积极发挥核心作用，紧密团结和依靠各所学校，群策群力，大力提升集团学校办学水平。

凝心聚力谋发展　砥砺奋进谱新篇
——上大附中名誉校长聘任仪式暨上海大学基础教育集团 2017 年工作大会隆重举行

2017 年 5 月 5 日下午，上大附中名誉校长聘任仪式暨上海大学基础教育集团 2017 年工作大会在上海大学附属中学报告厅顺利召开。宝山区副区长陈筱洁、宝山区教育局党委书记王岚，教育局局长杨立红，教育局副局长刘政，大场镇党委书记杨金娣，大场镇镇长刘建中，大场镇副镇长李才生，上海大学校长金东寒，上海大学党委副书记、副校长龚思怡，上海大学有关部处、学院负责人，上海大学基础教育集团办公室主任卢广华、副主任李志芳，及集团所属学校的全体教职员工参加大会。大会由上海大学基础教育集团办公室副主任李志芳主持。

会上，首先举行上海大学金东寒校长担任上大附中名誉校长聘任仪式，宝山区副区长陈筱洁为金东寒校长颁发聘书。随后，金东寒校长发表感言，他表示，担任上大附中名誉校长是一份荣耀，也意味着一份责任，要实实在在地履行好名誉校长这份责任。他表示，很高兴参加集团首次工作大会，他认为，集团的卓越发展离不开清晰而长远的目标，要始终坚持"立德树人"的根本任务，通过凝练一以贯之的德育教育理念，探索德育教育模式，总结德育教育方法，让学生以德立身、以诚处世。他指出，集团的卓越发展离不开一支业务精湛、品格高尚、勤于育人的教师队伍。集团要努力为教师的发展创造更多机会、提供更好的条件。要通过加强集团文化建设凝聚教师，以文化聚人、以文化育人，更好加强对教师的引领和凝聚，不断增强集团的凝聚力、向心力，从而更好实现集团的价值。（图 3-258）

随后，举行了上海大学附属实验幼儿园冠名签约揭牌仪式。上海大学党委副书记、副校长龚思怡，宝山区教育局局长杨立红，大场镇镇长刘建中与创娃幼儿园园长杨冬青共同签署冠名协议，大场镇党委书记杨金娣、宝山区教育局党委书记王岚为上海大学附属实验幼儿园揭牌。上海大学附属实验幼儿园的加入，使得集团涵盖从幼儿园到高中的全部学段，进一步充实了集团的实力。

随后，上海大学基础教育集团办公室主任卢广华作集团工作报告。卢广华从集团治理、规划制定、对接大学资源、促进资源共享、探索人才培养模式改革五个方面对集团成立以来的工作进行总结，谈了对于集团未来发展的初步思考，并介绍了集团2017年计划开展的重点工作。

上海大学党委副书记、副校长龚思怡出席大会并讲话，她指出，上海大学扎根于宝山这片热土，上海大学主动服务、深度融入宝山的经济社会发展，是学校坚定的战略选择，是学校高水平大学建设的必由之路。上海大学与宝山区在基础教育领域的深度合作，有利于充分发挥双方资源优势，形成大学与周边社区良性互动、相互支撑、共赢互利的良好局面。她表示，集团将汇聚更多资源支持集团成员学校的建设发展，更好地促进区域教育资源共享，实现优势互补，为教师发展创造更好的条件、提供更多的机会，齐心协力把每一所学校都建设得更好。她指出，集团未来的发展，一是要加强对钱伟长教育思想的学习、研究，在学校改革发展、人才培养的生动实践中，不断丰富和发展钱伟长教育思想。二是要处理好继承传统与创新发展之间的关系，既要重视对办学传统的继承，也要坚持走创新发展之路，努力做教育变革的引领者推动者。三是希望集团教师始终保持那份对教育事业的初心与热枕，

图3-258　上海大学校长金东寒受聘担任上大附中名誉校长

图3-259　上大附中名誉校长聘任仪式暨上海大学基础教育集团2017年工作大会合影

始终铭记教育的真谛、秉承教育的使命，在平凡的岗位上创造出无愧于时代的业绩。

宝山区陈筱洁副区长作大会总结讲话，她首先代表宝山区委、区政府，对于金东寒校长受聘担任上大附中名誉校长表示衷心的感谢。她指出，上海大学和宝山一直有着良好的合作，上海大学基础教育集团的成立，是校、区合作，共同推进集团化办学，推动区域内优质教育资源共享的重要成果。通过高校与基础教育的全面对接与全方位合作，打破不同学段之间的壁垒，努力形成从幼儿园直至大学各学段之间的贯通，将有利于各学段进一步清晰培养目标，提升培养效益。她对集团未来的发展提出三点希望，一是希望各方面加强沟通协作，形成支持、推进集团发展的合力，实现资源共享、优势互补。二是希望集团成为宝山教育改革的试验田、先行军，为宝山教育改革探路，提供可供复制、可资借鉴的经验。三是希望集团各成员学校进一步增强使命感、紧迫感，坚持走创新发展之路，切实加快发展步伐。

会上还举行了集团首批名师工作室主持人聘任和集团成员学校授牌仪式。大场镇副镇长李才生、宝山区教育局副局长刘政为名师工作室主持人授聘书。宝山区教育局党委书记王岚、教育局局长杨立红为集团五所成员学校授牌。

这次大会，是上海大学基础教育集团成立以来召开的首次工作大会。大会的召开，对于集团进一步明确方向、统一思想、增进共识，凝心聚力加快集团发展将起到重要的作用。（图3-259）

上海大学基础教育集团2017年度总结表彰大会隆重召开

2018年1月5日下午，上海大学基础教育集团隆重举行2017年总结表彰大会，对2017年工作进行总结表彰，对2018年工作进行部署。上海大学党委副书记、副校长龚思怡，机电工程与自动化学院院长费敏锐，理学院党委书记盛万成，组织部部长王军华，党政办副主任钱峰，宣传部部长、学工办主任胡大伟，组织部副部长张洁，人事处副处长王建军，校团委副书记沈青松，宝山区教育局副局长陆荣林、大场镇副镇长李才生、大场镇教委主任左忠明，以及上海大学相关部处、学院代表，以及全体集团教师出席大会。大会由上大附中实验学校张星老师、余海强老师主持。

上海大学基础教育集团办公室主任、上大附中校长卢广华作集团2017年度工作总结报告，从五个方面全面回顾总结了集团2017年工作。一是完善集团运行机制，成立集团办公室、组建集团专家委员会；二是切实加强教师队伍建设，探索优秀教师实行上海大学与集团学校联聘，首批评选78位骨干教师、建设7个名师工作室，举办首届"上大杯"青年教师学科教学设计竞赛，开展教师暑期集中培训、组织教师外出参会、学习80余人次；三是推动教学试点改革，推进上大附中伟长班试点改革、组织到四川凉水井中学等全国教学改革典范学校参观学习，推进上海大学附属学校试点改革工作；四是为学生成长搭建平台，举办首届"上大杯"学生文学、逻辑思维、科普英语风采展示活动，900多位学生参与第十五届"挑战杯"，引入、开设10余门拓展型课程；五是加强内外交流合作，与上海大学理学院、体育学院等开展深度交流合作，接待美国肯塔基大学孔子学院师生等总计8批次、300余人次，与江苏盐城滨海县建立合作关系，积极参与宝山集团化、学区化办学展示。卢广华主任还对2018年工作作出部署，2018年，集团将着力启动"卓越教师队伍建设工程""伟长精品课程建设工程""夯实基础教育研究工程""伟长英才培育工程""国际交流合作工程"五大工程，朝着建设上海一流基础教育集团的目标奋力前进！

会上，对第十五届全国大学生课外学术科技作品竞赛公众开放系列活动之"挑战创未来"少儿绘画大赛获奖学生，集团第一届"上大杯"文学、逻辑思维、科普英语风采展示获奖学生，第一届"上大杯"青年教师教学设计大赛获奖教师，集团2017年度教坛新秀、教学能手、学科带头人、首席教师等进行表彰。沈青松、胡大伟、张洁、钱峰、王建军、左忠明、费敏锐、王军华、龚思怡为获奖学生、教师颁奖。

上海大学附属学校吴书菀同学、上大附中刘乾琪老师分别代表获奖者发表感言。

为表达对上海大学对集团各项工作的大力支持，大会还向上海大学14位教师、同学颁发了2017年度"上海大学基础教育贡献奖（个人）"，向17个学院（部门）颁发2017年度"上海大学基础教育贡献奖（集体）"。宝山区教育局副局长陆荣林、大场镇副镇长李才生分别为获奖个人和集体颁奖。上海大学理学院党委书记盛万成教授作为获奖代表发言，他表示，服务社会是上海大学的重要职能，理学院数理化基础学科实习雄厚，有责任、有能力为基础教育事业做出更大贡献！

集团老师和同学们还带来了精彩的文艺表演。上海大学附属小学的"活力啦啦操"，上海大学附属实验幼儿园的师幼共舞"月色追梦"，上海大学附属学校阳光少年们演绎的"花样足球"，上大附中实验学校苏玥老师的"在和平年代"和上海大学附属中学气势恢宏的合唱"我是一个兵"给人留下深刻印象。

上海大学党委副书记、副校长龚思怡作总结讲话，她指出：2017年是上海大学基础集

图 3-260　刘乾琪老师在上海大学基础教育集团 2017 年度总结表彰大会上发言

团不平凡的开局之年，集团在完善运行机制、加强教师队伍建设、推进教学改革试点、开展合作交流、促进文化融合、提升学生综合素质等方面做了大量扎实的工作，成绩来之不易。

龚思怡在介绍上海大学 2017 年工作情况后指出，主动融入、服务、推动区域经济社会发展，是上海大学建设世界一流大学的必由之路，也是上海大学坚定不移的战略选择。只要秉承"上大一家亲"理念，齐心协力、"撸起袖子加油干"，经过若干年持续努力奋斗，我们一定能够把我们的学校建设得更好、把我们的孩子培养得更加优秀，实现建设上海一流基础教育集团的宏伟目标。

上海大学基础教育集团在 2018 年将重点抓好两项具有全局性的工作：一是进一步加强集团顶层规划设计工作。加强对集团化办学的战略研究，充分借鉴先进集团化办学经验，合理规划集团远期、中期、近期目标，逐步完善集团管理体制、运作机制，建设先进的集团文化，为长远发展奠定坚实基础。二是进一步加强集团内五所学校的质量提升。围绕学校自身的内涵建设，以及广大教师和学生的个人能力提升，将集团的优势极大地发挥出来，获得更多政策支持，为可持续性发展创造有利条件。（图 3-260）

伟长英才培育工程

2018 上大附中伟长创新人才冬令营：工程创新实践课程

为进一步培养学生的创新思维、创新实践、团队和沟通交流能力，2018 年 1 月 24 至 30 日，由上海大学基础教育集团与上大附中主办，上海大学通信学院、机电工程与自动化学院、理学院、文学院、生命科学学院、社会学院共同协办的"2018 上大附中伟长创新人才冬令营"活动在上海大学成功举行，总计 140 余名上大附中学生通过大学先修课程的学习，完成相应课题研究与成果展示顺利结业。

上大附中伟长创新人才冬令营课程以学生为中心，以项目实训为导向，通过有趣有价值的挑战性课题吸引学生，激发学生的好奇心和想象力，通过师生互动、生生互动，使学生快速获取新知识并综合运用相关知识，促进学生敢于善于挑战自我、主动学习，使学生在完成挑战性任务的过程中获得成就感，进而增强作为拔尖学生的勇气、信心和能力。

本次冬令营课程分三个板块：工程实践课程、学科思维课程（含数学、物理、化学、生物、文学）、社会调查课程。（图 3-261）

图 3-261　2018 上大附中伟长创新人才冬令营

2018 伟长创新人才冬令营系列报道

工程创新实践课程

授课教师简介

王瑞：上海大学通信学院副教授，研究领域：物联网、单片机、编程等。

张嘉毅：上海大学通信学院高级工程师，研究领域：光机电一体化。

陈勇：上海大学机自学院高级工程师，研究领域：3D 建模、3D 打印、加工等。

赵伟良：上海大学通信学院电子竞赛指导教师。

陆小锋：上海大学通信学院竞赛指导教师，"挑战杯"全国特等奖指导教师。

2018 年 1 月 24 日

今日课程

"工程创新实践课程介绍"

"全国大学生"挑战杯"课外学术阶级作品竞赛经验分享"

"Arduino 课程培训"

王瑞老师介绍了本次课程主要内容与安排，并介绍了上大学生的作品及其制作过程——Degree Cup 智能保温杯和智能头盔，并介绍了答辩时应注意的事项。

张嘉毅老师介绍了创新赛事和航海航天模型的控制原理。

陆小锋老师介绍了"挑战杯"获奖项目——视觉系统与中风康复治疗系统。

陈勇老师介绍了 Inventor 工程建模和几个实例。

赵伟良老师介绍了 arduino 单片机和如何使用 arduino 单片机控制基础 led 灯等。

2018 年 1 月 25 日

今日课程

"Android APP Inventor 编程实践"

"物联网技术、通信协议设计、网络编程、云平台"

"3D 打印技术、3D 建模"

上午，同学们学习了 arduino 矩阵按键模块的原理和使用，如何使用蓝牙模块、wifi 模块实现物联网，观察物联网智能紫外线灯、交互投影的展示。下午，陈勇老师介绍了 3D 打印的种类及用途、Android APP Inventor 的用途和功能，并给出三视图让学生完成相应的模型制作。

在接下来的五天里，同学们将利用所学的知识制作自己的创新作品。

学生作品

基于 Arduino 的电脑防沉迷系统

"电脑防沉迷系统"小队分工有软件界面设计、建模与编程、宣传视频海报制作。产品是一套装在有机玻璃盒子里的装置，盒子前方有两个圆孔以容纳超声波模块。工作原理十分简单：利用超声波来测距，当使用者与电脑屏幕的距离小于设定值时 LED 灯点亮，起到防止近视的作用；当连续使用时间超过设定值时，蜂鸣器鸣响，提醒使用者及时休息。这个装置通过 WiFi 与网页端相连，可以通过 App 控制电脑的使用时间。

Time & Light 感应夜灯

Time&Light 感应夜灯团队很早就将创意构想建模绘制出来，但很多尺寸都没有考虑进去。通过学习团队了解到结构设计需要的是充足的准备与精确的态度。同学们将 RTC 时钟模块与 TM1637 数码管结合在一起，将 RTC 上读取的时间信号呈现在数码管上。最后，团队还实现了 App 对小灯颜色的控制。

一体化环境监测小助手

同学们利用单片机和各种传感器搭建一个检测温湿度以判断是否有人的监测器。检测器监测到数据以后可以将其传至服务器，在服务器上进行数据分析。检查其是否超出阈值范围，超出范围则报警。检测到人体信号时，会与服务器时间进行比较，在特定时间区域内则报警。阈值可以通过手机、电脑等终端访问服务器进行修改。在团队分工方面分为外观和结构设计、视频剪辑、产品调查报告撰写、Arduino 的程序开发、服务器联网搭建。

流浪猫定位 App

流浪猫定位 App 中，单片机部分使用了 Arduino 控制 GPS/GPRS 模块获取经纬度数据，服务器尝试用网页编程、PHP、JS 脚本及服务器部署最终完成系统原型。使用"撸猫社 App"可以找寻周边的流浪猫，进行喂食和交流，系统会记录喂食次数及种群数量，及时进行大数据分析和干预。

AR、VR 一体化概念头盔

本团队设计的概念头盔主要能实现一键切换 VR/AR 状态，让用户可以在 VR 状态下播放 VR 视频，连接电脑玩 VR 游戏；在 AR 状态下使用 AR 全息投影与现实世界互动等，亦可将手机或电脑上的软件得以在此头盔中运行且实现其完整的功能。产品包含一个类似于头盔的塑钢外壳；头盔内部主板上集成 HPU、无线芯片、网线和 USB 接受器、存储器、陀螺仪等必须的电子元件；在头盔后部的剩余部分放置石墨烯电池；头盔的前沿两边各安装一个马达用于上下切换 AR、VR 的环境；头盔的后半部分的下沿左边放置 3 个 USB 接口，右边放置一个网线接口和一个 Type-C 充电接口，均采用 IPX7 级防尘防水，还有一个 SIM 卡卡槽。

学习感悟

范维灏

对于我们组而言，最为关键的时刻是在最后一天上午，直到那时我们才第一次测试这套系统的运行情况。没想到第一次开机时它便无法正常工作，经过我们的观察，发现是接触不良所致。我们已经没有时间再给这些组件作固定，只好重新接了一下线路便再次测试，结果仍然不行。这次的原因是因为我们过于急迫，没等到装置接入网络。第三次测试，我们终于取得了成功。在下午评审开始前十分钟，装置又出现了故障，我们怀疑外接电池的做法有问题，但又找不到别的办法。上台展示的时候，测距功能倒是实现了，但定时功能还是出了差错，我们也很无奈。不过，几位评委还是比较满意我们的项目，并指出项目未来的发展空间十分广阔。

刘邦威

后五天我们小组四人都在忙着完成自己的项目。我们打算做的是 TIME ＆ LIGHT 感应夜灯，顾名思义，就是给普通的夜灯加上感应装置，当在夜晚检测到人走过时，可以亮灯并显示时间，目的是使晚上起床后更方便。难点在于我们需要把很多段程序整合在一起，并且还要满足一些别的指令，在我们遇到困难时，老师和研究生都给我们细心讲解，每一句程序的作用都一一细数，让我们十分受用。

秦斐然

这一次的冬令营满满的都是"干货"！学到的东西更多，收获也更大。我今后想学习计算机科学，下个学年要准备计算机竞赛，对于我人生的抉择，这样的冬令营是大有裨益的，也感谢上海大学和上大集团的招待与付出。

徐天天

这次冬令营活动，对我来说，受益是必然的。我更精进了建模软件的使用、编程软件的理解。更重要的，这次活动令我进一步理解了设计的宗旨——精准与耐心，毫不懈怠的态度；令我更深一层体会到创造的精神——新颖与坚持，永远努力的品质。感谢这次冬令营学习活动，感谢上海大学为我们创设的条件以及为我们提供的科学流程，因为有这些，我们才能更有效率、更有收获地设计与创造。

沈子尧

制作项目的途中，我也体会到了团队分工的重要性。有的同学擅长3D建模，有的同学擅长版面设计，有的同学负责市场调研，大家同心协力才将这个项目做得有模有样。同时，我也深感认真做好一件事并没有那么简单，同样有一大群问题等着我们。那时，亲切的老师和研究生们帮助我们，我们学习他们的技术，他们一边操作一边还不忘给我们一些建议。

作为上海市学生创新素养培育实验项目学校，上大附中始终致力于具有创新精神、创新意识和创新思维等创新素质的具有开拓发展特点的新时代创新人才。此次上大附中伟长创新人才冬令营的成功举办，进一步提高了学生思维创新、克服困难、探究并发现新知识的能力和综合运用相关知识解决实际问题的能力。上大附中将继续依托高校的优质教育资源，不断探索与大学课程贯通的人才培养模式。

上海大学基础教育集团举行教学质量评价研讨会

2018年5月25日，上海大学基础教育集团质量评价研讨会在上大附中举行。上海大学基础教育集团各成员学校校长、分管教学的副校长、教导主任、教研组长共计70余位教师参加会议。会议由上海大学基础教育集团办公室副主任李志芳主持。

李志芳副主任在主持会议时指出，上海大学基础教育集团成立的重要使命，就是汇聚

图3-262 2018年5月，集团教学质量评价研讨会

各方优质资源，不断提升集团学校教学质量和人才培养水平，为社会培养大批有理想、有情怀、有担当、能应对未来挑战的优秀人才。她指出，集团成立以来，在建章立制、引入上大优质资源、加强骨干教师激励、加强青年教师培养、进行指导评估、为青年教师与优秀学生搭建展示平台、促进学生个性发展等方面做了一定工作。同时，在宝山区教育主管部门、集团专家委员会指导下，集团确立了以教学评价为依据，加强课堂教学，提升教学质量的工作思路。

研讨会上，集团聘请专家施海庆老师对集团各学段教学质量评价指标（征求意见稿）进行了解读。他从国家教育规划、中考高考改革、学校教学存在的主要问题几个方面介绍了教学质量评价指标的制定背景，从引导性、覆盖性、针对性、普适性几个方面介绍了指标的制定原则。接着，施海庆老师重点结合幼儿成长规律，分析了幼儿教学评价重点；从教学管理、课堂教学、教学成效三个维度，分析了小学、初中、高中教学评价指标，并着重介绍了单元整体教学设计、作业整体配置两项重点评价内容。

研讨会后，集团学校将反馈教学评价指标修改意见，集团办公室将综合各学校意见、进一步修改完善指标体系并适时发布。集团将依据教学评价指标，在与集团学校充分沟通基础上，由各学校结合实际确定2018年度教学改革重点工作，作为集团对各学校考核的主要依据。

此次会议的召开，是上海大学基础教育集团工作深入推进的重要标志，必将对促进集团学校教学改革、提升教育质量、打造上海大学基础教育集团品牌产生深远影响。
（图3-262）

上海大学基础教育集团新命名了这些名师工作室，你需要了解一下！

2018年6月11日，上海大学基础教育集团首批名师工作室建设总结暨第二批工作室主持人聘任仪式在上大附中举行。上大附中党总支书记、校长、集团办公室主任卢广华，集团办公室副主任李志芳，集团聘任专家施海庆，集团各学校校领导、教导主任，各名师工作室主持人、工作室新老学员出席会议。会议由集团办公室副主任李志芳主持。

首批名师工作室代表工作总结

集团名师工作室主持人施晓娟与学员姜浩、工作室主持人顾美华与学员徐绮旎分别汇报了各自工作室2017年工作开展情况。

首批名师工作室优秀学员表彰仪式

会议对集团首批名师工作室14位优秀学员进行表彰，上海大学附属学校俞慧洁、吕迎晓、徐琳、张玲，上大附中实验学校高丽雯、陈琳、姜浩、金妮、张桂兰，上海大学附属小学沈云霞、郁沈媛、薄怡婷、徐绮旎、程颖妍等荣获优秀学员称号。上海大学附属学校校长刘正群、上大附中实验学校副校长费妙琴为优秀学员颁发荣誉证书。

首批名师工作室学员结业仪式

会上举行了首批名师工作室学员结业仪式，集团首批名师工作室主持人万瞩、施晓娟、桂治严、汪玥辉、朱连群、夏时晔、顾美华分别给工作室学员颁发结业证书。
（图3-263）

图 3-263　集团名师工作室学员结业仪式

第二批名师工作室主持人受聘仪式

会上还举行了集团第二批名师工作室主持人聘任仪式，包括新命名的郁梅（中学物理）、陈露、黄聪英（中学化学）、王海燕（中学德育）、阮海东（初中英语）、臧文英（初中语文）、汪建芳（小学德育）工作室与首批施晓娟、汪玥辉、朱连群、夏时晔、顾美华工作室共11个名师工作室进入新一轮建设。

上大附中党总支书记、校长、集团办公室主任卢广华，集团聘任专家施海庆分别为工作室主持人授牌、颁发聘书。

聘任仪式结束之后，上大附中教师、中学德育工作室主持人王海燕代表新聘任工作室主持人发言；上大附小教师、小学德育工作室杨家勇代表学员发言。

上大附中党总支书记、校长、集团办公室主任卢广华作总结讲话，他首先对集团首批7个名师工作室过去一年的工作予以肯定，向结业的学员们表示祝贺。他希望各位工作室主持人在带教中不断成长，从优秀走向卓越，努力成为宝山区乃至上海市的名师，使得集团呈现名师辈出的生动局面。希望各位学员努力向导师学习、向同伴学习，将学习与教学实践紧密结合，早日成长为一名优秀的人民教师。

卢广华主任表示，集团将总结好经验，努力为名师工作室创造更好的条件，为主持人与学员搭建更好的发展平台，使得名师工作室成为集团教师培养的重要平台。卢广华主任还对新一轮的名师工作建设提出要求。

此次会议的召开，是上海大学基础教育集团工作深入推进的重要标志，必将对促进集团学校教学改革、提升教育质量、打造上海大学基础教育集团品牌产生深远影响。

图 3-264　刘华霞校长（右）受聘担任上海大学上大附中基础教育集团主任

现场 | 上海大学上大附中基础教育集团揭牌暨刘华霞主任聘任仪式隆重举行

2023年1月13日下午，上海大学上大附中基础教育集团揭牌暨刘华霞主任聘任仪式在上海大学宝山校区行政楼803会议室隆重举行。上海大学党委常委、副校长王从春，上海大学党委常委、组织人事部常务副部长沈艺，宝山区教育局副局长朱燕萍，上海大学附属中学原校长、原基础教育集团办公室主任卢广华，上海大学党政办副主任、重大项目推进办主任王岭山，上海大学附属中学党总支书记王坤玉，上海大学附属中学校长刘华霞，以及集团各成员校领导班子成员、中层骨干出席仪式。仪式由上海大学基础教育处处长李志芳主持。

仪式上，上海大学党委常委、组织人事部常务副部长沈艺宣读《关于调整上海大学基础教育发展集团的通知》和《上海大学关于刘华霞任职的通知》。经友好协商，上海大学与宝山区人民政府合作共建的上海大学基础教育发展集团更名为上海大学上大附中基础教育集团，并聘任上海大学附属中学校长刘华霞担任集团主任。上海大学基础教育发展集团保留，由上海大学独立设置，主要促进高校赋能基础教育改革发展。

王从春、李志芳、朱燕萍、刘华霞四位领导共同为上海大学上大附中基础教育集团揭牌。

上海大学党委常委、副校长王从春为刘华霞颁发上海大学上大附中基础教育集团主任聘书。

刘华霞主任特别感谢组织的信任，表示将在上海大学、区委区政府领导支持下，坚持"理念引领、资源共享、协同创新、文化共融"，团结带领各成员校，扎实推进教育集团实现高质量发展。（图3-264）

深入、务实,助力附中高质量发展
——上海大学副校长王从春赴上大附中开展调研

2023年3月8日上午,上海大学党委常委、副校长王从春来到上大附中进行"助力附中高质量发展"主题调研。上海大学基础教育处处长李志芳、副处长肖青峰陪同调研,上大附中党总支书记王坤玉、校长刘华霞及领导班子成员参加了会议。

会上,刘华霞就办学理念、教学质量、人才培养等方面,围绕重要时间节点、重大事件,介绍了上大附中近二十年来的办学历程,突出了依托高校、集团化办学的优势与举措,并就当下学校的未来发展思考,与调研组进行了交流。

王坤玉总结了上大附中教育质量、教师能力、学生综合素养、学校管理水平等方面的成绩,分析了学校发展的突破路径,提出了依托上大开展创新人才早期培养等建议。

王从春认真听取、深入了解了附中情况,充分肯定了附中跨越式、高质量的成长,并表示将全力支持附中未来的建设和发展。同时,他希望附中保持战略定力,进行整体规划,在新的教育生态圈中,不断推动学校高质量发展。(图3-265)

图265 上海大学副校长王从春赴上大附中开展调研

第四部分 附录

一、大事记

2003 年

4月30日，区委常委、组织部长朱勤皓到校宣布：区委决定，学校为正处级编制，任命张雪霖为校长、陈振华，喻碧波、孙鸿俊为副校长；陈振华为党总支书记、张雪霖为副书记。

5月，区委区政府特别聘请全国政协副主席、上海大学校长钱伟长先生为学校名誉校长。

5月8日，区教育局党委决定，学校党总支由陈振华、张雪霖、孙鸿俊组成；同意喻碧波兼任教导处主任、孙鸿俊兼任政教处主任，王葆华任办公室主任、周晓岚任科研处主任。

5月20日，李原副区长来校进行工作调研。

5月23日，上海电视台"上视新闻"播出"宝山打造教育品牌学校"，报道学校筹办情况。

6月3日，区委副书记康大华来校调研。

6月21日，民进上海市委主持召开的"上海民办教育制度创新研讨会"在学校举行，出席会议的副市长严隽琪听取区委书记薛全荣、副区长李原关于学校创办的工作汇报。

全国政协常委、上海大学教授邓伟志为学校题词：荟萃名师，培育精英。

7月17日，市长韩正在区委书记薛全荣、区长吕民元等领导的陪同下来校视察。

8月，学校领导探望名誉校长钱伟长先生，听取钱伟长先生对办学的意见。

9月1日，开学典礼。市教委主任张伟江，区领导薛全荣、李贵庆、杜玉英、徐木泉、李原、厉家俊，上海大学领导方明伦、沈学超、周哲玮等出席。薛全荣书记和张伟江主任为学校揭牌。

宝山区人民政府与上海大学签定"携手共建上海大学附中合作意向书"。

9月16日，区委常委、组织部长朱勤皓陪同江西省赣州市领导参观学校。

9月17日，学校通过市绿化委员会绿化合格单位验收。

同日，宝山区人大代表视察学校。

9月18日，上海大学副校长、博士生导师叶志明教授为学生作现代创新科技报告。

11月4日，新疆教育代表团来校参观。同日，市教育督导室领导来校指导工作。

11月25日，英国领事馆官员来校参观。

12月17日，市国际交流中心、市教委外事处领导来校参观。

12月29日，宝山区教育工作会议在学校召开。

2004 年

1月16日，学校全体教职工首届新春团拜会。

2月7日，召开第一届教职工代表大会，张雪霖校长向大会作学校工作报告。大会通过了学校三年发展规划。会议选举赵亦秋任工会主席。

2月9日，上海援藏、援疆干部到校参观。

3月，市教委给予标志性寄宿制高级中学有关待遇，同意学校面向全市招生并招收外省市优秀学生。

4月，名誉校长钱伟长先生为学校特别题词"开拓创新乐育才"，给全校师生以巨大勉励。

5月，全区2000多名"看变样"的宝山市民来校参观。

5月26日 "上海市中小学拓展型课程展示会"在学校举行。

5月29日，承办以学校冠名的学校"上大附中杯"上海市中小学机械奥运比赛。

7月17日，承办上海海洋探索比赛暨联校机械奥运会2004埠际赛。

9月1日，开学典礼。首批面向全国招收的50名优秀学生入学。

9月8日，区庆祝第二十届教师节大会在学校隆重举行。区委书记薛全荣出席会议并致贺词，区长吕民元、区人大常委会主任李贵庆、区委副书记徐木泉、副区长李原、区政协副主任厉家俊等领导出席会议。

10月14日，承办宝山国际民间艺术节校园专场活动。

10月26日，区教育人才会议在学校召开。

11月，语文教师胡艳获得市中青年教师教学评优一等奖。

11月，上海市教委决定学校承办内地新疆高中班。

12月5日，学校入选"2049中国青少年科学素质培育计划"——上海试点项目第二批挂牌学校。

12月19日，全国华商协会华商来校参观。

12月25日，学校成为教育部重点课题"青少年政治文明教育的实践与理论"实验基地。

2005 年

1月，区政府决定划拨15亩土地，投资3000万元，建设新疆部教育生活设施，将"扎实做好学校新疆班各项工作"写入政府工作报告。

1月14日，上海市重点中学校长联谊会在学校召开。

1月18日，"百老"讲师团与区优秀教师座谈会在学校举行。发出了"以民族精神构筑青少年的思想道德基础，以人格力量培育指导青少年的道德行为"的倡议书。

2月21日，新疆部建设工程开工。

3月29日，学校联合求真中学、刘行中学、大场中学成立"上大附中教育集团"。

5月19日，由教育部"青少年科技后备人才创新能力培养的师训计划"项目领导小组主办的"宝山—海淀'全国科学教育实验区'论坛活动"在学校举行。

6月8日，"上大附中·慧鱼创新机器人教育实验基地"揭牌仪式在学校举行。副区长李原、德国慧鱼集团创意组合模型全球总监 Laurenz Wohlfarth 共同为基地揭牌。

6月9日，市人大常委会主任龚学平、人大常委副主任周慕尧、胡炜、王培生等来区调研，以学校为首站进行视察，区领导薛全荣、吕民元、李贵庆、康大华、吴德渊、李燕珍、朱芸芳等陪同。

6月10日，市内地新疆高中班工作会议在学校召开。

6月，入选科技部"十五"攻关课题"青少年互联网成瘾综合干预"协作研究单位。

9月，入选全国科学教育实验基地。

9月1日，学校2005学年开学典礼暨新疆部成立揭牌仪式隆重举行。全国政协原副主席、上海大学校长、学校名誉校长钱伟长先生与区委副书记徐木泉，副区长李原，新疆维吾尔自治区教育厅副厅长马文华，市教委副主任莫负春，上海大学常务副校长周哲玮出席。徐木泉副书记与马文华厅长副厅长为新疆部揭牌。

9月，党总支书记陈振华被授予"上海市特级教师"荣誉称号。

9月16日，美国洛杉矶师生、家长代表一行20余人到校进行交流联谊活动。

11月6日，"提高家庭教育指导质量，推进家庭社会和谐发展——全国家庭教育指导研讨会"的宝山专场在学校召开。

11月，学校入选上海市中小学心理辅导协会实验校。

12月，学校成为上海市青少年科学研究院团体成员单位。

12月6日，学校通过区"语言文字规范化示范校"验收。

2006 年

1月10日，新疆部学生欢度民族节日——古尔邦节。市民宗委领导热依拉，区统战部副部长、民宗办主任宋晓青等出席欢庆活动。

2月，学校被评为上海市行为规范示范校。

3月9日，学校被评为上海市安全文明校园。

3月25日，第21届上海市青少年科技创新大赛在学校举行。副市长严隽琪、市政协副主席谢丽娟来校出席第21届上海市青少年科技创新大赛开幕式，并视察学校。

4月18日，新疆教育考察团到学校考察。

6月，学校首届学生毕业，100%考取大学。10名学生光荣的加入了中国共产党。

7月，学校组团代表国家参加世界中学生定向越野比赛。

8月，机器人社团学生参加第十三届国际中学生机器人大赛。

8月29日，召开第二届教职工代表大会，邹志敏当选工会主席。

9月15日，学校与澳大利亚博文高级中学结成姐妹学校。

9月25日，张雪霖校长、陈振华书记探望名誉校长钱伟长学生，祝贺钱老94岁生日。

10月17日，学校参加第五届上海宝山国际民间艺术节"缤纷校园"文化艺术联谊活动。

12月，学校被评为上海市心理教育示范校。

2007 年

1月，学校被评为市青少年科普宣传教育先进集体、市青少年科普宣传教育贡献奖。

2月，张雪霖校长获国务院特殊津贴。

3月，学被评为市教育系统安全生产工作先进集体。

4月10日，新疆英吉沙县人民政府吐逊古丽·吐尼牙孜县长到校看望新疆部学生。

5月17日，召开第二届教职工代表大会第三次教代会，审议并表决通过学校《学做全人学做学问——实验性示范性高中创建规划（2006.9—2009.7）》。

5月10日，学校被评为市语言文字规范化示范校。

6月，经区教育局批准，学校正式向市教委提出上海市实验性示范性高中建设申请报告。

6月9日，新疆电视台、新疆人民广播电台、《新疆日报》等多家新疆主流媒体到校考察采访。

8月，学校与73181部队开展共建活动。

10月，学校成为全国中学教育科研联合体理事学校。

10月3日，新疆维吾尔自治区教育厅内学办考察团到校参观考察。

10月29日，市教委对学校进行为期三天的实验性、示范性高中创建规划评审，区委书记吕民元，区委常委、组织部长朱勤皓，市教委副主任尹后庆，上海大学常务副校长周哲玮、副校长叶志明等领导出席评审会。

同日，吕民元书记与周哲玮副校长为学校主雕塑"育"落成揭幕。

2008 年

1月，副校长孙鸿俊调任行知实验中学校长。

2月16日，召开第二届教职工代表大会第五次会议，表决通过《上海大学附属中学章程》。

1月11日，学校在全国教育科学"十一五"规划教育部课题成果交流研讨会暨全国中学教育科研联合体2008上海会议上被授予"教育科研百强校"称号。

1月14日，学校与北京外国语大学外语教育研究中心签订在学校合作建立"中国基础英语素质教育试验基地"的协议。

1月20日，学校在中央教育科学研究所培训中心、教育杂志社组织的"第二届全国中小学优秀校内报刊评选活动"中获多项大奖。

1月22日，学校被评为为上海市青少年科学研究院"优秀团体成员单位"。

2月，学校被评为上海市安全文明校园。

5月，学校被评为上海市科技教育特色示范校。

6月，学校接收来自四川汶川地震灾区宋远和刘云昊同学来就读。

6月，办公室主任王葆华升任学校副校长。

6月，高考成绩揭晓，黄莎同学的高考作文《他们》获得全市唯一的满分，引起轰动；胡骏同学被北京大学录取。

9月9日，举行建校五周年暨24届教师节庆祝大会。名誉校长钱伟长先生发来贺信。区委书记吕民远、区长斯福民、副区长李原、上海大学常务副校长周哲玮、副校长叶志明、校长助理徐旭出席祝贺。宝山区人民政府与上海大学签订"进一步共建上海大学附属中学合作意向书"；学校宣布设立"树人"奖励基金与"永景"奖学金，并颁发第一项"永景"奖学金给应届毕业生黄莎和胡骏。

10月16日，市第六届国际民间艺术节在学校举行专场活动。

11月13—15日，市第三届21世纪学校心理健康教育论坛大会在学校召开。

12月8、9日，市教委对进行学校创建市创建实验性、示范性高中中期评审。副区长李原、上海大学常务副校长周哲玮等领导出席评审会并讲话。

2009年

3月，学校荣获市三八红旗集体、市民族教育先进集体。

4月，学校被评为市文明单位、市花园式单位、全国教育科研先进单位、全国青少年科学教育实训计划优秀实验基地。

5月20日，申报全国语言文字示范校，接受市教育评估院评估。

4月，张治调任学校副校长。

6月，学校获第六届上海教育博览会组织贡献奖。

6月，新疆部首届60名学生毕业，58名学生考入本科，一名学生光荣加入中国共产党。

7月，金志清调任学校党总支副书记。

7月1日，"上大附中杯"上海市中小学生创造发明比赛在学校举行。

8月，学校被评为全国语言文字规范化示范校。

10月，学校被评为市行为规范示范校。

10月20、21日，市教委对学校进行创建市实验性、示范性高中总结性评审。区委常委、副区长张浩亮出席评审会并讲话。评审组专家通过对学校总结性报告和发展规划的审读，听取汇报，召开座谈会，个别访谈，听课，进行学生、教师、家长问卷调查，查阅、文书档案，现场考察、办学条件、校容校风和学生活动等，一致认为学校致力于规划各项目标的落实，取得了明显的工作成绩和办学实效。

10月30日,学校召开市实验性示范性高中总结性评审总结暨新三年发展规划研讨会议。

12月1日，学校举办"教学有效性"研究暨区级科研课题结题汇报交流活动。

12月9日，区知识产权教学研讨会在学校举行。

2010 年

1月8日，举行学校教育集团工作会议。上大附中实验学校、上海大学附属学校加入集团。

2月11日，市教委副主任尹后庆、区教育局局长楼伟俊等来校看望新疆部师生并祝贺新春。

3月，学校被评为中国科协"科技馆活动进校园"项目包开发优秀组织奖。

3月17日，上海市教育委员会发布沪教委基〔2010〕27号文件，正式命名学校为"上海市实验性示范性高中"。

4月1—2日，学校师生与加拿大韦博学院师生举行文化交流活动。

4月16—18日，学校参加第七届上海市教育博览会。

4月21日，市级科研课题《构建学会做人与学做学问相融合的教育模式》结题。

4月22日，区委决定，张雪霖不再担任学校校长、党总支副书记，卢广华任学校党总支书记、校长。

5月，副校长喻碧波调任区教师进修学院副院长；何敏调任学校党总支副书记。

5月20日，语文教师胡艳参加"信宏杯"上海市"语文大讲堂"决赛，荣获"上海市语文教学之星"称号。

5月22—23日，学校师生代表区参加上海市创新峰会和明日之星开放式论坛。

6月，党总支副书记金志清调离。

6月12日，新疆维吾尔自治区党委常委尔肯江·吐拉洪、自治区党委副秘书长景海燕等到校进行调研并看望新疆部师生。

8月19—23日，学校师生代表参加"港澳学生上海世博参访团"科技互动活动。

9月10日，新疆部庆祝肉孜节。

9月16日，市第二期普教系统杨明华、沈黎明名校长培养基地导师、学员一行来学校开展交流研讨活动。

10月21日，国家民委教育科技司司长俸兰带队到校进行内地新疆高中班专题调研。

10月23日，教育部专家组来校调研新疆内高班教育教学情况。

11月8日，学校市级科研课题《高中阶段创新型工程技术人才的早期发现和培养策略研究》开题论证。

12月，党总支换届，卢广华任书记，何敏任副书记，王葆华、张治、沈伟任委员。

12月2日，乒乓球世界冠军曹燕华来学校商谈合作办学工作。

12月30日，学校举行上海市"明日科技之星——科普培育拓展基地"开题仪式。

2011 年

1月5日，新疆维吾尔自治区中小学德育工作者考察调研团来到学校进行考察学习。

2月26—27日，学校承办第24届中国上海头脑奥林匹克创新大赛暨第32届世界头脑奥林匹克中国区决赛。

3月，学校被评为上海市文明单位。

4月19日，成都市教育代表团来校参观，进行"创新实验项目"交流。

5月17日，新疆部被授予区"工人先锋号"。

5月31日，学校代表队"能折叠的结构"项目在美国马里兰大学举办的第32届世界头脑奥林匹克决赛中荣获世界第二名。

6月，学校成为上海市中学生体育协会团体会员。

6月26日，高考成绩揭晓，张喆灏、王倩芸同学分别以总分585分、545分的总分成为区理、文科状元，两位同学数学获得满分。

7月，政教主任沈伟调任上海师范大学经纬实验学校校长。

9月，英语教师沈伟刚被授予"上海市特级教师"荣誉称号。

9月29日，市教委基础教育处、市教委教研室、市教育学会民族教育管理专业委员会在学校举行内地新疆高中班教学研讨活动。

9月，学校获评全国"十一五"教育科研先进集体。

10月，学校成为民进复旦大学邯郸支部、民进宝山区实验性示范性高中支部联合创新教育实验基地，山海工学团协会团体会员单位。

10月，副校长王葆华调任宝山中学党支部书记、校长；王坤玉调任学校副校长。

10月，党总支增补王坤玉、金旭峰、周晓岚、顾闻为总支委员。

10月，工会换届，金旭峰当选工会主席。10月17日—11月2日，广西壮族自治各示范性高中七位校长到校跟岗学习。

10月21日，第七届上海宝山国际民间艺术节"欢乐联谊在校园"活动在学校举行。

10月27日，区委副书记、代理区长汪泓，副区长李原到学校调研，听取学校发展、学生培养、创新实践等工作情况汇报。

10月31日，瑞典海斯勒霍尔姆学校（Hassleholm echnological School）师生来访。

2012年

1月11日，学校成为上海市首批、宝山区首家全国创新人才教育研究会会员单位。

2月，学校被评为上海市安全文明校园。

2月12日，德国彭茨贝格一级文理中学交流代表团抵达学校，进行为期7天的修学访问。

3月20日，北京十中教师代表团到校访问，学习承办新疆部的工作经验。

4月，新疆部获评区五一劳动奖状、学校荣获区拥军优属先进单位。

4月5日，新疆教育厅赴内地宣讲团到校进行宣讲报告，全国道德模范、感动中国2011年度人物草根慈善家阿里木江·哈力克向新疆部学生做报告。

4月，陕西省教育厅与上海市教委共同组织举办的"陕西省中小学教学能手高级研修班"以及"陕西省中小学教研员研修班"考察团先后来校学习交流。

6月21日，学校通过了市教委创新素质培养实验项目中期评审、上海市教师专业发展学校暨见习教师规范化培训基地评审。

6月26日，2012年上海市秋季高考成绩揭晓，学校本科率超过98%，实现了历史性突破，半数以上学生超过全国重点大学录取分数线，跻入市实验性示范性高中先进行列。

7月19日—8月1日，学校交流代表团抵达德国潘茨伯格一级文理学校进行修学访问。

9月，学校被评为宝山区中小学行为规范五星示范校。

10月19日，第十届阳光体育大联赛暨校园运动会。

10月26日，新疆部庆祝古尔邦节活动。

10月28日—11月4日，瑞典文化周暨瑞典库拉中学与学校友好交流活动。

10月29日，上海交大体育系、宝山区教育局、学校和曹燕华乒乓学校四方共同签约共建"乒乓球一条龙"，使乒乓球运动员"专业竞技训练＋优质学校文化学习"的双轨培养体系全线贯通。

11月，学校成为上海市教师专业发展学校暨见习教师规范化培训基地学校。

12月，学校被评为宝山区"先进基层支部"（民进支部）。

12月5日，香港孔仙洲纪念中学师生代表团一行30多人到校参观交流。

12月19日，美国乔治亚州立大学的两位教授来校进行英语教学交流研讨。

2013年

1月，民盟上大附中支部被评为民盟宝山区委先进集体。

1月8日，学校举行上大附中教育集团团拜会。

1月9日，学校荣获上海市作家协会"文学百校行"理事单位。

1月26日，学校举行"2013年创新社团嘉年华展示活动"。

2月，学校被评为上海市中小学行为规范示范校。

2月16日，宝山区副区长陶夏芳到学校进行走访。

2月27日，上海科普教育发展基金会"明日科技之星——科技拓展培训基地"课题验收会议在学校召开。

3月6日，江西省抚州市的教育代表团来到学校参观交流。

3月8日，学生侯雨奇、孙子平、袁施薇、李同宇组成的参赛团队荣获第15届美国中学生数学建模竞赛一等奖。

4月，学校被评为上海市文明单位。

4月10日，学校历任领导为校庆十周年献言献策。

4月13日，"2013全国数学科普论坛"在上海大学举行，学校创新班近四十位学生在论坛现场听取了中科院林群院士、袁亚湘院士、中国数学会秘书长张立群教授、上海市数学会理事长王建磐教授等专家的报告。

5月17日，新疆维吾尔自治区优秀教师代表团到学校参观考察。

5月28—30日，美国乔治亚州立大学教授和学生代表团到学校参观交流。

6月20日，上海市创新素养培育学校专场在学校国际会议厅举行，创新实验楼20个工作室对外开放。

9月24日，学校举行内地新疆高中班学生民族情感养育主题研讨活动。上海市教委基教处周增为副处长、宝山区教育局陆荣林副局长出席并讲话。

9月26日，学校面向全市举行课程教学展示活动。来自上海市第三期双名工程六个名师培养基地、宝山区教师进修学院、本区和外区五十多所兄弟学校、七校教学联合体等成员，以及来自江苏泰州的外语教师，共三百多人出席了教学观摩活动。

10月10日，宝山区高中资优生与高校创新人才培养对接论坛在学校举行。论坛由宝山区人民政府和上海大学联合主办，宝山区教育局与学校承办，旨在探讨建立中学和大学联合培养创新人才的机制，探索拓展重视资优生发展，共育创新型人才的途径方式。来自本市12所高校的领导、专家出席了论坛。宝山区教育局党委书记、局长张晓静主持论坛；上海大学罗宏杰校长做主题讲话；宝山区副区长陶夏芳总结发言。

10月18日，中国陶研会会长朱小蔓女士来学校指导工作。

10月27日，学校举行钱伟长先生铜像揭幕仪式暨建校十周年教育成果展示活动。宝山区教育局党委书记、局长张晓静主持铜像揭幕仪式，宝山区委书记汪泓、上海大学校长罗宏杰、市教委巡视员尹后庆、钱老之子钱元凯先生一起为铜像揭幕。展示活动中，上海大学校长罗宏杰被聘为学校第二任名誉校长。

11月29日，学校召开以"学习贯彻十八大精神，改进工作作风，密切联系群众，为民、务实、清廉"为主题的党员领导干部民主生活会。

12月，党总支换届选举，卢广华任书记，何敏任副书记，王坤玉、张治、周晓岚、金旭峰、顾闻任委员。

2014年

1月，学校被评为上海市安全文明校园。

1月，副校长张治调任上海市电教馆副馆长。

1月9日，美术社团学生作品《异国天空的东方祥云》获得"中国、俄罗斯中小学生绘画交流比赛"银奖，被选送到俄罗斯圣彼得堡交流展出，美术老师赵炜国获优秀辅导教师奖。

1月9日，学校举行班主任微型团队成立仪式，卢广华校长给各微型团队领衔人颁发聘书。

2月，学校被评为上海市平安示范单位。

2月18日，学校与区教育局、上海大学体育学院合作共建武术运动项目签约。

2月28日，学校艺术活动中心正式开工建设。

3月，学校被评为宝山区教育系统行风建设优秀学校。

3月，德国彭茨贝格一级文理中学师生来校进行为期一周的访学交流。

3月12日，学校被授予宝山区德育先进集体荣誉称号。

3月15日，联合国教科文组织专家、原中央教育科学研究所所长朱小蔓教授、国家教师教学发展示范中心主任胡卫平教授、中央教育科学研究院杨希洁博士等专家应邀对学校重点课题《高中阶段资优生培养的实践研究》和《优质高中资优生健全人格培养的实证研究》方案进行论证。

3月18日，教工团支部成立"平安校园志愿者服务队"。

4月，创新教育中心组被评为上海市"教育先锋号"。

4月，参加第十一届上海教博会教育国际化展。

4月19日"第二届全国数学科普论坛"在学校举行。

5月，上海教育新闻网人物频道"教育人生·纪念教师节30年"专栏来校采访卢广华校长。

5月15日，学校通过上海市心理示范校评审。

6月，学校被评为上海市中学共青团工作示范单位。

6月6日，区长方世忠、副区长陶夏芳等领导到校走访调研。

6月9日《东方体育日报》整版报道学校校园体育活动蓬勃开展情况。

6月，高考成绩揭晓，学校应届毕业生本科率99.4%，一本率71.3%，袁施薇同学成为区理科状元，唐宁同学成为区文科状元。

7月，师生代表赴德国彭茨贝格一级文理中学访问交流。

7月17日，学校社团学生代表参加第五届上海国际青少年科技博览会。

9月，副书记何敏调任通河中学党支部书记。

10月，工会主席金旭峰调任上海师范大学经纬实验学校党支部书记、校长。

11月29日，区学生联合会第八次代表大会召开，学校当选区学联主席单位。

12月11日，学校科研课题《培养良好人际交往能力促进高中资优生积极人格养成的实证研究》被列为教育部重点课题。

2015年

1月，学校获得市中小学幼儿园后勤管理与服务先进集体"孺子牛奖"。

1月16日，工会换届选举，仇玉婷当选为工会主席。

2月，学校被评为上海市平安示范单位。

3月，学校被评为上海市体育传统项目学校。

3月，高一年级启动"走班"模式。

3月27日，党总支举行总支委员增补选举会议，增补胡艳、刘华霞、仇玉婷为党总支委员。

4月，学校被评为上海市文明单位，创新教育中心组被评为宝山区先进集体。

4月9日，市高中学生综合素质评价实施方案座谈会在学校举行。

4月，学校参加第十二届上海教育博览会，荣获"十佳"现场咨询展台。

4月20日，教育部重点立项课题《培养良好人际交往能力促进高中资优生积极人格养成的实证研究》开题论证。

4月21日，区人大常委会主任张静到校走访调研。

4月25日，主题为"多彩数学改变世界"的第三届全国数学科普论坛在学校举行。

5月，学校开展学陶师陶活动，张绥娟等16位同志被评为首届"学陶师陶标兵"。

5月28日，"生命伦理与生命教育"主题论坛暨宝山区"激扬生命活力、提升教育品质"主题展示在学校举行。本次主题论坛是第14届上海市社会科学普及活动周系列活动之一。

6月，王坤玉调任通河中学校长。

6月16日，持续一夜的暴雨让校园一片汪洋，全体教职员工通力合作，确保学生安全。

7月，学校获2015中美中学生国际贸易模拟峰会总冠军，成为上海创客教育联盟成员单位。

7月4—5日，市首届创客新星大赛暨嘉年华活动在学校举行。

8月，办公室主任胡艳升任党总支副书记，科研处主任周晓岚、德育处主任刘华霞升任副校长。

9月，学校被评为空军招飞工作先进单位。

10月12—21日，师生一行37人赴美国小红豪斯和伊丽莎白欧文高中访问交流。

10月15日，国务院教育督查组来校，对本区落实教育领域"重要指标和任务"的完成情况开展教育专项督查。

10月16日，新疆部师生参加庆祝新疆维吾尔自治区成立60周年献礼影片《梦开始的地方》首映，自治区教育厅副厅长同继敏和演职人员来到学校与新疆部师生代表座谈。

10月23日，教育部发展规划司副司长葛华率全国第二批节约型公共机构示范单位评价复核组在区副区长陶夏芳的陪同下来校进行现场检查验收。

10月26日，市德育研究协会实验性示范性高中德育管理专业委员会主题活动暨"基于道德领导理论下的班主任专业发展"德育展示活动在学校举行。

11月2日，学校接受区"十二五"师训验收。

11月18日，区学校国际象棋联盟成立大会在学校举行。

11月28日，新疆部举行学生社团指导教师聘任仪式。

12月4日，新疆部受邀参加市教委法宣办与上海法治报社联合主办的"走进人大，学做当家作主现代少年"主题活动。

12月16日，学校获被评为上海市中小学民族教育工作先进集体。

2016年

1月，学校加入上海市宝山区校园足球联盟。

1月4日，机器人社获市学生科技创新社团称号。

1月12日，上海大学基础教育集团正式成立，区政府与上海大学共同签署《关于共同推进宝山基础教育战略合作意向书》。

1月21日，上海山海工学团学生活动中心在学校揭牌。

2月，学校被评为市平安示范单位、市民族团结进步先进集体。

3月，新疆部被命名为区教育系统巾帼文明示范岗。

3月18日，学校被命名为"上海市戏剧特色学校"。

3月25日，香港新生命教育协会吕郭碧凤中学师生代表团来到校访问交流。

3月，德国彭茨贝格一级文理中学师生代表来访。

3月31日，美国新泽西州利文斯顿高中师生代表团来访。

4月7日，学校参加全国中小学心理健康教育特色建设与生涯教育高端论坛并作主题发言，当选全国学校心理健康教育委员会副理事长单位。

4月14日，学校学生媒体中心成立，上海大学陈晓达教授等受聘担任顾问。

5月，学校被评为上海市节水型学校。

5月，学校加入成为宝山区中小学武术联盟。

6月1日，学校举行学生社会实践校级基地授牌仪式。

7月，"登峰杯"全国中学生课外学术科技作品竞赛（上海赛区）学术作品复赛在学校举行。

7月17日，中美STEM+的交流培训会在学校举行。

7月，学校师生代表团赴德国彭茨贝格一级文理中学开展交流访问。

8月21日，第13届市示范性中学学生会主席论坛开幕式暨高峰论坛在学校举行。

8月27日，上海大学基础教育集团首批专家聘任仪式在学校举行。

9月，学校被评为宝山区教师专业发展示范校、宝山区"十二五"学校师训工作示范单位。

9月24日，校长课程领导力与青少年创新素养培育论坛在学校举行。

10月8日，乒乓球世界冠军曹燕华、许昕师徒来访，受聘学校乒乓球运动队导师、名誉教练。

10月21日，党总支换届选举，卢广华当选书记，胡艳当选副书记，周晓岚、刘华霞、仇玉婷当选委员。

10月21日，全国法治教育暨德育工作展示交流活动在学校举行。

11月11日，王宝玉、于长江、肖丹名师工作室揭牌成立。

11月16日，党总支书记、校长卢广华当选区第八届人民代表大会代表。

12月7日，宝山区副区长陈筱洁来到校调研。

12月5日，市中学生涯辅导展示和学术交流活动在学校举行。

12月24日，第30届上海头脑奥林匹克创新大赛在学校举行。

2017年

1月8日，学校被评为上海市象棋协会先进单位。

1月14日，第32届区"上大附中杯"青少年科技创新大赛、第15届明日科技之星评选活动暨第6届上大附中学生社团嘉年华活动在学校举行。

1月26日，新疆部举行春节联欢活动，副区长陈筱洁等领导出席。

2月，学校被评为上海市平安示范单位。

2月2日，上海电视台新闻综合频道《新闻透视》栏目以"少年爱迪生的心愿"为题对学校在高考新政下学生综合素质的培育进行专题报道。

2月18日，张高阳同学被授予2016年度全国"最美中学生"称号。

2月23日，"文化上海·剧荟宝山"——中国戏剧家"深入基层·扎根人民"宝山专场实践活动在学校举行，荣广润教授为学生作《看戏的"门道"》专题讲座。

2月25日，第38届世界头脑奥林匹克中国区决赛在学习举行。市头脑奥林匹克协会会长翁史烈院士，市政府副秘书长宗明，市教委主任苏明、副主任王平，副区长陈筱洁等领导出席。

3月，学生处被评为市三八红旗集体。

3月2日，上海大学基础教育集团干部挂职聘任仪式在学校举行。上海大学信息办公室副主任顾爱军、上海大学通信工程系副主任王瑞到学校挂职。

3月3日，俄罗斯莫斯科教育代表团来访。

3月16日，上海大学基础教育集团办公室主任聘任仪式在上海大学举行。学校党总支书记、校长卢广华受聘担任上海大学基础教育集团办公室主任。

3月29日，上海学生戏剧团及上海学生戏剧联盟成立主题活动在复旦大学举行，学校成为首批成员单位。

4月，学校被评为市文明单位。学校"心海扬帆"青年志愿者服务队荣获市青年五四奖章。

4月20日，学校创新团队亮相中国上海国际技术交易会。

4月25日，学校在全国"心理健康教育全员育人模式与学生素养提升论坛暨第二届心理健康教育学术年会"作经验交流。

5月，学校被评为市科技教育特色示范学校。

5月5日，学校名誉校长聘任仪式暨上海大学基础教育集团2017年工作大会隆重举行。区委区政府聘请上海大学校长金东寒为学校名誉校长。上海大学基础教育集团2017年工作大会顺利召开，宝山区副区长陈筱洁、教育局党委书记王岚、教育局局长杨立红、副局长刘政，大场镇党委书记杨金娣、镇长刘建中，副镇长李才生，上海大学金东寒校长、上海大学党委副书记、副校长龚思怡，上海大学基础教育集团办公室主任卢广华、副主任李志芳，及集团五所学校全体教职员工参加大会。

5月27日，学校团队赴美国参加第三十八届世界头脑奥林匹克决赛，获得世界第六。

6月16日，美国肯塔基大学孔子学院师生一行35人来到学校交流访问。

6月20日，学校部分学生参加上海大学"国际化小学期"课程。

6月23日，学校党总支召开专题组织生活会，宝山区教育局党委副书记葛玉华为全体党员讲党课。

6月28日，胡艳调任顾村中学党支部书记。

6月30日，学校党总支被评为宝山区"党支部建设示范点"。

7月4日，台湾部分高中校长及师生代表团一行75人来到学校交流访问。

8月20日，中国侨联"亲情中华"台湾青年学生（上海）夏令营在学校举行，70名台湾高中师生代表团与学校学生开展联谊活动。

8月24—28日，学校学生艺术团受邀赴西班牙参加弗拉加杰明菲斯特国际艺术节。

9月，学校（新疆部）被评为宝山区第三届"学陶师陶"评委会特别奖。

9月12日，学生彭浩翀获第十三届全国学生运动会中学男子乒乓球双打冠军。

9月20日，上海大学基础教育集团干部挂职聘任仪式在学校举行，聘请上海大学心理辅导中心副主任姜艳到学校心理中心挂职。

10月，学校党总支被评为"我心目中的好支部"。

10月5—15日，学校师生代表团赴美国纽约的小红豪斯和伊丽莎白埃文高中展开访学活动。

10月17日，学校天文社展开对"引力波"的大讨论，上海电视台《新闻坊》进行采访报道。

10月18日，学校全体党员收看中国共产党第十九次全国代表大会开幕会。

11月，学校被评为宝山区戏曲进校园试点学校。

11月6日，加拿大国际交流访华团一行9人来到学校参观考察。

11月29日，学校面向全市举办"培养关键能力，创建智慧课堂"的课堂教学展示和研讨活动。

12月6日，"育人为本 以德为先"——"建设中学传统文化课程 深度推进'两纲'教育"现场会在学校举行，上海市教委副主任贾炜、宝山区副区长陈筱洁、上海市教委基教处处长杨振峰、上海市教委德育处副处长江伟鸣、上海市教委教研室主任徐淀芳、上海市教委教研室副主任纪明泽、上海市教委教研室副主任谭轶斌、宝山区教育局局长杨立红、副局长陆荣林、宝山区教育学院院长曹红悦等领导出席了现场会。

12月8日，学校语文、数学、物理三个教研组优秀教师团队荣获上海市中小学优秀作业、试卷案例评选活动一等奖。

2018 年

1 月，学校 "好位搜" 项目获得国家专利、注册商标。

1 月，学校被评为上海市象棋协会先进单位。

1 月 22 日，党总支迎接宝山区教育工作党委党建督导。

1 月，学校举办 2018 伟长创新人才冬令营。

1 月 31 日，学校被命名为"区阎华海派文化特色学校"。

3 月，学校被评为上海市中小学行为规范示范校。

4 月 6 日，泰国普吉孔子学院教育官员高访团来访。

4 月 13 日，学校 F1 车队成员与 F1 世界冠军汉密尔顿面对面。

5 月，学校被评为全国公共机构能效领跑者。

5 月 20 日，学生创新成果在市青少年创新峰会上展示。

5 月 31 日，语文教师季剑炜荣获"上海市语文教学之星"称号。

7 月，学校被评为上海市花园式单位。

9 月 7 日，范少军区长来校调研。

9 月 29 日，学校当选上海市 2018 年度"公益之申"十佳校园公益。

10 月 30 日，爱尔兰中小学校长访问团来访。

11 月 20 日，学校接受上海市实验性示范性高中发展性督导评估。

12 月，学校被评为市家庭教育示范校。

12 月，江苏省盐城市滨海县教育交流团来校跟岗学习。

2019 年

1 月，学校成为上海市消防协会会员单位。

2 月 27 日，云南省曲靖市师宗一中教师代表团来校访问交流。

4 月 3 日，泰国普吉孔子学院教育官员高访团来访。

4 月 4 日，上海交通大学电子信息与电气工程学院与学校共建"开源硬件与创客拓展基地"签约揭牌。

4 月 8 日，河南省委政研室领导来访。

4 月，学校成为上海市"篆刻进校园"试点学校。新疆部被评为宝山区工人先锋号。"致远"青年教师志愿者服务队获区"青年五四奖章"。

5 月 24 日，学校接受二线运动队评审，原国家体委副主任徐寅生、世界冠军曹燕华等到校指导。

5 月 29 日，上海外国语大学英语学院与学校共建"英语教育教学拓展基地"签约揭牌。

7 月 3 日，宝山区与上海交通大学合作共建乒乓球一条龙，上海交通大学体育系和宝山区教育局、体育局、上大附中、曹燕华乒乓培训学校、杨泰实验学校六方共同签署协议。

9 月 2 日，宝山区区委书记汪泓、区长范少军等领导到校走访调研。

10月1日，全体党员集中学习习近平总书记在庆祝新中国成立70周年大会上的讲话。

10月22日，学校接受上海市安全文明校园创建验收。

10月25日，学校被评为全国青少年校园足球特色学校。

11月1日，区委决定，王坤玉任党总支书记，卢广华任党总支副书记。副校长刘华霞调任行知实验中学校长。

11月13日，学校接受全国校园足球特色校复评。

11月14日，新疆部主任孟飞调任上海师范大学经纬实验学校校长。

11月28日，领导班子开展"不忘初心，牢记使命"主题教育民主生活会。

11月，学校成为宝山区教育系统年轻干部实践锻炼基地。

12月13日，党总支举行换届选举"公推"大会。

2020年

1月，党总支换届，王坤玉当选书记，卢广华当选副书记，周晓岚、仇玉婷、蔡文瑛当选委员。

2月，学校被命为上海市平安示范单位。

2月11日，区副巡视员杨立红来校检查指导防疫工作。

2月12日，区委书记汪泓来校慰问新疆部师生，并检查指导防疫工作。

3月2日，因疫情原因，学校转为线上教学。

3月29日—4月5日，学校首次举行"云"开放。

4月22日，区委书记汪泓来校检查指导返校复学准备工作。

4月27日，高三师生返校复学。

5月，学校笃行志愿服务队被评为区抗击新冠肺炎疫情"百佳"志愿服务先进集体。

5月6日，高二师生返校复学。

5月7日，学校在线参加新课程新教材实施实验校答辩会议。

5月19日，高一师生返校复学。

5月22日，全体党员收看第十三届全国人大第三次会议开幕会。

6月，党总支被评为区教育系统新冠肺炎疫情防控工作先进基层党组织。

6月15日，民进上大附中支部举行换届选举，顾敏霞当选支部主委。

6月23日，学校召开市级课题《教育戏剧促进高中生生涯适应力发展的实践研究》开题论证会。

7月1日，党总支举行"忆党史 守初心 强党性"——"七一"主题党日活动。

7月14日，学校召开《新课标·新教材·新考试—学校的实施策略》"双新"课程研讨会。

7月16日，上海大学机械工程实践工作站参加市青少年科学创新实践工作站项目第一期开班典礼在学校举行。上海大学党委副书记、副校长龚思怡，市科委、市教委、市有关领导出席开班典礼。

7月21日，新疆喀什六中教育代表团来校访问交流。

9月3日，学校举行"新高考新课改背景下创新人才培养策略"专题研讨，市发明协会常务副会长钱宝龙等出席。

9月10日，民盟上大附中支部举行换届选举，徐海音当选支部主委。

10月16日，学校召开第五届教职工代表大会，仇玉婷当选工会主席。

11月17日，学校接受山区"十三五"师训验收。

11月19日，上海市中小学新科学新技术创新课程平台宝山区高中种子课程签约活动在学校举行。

12月，新疆部被评为宝山区先进集体。

12月9日，教导主任宁斐斐升任学校副校长。

2021年

1月，学校举办"燃梦"研学冬令营。

3月5日，学校举行高中、高校音乐人工智能创新人才一体化培养项目研讨。

3月19日，复旦大学徐辉、周杨帆教授受聘担任学校 "高中、高校人工智能人才贯通培养"导师。

4月，学校被评为上海市文明校园。

4月2日，华东师范大学张麒教授受聘担任学校心理督导师。

4月16日，学校举办"敬礼建党百年，共育爱国人才"民族教育论坛活动。

5月，学校成为宝山区行知行劳动教育基地校。

6月15日，学校接受市中小学图书馆建设与应用评估。

6月18日，党总支举行"重温入党誓词，铭记为民初心"七一主题党日活动。

7月1日，全体党员、干部在线观看中国共产党成立100周年大会。

8月，学校入选市学校体育"一条龙"人才培养布局学校（乒乓球）和艺术"一条龙"人才培养布局学校（戏剧）。

10月11日，河北省唐县县委书记邓艳学率领教育代表团来访。

10月29日，高一学生赴上海大学参加"未来大学"科学传播计划第一课。

11月16日，党总支书记王坤玉当选区第九届人民代表大会代表。

12月，学校被评为上海市绿色学校、上海市防震减灾科普示范学校。

12月，学生处主任顾敏霞调任南大实验学校校长，学生处副主任于海波调任南大实验学校副书记（主持党务工作）。

2022年

1月，学校被评为"十四五"首批上海市科技教育特色示范校。

1月24日，市教委副主任杨振峰等领导来校慰问新疆部学生，指导寒假疫情防控工作。

3月12日，因疫情封控，转为线上授课。

4月28日，学校承办"'双新'背景下基于学校创新实验室的高中综合实践活动课程建设"线上跨区主题教研活动。

5月6日，水云间合唱团录制抗议版《人间》，向奋斗在一线的最美逆行者致敬。

6月6日，高二高三返校复学。

7月，学校被评为上海市安全文明校园。

7月5日，学校召开"回顾党的百年光辉历程，总结防疫经验——从大上海保卫战中汲取继续前行的动力"座谈会。

9月2日，上海大学王从春副校长来访。

9月14日，副校长周晓岚调任市陶行知纪念馆党支部书记、馆长。

9月22日，区教育局局长张治来校就"万名教师走万家"活动与学生、家长、教师代表座谈。

10月16日，师生收看党的二十大开幕直播。

10月23日，水云间合唱团《未来之光》参加上海大学"薪火传泮 强国有我"纪念上海大学建校100周年文艺晚会，为"百年上大"献礼。

11月，学校被评为上海市学校卫生工作先进单位、宝山区教育系统五星教工之家。

11月4日，党总支举行换届选举公推大会。

12月12日，学校成功创建市中小学校党组织"攀登"计划特色学校。

12月19日，疫情影响，根据市教委要求，高一高二转为线上授课。

2023年

1月，学校被评为上海市象棋协会先进单位。

1月4日，区委决定，卢广华不再担任党总支副书记、校长，刘华霞任党总支副书记、校长。

1月13日，上海大学上大附中基础教育集团成立，刘华霞校长任集团主任。

2月11日，党总支换届选举，王坤玉当选书记，刘华霞当选副书记，宁斐斐、仇玉婷、蔡文瑛当选委员。

2月17日，学校举行五届六次教代会，通过修订的学校章程。

3月17日，长沙麓山国际实验学校教师代表来校交流。

4月14日，区教育系统党建研究会大场分会、上海大学马克思主义学院、上海大学基础教育处党建共建三方合作签约仪式在学校举行。

5月10日，市新疆高中班教学研讨活动在学校举行。

5月23日，市教委"普教后勤管理和绿色学校创建"专项调研组来到学校调研。

6月8日，区委书记陈杰到学校调研科学教育工作。

二、名誉校长

钱伟长
　　2003年5月—2010年7月，中国科学院院士，上海大学校长，中国近代力学、应用数学的奠基人之一。中国人民政治协商会议第六至第九届全国委员会副主席。

罗宏杰
　　2013年10月—2017年5月，上海大学校长，973项目首席科学家，国家杰出青年基金、国务院政府特殊津贴获得者，中国科学院"百人计划"入选者，上海市"领军人才"。

金东寒
　　2017年5月—2019年5月，上海大学党委书记、校长，中国工程院院士，中共第十八届、十九届、二十届中央候补委员，第十一届全国政协委员、第十二届全国人大代表。国家科学技术进步奖一等奖、全国五一劳动奖章、上海科技功臣奖获得者。

刘昌胜
　　2023年10月始，上海大学党委副书记、校长，中国科学院院士，教育部跨世纪优秀人才，国家杰出青年科学基金获得者，全国优秀科技工作者，上海市科技精英，国家重大科学研究计划项目首席科学家。

三、历任校长书记

张雪霖

2003年4月—2010年4月，任党总支副书记、校长，上海市数学特级教师，上海市高考命题和审题专家组成员，上海市特级教师评审专家组成员，宝山区拔尖人才，上海市"三学"状元，上海市优秀教育工作者，上海市劳动模范，享受国务院特殊津贴。

陈振华

2003年4月—2009年4月，任党总支书记、副校长，上海市数学特级教师、特级校长，宝山区拔尖人才，上海市教师教育专家组成员。

卢广华

2010年4月—2022年11月,任党总支书记(2019年11月起,任党总支副书记)、校长,上海市首批正高级教师、上海市特级校长,上海市基础教育专家,上海师范大学兼职教授、上海市督学,上海市正高级、高级职称评审专家,宝山区领军人才。

王坤玉

2019年11月,任党总支书记,数学正高级教师,宝山区首届名校长,数学奥赛优秀教练员,宝山区数学首席教师。

刘华霞

2023年1月,任党总支副书记、校长,上海大学上大附中基础教育集团主任。全国学校心理健康教育委员会常务理事,上海市美学学会常务理事,上海大学文学院兼职教授。全国学校心理健康教育优秀校长,上海市优秀园丁,上海市三八红旗手。

四、历任校级副职领导

喻碧波	副校长	2003 年 4 月—2010 年 5 月
		2018 年 7 月—2020 年 6 月
孙鸿俊	副校长	2003 年 4 月—2008 年 1 月
王葆华	副校长	2008 年 6 月—2011 年 10 月
张　治	副校长	2009 年 4 月—2014 年 1 月
金志清	党总支副书记	2009 年 7 月—2010 年 6 月
何　敏	党总支副书记	2010 年 4 月—2014 年 9 月
王坤玉	副校长	2011 年 10 月—2015 年 6 月
周晓岚	副校长	2012 年 3 月—2022 年 8 月
刘华霞	副校长	2015 年 9 月—2019 年 9 月
胡　艳	党总支副书记	2015 年 9 月—2018 年 6 月
宁斐斐	副校长	2020 年 11 月至今

五、教师名录

姓　名	在校工作起止时间	姓　名	在校工作起止时间	姓　名	在校工作起止时间
2003 年					
张雪霖	2003 年 7 月—2010 年 3 月	惠　鹏	2003 年 7 月—2023 年 5 月	季　凤	2003 年 7 月—2015 年 6 月
陈振华	2003 年 7 月—2009 年 7 月	苗　刚	2003 年 7 月至今	郭美红	2003 年 7 月—2010 年 6 月
喻碧波	2003 年 7 月—2010 年 7 月 2018 年 9 月—2020 年 7 月	刘　燕	2003 年 7 月—2020 年 1 月	宁斐斐	2003 年 7 月至今
孙鸿俊	2003 年 7 月—2008 年 3 月	谢晓春	2003 年 7 月—2023 年 1 月	蔡　弋	2003 年 7 月至今
赵亦秋	2003 年 7 月—2006 年 11 月	王敏杰	2003 年 7 月—2015 年 6 月	李云霞	2003 年 7 月至今
陈德敏	2003 年 7 月—2006 年 12 月	陈国明	2003 年 7 月至今	伊　娜	2003 年 7 月至今
刘本慧	2003 年 7 月—2006 年 10 月	赵炜国	2003 年 7 月—2017 年 6 月	康燕华	2003 年 7 月—2016 年 6 月
邹志敏	2003 年 7 月—2012 年 7 月	支惠忠	2003 年 7 月—2012 年 7 月	郑明荣	2003 年 7 月至今
王葆华	2003 年 7 月—2011 年 11 月	张　勇	2003 年 7 月至今	葛鸿艳	2003 年 7 月至今
周晓岚	2003 年 7 月—2023 年 2 月	沈倩韫	2003 年 7 月至今	张　祯	2003 年 7 月至今
黄　豪	2003 年 7 月—2022 年 2 月	胡　艳	2003 年 7 月—2018 年 6 月	赵　岩	2003 年 7 月至今
浦金奎	2003 年 10 月—2010 年 11 月	郝靖宇	2003 年 7 月至今	黄春凤	2003 年 7 月—2019 年 2 月
金旭峰	2003 年 7 月—2014 年 10 月	凌　爽	2003 年 7 月—2020 年 4 月	黄　昕	2003 年 7 月—2012 年 6 月
周延军	2003 年 7 月—2022 年 10 月	孟　飞	2003 年 7 月—2020 年 5 月	邹桂芝	2003 年 7 月—2016 年 12 月
陈　伟	2003 年 7 月—2019 年 12 月	季莉莉	2003 年 7 月至今	祁　颖	2003 年 7 月至今
刘　健	2003 年 7 月—2016 年 10 月	王钱菊	2003 年 7 月至今	杨绍军	2003 年 7 月—2022 年 4 月
胡金河	2003 年 7 月—2021 年 11 月	王海燕	2003 年 7 月至今	项　云	2003 年 7 月—2012 年 7 月
顾　闻	2003 年 7 月—2021 年 8 月	于海波	2003 年 7 月—2021 年 12 月	施　婷	2003 年 10 月至今
陆　辉	2003 年 7 月—2023 年 6 月	李海侠	2003 年 7 月至今	林伟华	2003 年 7 月—2005 年 6 月
万　瞩	2003 年 7 月—2009 年 7 月	郁　龙	2003 年 7 月—2016 年 6 月	潘英华	2003 年 7 月至今
沈　伟	2003 年 7 月—2011 年 8 月	蔡文瑛	2003 年 7 月至今		
2004—2005 年					
张　静	2004 年 7 月至今	季剑炜	2004 年 7 月至今	李　捷	2005 年 7 月—2006 年 6 月
王妮娜	2004 年 7 月—2015 年 6 月	李　薇	2004 年 1 月—2019 年 7 月	江少芳	2005 年 7 月至今
黄润育	2004 年 7 月至今	李　昉	2004 年 1 月至今	黄琳玲	2005 年 7 月至今

续表

徐　磊	2004年7月至今	罗喜华	2004年7月至今	王　庆	2005年7月—2009年7月
蒋月娥	2004年7月至今	刘德桂	2004年8月—2013年6月	陈　茹	2005年8月—2016年6月
顾奚峰	2004年7月—2010年6月	刘华霞	2004年7月—2019年11月 2023年1月至今	张秋红	2005年8月至今
姚　珺	2004年7月至今	张绥娟	2004年8月—2020年10月	刘　和	2005年7月—2021年5月
康维佳	2004年7月至今	倪国红	2004年8月至今	刘　旭	2005年8月—2010年6月
李春晖	2004年7月至今	肖　丹	2004年8月至今	孙　雁	2005年8月至今
饶炳林	2004年7月—2005年6月	蒲　白	2004年8月—2021年9月	王宝玉	2005年11月至今
顾敏霞	2004年7月—2021年12月	仇玉婷	2004年8月至今	沈伟刚	2005年8月—2015年6月
蒋丰佩	2004年7月—2009年6月	杨怀琴	2004年10月—2018年6月	童治英	2005年7月至今
季汉萍	2004年7月至今	卢松龄	2004年8月至今	赵丽琴	2005年8月至今
金　花	2004年7月至今	陈告龙	2004年8月—2007年6月	孙雪菲	2005年8月至今
李　昆	2004年7月至今	何佩珍	2004年12月—2018年11月	沈　坚	2005年7月—2013年6月
席　伟	2004年7月—2018年6月	李玉春	2004年8月至今	赵　霞	2005年8月至今
马晓燕	2004年7月—2017年6月	陈　康	2005年8月—2022年11月	徐　斌	2005年8月至今
陈　璐	2004年7月至今	刘文明	2005年8月至今	杨天军	2005年12月—2013年6月
徐　瑛	2004年7月至今	唐艳玲	2005年11月—2008年6月	刘宏圣	2005年1月至今
2006—2012年					
黄琴丹	2006年7月—2010年6月	卢凌云	2008年8月—2009年6月	王　涛	2010年7月至今
王　强	2006年7月至今	张云峰	2008年8月—2017年6月	田　静	2010年7月至今
张　宇	2006年7月至今	黄小英	2008年12月—2012年6月	戴羽浩	2010年7月至今
张　耀	2006年7月至今	梁志峰	2009年7月—2019年6月	曹萧怡	2010年7月至今
陈　菡	2006年7月—2020年7月	孙　泓	2009年7月至今	刘乾琪	2011年7月至今
邓　佶	2006年7月至今	许晓景	2009年8月—2011年6月	范　娟	2011年7月—2019年6月
于长江	2006年7月至今	戴玉霞	2009年7月至今	宋永彬	2011年7月至今
汪玥辉	2006年7月至今	张　治	2009年7月—2014年2月	娄奕懿	2011年7月至今
夏曼华	2006年7月至今	金志清	2009年9月—2017年4月	鄂辉琴	2011年7月至今
夏引华	2006年7月至今	夏　晴	2010年1月—2017年6月	徐沈逸	2011年7月至今
王伟庆	2006年7月至今	郁　梅	2010年1月至今	陆敏凤	2011年7月至今
刘　春	2006年12月至今	卢广华	2010年4月—2022年11月	张凡凡	2011年7月至今
邵宏宏	2007年7月—2021年6月	何　敏	2010年4月—2014年11月	顾　婕	2011年5月—2021年8月

续表

沈 治	2007年7月—2012年6月	邰红红	2010年7月—2011年6月	周 云	2011年7月至今
劳 烨	2007年7月至今	黄 艳	2010年7月至今	王坤玉	2011年12月—2015年9月 2019年11月至今
路永顺	2007年11月至今	蒋菁菁	2010年8月至今	陈 莹	2012年7月至今
王建彬	2008年1月—2022年11月	陆一斌	2010年7月—2016年6月	陈 丽	2012年7月至今
孙 璐	2008年7月至今	钱寒静	2010年7月至今	卢春龙	2012年7月至今
周 锋	2008年7月—2016年6月	司 南	2010年7月—2023年4月	李成程	2012年7月至今
徐海音	2008年7月至今	刘鹏凌	2010年8月—2015年6月	赵欣铖	2012年7月—2020年7月
姚欣宏	2008年7月至今	沈 吟	2010年7月至今	黄丹微	2012年7月至今
周继彦	2008年7月至今				
		2013—2022年			
陈 延	2013年7月至今	杜 燕	2016年7月至今	王家璇	2019年7月至今
陈 颖	2013年7月至今	刘雅涵	2016年7月至今	杜艳秋	2019年7月至今
吴晓倩	2013年7月至今	贺秉飞	2016年7月至今	吴 昊	2019年7月至今
郑艳红	2014年7月—2020年9月	顾晨曦	2016年7月至今	张亮超	2019年7月至今
韩 菁	2014年7月至今	刘 颖	2016年7月至今	蒋克冰	2019年7月至今
沈雅茜	2014年7月至今	田露满	2016年7月至今	万志超	2020年7月至今
刘 伟	2014年7月至今	刘禹欣	2016年7月至今	朱李华	2020年7月至今
陈 洁	2014年7月至今	李 睿	2017年7月—2023年1月	华思雯	2020年7月至今
邓珊荣	2014年7月至今	张 惠	2017年7月至今	施宇妹	2021年7月至今
赵 亮	2014年7月至今	卜婷婷	2017年7月至今	单 婧	2021年7月至今
李 颖	2014年7月—2021年6月	潘道胜	2018年7月至今	秦 媛	2021年7月至今
常 琦	2014年7月至今	邢 佳	2018年7月至今	李心阳	2021年7月至今
陈 露	2015年4月至今	熊珺洁	2018年7月至今	付 会	2022年7月至今
倪佳颖	2015年7月至今	陈莎莎	2018年7月至今	葛泽宇	2022年7月至今
严小凡	2015年7月至今	耿 卉	2018年7月至今	麻小晶	2022年7月至今
赵欣浩	2015年7月至今	陆 叶	2018年7月至今	鲍 贝	2022年7月至今
黄 葳	2015年7月至今	张琳美	2018年7月至今	周凌飞	2022年7月至今
顾锦玉	2015年7月—2019年6月	吴伟林	2018年7月至今	杨沁菲	2022年7月至今
苑 琳	2015年7月至今	梁 岩	2019年7月至今		
朱慧杰	2015年7月至今	高 媛	2019年7月至今		

六、历届市区级骨干教师名录

2004 年
上海市特级教师
  张雪霖
宝山区第五批拔尖人才
  张雪霖　陈振华
宝山区第一届首席教师
  李　昉　陈德敏　赵亦秋　邹志敏
宝山区第四届学科带头人
  喻碧波　王葆华　万　瞩　沈伟刚　孙鸿俊　周晓岚
宝山区第三届教学能手
  沈　伟　王敏杰　肖　丹　胡金河　金旭峰
  赵　霞（松浦）　徐　斌（虎林）

2007 年
上海市特级教师
  张雪霖　陈振华
宝山区第五批拔尖人才
  张雪霖　陈振华
宝山区第二届首席教师
  李　昉　沈伟刚　邹志敏
宝山区第五届学科带头人
  王葆华　刘德桂　喻碧波　王宝玉　王敏杰
  万　瞩　周晓岚　刘　健
宝山区第四届教学能手
  胡　艳　周延军　肖　丹　杨天军　陈国明
  刘宏圣　杨怀琴

2010 年

上海市特级教师

张雪霖　张　治

上海市特级校长

卢广华（罗店）

宝山区第六批专业技术拔尖人才

卢广华（罗店）　刘德桂

宝山区第三届首席教师

王坤玉（行知）　王敏杰　沈伟刚　杨天军

宝山区第六届学科带头人

卢松龄　黄琴丹　刘华霞　李　昉　王宝玉
陈　菌　陈国明　刘宏圣　周晓岚　刘　健

宝山区第五届教学能手

沈　伟　肖　丹　胡　艳　郁　龙　钱寒静（罗店）

2013 年

上海市特级教师

张　治

上海市特级校长

卢广华

宝山区第三届名师工作室

张　治　沈伟刚

宝山区第四届首席教师

王敏杰　陈　菌　刘华霞

宝山区第七届学科带头人

徐海音　张绥娟　王宝玉　肖　丹　鄢辉琴　范　娟

宝山区第六届教学能手

凌　爽　蒋月娥　周　锋　顾敏霞　于海波

2017 年

上海市特级校长
卢广华

正高级教师
卢广华

宝山区第八批青年尖子
胡 艳　宁斐斐

宝山区第五届首席教师
陈 菌　范 娟　刘华霞　郑艳红

宝山区第八届学科带头人
王 强　徐海音　张绥娟　邵宏宏　蒋月娥　肖 丹
孙 璐　顾敏霞　鄢辉琴　邓珊荣　汪玥辉　凌 爽

宝山区第七届教学能手
蔡 弋　陈 丽　孟 飞　周继彦　王海燕　金 花
蔡文瑛　赵 霞　梁志峰　沈 吟　贺秉飞　劳 烨
李海侠　周 云

2021 年

上海市特级校长
卢广华

正高级教师
卢广华　王坤玉　王 强

宝山区第六届首席教师
周晓岚　宁斐斐　鄢辉琴　邓珊荣

宝山区第九届学科带头人
季剑炜　徐海音　张凡凡　邵宏宏　蒋月娥　陈 丽
司 南　陈 延　顾敏霞　郁 梅　王伟庆　王海燕
汪玥辉

宝山区第八届教学能手
蔡文瑛　张 静　黄 艳　贺秉飞　周继彦　周 云
江少芳　韩 菁　沈雅茜　黄琳玲　刘 伟　赵 霞
金 花　苑 琳　劳 烨

宝山区第一届教坛新秀
陈莎莎

七、历届上海大学基础教育集团骨干教师名录

2018 学年
于长江　王伟庆　王宝玉　刘宏圣　刘　和　刘　燕　陆敏凤
郁　梅　周晓岚　赵丽琴　胡金河　倪国红　惠　鹏　邓　佶
卢松龄　李　昉　何佩珍　沈倩韫　张凡凡　季剑炜　赵　亮
娄奕懿　黄琳玲　童治英

2019 学年
卢松龄　张凡凡　季剑炜　张　静　周延军　李　昉　王宝玉
倪国红　钱寒静　惠　鹏　刘　燕　赵丽琴　邓　佶　郁　梅
胡金河　于长江　沈倩韫　徐　斌　刘宏圣　戴羽浩　陆敏凤
田露满　李成程

2020 学年
周晓岚　季剑炜　张凡凡　蒋菁菁　卢松龄　王宝玉　钱寒静
倪国红　张　耀　赵丽琴　沈雅茜　司　南　邓　佶　郁　梅
王伟庆　于长江　陈国明　沈倩韫　王　涛　陆敏凤　卜婷婷
熊珺洁　曹潇怡　郑明荣

2021 学年
王宝玉　王钱菊　王　涛　仇玉婷　田露满　沈　吟　陆敏凤
曹潇怡　康维佳　蒋菁菁　于长江　卢松龄　刘宏圣　刘　春
李　昆　肖　丹　沈倩韫　季莉莉　赵丽琴　钱寒静　倪国红
梁　岩　童治英　蔡　弋

八、历任行政干部名录

教导处
主　任
　　喻碧波　2003年9月—2010年4月（兼任）
　　沈伟刚　2011年2月—2015年6月
　　宁斐斐　2015年9月—2020年11月
　　蒋月娥　2021年6月至今
副主任
　　李　薇　2004年2月—2019年7月
　　万　瞩　2006年8月—2009年6月
　　沈伟刚　2009年6月—2011年2月
　　周延军　2009年6月—2012年6月
　　宁斐斐　2013年6月—2015年9月
　　蒋月娥　2017年6月—2021年6月
　　周继彦　2021年6月至今

政教处、学生处、德育处
主　任
　　孙鸿俊　2003年9月—2008年2月（兼任）
　　王葆华　2008年2月—2009年6月（兼任）
　　沈　伟　2009年6月—2011年6月
　　刘华霞　2011年6月—2015年8月
　　顾敏霞　2016年6月—2021年6月
　　蔡　弋　2022年6月至今
副主任
　　邹志敏　2003年9月—2006年8月
　　胡金河　2006年8月—2009年6月
　　沈　伟　2007年7月—2009年6月
　　刘华霞　2009年6月—2011年6月
　　顾敏霞　2014年6月—2016年6月
　　王海燕　2017年6月—2020年8月
　　蔡　弋　2020年1月—2022年6月
　　于海波　2020年8月—2021年7月
　　邢　佳　2022年6月至今

科研处、科训处、教科室
主　任
　　周晓岚　2003年9月—2012年3月
　　周延军　2012年6月—2016年4月
　　徐海音　2016年4月至今
副主任
　　陈国明　2014年6月—2021年2月
　　徐海音　2013年6月—2016年4月
　　汪玥辉　2017年6月—2021年2月

教研中心
主　任
　　周延军　2016年4月—2022年10月

学生发展中心
主　任
　　刘乾琪　2021年6月至今
副主任
　　刘乾琪　2021年2月—2021年6月
　　吴晓倩　2022年6月至今

信息中心
主　任
　　汪玥辉　2021年6月至今
副主任
　　汪玥辉　2021年2月—2021年6月
　　陈国明　2021年2月至今

新疆部
主　任
　　孙鸿俊　2005 年 9 月—2008 年 2 月（兼任）
　　仇玉婷　2009 年 6 月—2015 年 1 月
　　孟　飞　2015 年 9 月—2019 年 11 月
　　惠　鹏　2019 年 12 月—2023 年 5 月

副主任
　　仇玉婷　2006 年 7 月—2009 年 6 月
　　惠　鹏　2009 年 6 月—2019 年 12 月
　　王海燕　2020 年 8 月至今

办公室
主　任
　　王葆华　2003 年 9 月—2008 年 6 月
　　（2008 年 6 月—2009 年 7 月兼任）
　　金旭峰　2009 年 7 月—2011 年 10 月
　　胡　艳　2011 年 10 月—2015 年 8 月
　　蔡文瑛　2015 年 9 月至今

副主任
　　金旭峰　2007 年 7 月—2009 年 7 月
　　胡　艳　2009 年 9 月—2011 年 10 月
　　蔡文瑛　2013 年 4 月—2015 年 9 月
　　孟　飞　2013 年 6 月—2015 年 9 月
　　梁志峰　2017 年 6 月—2019 年 6 月

人事室、师资办
主　任
　　顾　闻　2003 年 9 月—2021 年 8 月

副主任
　　陈　璐　2022 年 6 月至今

总务处
主　任
　　黄　豪　2003 年 9 月—2022 年 2 月

副主任
　　陈国明　2011 年 6 月—2014 年 6 月
　　李　颖　2017 年 6 月—2021 年 6 月
　　祁　颖　2022 年 6 月至今

工会
主　席
　　赵亦秋　2004 年 2 月—2006 年 8 月
　　邹志敏　2006 年 8 月—2011 年 10 月
　　金旭峰　2011 年 10 月—2014 年 9 月
　　仇玉婷　2015 年 1 月至今

团委
团委书记
　　孟　飞　2004 年 4 月—2013 年 6 月
　　于海波　2013 年 6 月—2020 年 8 月
　　刘乾琪　2017 年 6 月—2021 年 2 月
　　赵欣浩　2022 年 2 月至今

九、历任年级组长名录

年 份（学年）	高 一	高 二	高 三
2003	金旭峰		
2004	胡金河	金旭峰	
2005	倪国红	王宝玉	金旭峰
2006	金旭峰	倪国红	王宝玉
2007	刘华霞	陈国明	倪国红
2008	倪国红	刘华霞	陈国明
2009	陈国明	刘宏圣	卢松龄
2010	刘华霞	陈国明	卢松龄
2011	宁斐斐	刘华霞	徐海音
2012	季 风	顾敏霞	徐海音
2013	蒋月娥	季 风	顾敏霞
2014	王海燕	蒋月娥	季 风
2015	周继彦	王海燕	蒋月娥
2016	蒋月娥	周继彦	王海燕
2017	贺秉飞	王海燕	宁斐斐
2018	贺秉飞	蒋月娥	王海燕
2019	顾敏霞	贺秉飞	蔡 弋
2020	邢 佳	鄢辉琴	蔡 弋
2021	周继彦	邢 佳	鄢辉琴
2022	刘 颖	周继彦	邢 佳
2023	邢 佳	刘 颖	蔡 弋

十、历任教研组长名录

教研组	组　长	副组长
语文	周遣飞	
语文	刘德桂	
语文	张绥娟	凌　爽
语文	郑艳红	
语文	王　强	季剑炜
数学	刘本慧	
数学	王宝玉	
数学	邵宏宏	
数学	蒋月娥	周继彦
英语	陈德敏	
英语	沈伟刚	
英语	陈　菡	孙　璐
英语	孙　璐	肖　丹
英语	肖　丹	
英语	康维佳	沈雅茜
物理	赵亦秋	
物理	杨天军	
物理	宁斐斐	
物理	郁　梅	
化生	胡金河	
化生	于长江	鄢辉琴
化生	鄢辉琴	宋永彬
化生	鄢辉琴	
政心	刘宏圣	
政心	王海燕	
政心	金　花	
政心	刘宏圣	
史地	范　娟	陆敏凤
史地	陆敏凤	邓珊荣
信劳	刘　健	
信劳	汪玥辉	
音体美	邹志敏	
音体美	李　昆	
音体美	赵　亮	
音体美	曹潇怡	
IB	苗　刚	
IB	戴玉霞	

十一、历届学生名录

2006 届

1班　班主任　万　瞩

向丽庭	倪佳佳	张校文	谢　静	薄颖佳	徐昕钰	莫雨晴	程　晨	郭　宇
陈　燕	王毅频	施　宇	仲珊丽	丁　玲	胡佳薇	侯雯君	黄尤婷	钱悦菁
蔡莉莉	沈雪萌	朱　滢	聂　敏	续方凡	徐沛达	张琰荆	黄凌波	谭思超
江　明	郁达文	方浩峰	唐泓麟	金　焰	顾成城	朱卫平	沈佳超	肖维思
李诚俊	吉　明	苏佳奇	高子轩	谷　羽	雷高鸣	杜　磊	潘晨杰	张清怡
郭奕敏	苏　潇	刘　斌	戎志超	付小琦				

2班　班主任　沈　伟

张　凤	肖人可	徐　琳	徐晓珺	张　静	张馨毅	丁　群	申　远	殷　虹
华　亭	周　莹	宋　妍	陈宇霞	包佳莹	周　莺	景少峰	段颖婷	杨少俊
张羽丰	高锡辰	郑盛麟	朱慧俊	杨荣昌	王乃琨	赵　敏	薛靖轶	李佳恺
杨　超	刘开明	周佳音	范俊华	田　野	赵晨涛	陈志龙	夏　非	顾　倩
龚峻波	张积慧	杨懿晨	施闻理	陶　玮	马明旻	陈海飞	徐　晨	丁　宇
吉华祥	金嘉伟	郁　伟	周旭峰	孙　骏	夏　楠			

3班　班主任　张　勇

侯海燕	方小燕	沙　菁	谢冰洁	赵双燕	严锦佳	周慧婷	马　鑫	张　金
鹿艳梅	王　初	王　烨	朱　倩	周　洁	许红娇	孙　莉	张　黎	范燕虹
袁晓君	刘燕婷	周晓雯	刘　颖	朱文婷	章　静	严冬青	苏敏超	张　雯
周昳旸	奚　艳	杨超今	张　梁	邵佳亮	余奕中	邱佩杰	孙定祥	戴　金
程佳露	周　齐	宋　恺	侯　威	郑　波	陆钦峰	蒋立纯	施成杰	陈　宇
丁　峰	盛　峰							

4班　班主任　刘　燕

薛　倩	褚　燕	麦柳芸	华　芳	周　欢	王玉洁	孔　佳	龚怡雯	邵懿慧
何文宇	王诗雯	徐　雯	胡艳华	陈　涛	陆　杨	诸家炜	周文龙	顾跃烽
张申盛	李聪慧	林宇辉	毛尚禹	徐　铭	吴锦辉	王经纬	黄　涛	薛　垚
王良亮	谭东璇	华晓栋	张　旭	孙　奇	虞　宙	王　晨	杨　磊	金征宇
沈　琦	许志伟	张秋杰	刘　旭	严　然	周　侗	刘彬勇	沈智杰	郁颖华
潘华东	邵俊卿	陈文灏	黄柳瑞	张诚至	狄敏达			

5班　班主任　沈伟刚

朱程程	刘　览	唐琼婕	潘　旭	蔡　敏	张颖斐	张梦依	唐小玲	项懿君
顾　祯	葛　雯	钱　峥	赵宇洋	徐丽剑	倪邵静	金　君	周　婕	朱奕炯
王　琛	张雁斌	程　刚	周　雍	张佳磊	周岱慕	何柯柯	吴智勇	杨　龙
毛一旻	潘辰雨	何　业	许　龙	邱晓丹	秦　军	高　洋	赵　一	孟　辉
钱晶晶	徐以欣	陈艺新	姜　凌	沙　泽	张晓炜	刘文轶	顾佳磊	金　昕
陈　吉	朱恺夷	叶　行	许　浩	任科佳	徐　超			

6班　班主任　苗　刚

金世琪	吴文婷	费晓雯	沈金霞	郁芳斐	吴佳玲	须　琳	樊文娟	陈思安
吴　维	徐　婧	黄蓓佳	王佳君	曹　菁	周　慧	李俊进	韦毓恒	顾海峰
孟成龙	濮龙宸	张锡奇	周浩峰	俞　洋	陈　威	戴欣麟	徐荣佳	蔡一凡
张　鹏	周　钦	李珂珂	谭栋梁	蔡时亮	姚袁懿	徐　骏	许孟谦	李佳文
陈玉峰	陈文杰	陆华荣	罗继晨	宋云舟	沈晓俊	徐天成	梁　萌	吴　晨
龚怡靓	赵天君	张文君	徐跃文	刘一峰	王国栋			

7班　班主任　杨怀琴

沈　欢	张知琦	陈燕燕	沈　莲	赵琼超	黄甜甜	邱国婕	谢晓娇	郦慧蓉
张倩雯	金玉青	李馥韵	陈　露	杨　婷	陈　静	陆羽小洁	王璐祎	周勇芳
胡佳怡	许　健	陈金花	姚逸铭	龚丽文	杨燕君	卢　玮	宋正立	王军堂
张　震	任徐翔	周　侃	唐曹林	张　盛	高松阳	徐　骁	王智超	张文飞
陆周健	杨广逸	沈　毅	苏潇翔	周昕琼	何　琰	樊　琦	陈达蔚	沈　斌
顾星驰	朱顺龙	施琦嵘	邹容海	徐龑超	徐　俊			

8班　班主任　陈国明

姚胤嘉	胡　婷	吴　桐	杨婕好	周　樱	钱菊华	顾晓倩	曹　滢	夏　蕾
侯雅琦	楼佳庆	金婷婷	翁　婷	陈　彤	吴　静	方　圆	邢文靓	须家豪
张　廷	周　羽	张景云	许冬瑶	杨　颖	肖莉娜	王雨薇	周　晔	崔　赟
陆凌峰	许辰顺	李凌洁	朱栋鋆	蒋晓君	万　里	庄晓康	江　洲	朱乾君
谭钦卿	邵锦辰	邓晶智	陈　彪	杨　波	邵云翔	姚春飞	董　乐	金　龙
沈文婧	张亦弘	林龙杰	王　华					

9班　班主任　张绥娟

朱　珺	吴颖颖	侯艳婷	张　颖	陆　叶	吕陶君	徐丹凤	许　真	张微微
郑菲菲	周　佳	陈雯婕	李秋晨	邓敏艳	茅　倩	阎佳媛	吴娅鸣	张岱丽
吴晓琳	徐丰超	姚双凤	耿　婕	王　强	侯嘉斌	黄　卿	李　炜	唐　敏
苏　毅	张柳臻	卢奇君	罗　禛	刘　晶	钱学胜	朱晓彬	曹　杰	黄剑秋
梁奕彬	钮水忠	秦王超	梁浩光	王乃轩	王　希	周　言	程　功	杨　帆

10班　班主任　惠　鹏

顾　蕾	杨佳妮	杨　默	陆　佳	陈　瑶	张晓鸣	李　慧	陈冬妮	徐雯洁
顾爱文	周丽雯	钱承辰	董葭君	曹　莹	陶贞珍	陈燕燕	王婵芬	侯康瑜

徐敏洁　许婷婷　徐一晴　倪晓雯　于　舒　张元杰　沈叶飞　陈炜杰　徐　琛
施　峰　李　峰　赵海强　余玮琨　徐一和　陈丽华　陆　蛟　刘卫宏　王辰成
刘　超　陈志明　黄富勇　李晓炜　张云峰　沈婧能　张　馨　于立婷　陈　磊
袁武彬　吴吉晨　沈　姁

11班　班主任　刘　旭
马丽珠　沈　晴　徐　蕾　汤慧云　程　洁　徐　琰　杨静雯　王琰姿　偶雯婷
王　青　陈玉玉　周蓓蓓　姚月梅　顾艳红　黄晓倩　杨　晶　张　莹　朱　虹
范洁云　徐　琳　贾　清　季辛珂　徐　琤　金玉龙　王　笛　叶翰鑫　姚玉龙
金　昊　郁　峰　詹小泉　黄　磊　顾　涛　王晓文　徐　帆　滕　飞　帅晓芳
丁洁雯　柳雨洺　吴懿颖　顾嫣菲　张晓婧　潘沂敏　金　怡　陈紫薇　金凤婷
郭天桢　丰嘉禾　李　源

12班　班主任　刘宏圣
陆迦祎　邵邢枫　沈媛媛　顾振文　叶佳晶　王燕青　施　美　沈丽琼　顾小晶
黄菊敏　吴玉婷　赵纯静　黄　娟　顾婷婷　侯玉兰　蒋丽莉　王思佳　崔玉莹
王丽婷　孙　茜　王　晶　寿瑛嫣　吴　婷　陶晓婷　陈　捷　刘　丽　过秀凤
吴婷婷　王钦文　瞿晓丹　谢丹艳　蒋沁妤　王君吟　邹　怡　侯叶灵　朱　琳
李　蕾　陈国荣　徐　晶　颜晓晨　吴超伦　周　瑜　邹　燕　陈　琼　钱丽丽
俞辰辰　祁志萍　陈越婷　陆怡蔚　金　晶　奚晨昊　蒋娇琼

2007届
1班　班主任　罗喜华
沈　杰　贺　超　乔宗懿　李昱霖　杨　威　尤培根　杨晓明　付　林　尤琪炜
成　磊　徐佳鸣　姚　鼎　汪春洋　陈经纬　顾伟珉　岳　沂　潘如君　沈　沉
陶文轩　夏　骏　马尔杰　徐辰种　程　晟　赵一川　杨文靓　钟文平　徐晓承
梅宇晨　韩　冲　蒲　晓　王馨霖　黄　河　杨骁嘉　王舜杰　陈　曦　张　慧
刘敏洁　宋丽华　王　丹　夏玉奠　阎　青　陈　露　朱迪奕　王　丛　曹佳妮
孙雪莹　朱　莹　吴升瑜　周泓江　刘涓妍　周奕男

2班　班主任　何佩珍
陈源琛　郭维中　卢浣天　郭思明　赵晓坤　金斯恺　顾一帆　孙　昱　潘榆文
陆已宵　金哲敏　邓　天　邵骐骋　刘香海　张　磊　车　禹　杨赞捷　徐　海
施俊文　李至亮　吴　磊　陈宇阳　杨宇轩　袁　昊　范施佳　王　昊　曹文彬
蒋　华　孟　杰　张　澍　汪　舟　李　函　周陆乐　倪鹤群　卞　婕　王欣潼
徐　乐　潘　蓉　聂婧秋　赵　洪　王凤玺　刘婷婷　陈　琳　董　楠　徐东萍

3班　班主任　刘华霞
赵怡琪　夏　溪　徐鼎磊　鞠申丹　王　晓　陈凌云　杨戬恺　田　源　陈　侃
邹润杰　沈侯君　周　阳　陈新元　沈锦杰　陈　中　赵学潮　陆　晨　任树俊
朱政清　徐　杰　马晟赞　许一帆　郑　超　吴春燕　汪海霞　袁婷婷　苏　媛

陈　靓　张玉婷　翟羽洁　陈进香　倪蓓蓓　王珏佳　龚玮佳　张　晗　陈妹或
陈　媛　陶　悦　陶冬艳　李　倩　胡婉君　孟丽娜　奚欢欢　曹　姗　龚　微
须敏莉　沈思思

4 班　班主任　谢晓春
张　唯　侯　剑　陈豪杰　段俊涛　曹宇铖　卢文杰　施　敏　顾晓露　王一程
王　凯　赵　辉　赵鹏飞　樊丞成　柯天阳　徐　坤　朱秋林　杨　波　曹佳运
应　运　钱　娇　丰晓琳　施诞婷　龚　妍　严丹莉　朱　怡　张博雯　张洁琼
朱雁婷　朱　琴　沈蓓蕾　金龙风　范晶娴　薛蓓蕾　徐君瑜　朱冬梅　魏文君
王　粲　杨敦文　包　晨　赵龚蕾　赵青怡　施　瑜　王　翔　仝　楠　钱庆英
项　洁　祖端倪　侯　超　张汝宁

5 班　班主任　陈　菌
李冬青　杨梦懿　李　瑞　黄　凯　谭铖君　王一鸣　孙赞珑　李　卿　纪　超
王轶俊　孙一迪　钱佳伟　陈　聪　李治江　杨崎龙　钱陈伟　蔡晨逸　张　炎
朱　奇　张　锴　葛誉超　李成程　何云恺　陆俊杰　郁雨晨　邱　翔　王善璞
陆　通　李　锴　张栋荣　张　赞　沈　洁　陆　慧　陈嘉琦　李　静　倪勤捷
施玉婷　邵　劫　刘　露　邹美娜　林　颖　张　萌　成　瑜　须梦神　侯思思
沈崔婷

6 班　班主任　惠　鹏
阚颖迪　孙　鹏　倪嘉贤　潘昌豪　郭　卿　晏　轲　王天伦　钱　琪　须晓东
朱文涛　曹聪璨　杨旭杰　罗　俊　李新磊　张效乾　陈泽龙　李　虎　顾俊惠
张　金　李　捷　陈　诚　杨　健　沈民晨　黄徐晨　李　轶　陈　欢　刘　扬
卢功绩　吴宇佳　李　源　孟佳露　何　玲　陈佳颖　袁佳燕　郑　碉　金蓓丽
张伟霞　何顺漪　董晨晨　胡苑婷　吴寅倩　王琦雯　蔡思思　杨　青

7 班　班主任　邓　佶
黄陈鹏　金耀东　陈　佳　汪　佳　张　杰　周　晖　王　翔　陈　纯　韩　杰
侯黎屹　葛琪亮　杨大卫　方　远　赵智鹏　袁　霄　徐　激　李　岩　邢　隆
黄宝河　邹俊龙　祁克敏　黄佳波　周　俊　孙鸿斌　任　飞　金剑峰　朱中杰
李智超　周　颐　宋瑞琦　徐　俊　陈　翔　封　寒　沈郁娴　潘鸿雁　罗　茜
曹　倩　曹佳莉　侯光婕　余义霖　彭　晴　潘晓风　罗杨漾　顾　菁　李　睿

8 班　班主任　王　强
张云峰　丁仁皓　张健隆　谢　凯　张　维　朱杨曼　倪永亮　周　灏　杜臣超
胡晓春　吕　峰　郑　晨　张　伟　汪俊超　高俊杰　黄晓莹　李　钰　韩晓敏
温　文　左莹芳　林路路　徐力凡　安　琪　方　嘉　张亚黎　江　雯　陈　烨
张笙哨　沈志佳　吴栋明　朱曼吴　周　东　杨修伊　陈达尉　秦书盈　徐玉婕
郭雨雪　谈　甄　杜沁宇　陈志萍　邓　磊　王　华　胡思敏

9 班　班主任　沈伟刚
赵树琳　陈志青　李志龙　顾晓峰　薛舒凯　王　鸿　朴可昕　赵夏焱　胡　旭

朱文滨	李　超	陈家栋	施　液	张　磊	林炬晟	张云骢	卢　军	邵　斌
牛　璐	徐衍青	施一文	赵安娜	范雪芹	董云芝	张　宁	张晓雯	陆芝盈
许　臻	沈轶畋	徐华霞	罗　岚	仇义塬	李　露	沈旭佳	施　燕	虞瑾瑶
黄维洁	曹丽丽	王　蕾	华礼文	栾芸晔	唐晓辰	朱顺佳	陈　怡	管岑岑
王小文	沈　烨	杨　瑁	沈　旭	沈文琼				

10班　班主任　陈国明

何静鑫	马政文	吉家俊	沈彦超	陆　健	沈汉卿	汤其垠	俞晓麒	许兆栋
陆　平	冯嘉铭	徐　琳	徐晓华	姜　吴	施一冬	郑　煜	黄赞梦	将之之
蔡敏慧	刘　琳	柳　悦	王秋蓉	高　巍	单　琦	陈星露	戴莉雅	顾佳莹
须雯玮	沈春华	蒋文裕	吴凯泓	朱黛丽	王　莹	徐　琛	王　颖	闫翠敏
陆泽好	孙雨婷	鲍雪倩	严　靓	严怡琳	江俞倩	金冰沽	钱　进	陈　青
刘婧宜								

11班　班主任　王　庆

沈轶辰	王溢波	汤俊望	汪　亮	马森峰	冯　杰	黄尊礼	傅奕源	孙　捷
叶　云	刘雨杰	钱　骏	叶翱舟	朱　琪	陆星宇	夏　青	陈晓航	赵立凡
王唯佳	陈琪巍	董仙娣	刘静雯	陈　瑛	金晓玲	李婉璐	苗　莉	王　莹
徐晶晶	阎雅琨	徐　丽	兰惠琳	王　烨	潘思梦	赵沈屹	曹　翠	秦　琦
邱　瑞	陈丽娟	朱海宁	朱　琳	马　琰	魏雯超	陆　一	李　菲	王春玲
卢泥迪	郑　煜	范宜郴	陶炜麟	温　和	刘　璐			

12班　班主任　刘宏圣

卢俊丞	金晓雷	唐锦恒	张思远	杨成林	彭志豪	胡佳凌	李涵博	袁静勇
石博慧	陶　晨	周　佳	黄冰凌	钱晓珍	吴　晟	胡纯纯	汤　晶	陈晓瑾
王晓懿	王彦易	王悦璐	刘乾琪	武　丽	熊　颖	陈　晓	宁　宁	朱晓舟
陆　祯	刘秋佳	汪　蕾	王俪舒	朱琳云	蓝燕华	董小俊	陆依冰	邱智蓓
马　莉	沈　绒	张　萍	施　云	孙尔鹤	杨雅静	徐　萌	张梦怡	陈　斐
金秀芳	王　螟	施佳赛	路　佳	贾　佳	刘　倩	龚　懿	沈　哲	周　妍
吴冬玲	郝建华							

13班　班主任　刘　旭

王　晨	李　阳	王　辰	杨牧石	张天丞	胡　一	施学锋	王　栋	仲　逸
陈德伦	刘雨辰	丁　尧	顾辰义	余巳辰	茅嘉炜	董　矛	叶健人	肖宏晟
陈一凡	陈　曜	房静坤	孙钰犍	康春燕	杨心怡	袁玉兰	刘　莉	崔维娜
樊　迪	王　卓	周瑶瑶	杜　超	姜晓莉	朱雯怡	陆　钰	陈雅敏	周　艳
董嘉臻	程　雯	陆金沙	吴正吉	冷　静	陈　洁	孟秀琳	沈嘉睿	龚　艳
许　晶	张　瀛	仇　怡	康欧梦妮	杨乔荟	吴晓迪	周晨炜	张　轩	陆　珲
童昕怡								

2008 届

1班　班主任　杨天军

魏　洋　盛诗蘋　徐瑞琳　周夏沫　王晓彤　吴梦婷　杨　颖　朱佳丽　刘宠宇
聂梦洁　徐晓青　宋泓哲　顾海萍　范欣李　曹琳佳　宋　佳　牟佳蔚　龚　双
顾　凡　陈凌婕　周　薇　马　贇　丁露阳　孙智庭　曹建华　陆超杰　张　杰
吴　樵　李晨雨　赵小溪　申永强　李本田　李文博　张　扬　朱　杰　王渊生
常　程　居　晟　陈梓兮　魏士钧　谈英杰　朱鸣钢　汤　俊　吴润夏　张浩然
袁宇翔

2班　班主任　刘　和

李梦琳　郭文君　陈相维　王君怡　马　双　何晓婷　娄楠楠　邵亚芸　王　瑾
张婷婷　谭雅萍　陈　萍　张　妍　钟丽佳　冯　源　张　悦　刘柯晨　孙宁芙
隋　巧　葛佳萍　施晓宇　张璐珊　许　曌　陈　欣　沈　珏　朱王洁　茅丽婧
吴婧璇　毕良瑛　向昊宇　胡　骏　蔡倪胜　栾梓业　李思钒　潘乃亚　李　军
张　臻　朱　曦　陆秀峰　王乾合　杨骁纬　李骜杰　孟　庆　刘　盛　甘　霖
施冬雷　孙　喆　程书龙

3班　班主任　卢松龄

李　霞　叶　娟　陆　雪　肖　燕　黄　莎　张　晔　汤媛媛　李　茜　葛　佳
徐文烨　吴玉华　李梦珠　薄怡婷　沈丽君　张晓霜　密　晨　牟　童　陈　军
雷　宇　张　昊　史　恒　薄艳运　石佳禾　顾骁丞　诸　骁　李沁涛　徐一凡
徐天闻　兰　昊　鲁　轶　顾陈陈　徐德骏　邵俊杰　季千策　杨　擎　刘晓波
朱剑君　孟振华　张典鼎　苗馥峻　房　阳　毛晓炜　张　旭　黄时君　张天一
叶天然　李云柯　孙艺婧

4班　班主任　肖　丹

郭　玲　朱佼丽　孙浩博　陈　敏　林云飞　陈　莹　嵇晓琪　张　月　陆佳欢
李润苑　李蔓茹　朱彦瑾　魏言昕　朱　雯　徐　鑫　王　铮　侯　宇　陈　浩
黄　俊　翁逸亭　郭迎宾　姚竹桦　吕陆凯　汪长城　杨佳林　王榕浩　张　轩
丁　鹏　艾嘉玮　邓思宇　陆俊杰　朱蓝天　王延超　姚　毅　杨　阳　夏雨辰
秦　磊　王维佳　杨月晗

5班　班主任　顾敏霞

祁凌艺　张思思　陈思慧　支　莉　刘叶雯　宗绮玮　吕　琼　刘冰清　周徐婧
孙思依　徐舒媛　顾超君　俞燕雯　史迪文　臧　亦　黄春伟　王毅涛　张朱杰
朱　林　朱　淼　钱旭栋　钱嘉华　周宇杰　卞佳宾　童　梁　陈佳尉　王　威
蔡继科　江　韬　景　超　杨骋宇　赵　春　仇　剑　乐　峰　金玉琳　陈懿峰
孙　闯　周田申　白国圣　曹超龙

6班　班主任　黄琴丹

陆　婷　赵梦迪　曹颖莹　潘　赢　陆　叶　张瑜珏　何　倩　陆湾湾　侯佳琳

张健琳　张婉骅　赵一静　常晓彤　宋　萌　崔　皓　邓勇斌　卢　毅　金　磊
缪竟成　陈晓俊　石轶炜　夏　炎　施　海　许世恒　祖阿龙　周　斌　张涵舒
宋　迪　王　曦　张　晖　顾　健　周晨辉　陶天忆　彭　涛　徐天睿　陈柄烨
周文俊　林　晨　陈一帆　姜欣祺

7班　班主任　于长江
沈沁洁　仇佳妮　归志雯　龚佳玉　曹　言　张知我　姜　皎　顾佳皓　印佩勋
王嘉莉　陆　瑶　杨　慧　徐敏玉　周　洁　胡　纯　陈　晨　王樱芝　姜　萍
徐聂蕾　王珍琰　陆　怡　张天娇　唐琬清　朱一鸣　骆　慭　陈志强　徐　琦
黄力丞　陈松平　李　骏　朱定成　陈增一　戴诗易　孙泽宇　沈佳杰　金晨玮
徐学文　赵敬贤　陈志超

8班　班主任　赵丽琴
张凌云　曹　臻　徐婷婷　喻林萍　曹颖慧　陈怡莹　陆敏敏　霍梦蝶　高慧然
张佳瑜　王明敏　王佳音　田　甜　俞　烨　唐　妹　滑胡敏　顾海燕　陶玲芳
顾艳婷　吴怡华　周　雯　陈佳奕　王　璐　唐柳倩　黄　璐　陆歆筠　龚梦璧
朱晓雯　朱雪华　徐　婕　马　羚　李益冬　何骥彬　张骁康　沈汝超　金　科
董　袤　吴军华　周　川　祁　骏　王鹏程　朱剑波　刘春骏

9班　班主任　沈倩韫
何　琪　王康晏　程燕芸　童安琪　黄　欢　张韫敏　唐利苹　顾晓丽　钱黎娟
朱雯倩　王　舒　陈珮健　王　琰　沈　婷　曹琼洋　王　欣　陈　韵　胡佳瑜
徐敏珏　陈　唯　何　叶　陆　妍　李慧明　马丹慧　黄呈茜　郭娅琼　宋　阳
施　庆　张盛飞　何隽毅　李沈晨　邱　圣　张　益　王　军　杨　磊　周尧禹
吴彬彬　傅　超　王璋琦　赵　秦

10班　班主任　王　强
曹倩妮　谭晓雪　陈　怡　陆　敏　陶轶闻　黄佳菠　左嘉吟　杨无双　袁夏平
郑　琳　严代丽　吴孝丹　姚　梁　杨　婧　顾笑天　张佳骏　胡琛琛　侯彦婷
孙　潇　黄婧玲　周　雯　孙博雅　孙昳萌　黄鸣娜　邹程程　黄梦楚　徐毅骏
郭琦琛　吴文斌　杨　光　黄少杰　李　铃　朱嘉树　金林茂　施敏捷　尹　悦
钱沛潇　吴越骋　邵　扬　钱　骁

11班　班主任　刘　燕
刘雨新　王　静　吴雅怡　李姼瑶　沈怡静　章隽敏　范丁菲　郑美娟　朱　烨
李　艳　何俊霞　朱梦迪　瞿宵雯　徐　珍　侍雨菁　王晓斐　董萍萍　季佳丽
徐　娟　江蓓蓓　朱秦菲　王佳凯　施晓晟　王晓彬　司　涵　范若苑　从　文
张　宇　贺　硕　杨　靖　高　帆　王　铎　唐　勇　李权儒　赵忆怡　张　屹
赵雨薇　唐佳宁　徐梦婕　王文丽　潘　琦　王亚鑫　杨乔荟　王楷迪

12班　班主任　刘宏圣
陈婉霞　蔡偲茜　瞿　鑫　朱倩云　胡之娇　周云樱　李　慎　黄鑫悦　王思思
王艺文　张嘉茵　李励舒　陈　晨　赵　艳　毛　梦　严彩萍　韩章章　陈晓雯

吴骏珏	王 菁	葛佳雯	赵 祎	徐艳丽	仲米亚	华妍婧	刘 妍	陈郝璐
姚佳萍	宋梦珏	李怡悦	李昱播	顾梦馨	丁茹敏	王 迪	韩婷婷	周 倩
陈奕如	王米娜	王益婷	李 雯	颜珏蕊	丁 菲	李丹纯	钱一帆	张毅泽
严 聪	金天宇	李 涛	马 丹	樊 飞	黄 震	狄丽莎	周 薇	

2009 届

1班　班主任　杨天军

朱恺乾	李 恒	章亚申	石灸鑫	龚凯骐	王轶群	顾 陶	张成思	倪卓骅
顾真荣	方志杰	朱剑磊	方宇卿	张 萌	金奕帆	曹文鑫	马 翔	陈 骁
范 洋	沈伟强	谷 骁	王知力	宗 宇	丁泽鼎	黄诺凯	孙佳彦	王竹君
俞俊雯	朱梦怡	王丹妮	袁宵雪	姜 洁	缪洁依	朱韵桦	陈旭菁	李春琳
高 昀	顾艳文	刘斐旻	邵 颖	周 洁	梁依平	潘 倩	徐梦伊	陈思薇
沈邢凤	陈侨川							

2班　班主任　苗 刚

沈亚华	吴振峰	黄 超	徐 进	董兴权	王敏俊	张 贝	杜 翔	宗嘉骏
孙奥男	赵元瑞	黄 涛	刘一成	周天伦	张缪峰	龚 波	马宇浩	张仁超
潘鑫辰	陆蓓红	焦雅丽	王竹韵	刘方南	李玲玉	杨艳翎	胡雨痕	杨 娇
张 拓	赵晓倩	陈 敏	张晨曦	王紫笈	陈 未	周文婷	须芸娅	封美华
施蕴耘	陆一婷	张尘宇	华君辰	郑亦琦	杨晓芸	郁澄庆		

3班　班主任　邓 佶

朱 侃	康继元	杨 杰	刘睿智	孙丹丹	王舒祺	朱伟康	陆卓春	徐晨豪
唐昱航	沈佳伟	罗东成	郑 超	顾焕翔	姚智豪	张 立	瞿千力	陈仕颋
单蔚东	袁佳慧	黄海威	顾振华	王天丰	陈海杰	朱泽军	喻四洋	钱 琰
沈 涛	吴嘉嘉	马思聪	葛佳颖	黄 蔚	许倩雯	谢丰仪	寿文洁	刘楚君
王雨寒	翁慧悦	沈洁敏	谢梦茜	郭婷婷	施 聃	马苏怡	丁梦菲	仲 嫄

4班　班主任　蔡 弋

吴志勇	潘 岳	黄家明	朱天任	宋浩晖	杨 帆	苏玉峰	虞志诚	刘 权
杨昕童	陈兆希	张 驰	齐华男	黄一婷	王佳丽	陈佳慧	徐 沁	薛珉玘
周佳音	俞 萍	付腾腾	寿怡舟	沈倩云	黄 瑾	钱 鑫	孙佳蓓	黄晓燕
王秋铭	周稼亮	吴勇勇	黄家雄	桂嘉文	李强伟	张 拯	张纬嘉	唐昱超
黄珏萱	王海沙	陈玮珥	沈 超					

5班　班主任　顾敏霞

周天齐	盛薇薇	叶祯栋	陆啸宇	陈骥骏	朱晓辉	国 峰	宋文凯	宋瀛峰
董 易	潘辰林	薛飞扬	高 敏	华枫薇	唐雯雯	殷艳婷	秦诗慧	严 佳
卢 珊	顾梦云	严任庆	彭 怡	蔡怡菁	唐旺菁	朱诗瑶	周梦霁	顾旸旸
曾嘉赟	周幼龙	庄翔宇	顾吴佳	李 勇	彭 旭	姜天骋	王伟卿	杨 亮
曾金亚	秦 舒	常思尧						

6班　班主任　刘　旭

吕　龙　　汤雄雄　　黄骏麟　　张光义　　王文飞　　张盛浩　　胡龙威　　周　婷　　王梦醒
郑佳艺　　沈佳晨　　唐晨赟　　姜礼丽　　吴晓燕　　桑雅俊　　左莹璐　　李　敏　　洪　艳
季思诗　　祖　嘉　　陈圣泉　　陆真慧　　张燕婷　　刘　怡　　赵　薇　　高晓珏　　王　帆
杨　光　　章梦菁　　李帅锐　　卫　栋　　谈文琰　　柏思晔　　殷雨青　　王诗蓓　　李子太
李越洋　　佟明明　　赵俞瀛露　陆　翔　　何巧娴　　庞晨驰　　王文璞　　杨　鑫

7班　班主任　肖　丹

王之健　　陈　晟　　李黄青　　安世栋　　朱　强　　周　宇　　高仁超　　顾家李　　吴发键
邵绪航　　谢永丽　　李月婷　　袁懿舟　　李纪元　　丁佳慧　　辛　蔚　　虞　悦　　吕云鹤
郑偲莹　　陈午月　　钱琳珵　　毛　唯　　张梦婷　　何晓飞　　王　佳　　陈定能　　盛　静
杨汝霞　　汪怡青　　王　琳　　朱颖倩　　沈凯伦　　陈敏轩　　张　望　　于潇洋　　徐贤也
顾兆伟　　贾　丁　　张　剑　　李黄青

8班　班主任　徐　斌

王圣杰　　孙　阳　　朱俊杰　　何　超　　孙敏超　　吴　昊　　朱鸿飞　　张吉恺　　周家琰
隋丹怡　　丁　颖　　张　莉　　徐　佳　　林美洁　　张滦博　　陆玉婷　　施轶婷　　皇甫国莉
高雅婷　　徐冰倩　　马晓艳　　冯婧宇　　袁　灵　　王碧君　　沈雅云　　夏　芹　　梁　正
蒋瑾艳　　郑　虹　　孙敏超　　胡春燕　　许辛劼　　张　樊　　毛春华　　曾海亮　　季佳耀
韩　菁　　曹秋晨　　田英子　　和　珊

9班　班主任　张绥娟

施　凯　　孟祥泽　　卜一帆　　葛玮华　　严宇航　　胡蔡桑　　张菁瑛　　王维婷　　尹　缨
龚玲霞　　宋丹婷　　张嘉羚　　张　澜　　施　玲　　周　贞　　杨肖萍　　吴丽雯　　周　莉
周　颖　　朱清韵　　张淑贤　　史辰月　　车丹荔　　陈砚琛　　岑　婕　　陈　静　　龚杨阳
李晓雯　　张金铭　　张炜遥　　阮冰睿　　杨张望　　宗凯华　　赵晓伟　　朱晓强　　刘方舟
顾　皋　　张峰涛　　张　波　　严　磊　　潘悦旸

10班　班主任　卢松龄

金嘉伟　　丁正军　　石　竞　　王诗骏　　连　子　　徐嘉丽　　周涵冰　　曹雅芝　　金　丹
沈　念　　朱　莹　　林逸晨　　于　炀　　戴伊玲　　毛玮婷　　李　颖　　蒋忆雯　　朱文静
范晓娟　　闵潇冉　　朱雨婷　　苏　蔚　　李莎莎　　陈　璐　　苏晓怡　　王　帆　　张姝好
杨　洁　　严凯迪　　童忻蓉　　张艾伦　　温　强　　李一弘　　佘泽人　　沈　斌　　王天尧
崔业军　　陈凯谦　　施昱廷　　顾娴婷　　张诺蓓　　金　静　　孙逸蕾　　毛雨微　　周　好
王怡梦　　须炜茜　　耿浩洋　　黄　磊　　孙　凯　　吴　弢

11班　班主任　蒋丰佩

马木提江　　米尔夏提　　谢普凯提江　　穆太力普　　吐尔洪江　　木塔力甫　　阿卜杜瓦哈普
胡达外迪使斯拉　　库杜斯　　哈木巴尔　　阿布都拉　　夏甫开提　　阿布都热依木红　　买买提
祖甫哈尔　　阿布都热西提　　玉孙亚森　　朝鲁蒙　　努尔艾利　　吾提库尔　　艾热夏提
阿吉热　　布阿介尔　　古丽加娜提　　阿依努尔　　伊利努尔

12班　班主任　王　强

阿布都艾尼　艾尼沙尔　萨拉木　阿不力孙　艾力　布尔汗江　阿布都米吉提
阿力木江木拉提江　吐库斯　阿依古丽　马木尔汗　古孜丽努尔　吐尔逊阿依
迪丽阿拉木　依帕尔克孜　古丽拜克热　热米兰木　努尔阿米娜　玛丽亚木　萨尼亚
苏比努尔　阿依古丽　恒巴提　米热古力　高阿尔　阿娜尔古丽　木开兰木　阿比旦木
娜迪热　古丽加娜提　阿吉古丽　来力古丽　阿依努尔　祖力皮亚　库兰达西
海热古丽　海比布汗

2010届

1班　班主任　黄琴丹

陈贤哲　薛世勇　庞思轶　林蕴青　王熠　姜学琴　彭倩倩　赵诗雨　唐璐瑶
马淑贞　朱艳萍　马黎俊　朱骧　唐佳丽　黄远欣　曹蕾　徐嘉妮　周佳佳
黄俊蓉　姚鑫　葛雨晨　徐旷喆　王嘉纯　乐伟勤　刘宸　单秋明　陆杰
方旋　陈思尧　钱家骏　童建伟　凌浩　朱凌　杨武楠　张亦磊　吕嘉
蒯乐　杨阳　潘越　吴俊杰　赵亮　薄溢凯　林旭峰　林建南

2班　班主任　肖　丹

黄卉亭　陶晓琰　吴怡雯　陈婷婷　蒋沁园　杨佳颖　郁菁　张纯洁　颜珺
尹季琳　张露婷　周婕　金媛　王唯　陆元凤　唐颖　朱始蕴　孙姝婷
寿文艳　钱凤娇　李梦琪　张晓俞　陈雨涵　张乐　王嫣　何逸云　朱怡
金燕雯　黄赛丽　谭烨云　卫晓通　赵一帆　钱菊　李杨　徐文强　倪凯
储豪　高磊　郑嘉元　周嘉伦　邵安之　杜志文　田华男　刘隽　范新烨
施宇　徐鹏程

3班　班主任　宁斐斐

阮静祎　朱昀盈　马旻璐　毛轶群　黄月勤　徐慧妍　袁益文　张逸舟　徐思颖
顾菁菁　顾欣逸　张彦艳　高静绒　陆晓欢　杨娴珺　张咪　陶佳男　杨晓斐
陈玉婷　谢宜净　陈金来　李波　郑天宇　陆梁益　纪元　苏钦　戎杰
陈默　谭震　吴健　钟志恒　秦川　邓睿侃　陆煜　王宇闻　李斌
包谷之　陈笑林　王子司懿　宋尚辉　陈文皞

4班　班主任　张　耀　沈　伟

王丽杨　鲍雪梅　王佳　陶佳　周佳　吴雁　冯晓宇　陈云巧　吴超
陈秋豪　祝俊杰　李铮　陈宣合　赵亦磐　邵彧玮　黄捷　李令灏　王承尧
杨浩　黄文天　熊奕成　黄若迟　黄宇婷　汤梦楠　杨蓉　周珊珊　沙诗静
朱涵婷　秦菲　陆晔　朱颖妮　严佳蔚　邵胤颖　李萌　金雪琳　叶苗
鲍云峰　陆阳　魏舒磊　王凌峰　沈征洋

5班　班主任　陈　茹

吴盈盈　杜唯　施婷峰　袁舟律　徐青　薛紫微　周赫　杨小萌　刁玮静
李月莹　张玮　陆非易　华雯　金怡　滑云鹤　卢铭浩　杨一帆　朱华星

张开理　王振远　吴　斌　吴　捷　薄熙灵　沈思尧　李春阳　朱粟郁　王汇文
刘苏明　郁　洋　施　经　姚旭栋　汤景东　朱烨炜　余俊豪　殷晓放　黄　戬
金　磊　陆施思　陆晓枫　刘小波　孙　琪　李佳俊　庄兴强　王怡迪

6班　班主任　杨天军
张　博　梁艺琼　陆嘉忻　袁亦婷　蔡金玲　宋艳萍　沈俪艳　袁梦茜　陈静静
许　菁　严珮琦　周　睿　许艳琪　罗晴丹　周　哲　梁泽毅　蒋仁飞　汪　瑜
须晓晔　吴育荣　张劲维　杨啸天　唐晓军　叶泓池　毛一铭　肖　飒　张英楠
汤宇遥　陈锦华　王焱刚　韩鸿博　王　育　黄　伟　周晨涛　谢　宇　胡灵锋
郑恩阳　管敏章　高二培　叶　俊　李世耀　臧芃坤　邢　臻

7班　班主任　谢晓春
彭娟娟　张　云　陶佳丽　袁　帅　邵　晶　姚　园　单凤娇　倪佳雪　卫蕾君
杨晓丹　庄莉泳　顾　莹　赵　越　唐梓湫　韩紫霏　倪　青　李晓君　沈琦敏
陈凯敏　薛钦允　许思桦　陈　华　刘晓琳　毛怡婷　顾燕婷　唐　蕾　陈雨薇
马　骏　葛　琳　王　婷　俞圣迦　蔡　灵　肖　强　王　昆　陈　振　冯嘉尧
项添行　赵毅斌　徐寒斌　姜鼎竹　周振毅　陶嘉楠　王文杰　沈倍雄　丁宏伟

8班　班主任　周　锋
尤　婕　黄竹君　徐　悦　程　晰　侯嘉仪　周瑜超　顾智佳　施叶馨　傅旻妮
张　菁　姜　茜　吴　蝶　陈　旸　邱丹妮　吴　艳　李玉婷　傅宇欢　陆　丽
陆立尔　沈丹萍　傅慧俐　秦梦霞　朱　奕　刘文祺　陆宸玺　蒯文彬　蔡文玮
胡思跃　周　俊　毛仲南　徐　锋　陈　峰　田旭明　张焕然　陈　豪　周宇宸
岳　显　王晓伟　张超杰

9班　班主任　邵宏宏
沈　芸　王雨薇　张鹏鸣　卢馨溦　葛沛雨　邢忆莲　薛佳丽　沈雨倩　张嘉敏
唐龚敏　金文艳　毛　芮　庄灵霞　施慧敏　闫海荣　沈美凤　须晓蓓　沈倩雯
陈　思　董玮珺　葛珮珺　申　欢　沈钱佳　刘芷伊　刘潇潇　杨雅迪　秦　川
张家炜　王枫林　张　磊　胡　菲　蔡诗哲　张晨亮　蒋晓峰　张润斌　曹荣杰
杨筱琳　樊纯跃　黄宁豪　马海炜　杨　阳　杨卓力

10班　班主任　李海侠　凌　爽
谢慧璇　孙佳玲　钱　童　翟罗娜　王梦蕾　陆　瑶　沈婧晔　原　琳　闵璐佳
庄一卉　朱　瑱　杨卓源　庞　倩　施芸嘉　黄颖萍　吴梦娴　赖芊涵　刘馨洋
沈　婷　龚莲娜　顾晓晴　沈幸运　耿艺高　刘梦辰　王　丹　程超然　陈　璐
程滨梅　朱君琪　方梦迪　裴聪琪　周鹏华　于文峰　李　雪　胡文杰　赖奔豪
严海东　吴佳俊　吴沪明

11班　班主任　路永顺
何文帅　杨　莺　顾　劼　王　云　杨　璐　应佳燕　阎静怡　纪玉珍　沈沁汶
乐　杰　徐理达　郭　佳　蔡蓓蔚　李佳韦　黄依然　蔡　燕　叶妮妮　杨海燕
李卓韬　宋　婕　严　克　黄黠一　徐俪像　何晓琳　左　勤　李苗青　王晓祎

朱炜彬　朱佳秋　赵剑桥　殷　悦　倪成栋　赵安东　左　政　杜广远　杨明轩
关一然　刘亦然　杨汤杰　王嘉逸　任颖涛

12班　班主任　康维佳

阿卜杜萨拉木·玉苏普　吾尔开西·吾买尔　奥不力萨依提　吾布力·麦吐荪
阿卜来克木·奥不力艾散　吐尔逊买卖提·吾守尔　买卖提江·艾沙
努尔艾力·托合提卡日　艾尔肯江·麦麦提　玉苏普·艾麦提　努艾尼·黑力力
阿力木江·托合提　麦提喀斯木·麦提库尔班　依拉木江·木拉提
热外杜拉·麦提玉苏普　麦合木提·依明尼牙孜　艾克拜尔·艾麦尔　木合台尔·尼买提
巴克布力　阿丽耶·如孜　拍孜来提·艾尼瓦尔　米热阿依·阿不力米提
哈尼克孜·库地来提　迪丽达古丽　古再丽努尔·依明　姆娜依姆古丽·穆太力普
赛娜瓦尔·塔西买买提　穆海热姆·艾热提　祖丽巴哈尔·达迪汗　艾妮排·萨依提
古丽布思旦·帕它尔　麦热叶木古力·热夏提　古丽凯麦尔·伊斯马伊力
再努热·阿不力米提　欧云

13班　班主任　蒋月娥

麦麦提图尔荪·纳麦提　阿迪力江·艾散　阿布都外力·阿布来提　奥斯曼·约麦尔
排黑尔丁·排尔哈提　尕力普江·麦合木提　艾山江·买合木提
夏合麦尔丹·如孜麦麦提　阿力木江·阿布力米提　亚森·奥布力　萨拉木·比西木
阿依提胡马尔·加合甫别　阿力木·阿不力提浦　玉努斯·吐鲁浦　阿地力·吐尼亚孜
艾合麦提·萨迪尔　艾克拜尔　姑丽给娜·巴力江　赛依亚尔古丽·杰热拉
茹扎·买代提汗　赛米拉·再丁　吾尼其汗·买买提　古扎丽努尔·艾力
茹柯耶·阿卜杜热伊木　帕提买木·吾买尔江　阿依古再丽·如则巴柯
巧力帕　古丽阿依谢姆·米吉提　巴哈尔姑丽·图　古丽皮亚木·热合曼
乌哈力妮萨·米吉提　如库也木·阿布拉　才文

2011届

1班　班主任　徐海音

张颖倩　周　翼　侯轶婷　申诗珺　李立扬　张梅艳　顾盈颖　田梦茜　郑丹丹
林　璐　薄秋烨　訾　昊　陆寅骅　戎文宗　万嘉博　尤　然　张喆灏　冯大力
沙利琪　陈嘉伟　王浩宇　陆　晨　马祖全　文　博　葛金强　张　鑫　周珍妮
马晓雨　赵亦双　陆　尧　王浩衡　陈桑芳　刘梦岚　李一帆　黄　沁　张韵雯
李轶群　苏　清　顾逸圣　吴敏超　严家俊　赵　谡　王佳伟　王良翰

2班　班主任　邓　佶

邓芸燕　曹佳熠　杨倩怡　袁秋菊　杨钰文　李　凌　吴　曦　杨　静　高斯韵
高天元　陈海葆　黄　恺　陆文怡　姬俊妍　李　旭　顾盈盈　倪亦尘　周沈龙
陈　琦　陈志唯　杨梦帆　刘　辙　何　磊　彭国栋　赵欣浩　苏　阳　陈泽宇
徐铭晨　郑玮龙　顾晨阳　刘玄鹤　李颂阳　方文军　李颖立　陈　煜　周羽章
韩天笑　吴俊磊　陆骋昊　赵一明　李佳俊　王楠楠　江　辰　朱佳程　宋堂睿

朱骏鹏　蔡冰瑶

3班　班主任　孙　璐

支依丽　沈丽媛　阎　晶　周超萼　魏宝如　沈雅芳　王静怡　徐　洁　王心悦
陈小枫　庄亦颖　朱怡芸　郁嘉芸　彭笑宇　王丽敏　赵蓓君　周佳颖　季晨露
顾　咪　何　瑛　曹馨元　张　颖　黄佳君　陈萍萍　周茵致　陆晓芸　李小龙
季施凯　孙　彬　张　凯　杨海川　顾菁华　王晓晨　闫　强　苏海鹏　沈金君
须一鸣　王浩然　李寒悦　程浩然　张　尧　黄泓炜　黄海涛　朱　杰　陈天宇
陈冰吉　李道成

4班　班主任　凌　爽

张欢奕　傅晓蕾　须玲凤　严文洁　肖月华　陈　岑　施欣悦　黄恋茗　陆　叶
张佳怡　李骏秋　高海波　杨浩然　吴佳强　甘世宇　周　皞　罗正冬　周　恺
赵　琛　黄佳伟　董　晟　王思潇　唐诣理　姜云剑　黄昊天　张之博　金志杰
梁沁枫　单神奇　洪瀚晨　葛嘉文　黄　东　高　峰　蒋斌斌　杜逸凡　陈乾坤
陈　轩　谢庆文

5班　班主任　童治英

石佳琦　万佳妮　朱晓妍　朱婷婷　林　涛　李冉冉　伍佳俐　李楠希　汪静雯
张海花　张鑫杰　施邵晔　郑裕祥　寇祖涛　朱诣垚　殷路宸　何　威　石秋伟
裴　欣　王钰琪　刘　宇　葛俊杰　王晔超　李润南　姚　骏　王　政　栾靖浩
赵　琛　张志峰　刘辛立　朱　海　陆嘉豪　徐宇佳　潘唯多　韦贵豪　全燕杰
罗国栋　孙　涛　张泽宇

6班　班主任　季　风

姚　玥　金诗曼　周　婷　陆　瑶　吴淑雯　韩玮月　周　莹　施瑜静　沈　蕾
姜文健　宋迎平　纪文羽　沈晨起　郑陆一　张　鹏　黄　林　张卿驰　魏　楠
何梁丰　潘嘉勇　吴　迪　顾燕峰　田　杰　童佳庆　杨加瑞　李　杰　武万超
赵嘉栋　田　润　沈家俊　倪　炜　朱远墨　常旭东　孟晨曦　袁明杰　端木慧泉
魏　钢　陈嘉楠

7班　班主任　倪国红

王丽媛　张笑笑　杨海云　陈淡宁　辛　仪　龚晓嘉　孙　岩　刘邹颖　沈佳琦
殷晓静　沈　佳　张龙烨　张　颖　赵静仪　徐怡伶　黄佳伟　张筱巍　马倩盈
王烁臻　张冰沁　韩　鑫　朱参商　颜琳颖　焦沛然　陆冰清　尚　虹　任嵩尧
朱敏捷　桂宇浩　李申平　杜森华　王嘉玮　张蓓豪　陈　希　张　磊　齐侯鑫
宗静波　张啸丹　贾琪森　沈　易　陈东豪　杨　诚　陆　丹

8班　班主任　于长江

朱雯倩　葛慧怡　黄红兰　戴怡君　徐立瑶　张佳一　蔡梦云　钱晨佳　丁忆萦
池　浩　王　怡　杨　姣　陆丽婕　曹俊楠　吴晔珺　冯哲卿　张子卓　冯　悦
谢　悦　朱丽文　马超宇　陈　琪　黄　运　江璟雯　朱东娅　刘佳敏　施　倩
张佳叶　沈　通　丁凯闻　曹易元　郭佳时　顾天成　陈　晨　陆雪松　沈家楠

浦陈余　张　巍　樊骏梅　锋　严　磊　汤文妮　周晓枭

9班　班主任　季莉莉

徐云霞　陆　扬　朱晓丽　徐艳芸　潘亚洁　陈婷婷　陆晨洁　秦思怡　唐颖秋
周佳燕　郭梦莹　刘真君　周　玲　唐悦文　王　茜　金　妮　姚嘉婷　王诗雨
顾国华　王　静　郑婉怡　韩　瑜　丁　鼎　金亚东　陈　姚　胡池靖　沙毅杰
沈晓星　余　超　陆　超　黄明昊　赵　铮　赵中庭　邱　阳　刘思卿　罗瀚文
叶剑峰　潘　杰　尹　超　王晓艳　柳　璐　颜方原

10班　班主任　赵丽琴

沈晓艳　刘滢莹　陈　扬　李　菁　孙　艳　芦　涵　帅　羲　崔和申　黄　冲
汪钱丽　袁薏婷　薛旻星　吴晓凤　崔　萍　顾修芝　刘若晨　吴思雨　顾佳洁
王晓菲　陈冠文　赵方一　范琳玲　张伟敏　赵宇舟　唐佳蓉　宋　慧　盛伶俐
朱　瑾　惠至佳　朱晓英　李佩瑶　董　澜　苗一卉　江昀峰　何知劼　鲁一诺
姚宏洋　李朱颢　葛路豪　王吉旸　吴彦辉　张懿滔　袁婧雯　顾　梦　陶丹青
李欣然

11班　班主任　刘宏圣

陈丽敏　王倩芸　夏婷婷　孙晓烨　赵英慧　严上勤　范迪清　王斯加　朱　莉
张　晔　沈曼雯　顾雅露　陈淑婕　刘慧君　周　瑜　吴梦璐　叶　静　卞陆缘
杨　莉　葛慧洁　陈易红　徐沁楠　沈　微　杜梦娇　周闻瑛　韩　怡　朱嘉磊
陈廷艳　张　莹　李　硕　谭文君　徐思莹　张　特　乌云塔娜　刁思慧　宁一笛
徐云拿　陈　俞　朱　立　李雪昂　赵　翔　吴稼轩　艾舟江浩　江　超　卢　遥
王　武

12班　班主任　蔡文瑛

迪力夏提·海比布　依拉木江·库来西　艾合买提江·艾买提　库尔班·买买提
艾力　努尔伊力·阿布都热孜克　赛曼达尔·买买提　阿卜来提·艾尼
库德热提·喀迪尔　努尔夏提·艾麦提　阿布都卡依木·萨依提
阿巴斯·麦提图尔荪　艾散·托合提尼亚孜　木台力甫·买买提依明　帕提曼
麦尔耶姆古丽·达伍提　古丽米热·阿不力克木　阿斯姆古丽·库杜斯
古丽米合热·许库尔　帕孜来提阿卜力克木　阿米乃罕·托合提苏来曼
米叶赛·卡地　玛依拉·艾尼瓦尔　热娜·凯米尔丁　古丽努尔·麦麦提
佐日古丽·图迪麦麦提　阿依那扎尔卡米力　热汗古丽·牙库甫
约日妮萨·艾麦提　努尔阿米那·亚森　日孜完古力·托乎提　哈丽努尔·吾色
曼　美合日古丽·托合尼亚孜　木亚沙

13班　班主任　徐　磊

阿卜杜萨塔尔·哈力克　阿地力·麦麦提　阿卜敦海比尔·艾则孜
祖力皮卡尔·吾提库尔　西尔麦麦提·祖农　艾山·吾拉依木　吐拉江·麦麦提
米尔阿迪力·肉孜　阿力甫江·吾吉买买提　木热迪力·吐尔洪
阿卜杜艾尼·热合曼　艾米如拉·图尔贡　玉散·艾木杜拉　麦麦提艾力·亚森

古丽夏提·艾力　　再图乃姆·麦麦提敏　　祖丽皮亚·吐尔逊　　凯麦尔妮萨·玉苏普
克迪热亚·玉苏音　　米尔班·麦合木提　　艾力米努·艾米拉江
迪里娜尔·木合塔尔　　麦尔热宾·依明　　吐尔斯乃·木尔提扎　　日孜宛古丽·喀斯木
帕力旦·迪力夏提　　热米莱·图尔艾力　　布左拉·库尔班　　约日柯孜·阿卜杜拉
古丽再拜·那衣甫　　古丽克孜·买买提吐逊　　迪丽努尔·阿力木
海热妮萨·阿卜杜热合曼　　再同古丽·艾海提

2012届

1班　班主任　顾敏霞

陆伟东　王羽晨　姜晓羽　李国平　潘　杰　陈冬杰　李凯健　陈铎鑫　崔兆彦
姜　涛　沈佳琦　姚凌炜　张浩城　黄逸超　张　亮　周程毅　庄逸润　沈博文
佟易同　金骁锋　俞　超　程铭辉　王　钰　尤　洁　陈梦蝶　董如涵　高文达
朱婧媛　张　颖　朱雨霜　陈　思　程小旻　甘芸芸　林丹丹　茅　薇　陈英姿
黄奕珏　王玲燕　李梦婕　张　静　陈家凤　朱怡蕾

2班　班主任　蔡弋

王周明　陈文杰　宋一帆　严卫伟　赵　原　邵新鹏　赵　萱　马玉衡　林　龙
张夏彦　陈伟杰　华　晨　黄家鸿　陆文豪　汪　远　沈泽明　苏天弘　徐　韬
周　宇　陆　晨　杨秦岭　孙劭珅　刘俊杰　张佳琪　卞恒春　陈天宇　符瑜鸣
张旭文　苏琪元　曹敏霞　史　蕾　黄佳慧　黄双庆　黄　茜　张佳仪　胡文靓
严怡青　周敏月　毛雯倩　许月萍　管瑶绪　陈倩雯　温　潇　杨安琪　龚钰清

3班　班主任　季风

唐峣亮　赵秦山　陆苏俊　郁怀波　张　政　丁　凡　高亿能　陈　洋　邓祖海
常　祺　沈一凡　陆佳铭　经　磊　颜宇清　徐本泽宇　胡俊熠　毛乃清　钱超逸
楼　斌　吉　赛　张正阳　苏原河　王　泽　朱　子　王正阳　徐毅杰　李思源
朱云兴　朱轶婷　张诗佳　陆佳玲　宗祯妮　熊蕊心　王　璐　包诗佳　黄柳柳
浦凤飞　余　冰　丁龙珠　陈　瑒　秦　艳　张超逸

4班　班主任　邵宏宏

赵雪焕　葛宸傲　李　豪　王辰缘　滕伟佳　胡凌风　盛晓峰　周淳佳　张成杰
吴昊天　刘蒋佳　史睿通　周　佳　薄凌锋　李　超　钱　程　徐文豪　陈昱皓
龚佳峰　杨　扬　胡啸磊　江超豪　谭　辰　李　阳　孙恺峰　吴志超　毛捷豪
贾喆晨　秦佳露　杨学思　陆一新　黄　滔　刘双双　黄立珂　李思菁　杨贇晨
李梦蝶　李彦蓓　张　玮　杜玉霞　韩雯洁　喻意钦　唐依雯　雷　蕾　王汐泠

5班　班主任　肖丹

张　昕　顾杰君　吴雨风　王思明　朱星宇　顾鑫浩　陆思铭　归逸扬　吴关鑫
朱恺玥　朱欣韵　王昕怡　赵心云　贾超琪　吴秀凤　徐沁澄　李　洁　陆莹莹
沈旖婷　陶雨薇　王玲婕　鲍冰清　毕　莹　陈　旭　韩萌婕　卢思敏　王梦雯
吴薇琦　朱思嘉　朱逸凡　顾文婧　马春丽　朱洪祎　陈　莹　顾佳敏　朱海燕

冯　莹　鲍佳俐　奚沪霞

6班　班主任　王海燕

孙　杰　杨　钱　李润超　宋一凡　陈一飞　黄高杰　沈晓军　李佳伟　胡海涛
王瑾琪　郑方达　沈巍屹　王佳榕　朱灏哲　高梦洁　潘喆圆　陈雨虹　陆　颖
何晓帆　池文慧　沈佳依　吴申珺　苏　琳　钱祎莲　王怡倩　顾心怡　杨迎娇
赵晓婷　朱依姗　刘　冬　刘艾靓　彭清清　潘云婷　支云菁　赵丹璇　蒋佳佳

7班　班主任　孙　璐

朱凯华　陆凤麟　唐宇韡　包昌健　黄逸麟　施阳裕　周佳琪　王明华　李　栋
朱惟韬　朱雨辰　范浩民　徐　涛　钱壮飞　黄凯成　李家琪　褚　艳　胡晓菲
汪　琦　孙欣怡　张　晨　汤晓菲　唐诗怡　张震宇　朱瑾真　胡　慧　张丽雯
陈　晔　林　静　吴旸林　徐灵昳　杨佳妮　蔡慧悦　杨艺璐　刘时雨　蒋子晏

8班　班主任　沈倩韫

史金鸣　梁　晨　陆俞浩　陆晓晟　顾家豪　徐名煜　马思炯　余弘力　陈志雄
苏万峰　王文昱　王泽凡　钱　俊　金宇杰　辛毫平　郑文斯友　肖思钦　李荣祺
钱　琨　徐欣嘉　陶晨琳　方　旖　刘　燕　陈蕙达　曹　琳　栾佳燕　陈思谣
施芸茜　陈怡琛　吴雪妮　吴　芸　唐晓雯　万奕贤　葛　炜　陆慧宁　沈梦娇
徐薪颖

9班　班主任　周　锋

华浩杰　金伟枫　邱旋超　陈超众　赵愉恺　钟逸超　黄　律　钱佳威　张　弨
周　正　郁勋赛　陈佳妮　徐　晶　李玉婷　蔡　洁　王怡雯　王　梦　张亦泽
俞淑婷　蒋卓君　朱硕琦　武凯丽　陈　婷　徐淑君　肖珊珊　黄旻怡　袁心悦
项嘉怡　杨萧笛　陈彬彬　屠静芝　胡超然　宗颖佳　黄泽瑶　毕芳芳　李笑荷

10班　班主任　李海侠

严远恒　蔡　通　胡世民　顾晓乐　郭晟时　朱迦翾　高晓明　卢奕铸　陈启豪
张伯格　葛梦婷　刘文婷　费怡雯　庄　丽　孙琳琳　胡佳莹　李梦婕　黄　蕾
郭祉初　萧　宇　耿菲菲　王晓虹　周　雯　粟　瑶　毛欣玥　杭璐瑶　陈诗琦
陆逸雯　薛小寒　陈需霓　何赑磊　赵佩怡　胡　斐

11班　班主任　于海波

吴博闻　席瀚文　沈子敬　杨金昶　竺　祺　程晓悦　张　倩　陆琦韵　吴小娟
王嘉仪　张陈琛　李昀婷　肖智旻　朱佩珺　曹伊婷　杨雪梅　龚思悦　曹静怡
陈　芸　戴樱姿　邓　奕　虞　洁　刘佳薇　卫洁茹　马佳磊　吴晓薏　侯佩雯
徐佳露　吴诗怡　王柳莹　李　翔　汤慧琪　陶雯雯　庄思远　刘一城　徐思语
李　易

12班　班主任　张秋红

刘　枭　妥　恒　马壮壮　金　鑫　艾克巴尔·肉孜　达吾然·哈德勒别克
安外尔·阿卜杜如普　达吾力·努尔兰　艾散江·玉苏普喀迪尔
阿不来提·阿卜杜米提　艾尔拜江·艾克拜尔　张天泷　佟德宇　卢兆华　张　瑶

　　　　赵　佩　　高沙丽·努拉力别克　　尼格拉·阿合买提江　　马　荣　　侯秀芹　　马鲜丽
　　　　刘海梅　　李小霞　　马晓燕　　尼尕热·依明江　　热孜亚·黑力力　　阿依加玛勒　　李南羲
　　　　塔吉古丽·买买提江　　麦日排提·托合提麦麦提　　祖拜旦·库鲁万江
　　　　夏扎提古丽·阿不都　　吾鲁盼·居帕尔汗　　阿达莱提·居麦　　古丽格娜·买买提
　　　　得丽娜尔·塔斯恒　　阿依西古丽·麦合木提　　阿尔祖古丽·麦麦提明

13班　班主任　郁　梅
　　　　郭　强　　艾克然木　　艾斯卡尔　　马永宇　　祖鲁甫卡尔　　热合曼　　艾散江　　艾山江
　　　　艾力江　　吐尔逊江　　米尔扎提　　阿卜杜喀迪尔　　图逊江　　马喜虎　　孙博超　　董新
　　　　董明明　　韩晓飞　　丁　洁　　高　雅　　刘　莉　　穆妮热　　马敬文　　阿斯帕提　　阿伊努尔
　　　　肖梅玲　　努克孜　　孟克朱乐　　马　瑜　　热孜瓦古丽　　丁思然　　夏黑旦　　买留依尔提
　　　　夏米西努尔　　热孜亚　　曼尼热　　古力巴努　　阿尔孜古丽

2013届

1班　班主任　王　强
　　　　唐祎多　　侯晓捷　　张珂珉　　朱逸文　　孟晓晨　　刘佳明　　詹　章　　陈　典　　黄至立
　　　　陆珺宇　　曹泽华　　杨月华　　顾亦潇　　李纯厚　　沈泽皖　　李　哲　　于逸然　　苏　伟
　　　　沈一帆　　孙　玥　　刘　磊　　蔡赟昊　　沈梓杰　　李依琛　　沈虞婷　　石双珍　　田　丰
　　　　李英芝　　殷　倩　　宋贝君　　吴　婕　　刘润利　　姚依云　　邱　烨　　李镒嘉　　甘　田
　　　　李一蹊　　黄晓燕　　薛文君　　包晓菁　　黄　璐　　王静怡　　刘芊芊　　朱成杰　　李燕美

2班　班主任　康维佳
　　　　杨佳晨　　须程成　　杨　璐　　潘　杨　　吴　森　　严佳伟　　黄晟昊　　沈　靖　　李昱羿
　　　　崔海诚　　程　俊　　郑汉荣　　严辰超　　朱天华　　朱志豪　　吴佳裕　　谢　俊　　沈　彦
　　　　潘伟俊　　朱煜炜　　戴志杰　　王嘉贇　　高林怡　　盖云云　　孙小辰　　成添懿　　权　超
　　　　叶之舟　　顾佳璐　　姚佳莹　　杨沁尔　　陆颖婷　　孙艺伟　　周　咪　　须婧婷　　吴晨超
　　　　杨秉毅　　顾宸瑜　　邵　昱　　郭天蕙　　侯雨奇

3班　班主任　孙　璐
　　　　范梦仁　　王俊龙　　张　彦　　丁光明　　钱雪翀　　施俞帅　　彭　昱　　黄英杰　　张志泽
　　　　施淳夫　　黄增辉　　宋佳鑫　　李玉奇　　金圣康　　陈恒实　　潘驰豪　　王　超　　侯嘉伟
　　　　虞俊超　　徐　杨　　冯　劲　　严晓俊　　管江城　　吴昊天　　俞陈倩　　袁怡超　　朱芸菁
　　　　蒋　燕　　方孙雯　　王肖君　　葛朱婷　　陆潇萍　　季倚琦　　陶怡婷　　张蕙清　　毛佳欢
　　　　朱　彦　　周依静　　李明杨　　庞新元　　王震昊　　刘　昕　　张　文

4班　班主任　凌　爽
　　　　林木森　　陆文哲　　刘晓琦　　林楚宜　　张　涛　　徐超逸　　张　超　　许　杰　　李应凡
　　　　李海川　　张　然　　张　义　　许欣杰　　孟宇豪　　沈伟宇　　黄晓晓　　王啸天　　曹嘉庆
　　　　王　凯　　沈志卿　　徐幕天　　傅　豪　　姚胤臣责　　桂圆成　　张茜骅　　张　杨　　花艳俐
　　　　凌祎弘　　杨歆悦　　邱泽宇　　张筱欢　　包闰茗　　王　楠　　朱　霞　　蔡震艳　　丁冰倩

钟庭君　徐　通　徐　凡　孙智坚　饶津渝

5班　班主任　鄢辉琴

施　帆　章俊海　张毅德　蒋思扬　邓克钻　池敏超　曾庆伟　史文博　陈翰林
施佳玮　王　赟　王家辉　朱烨卿　乔慧杰　沈一凡　朱灵运　沈　颖　唐　吉
庄羽婕　杨陈筠　吴嘉文　陈雨柔　王芯怡　陆蔚菁　沈叶蕾　余晓婷　刘佳琳
陈　悦　曾沁馨　陈诗琪　黄丹妮　韩　悦　杨尹美　黄秋婧　王　典　施钰彦
王曼曦　张天盈　叶菲菲　张　晶　杨叶婷

6班　班主任　陈茹

王佳琪　孙金悦　包文俊　沈斯崎　陈　康　郑然天　刘佳宝　王舒垚　沈屹炜
王哲辰　李　阳　孙剑炜　齐昊男　宗顺凯　冯佳亮　曹一帆　杨　艳　董天怡
王雨花　穆灏颖　朱玉英　陆何怡　陈　鑫　耿琛璨　支　瑛　陶　晶　田叶青
计方园　杨　迁　陆佳玲　李菁菁　郑　睿　李懿琳　倪茜瑶　刘金霞　何柠芳
唐　洁　赵　慧　陆　轩　胡嘉文　凌　凤　朱雨辰

7班　班主任　邓佶

杨　越　张昊元　武韬文　张文越　张启帆　张嘉炜　杨启坤　施赛涛　张金磊
王韵敏　陈　亮　仲　杰　朱佳培　许晓强　杨　阳　王娇娇　季璨颖　马燕瑾
王诗怡　胡泽华　王佳雯　施倚雯　陈　露　张　莉　陈佳雯　倪　萍　方向心
谭倩婷　金秋灵　张　蕾　张　婧　顾莹莹　李雯青　王蔚萍　江茜茜　洪　栎
杜钰婷　陈鑫瑜　施辰阳　周航正　唐　正　徐炜妮　徐名煜

8班　班主任　蔡弋

丁海倩　王梦文　徐雯洁　马瑞南　陈诗韵　潘　婷　舒丽娜　袁文怡　沈雯忆
王丹妍
陈艳红　刘思瑜　唐诗瑶　程　洁　田晓珏　周　昊　金强雨　潘文杰　熊王苏立
陈逸波　须攀星　沈家诚　田　地　应　鸣　程思慧　杜逸君　朱靖奕　蔡怡婷
杜圆圆　徐新艳　陆蓉蓉　黄晨怡　支怡韵　孙嘉沂　张歆奕

9班　班主任　于海波

胡旻翔　孟金华　倪文轩　汪志豪　吴怡豪　黄彦琦　王怡培　毛诗媛　陈　培
吴　攸　黄双桑　汪文玥　施天珺　黄蒴葭　陈　成　高倩倩　徐　晨　蔡　鑫
王茹萍　蔡燕华　张文炎　范秋雨　崔媛淇　张宇辉　肖昊鑫　袁梦婷　任丹璐
李静雯　易　鸣　唐凯芸　金　敏　杨书然　沈晓婕　费佳颖　高晓菲　周　超
潘佳伟　徐叶琦　罗琦雯

10班　班主任　蒋月娥

吴世昊　于新陆　杨律成　张皓天　史国宇　斯　文　温佳宜　陈　慧　薛云婷
刘莲韵　宋思瑶　张旭雯　郁诗颖　左　天　黄靓倩　丁欣欣　宗　怡　徐晓倩
赵　芳　戴佳妮　林哲非　杨嘉仪　杨　璐　金　晨　张兴旺　唐　雯　郭洋洋
鲍舒曼　蔡欣鑫　沈　芳　吴佳蕊　钱家艳　朱　迪　黄海倩　李佳怡　欧阳成诚
龚　斐　张　媛　张静怡

11班　班主任　徐　斌

欧　灯　马宇君　毛和塔尔·克依木　阿卜杜拉·图尔苏　木拉地里
阿卜杜合力力·阿卜杜热合　阿布力米提　艾则麦提·艾则孜　麦麦提·阿卜力米提
吾兰别克·哈孜木　克热木·努尔　玉素别克　库尔班·麦合木提　龚　雪　韦君妍
王　玉　哈斯叶提·艾合买提　唐　蕾　金林曼歌　王　芳　春　丽
阿迪拉·阿布利米提　热伊莱·艾尔肯　阿吉汗　管美玉　努尔阿米那木·托合提库万
米东荣　迪丽拜尔柯则·米吉提　阿丽努·吐尔逊江　阿衣古丽·阿不杜尼压孜
艾力米古力·吐尔逊　阿曼古丽　李新光

12班　班主任　伊　娜

韩保颖　萨尔山拜·胡瓦提别克　麦伍拉尼·马木提　叶儿登巴依尔　秦乾隆
叶勒太·叶斯布拉提　马　正　木热提江·赛买提　艾力·买买提
乃比·阿卜力孜　彭　程　多恩明　阿迪拉·艾赛提　马佳佳　李　娜
古丽孜拉　麦尔耶姆·麦麦提　马冰儿　恩·阿英　米鲁艾提·吾扎提　马金玲
马燕燕　阿丽米热·艾力　帕力旦木·艾尔肯　热萨莱提·阿卜杜瓦伊提
艾比白汗·阿布都克热木　米曼古丽·阿卜都热伊木　古力孜娜提　阿依努尔·图尔贡
阿丝姑·艾山　李高阳　詹　妮

2014届

1班　班主任　陈　丽

戴赟麒　费一笑　俞祖卿　徐淼君　黄宇锋　余汝昕　王鑫晨　陆鼎意　施佳云
黄舒婷　柳陈裔　于　军　张蓉蓉　陆凌峰　张晟宁　施　乔　杨安琪　何志强
姚　远　刘俊飞　邱雨伦　周乂波　彭锦涛　李君洁　张峥祎　李同宇　环雪莹
王筱倩　刘炜宸　徐梓伟　高文韬　莫泽坤　娄　芸　陈思佳　陆雪枫　顾添天
王　茜　王微敏　陆寅斌　施琰豪　袁施薇　马艳婷　严丹逸　陈玉霞

2班　班主任　李春晖

朱音聆　张　蒙　吕　行　章德婉　杨钰林　李　冬　吕　凤　朱子奕　施漪涵
查　雍　杨雪航　严晓晨　杨佳悦　徐　靖　严俊涛　陈韩慧　郑雁南　郑东阳
苏圣清　章　敏　徐琮舒　黄瑞迪　聂健赟　姚伟杰　孟如意　朱伟健　徐嘉俊
姚　翔　姜天阳　金戴暐　赵　芊　郭晨阳　黄浩然　周　晨　朱周佳　陈　静
慕容丽雯

3班　班主任　孙　璐

季晨昊　胡治权　黄宇聃　黄冰熠　万思宜　金鸣儒　王宁钢　沈郑祺　孙　蔚
李泽亮　宗逸君　施晓禹　王　晨　赵絭翔　张琳钰　程　辰　陈一铭　王嘉辉
赵　宸　陈　晨　张　磊　陈　航　彭　程　周　游　庄宇晴　盛子玥　宋怡磊
唐晓峰　刘安然　朱　泓　季昊楠　吕申康　张颖婕　陈乐君　沈　略

4班　班主任　鄢辉琴

马倩倩　陈　颖　王　子　朱　靖　华晨妍　陈思磊　顾文怡　陈淑媛　雷胜广

陆颖娴　龚佳怡　徐海芸　曹　晨　唐　皓　黄俊杰　潘春钰　常睿珩　曹均艳
程慧怡　季晓萱　张　虹　金方倩　赵子翊　刘玲利　朱　江　郑晨怡　徐　泽
张梦睿　钱佳妮　朱　雯　徐　睿　黄　川　吴吉吉　陈嘉澍　陆天遥　吴佳盛
张　冉　兰佳欣　朱立君　潘祎阳　洪佳倩

5班　班主任　季莉莉
陆佳婷　董梦婕　袁　晔　李煜名　李贝妮　沈　怡　严诗怡　陈　哲　吴明星
周　童　吴晓燕　施佳怡　唐嘉瓅　朱鸿卿　翟晓钦　寿陈璐　张立纯　梁　钰
邬晶菁　李梦雷　陈冬儿　范思扬　周晓凯　茅靖玮　王忆炜　苏越伦　陶予琦
严伊雯　陈冉磊　王金艺　陈申欢　李佩璠　黄杰敏　陆东晓　彭　琨

6班　班主任　童治英
张嘉豪　唐　莉　周媛玮　张　亮　潘　越　胡　苑　周丹妮　靳子涵　王佳悦
徐　真　张志伟　韩宜伦　张远泽　刘明浩　周祎涵　王　丹　杨宇凡　郑　超
陆梦园　施宇晨　赵志豪　王　琳　黄飞龙　刘　丹　葛莉琴　龚春柳　苏　雅
陈丽婧　张　妍　黄光东　郭靖超　姜依雯　黄　鑫　王婧凌　沈一菲　王联如
张钦威

7班　班主任　蔡　弋
裘子飏　徐嘉桢　金兆露　齐　心　朱嘉晨　朱增光　李晨鹏　沈方逸　顾筱莲
朱嘉纯　朱　瑾　李　樱　赵　俊　李树恩　王希睿　高安捷　陶鸿杰　吴哲宇
王开达　傅晓萍

8班　班主任　金　花
吴欣蔚　苏雅婷　吴　东　张玉兰　诸佳丽　周　卉　杜培妍　唐　宁　李　兰
夏洁玮　施　雯　冯依帆　凌似孺　李紫窈　刘　姣　倪嘉颖　吴梦婕　仓　榕
傅文洁　章　盈　朱梦沁　张晞然　郑絮文　唐嘉濠　刘祎琼　柏诗怡　仇逸婷
倪　磊　吴佳滢

9班　班主任　姚　珺
管佳妮　胡诗羽　徐昕怡　吴晔婷　叶茹凝　张祎婧　魏思雨　沈芸姣　盛俐琪
陈佳童　严思琪　赵　娅　乐雯懿　梁珏莹　董梦妍　徐倩倩　陈仕元　吴　月
周煜昀　程慧敏　虞　佳　范佳宇　吴　涵　陶琳琳　王伊婷　顾君安　张归鹊
徐怡雯　袁一帆　熊思琦

10班　班主任　赵丽琴
朱晓蕾　殷安琪　俞嘉禄　吴天婷　张　赟　朱华靖　毛　越　孙怡雯　胡张宇
王一珺　徐　雯　沈泽惠　曹雨馨　李　晴　胡颖杰　陈健宇　方越妍　瞿心怡
郑贝贝　施宇弘　周青芸　方思诗　郭欧丽　邹嘉诚　何　源　林丹宜　张凤婕
朱辰宇　尤婧蓉　杨心怡　孙依雯

11班　班主任　周继彦
麦提玉苏普·伊米尔哈则　艾力飞然·艾尼玩　阿迪拉·麦麦提依明　马　鑫
阿布都克依木·海力排提　王若瑶　摆成玲　阿丽法·艾克热木　艾克拜·阿布里克木

阿力米热·玉苏蒲　爱白琴·吐尔逊　地依奴尔·吐拉提　刘芯羽
吐热勒别克·别克奴尔江　艾克山·阿不来提　古丽胡玛·阿不都热合曼
穆乃外尔·图尔荪　夏米斯亚·萨地克　加娜尔　阿提古丽·买买提　艾尔扎提·艾尔宝
刘益宾　卡德英·克依木　艾丽菲热·吐逊江　柳　月　梁梦璇　王士浩　张恺纯
李　飞　潘云云　闫曼莉

12班　班主任　王钱菊

马瑞明扬　张小燕　伊力亚尔·阿德力　加伊达尔·加里坤　木巴拉克·赛都拉
热依拉木·阿布都热和曼　米拉迪力·图尔荪　伊力哈木·麦合木提　阿迪力江·肉孜
布合丽倩·麦麦提　马　洁　帕丽哈·帕尔合提　太丽哈　夏代提古丽·吾加木尼亚孜
苏比努·阿布力孜　地那拉·多斯塔依　穆克提江·木拜夏尔
阿丽米热·阿迪力　苏丽亚木·都力洪　阿布都热西提·阿布都热孜克　热孜亚·萨吾尔
刘　佳　马　静　阿尔成·克马力拜　麦麦提江·图尔荪托合提　帕哈尔丁·艾尼瓦尔
张雨薇　宋　鸽　刘　怡　符　洁　翟梦柯　王天楠　孟祥雪　秦　瑶　李治良

2015届

1班　班主任　肖丹

束弘泽　刘　琰　郭俣虓　宗添琪　金　山　刘正阳　姚一帆　王凌峰　顾洛奇
季依婷　林　娜　张顾卿　严　凯　王哲豪　柯友杰　李紫薇　吴申亮　王　岚
顾家伟　于学儒　余纪昕　陈宇轩　宗怡颖　施杰豪　吕　正　杨淑窈　刘焱蕾
钱　程　严徐迪　张　霄　郭英睿　周慧蝶　吴镜艺　刘安东　徐昕怡　陈逸川
刘碧琦　李海权　张龚盈　沈羽菲　王尧帮　刘朱铖　顾子威

2班　班主任　郁梅

钱轶舜　王钰辉　施宇婷　王　蓉　张明珠　唐俞静　樊龚波　岳　阳　沈志豪
殷敦辉　张子毅　刘子汉　钟子杰　王朝阳　陆伟杰　项诗怡　赵志豪　李　清
袁　帆　孙子平　沈顾遥　赵　卿　黄天擎　徐珺佳　孙思锋　陈　晨　郭健哲
陆琼妮　谭　升　施宋杰　范佳宜　王锦洲　邱昱博　王骁宇　王凯琦　陈淑佳
沈钧诣　沈佳易　王　君　张嘉蓓　宋明达　王　玫

3班　班主任　孙璐

金灵苏范　张禹堃　孙　杨　朱晓静　徐悦诚　金宇飞　张耀晖　范承雪
姜　莘　谢奕飞　臧志豪　陆丽菁　杨　月　陈　喆　戚文涵　陆舒沁　李任怡
张陈铭　归佳依　孟孝桑　朱宁婕　高福俊　杨思芸　王欣毅　夏珉昊　周屹峰
李飞洋　何钰宸　王　卉　王逸群　韩　喆　周存贵

4班　班主任　蔡弋

马晓莉　许礼允　朱筱烨　张信富　沈杜雷　诸家琪　施　瑾　李佳敏　宋　菲
姚嘉琳　沈瑞达　袁世旋　顾思好　吴琼花　张敏杰　王　超　吴　畏　季　祎
樊雨浩　夏慕涵　高世豪　陈逸皓　沈天野　胡洪超　张　琪　孔　磊　刘夏嫣
黄奕雯　霍雨佳　郁恩华　范海翾　汤东海

5班　班主任　周　锋

杨　川　朱雅欣　翟　清　宋思唯　曹诗莹　刘包海　朱　珠　施宇杰　陈雅雯
徐天云　徐昊东　李　昱　杨　帆　王翊珺　林培雅　刘　新　张　羽　蒋晓玥
张　琪　周懿莹　臧婧雯　何瑞璋　李　杨　倪　晶　胡博禅　吴雨放　凌晓倩
金熠辉　沈雨婷　宗朱娴　林　昕　瞿晓楠　任懿蕾　吕圣炜　沈婧蕾　孟　婷
金　倩　李亚倩　须晓莹　沈胜衣　陈　昇　戴周颖　刘晓萌

6班　班主任　沈倩韫

徐振古　唐子薇　陈睿非　高叶慧　周　奇　徐翊宸　倪桑桑　沈轶卓　王伊沁
黄忻培　陈　陈　管润东　崔倚雯　周雨薇　朱韦恩　江朱平　冯弘毅　彭怡洁
蔡健雄　梁　琦　高　函　杨　丹　仲宏阳　沙嘉颖　陈子莹　李　响　余　琪
陈爱君　赵子卿　陈超群　阎媚璐　傅琪琛　李　昊　李佳旻　戴锦蝉　袁　娅
张园园　唐皆颖　李　星　蒋匡铭　嵇敏珍　顾亮亮　沈　飘　黄韵仪

7班　班主任　周　云

施金宇　刘栋庭　孙恺文　吴琛炀　刘　怡　唐历豪　殷敏婕　杨琦敏　杨艳菁
毛　薇　李紫璇　刘思懿　朱洁妮　赵嫣菁　赵琳妮　黄雪峰　陆文懿　赵思琦
沈君婷　郁　琰　朱昀洋　史蔚瑾　马蔚沁　戴卓群　匡林芳　郭沁文　吴　静
李晓敏　杨　倾　黄心怡　吴　昊　王　璐　顾叶倩　蔡沁颖　杨呈龙

8班　班主任　鄢辉琴

杨晨怡　李泽坤　沈　奇　孙　莉　朱月绮　王倩倩　张子琪　陈怡君　高倩雯
龚穗菁　孟祥汇　黄嘉谟　朱　敏　刘袆玮　张芷馨　吴祎昀　陈海云　蒋诗慧
张硕元　伍敏敏　朱睿楠　金王涛　张佳欣　陈　妮　倪淑婷　何翌婷　罗　菲
房臻豪　滕芷洋　金田蔚　樊林轩　张祎凌　刘　娴　葛慧丽　陆宁宇　陶　茜

9班　班主任　王　涛

李　超　卢鸿彦　徐嘉璐　周小帆　张家钰　仲主恩　杨晓芸　沙佳婷　王明扬
朱晓雯　潘　杨　黄祎蕾　伍嘉倩　金欣怡　秦青文　王紫菱　李怡韵　蒋轶婷
张瑾瑜　孙　悦　徐　蔚　董一诺　江　露

10班　班主任　邓　佶

周　洁　葛凤珠　陈　燕　张晴怡　王佳怡　张　璇　王颖之　张逸丰　史　雯
徐佳妮　邢郑妍　施逸雯　白　琳　黄允诺　杨　艳　高　牵　俞亦林　金　烨
陈　晨　王玛洋　张铭奋　李思平　陈千里　王晨瑶　薛佳妮　陈筱玮

11班　班主任　孙　泓

买尔哈巴·艾买提　王瑄明　苏丽娅·木合塔尔　伊尔盼·买买提尼亚孜
古丽米拉·肉孜买提　肉孜艾力·艾麦尔　玉苏普·艾则孜　热西旦·帕尔哈提
阿热孜古丽·艾买尔　马逸雯　单　梅　赵　培　也尔勒克·贾尔恒
阿布都述库尔·吐尔孙　穆拉利·穆汗　古丽米热·麦合木提　佳德拉·塔斯肯
米耶萨·塔伊尔　马建忠　伊力江·吾买尔江　迪丽努尔·阿布力克木　阿曼古丽·艾力
阿热孜古丽·买买提　艾迪海木·艾尼瓦尔　艾克热木江·阿里木　阿地力·胡加阿不都拉

王晓迪　代冰洁　蒋　璐　邹家欣　刘　璐　王海森

12班　班主任　黄艳

马　萍　阿迪娜·阿依甫江　谢尔扎提·居来提　布麦日艳木·阿木提
阿卜杜萨拉木·扎克尔　阿卜杜许库尔·托合提麦麦提　玛伊努尔·艾则孜　马国荣
易少文　毕海娟　马　雪　巴图巴依尔　姝瓦克·达吾列提汗　娜迪热·伊力哈木
齐晓霖　努尔比亚·艾力　阿依夏木·吐尔送托合提　迪力努尔·艾尼
阿孜姑力·库尔班　柔鲜·艾散　西尔艾力·努尔麦麦提　热依汉古丽·瓦伊提
哈丽木热木·哈丽木热提　努尔夏提江·尼加提　徐雅洁　李　悦　李博琛　张　茹
牛　敏　葛海坤　韩　欣　刘亚东

2016届

1班　班主任　邓佶

冯怡斐　许　悦　周　旭　张　悦　程雪菲　吴婧瑶　崔毅浩　汪翰阳　陆袁圆
胡锦源　施晓宇　姜　悦　李　郁　王凌彦　甘亮羽　陈玉杰　柯　学　顾清鋆
李夏彦　王　琳　邹文君　龚亦钦　张言清　程凌杰　孙拯海　何英杰　陈　啸
张彦嘉　杨　杰　祝诗文　肖子坤　刘周玮　呼健超　陈伟刚　王为红

2班　班主任　沈吟

施雪雯　杨欣怡　邢　佳　张　宇　姚周颖　陈增阳　朱子逸　倪佳晨　刘立峰
樊怡琪　朱沁旖　黄沁涵　王佳伟　裴　根　陆辰冰　陈司研　张寅江　苏　玎
吴　张　姚　尧　张　箐　朱骏崟　徐浩健　来轶霆　张译文　贾玉娇　陈沈杰
陈贞霏　陈意如　钱　程　叶涵诚　谢露艳　侯诗莹　周婧嘉　王静依　熊　蕾
王　珉

3班　班主任　邵宏宏

陈　远　桂文婧　黄旭东　邹玥琳　胡寅杰　樊旭枫　程洁帆　陈若愚　宋云葭
张佳璐　许　晟　占林茂　郑超男　陆鹏燕　邵思捷　李宗祎　熊郁森　陈家豪
刁钰曦　姚　君　钱晓阳　杨　洋　汪思涵　杨　菁　张冬倩　吴　越　王雨昕
高　宽　程　吉　龚丁乐　翟茹颖　张嘉鑫　张耀周　龚雅俊　罗玉婷　沈　煜
潘　登

4班　班主任　蒋菁菁

梁　晨　刘瑾辉　周柳颖　郭金宇　任金威　周轩臣　杨　涛　王申阳　施　毅
刘徐师诚　吕惟一　彭伊吉　刘智佳　蔡　祎　朱恒斌　刘少卿　姚韵沁　陈　严
刘智健　徐旻杰　陈志浩　谢疏影　刘海军　何时安　尹好欣　陆津菲　刘冠英

5班　班主任　陈丽

孙　源　凌怡韵　卢梓珺　戴　雷　苗逸铭　盛文静　阮弘哲　周晓凡　李昱昊
赵浩盛　彭家钦　钱俊豪　丁嘉妍　陶辅良　周振恺　李飚杨　吴佳杰　李　想
王逸君　沙云睿　陈治宇　王　天　夏子雯　韩英凯　倪佳辉　顾晴妮　董传珺
严诗虞

6班　班主任　吴晓倩

丁若卿　周志达　朱天尧　王英南　仲梓影　王雪婷　金秋怡　何帆怡　袁　晔
弓心悦　何艳夕　朱文怡　石宇阳　胡文君　阎梓萱　朱静怡　张晓杰　王轩宇
杨　怡　杨明远　沈轶杰　杜嘉怡　陆圣浩　周朝煦　陈思佳　刘则照　李诗雯
曹佳音　顾　军　张睿卿　朱亦丹　朱　帅　周丽敏　常心怡　黄之韵　方沚昕
张　淼　吴蔡豪　黄　杰　姚译珺

7班　班主任　郑艳红

倪紫荆　周翔宇　田宇韬　章诗怡　冷沁昱　刘建坤　陈鸣岐　金祎雯　黄佳慧
陈金鑫　郁婧仪　陆　晔　史晓菁　吴陈真　丁　琳　陈一诺　许岳培　沈　雷
吕　阳　陆奕屏　朱凯文　刘　冰　杜玉玲　王　聪　吴　昊　宋彦庭　黄毅杰
顾昕雨　谢开云　谢　妍　段棋华　杨池漪　华亦沁　马佳宁　夏　婕　徐鑫昊
陈佳丽　叶　珺

8班　班主任　孙　璐

刘新海　李　晨　张光沪　朱慧琳　马钧豪　郑李鼎邦　刘思懿　王李超　王昕仪
朱天意　董　清　盛宗辉　施静怡　施叶嘉　陈妍佳　张　杰　孟宏斌　程叶馨
陈燕菲　袁顾铭　施　健　汤浩然　王　红　薛宇雯　陈雪珊　沙佳甜　徐悠悠
任　洁

9班　班主任　沈倩韫

邱欣悦　高倚茗　周施伊俊　赵逸林　贾雯洁　陆琳龙　沈佳琦　刘　泽　马　祺
陈怡清　沈怡乐　冯蔚瑜　林　燕　陆曦嘉　黄文佳　杨怡婷　李佳豪　易　洁
施星瑞　陈　霞　申宇宁　陆思雨　范俊愉　郭凌峰　朱　毅　王思琪　陈世琳
朱　强　单欣雨

10班　班主任　金　花

陈琬釜　潘雯君　朱　芸　陶　威　刘轶丹　董奕琳　黄嫣昵　沈冬婷　周春娇
徐　莹　潘佳雄　黄　蕾　张夏雨　刘家俊　李　陈　苏敏婕　管星宇　高　祎

11班　班主任　邓珊荣

龚　萍　蔡樱漫　陆惊鸿　沈钰颖　吴金津　严小艳　丁璐欣　黄俊杰　徐心怡
秦景钰　韩罗曼　施颖祎　黄怡凡　张子洲　严天圻　李　珮　董　茜　郭春燕
谢淑婷　张子翔　王诗梦　黄雨楠　施心滢　孙俏懿　朱彧洲　李　倩　李雯轩
王瑞珂　罗仲畋　郭紫烨　李照欣

12班　班主任　孙雪菲

陈　琳　阿卜杜瓦伊提·图尔荪　地那热·亚力坤　米热阿依·木合塔尔
古孜来努尔·托合提　希尔扎提·阿布都克热木　希尔娜依·尼亚孜　吾勒盘·赛里克
依力哈木江·依马木　杜梓蔚　麦麦提江·伊敏尼亚孜　徐晓晨　李晨曦
沙木哈尔·阿得力江　阿克拉依·扎曼　马　龙　李雪琴　邓叶娜　陈耀扬
巴拉根·吐鲁逊那力　郑志远　阿迪力·穆萨　郎晓荣　陈美文　马孟欣　魏　宁
祖丽胡玛尔·艾热提　苏比努尔·吾布力　艾力木拉提·居来提　迪丽娜依·特麦尔江

艾克百尔·阿布力克木　迪丽胡玛尔·阿力木

13班　班主任　李　昆

周紫怡　李明睿　张妍琴　李　丛　卢润成　依地力斯·夏地曼　如斯太木·亚森
王子尧　米扎普·阿布力米提　梁咏琪　麦麦提阿卜杜拉·艾比布拉　王婷婷　田智凯
齐清春　张海兰　马雪薇　约日古丽·托合提　海比班·奴日买买提　玛丽旦·吐逊
其曼古力·哪斯尔　阿外克日·托合提　赛努拜尔·孜比布拉　古丽尼尔·马木提
买丽亚古丽·喀也腊特　帕提古丽·吾布力卡　阿尔甫克·阿尔腾图娅
木热地力·乃孜　米吉提·艾散　迪拉热·热杰普　阿合博塔·哈孜太　马　燕
加德拉·马合苏提别克　买孜亚·满拉红　帕拉沙特·努尔太依　扎依拉·哈登别克
邓思源　施　萱　王熙颖　阿克交力·库万　马婷婷　李宇昆　奴尔艾合买提·买买提明

2017届

1班　班主任　邓　佶

陆旖诗　游佳莹　刘瑾文　王馨瑜　葛霄羽　丁一凡　赖天予　张芷兰　宗　捷
葛泓因　陈晓帆　金轶炜　吕　晓　朱雨齐　侯敏健　姜　成　曹　正　周　沫
曹斯铭　盛毓峰　田　晖　沈章颖　王　旭　施　婕　孙　溪　王依敏　李钟涛
朱　媛　戴运维　胡雨松　杨　阳　陆　馨　王皓玥　钱嘉诚　姜雯霞　陆咪娜
姜　淏　侯艳萍　罗云瑞　张云鹏

2班　班主任　邵宏宏

李　欣　顾雪娇　邢蓓蓓　蒋苏莹　吕　良　周雨薇　郑姗姗　李乐恒　蔡　超
刘子仪　施逸婷　金子恒　赵一媚　季彤彤　刘　韬　杨逸彬　姚炎琳　范　斯
袁　磊　武军哲　王雨航　孙晓岚　龚蔚娴　许欣宇　马雯雯　隋佳凝　张文涵
薛哲明　陈心妍　孙玺康　严慕佳　徐欣健　徐　聪　赵泽楷　陆宇洋　陈文婷
徐佳健　姜欣奕　施　赟

3班　班主任　吴晓倩

田上扬　孙锦昊　黄雨凡　朱萌威　唐　妍　卢佳怡　陆林海　郭远可　陆玟汐
陈佳奕　王其佳　黄逸宏　徐征宇　张佳怡　王天赐　姚袁颖　朱铭珺　刘亚飞
王圣为　朱　怡　陈薪羽　张　悦　范艳雯　施唯一　孟　梦　蓝欣悦　路　博
胡秦妤　盛佳浩　倪　琳　李　倩　乐轶昊　阎可心　姜逸清　曹文悦　夏　媛
甘　伟　张　媛　张凌峰　马素钰

4班　班主任　季莉莉

任许乐　王翊萌　王永吉　何银炜　朱安琪　徐　轲　朱佳寅　李　雯　陈　蓉
佟梓竹　叶思文　陈　诺　罗伟峰　陆怡婷　纪言婷　李婷婷　周　艺　蔡思真
王嘉仪　于天翔　孙俊哲　李祎炜　顾晨威　于　佳　陆　艳　徐凤娇　沈思聪
吴嘉禄　张自豪　范施洋　张佳一　许佳奕　袁一静　朱佳莹　曹婧玥　彭思铭
朱雨佳　方　婷　张绮婧　倪峻德

5班　班主任　陈　丽

薛诗影　陈小曼　翟君怡　袁　鹏　杨佳怡　何浚哲　李　旭　戴艺璇　张钰莹
吕小龙　陈思聪　郑寒玲　程皖宜　黄园园　宗青琴　夏竞妍　沙　琳　夏　青
周　亮　朱靖怡　季　玮　葛泽宇　储　真　欧阳文　李梦婕　赵　婧　黄欣雨
张　秦　岳美如　苏睿智　王虹元

6班　班主任　王　强

居玉昊　许欣悦　蔡翌阳　颜佳毅　戴冰冰　吴文轩　殷志君　黄思楠　陈雅娜
吴建溦　许正原　周桂钰　吴峥臻　徐泽慧　徐　潞　黎中毅　顾佳雯　庄以真
张晟阳　毛一平　周文豪　吴吉庆　张贺琪瑄　黄天爱　高志航　张逸苗　汤玮昊
程　浩　陆蕴杰

7班　班主任　童治英

黄　蓉　田国钦　武　婷　李泰珉　朱亦婷　赵澜波　乔雯婷　蒋沈杰　杨雅敏
杨　程　顾怡然　刘熠尧　赵　莹　邵思怡　沈汪涛　孙晨璐　吴玉婷　孟俊如
李　蕾　徐　俊　沈宋文　夏梓玥　沈俊晖　潘婧怡　吕相怡　陆佳祺　蔡圆圆
施雨婷　沈漪婷　茅佳玉　杨　渊

8班　班主任　韩　菁

张亦民　朱启蒙　李思远　印　铭　汤立尧　陈晓雯　左　单　王馨语　汪水亦
韩霓萍　黄寅华　石怡慰　曹钧翔　徐嘉辉　熊　翌　徐　旻　浦雅洁　陆　扬
韩晓阳　林汉雯　盛晓璐　杨祎君　王欣杨　朱　希　葛陈瑶　李恺欣　陈　菲
范晓燕　赵平原　陆昕旸　陆昕培　朱俊辉

9班　班主任　周　云

苑景柯　严海燕　樊玉婷　朱成翰　周馨怡　龚贝贝　陈嘉雨　龚学成　王　璐
晏硕成　何　迪　蒯心彦　高俊杰　田家正　张霄寅　卢　毓　金　霖　黄雅婷
叶　秦　徐金浩　范佳静　沈香盈袖　倪嘉怡　李劼翔　高俊亚　赵婷羽　姚佳妮
钱羽枫　袁玉莹　陶俊威　杨　程

10班　班主任　李春晖

葛佳雯　周侯晟　唐靖洋　孟　琦　俞　洁　季欧亮　薛樊亿　张　陆　汤圆圆
张昕奕　翁　颖　吴文君　施玮豪　戴　昊　姚逸彬　陈偲汇　徐佳君　伍　威
顾炤天　彭浩翀　凌嘉明　杨诗劼　贺孝荃　杨　洋　张　懿　胡洁琼　高俊杰
李紫嫣　范宜敏　耿春旺　岳一晨　郭艺杰

11班　班主任　刘乾琪

张敏倩　安振宁　米热扎提·热合曼　美热阿依·买买提　马　芳　马　娇
古丽苏·麦麦提　阿布都乃比·依明　关　春　加娜尔·努尔旦吾乃提　杨家俊
阿迪力江·玉苏普喀迪尔　迪娜·哈里汗　熊雨亭　艾尔肯·努尔艾合麦提
阿卜杜米力科·尧力达什　黄逸霏　马永兴　余思敏　麦里瓦提·阿哈力　海　畅
迪丽热巴·艾沙江　合热安·努尔哈里　哈力扎提·木尔格亚孜　阿迪兰·图鲁贡
马美婷　吴紫薇　王辰湫蕊　苏比努尔·吐尼亚孜　阿布都力艾则孜·阿布来提

刘　欣　　高玉洁　　雷　啸　　依丽米努尔·艾尔肯　　张一新　　努尔比亚·阿力木
娜菲沙·阿力木江　　梁　博　　罗智博

12班　班主任　黄琳玲

李伯霖　　王子辰　　努尔扎提·艾合买提　　帕合尔丁·卡斯木　　李雪吟
买尔旦江·帕尔哈提　　努尔曼古丽·麦麦提　　阿尔祖古丽·奥斯曼　　朱了杜思·木拉提
亚库甫·尔肯　　玛依萨·哈纳哈提　　热娜姑丽·麦提如则　　吐克孜·阿不都热西提
帕提古丽·吐逊　　王金如　　伊尔夏提·伊斯坎代尔　　阿娜尔·哈孜依汗　　马　惠
玛伊莱·艾海提　　古丽米热·亚库甫　　胡婵媛　　星仓玉　　陈　辉　　折梦飞
阿合特列克·图尔达依　　王旭鹏　　热哈提·交巴克　　孟庆航　　吴李涛　　吕雯钰　　曹泽昊
戴吾然江·萨迪尔　　阿地拉·艾尼完尔　　高　杨

2018届

1班　班主任　鄢辉琴

陈　辰　　宋久健　　张　明　　倪圣骄　　徐子辰　　徐子涵　　吴实超　　李雄翼　　汪世鸿
沈　玥　　唐舒为　　侯晶慧　　张高阳　　杨业昊　　丁文静　　徐　玥　　陈月琪　　王豪俊
万昱婷　　陈帅杰　　张郁瑭　　郑　铎　　卢逸杰　　陈雨菡　　徐沛恩　　黄沈奕　　黄家成
朱辰昊　　胡嘉玥　　陈天翔　　周心怡　　黄睿文　　费凌霄　　杨培罡　　王　者　　陈一鸣
林泽芃　　吴冬妍　　成诗怡　　卜影帆　　潘　昊　　唐公哲

2班　班主任　王　强

张依婷　　杨怡婧　　罗佳宁　　魏仁杰　　叶婧彦　　陶斯阳　　马良程　　涂　瑞　　刘曹滢
董珺成　　陈斐扬　　罗楚云　　许传钦　　万逸菲　　张奕帆　　施宇婷　　孙靖宇　　叶　繁
陆思圣　　黄馨云　　李浩男　　孟宪超　　张欣宜　　薛　倩　　陈祎峰　　朱刘俊　　陈思炀
房凯珉　　李　越　　徐诗弢　　陈毓淏　　杨皓为　　孟海超　　余烁颖　　胡世佳　　王昕怡
田昌德　　冯杰谋　　王文艺　　乐　徽　　沈　怡　　戚云皓

3班　班主任　陈　丽

杨嘉琪　　吴士滢　　须昕艺　　曹明枫　　陈雨阳　　金胜辉　　李汝奕　　陈姿伶　　姚婧雯
陆慧捷　　艾思嘉　　郭　雯　　范宇铭　　沈　赢　　吴　姗　　江天勤　　赵佳倚　　蒋珅艺
郑　倩　　翟闻佳　　叶晓文　　单辰麒　　徐汇言　　苏　辰　　沈忻蕊　　陈子梁　　沈诗韵
王　玥　　倪晟宇　　谭珊珊　　郑佳怡　　王明德　　陈宇涵　　楼瀛辰　　陆莹婕　　李　臻
金大龙　　张思诚　　黄喆筱　　杨　溢　　李楚楚　　陈鑫松

4班　班主任　肖　丹

马云扬　　杨予煊　　陆闻轩　　陈子昂　　须家豪　　范羿鸣　　朱怡萱　　杨雨骁　　马　林
朱超然　　殷子昂　　胡珺瑶　　伍安琪　　王铭玮　　汤依唯　　汤毅栋　　汪旻卿　　牛小萱
郑　斌　　李笑笑　　汤艾一　　邓临海　　顾皓匀　　耿尚辰　　张　屹　　钟天奕　　黄家豪
陈翰天　　陆云晨　　苏佳莹　　杨慈君　　俞沁妍　　董思诗　　董洧成　　陈朝阳　　朱加欢
代贵涛　　王小雨　　马颖娇　　奚天祥　　缪黄静逸

5班　班主任　蒋菁菁

鲍雯婧　李晓旭　祝　灿　陈　哲　潘嘉铖　王佳颖　潘奕婷　管星惠　施晨玮
李清泉　朱喆琪　卢辰怡　陈瑞珺　陆莹洁　曹嘉婧　刘诗雯　施家赟　陈之凡
马澜瑄　申雪莹　陆怡晨　金淑怡　李　俊　彭明星　陈佳倩　严子尤　唐佳宁
刘诗琦　施　怡　汤心瑜　罗蔚然　须紫怡　杨奕烨　王浩澜　鲍苒苒　章素云
金雨柔　刘星雨　朱睿馨　郁闻冬　孙　越

6班　班主任　郁　梅

何家辉　杨茹珺　毛烨龙　罗沛跃　刘之慧　陈怡婷　王惠宇　王古月　刘寰斐
胡子苹　赵子健　李思宇　回　轲　刘晓辰　刘钰颖　戴运仪　廖海燕　张　祯
朱梓若　陈佳莹　倪　秦　吴逸飞　徐　杰　刘　洋　袁嘉键　王从依　雷　霓
殷世超　金家吉　王　宇　赵　宇　张诗雨　严冷舟　肖夏雨　沈聪昳　陈左俊
孟文龙　王　燕

7班　班主任　孙　泓

朱思懿　许亚星　黄仲祥　孟璐尧　严　莹　马文怡　程心谣　马佳玥　姚隽晖
陈心慰　赵宜文　张靖媛　蔡好婕　金　汐　詹敏琪　孙凌萱　黄珊珊　秦思婧
朱慧菁　唐文烨　侯逸翎　胡达莲　孙婧懋　高仪琳　管　乐　赵宇琦　陈嘉瑶
马瑞雯　施恺闻　羌采盈　褚慧颖　周诗懿　吴倩倩

8班　班主任　陈　露

陈凯杰　毛俊峰　连逸飞　龚李佳　王可盈　陈泽立　俞逸晨　刘齐鸣　曹世鹏
沈君航　汪　裕　陆剑英　倪梦飞　蔡佳敏　蔡之涵　应连中　胡文卓　赵珂乐
张业炜　蒋书慧　龚逸凡　何云亮　刘韬斐　王志云　孙曦梦　陆　彦　詹小宇

9班　班主任　韩　菁

张钧宇　王　雪　杨慧慈　龚　婕　王　越　刘紫倩　庄子言　陈佳运　张晨怡
张雯伊　刘欣宇　陆柯金　陆　骥　汪静伊　陈毅佳　丁龙妹　武筱茜　章海云
陈豪宇　朱欣怡　施斐然　高梦晴　杜　玲

10班　班主任　赵　霞

郑丽雯　郑昊麟　蒋世赟　汪　昊　何昊亮　印怡晨　孙龙燕　金莉莉　薄逸峰
王庆俊　沙沥净　张明奕　黄子君　叶　子　柳倩辰　莫昊林　刘　博　赵　阳
章湘云　徐诗韵　沈宇丞　刘明军　丁　桑　须攀虹　胡泽荣　王珂雯　范晓霏
吴唯卿　戚亦凡　丁逸雯　徐子力　杨智赟　张虔源

11班　班主任　卢春龙

喀迪尔·阿卜杜瓦依提　帕尔合提·阿不来提　黄萱阁　穆艾热姆·赛麦提
撒力扎提·卡买尔　尼艾马·塞买提　李思遥　努尔巴黑·赛力克　则巴努尔·亚力坤
加娜尔·达拉衣　艾合麦提·阿布力孜　闵雪芳　王倩雯　罗　雄　丁赛赛
米叶赛尔·麦合木提　穆拉提江·艾合买提江　凯　旋　李嵩宇　古力孜巴·热依木江
艾比拜古丽·夏克尔　石新泽　祖丽阿亚提·阿迪力　阿布都沙拉穆·艾斯开尔
魏　浩　卡吾沙尔·努尔买买提　朱　旭　米可阿依·乃麦提江　王博阳

巴哈尔古丽·麦麦提　艾科拜尔·亚森　坤杜孜阿依·阿不来提　约日古丽·喀吾力
李昕翔　古丽尼尕尔·买托乎提　杨文熠

12班　班主任　黄　艳

李晓芸　阿丽娅·艾山　买尔旦·米吉提　阿巴拜克热·奥布力喀斯木
阿尔祖古丽·阿卜杜力木　祖丽阿亚提·托胡提　阿孜古力·阿布拉　胡嘉俊　陈国壮
杜亚萍　郝文晨　苏比努尔·阿力甫　王晓宇　麦吾兰·买买提　穆志明
艾森巴特·肯杰汉　许欣怡　古力米艳·塔衣尔　为思曼·亚生　牡妮热·依明江
付文静　紫拉勒·吾提库尔　孜叶尔德·马旦　张逸飞　热比古丽·吐尔洪
赛尔江·阿曼太　阿迪莱·阿卜力米提　陈　宇　颜新玥　努尔夏提·阿里木
阿丽也·吐尔迪　迪丽努尔·阿不都拉　尹瀚宸

2019届

1班　班主任　陈　丽

范维灏　罗沁怡　蒋诚澄　吴成益　谭昕芸　蒋正杰　胡逸航　杨仕初　仇祖贤
杨　帆　丁诗悦　夏　聪　叶雨欣　潘家仪　潘柳依　高晋哲　陈嘉伟　曹诗好
姚博文　许晶科　须奕航　谭家淇　王　韬　刘星琦　陆安诚　孙泽恺　马悦明
夏佳怡　秦斐然　侯宇捷　吴振宇　杨辰子　俞林昊　徐昭旸　吴月棋　庄顺怡

2班　班主任　沈　吟

俞倩倩　周　辰　孙　硕　胡瑾轩　周元彪　施晨雨　王思琪　徐天天　曹烨辰
陈思雨　余鑫源　富佳依　周世琦　顾澐清　许　诺　董天琦　李黎倩　陈启威
王嘉琪　朱怡雯　王泽宇　吴佩璋　刘邦威　周浩然　周仔涵　何鸿晨　朱子鸣
姚振一　黄诗易　袁奕辰　沈珺扬　蒋昀涛　吴嘉宝　周致君　朱奕骏　朱亦凡
韩禧龙　李倩莹　钟文希　卢　颖　陈思雯　顾晔敏

3班　班主任　邓　佶

秦之天　应子曦　朱　琪　陆成劼　左涵宇　钱君翊　俞家豪　余　东　奚顺泽
周徐菁　沈新宇　施　艳　陈宇文　袁　玥　叶欣苪　王书玄　杨　浩　李　洋
张一帆　陈　琦　高心远　顾嘉蕾　董　昊　蔡宇洋　沈海靓　米芮徵　陈嘉依
王依雯　刘诗奇　盛嘉丰　赵寿杰　朱凯曦　周顶伟　吕逍洋　杨　晔　陆张珩
周峻洋　毕欣怡　杨嘉骏　龚昊泽　赵一凡

4班　班主任　吴晓倩

张龚慧　徐　昊　刘诗瑶　王静逸　陈思云　翁　睿　沈志鸿　王怡青　谭俊彦
夏馨婷　金奕帆　侯　阳　葛　尧　寿贝乙　金志杰　施雯婧　SATO RINO
罗欣睿　陈仲侃　陆好雨　吴　洁　金　悦　顾斯仪　屠　云　应煜晗　张佳楠
曹与点　鲍烨婷　蔡龙昊　苏文寒　金付雯　朱怡佳　黄铮铮　孙　婕　张怡然
雷　妍　杨龚克轩　叶莉琪　赵漫雪　顾　跞　朱　樱　朱彦君　刁圆员

5班　班主任　周　云

顾君安　曹　仪　黄芊蔚　顾钰昕　查依芸　周天洋　陈泽飞　潘　诚　顾静叶

吴佳颖　张　鹏　王佳琦　徐佳雯　孟　鹭　何笑天　张宇宸　杨汶钱　朱雨婷
沈依阳　陈伊文　王秋霖　钱多多　周　凌　唐思敏　金雨馨　许欢怡　宗佳浩
董淑洁　李　莹　韩　越　曹旻辰　郝雨苗　施佳韵　汪嘉莹　秦怡敏　张笑雯
沈千惠　陆帏翀　颜瑞钦　杨　名　刘靖宜

6班　班主任　韩　菁
金睿齐　陆丘婷　陈启悦　钟静怡　李度扬　张心怡　王梓乐　陆思远　徐元丰
周灵茜　沙禹阳　李丰蔚　陈维汉　杨峥远　黄辰昊　陈羿航　王毅晨　余露思
杨婧琦　朱　恺　张欣迪　袁杨帅　徐昕宇　李　昕　吴悦琪　许敏婧　陆辰希

7班　班主任　郁　梅
盛华溢　季　然　祝一凡　顾诚毅　叶柯萌　施天乐　徐昕彦　姚大宇　陈振宇
李清滢　高志豪　张谭清楠　谢晔辉　朱恒宇　尤　祺　陈定深　杨奕辰　施译森
李晓杰　孙信哲　秦佳艺　翁雯怡　邵心怡

8班　班主任　鄢辉琴
沈嘉豪　韩佳奕　张璟池　蒋晓静　陈铭萱　王一川　王文博　潘柏俊　姜须丰
王暮远　汤昱波　韩雪莹　杨子赫　柴立昕　施　文　陈佳蕾　刘亚宁　徐艺萌
方　圆　王尹豪　袁瑛婕　杨　鸣　周　俐　陈皓杰　宋至艺　羊英杰　李欣怡
仲伟民　何義麟　钱昕瑶　潘雅馨　徐玮杰　沈　杰

9班　班主任　邓珊棠
丁　盈　黄殊婷　杨　昊　周盈盈　夏　雪　张誉文　张嘉言　张月宜　罗　洁
王亦涵　李燕姿　黄　炤　李嘉妮　方怡超　秦心雨　陈礼佳　石　珂　梁欣悦
杨　菱　朱哲妍　杨　溥　虞斐斐　罗星月　徐欣怡　陈婉琪　高晴雯　蔡昊铖
陆懿思　顾潘庆　关雨晴　顾婷婷

10班　班主任　刘　颖
房旭成　陈　扬　束慧玲　俞　婕　唐艺蜜　陈怡洁　顾佳宇　王晓雨　李怡雯
金诗怡　李心妍　周玉婷　路海南　吴雅文　周鸣涛　徐昕芸　魏　祯　黄懿玮
顾芯悦　陆佳妮　李娇艳　曹慧君　程佳琪　王诗滢　陈泽岍　郭晴云　施婉婷
周柯昕　杨奕婷　伏　阳　杨　程　徐逸青

11班　班主任　黄琳玲
杨依凡　曹世龙　王宇希　吕　爽　沙拉·拉哈西拜　何晓蕾　苏丽娜·巴图
陈　爽　亚夏尔·吐尔逊　古力加甫·沙日娜　李志勋　马智伟　田芊冉　马　晶
徐翔宇　李天艺　曹宸熙　努尔艾合买提·艾买提　阿丽玛汗·吐尔吐木尔
米尔扎提江·木合塔尔　古丽苏姆·艾合麦提　艾尔盼·艾力　王心茹　阿娜古丽·艾力
莫合买提江·吾买尔江　阿依布塔·巴合提　布阿提坎·木沙　阿依姆古丽·托合提
买地那·吐尔孙　阿卜杜乃比·阿卜杜瓦依提　哈得斯·克孜尔别克　阿达来提·吐合提

12班　班主任　沈倩韫
李萧卉　解云迪　陈玉婷　曹文轩　马　欣　唐晓燕　崔文欣　李文涛　王晓龙
图尔苏古丽·卡司木　爱西瓦克·将阿努尔　吴安琪　赵宗卉　张　琳　马　郡

赛娅·努尔兰　　夏提古力·衣力哈木　　吾买尔艾力·买买提艾力　　赛娜瓦尔·吐尔逊
张咏琪　　丁堇玉　　艾斯凯提·多力肯　　拍祖拉·依沙克　　阿布都热依木·吐迪玉苏甫
王泽朋　　马和加·阿尼瓦尔　　艾尼·巴图尔　　阿依努尔·托合提　　娜迪热·艾尔肯
阿丽耶古丽·阿卜都热伊木　　阿力米兰·阿不都尼牙孜　　阿不都克衣木·托合提斯依提
努尔艾力·阿卜杜热合曼

2020届

1班　班主任　肖　丹

管彦超　张　晔　周　洁　朱孔阳　龚子晗　姚海涛　方思源　张子琪　袁思睿
沈铭昊　赵　灵　吴朱辰　董炫辰　陆骏豪　蔡佳琪　徐晔婧　段嘉霖　邵金阳
陆蓺飞　邵逸飞　吕何悦　潘璇瑾　崔　阳　夏思明　施　诺　黄轶楷　朱孝俊
纪逸珉　张瑞一　张子熠　黄郁慧　张哲祥　史晨越　申世博

2班　班主任　李海侠

袁琢越　吴之闻　顾雨莲　谭若彦　杜俊杰　方旭玮　叶黄婷　陈欣然　张　坤
陈周桐　钱心怡　孙烁琦　谢竺轩　徐毓清　杨佳盈　狄欣悦　赵　旭　叶民章
姜紫璇　孙　奥　杨天韵　李　驰　冯威威　徐正楚　袁艺琳　王璟婧　徐飞扬
黄怡帆　刘昭盈　陶奕辰　高婧怡　唐辰安　施梦媛　陆思婕　王乐陶　赵　蕾
施鑫雅　顾欣怡　苏珠怡　梁伊芸　施怡雯

3班　班主任　童治英

王雨凡　卞佳玲　黄　欢　王可欣　袁慧敏　程诗媛　粟婧颖　俞加余　倪志鑫
顾沈怡　周雯慧　陈天豪　何亦骏　康　悦　张亦婷　吴芯蕾　李东宇　宋科辰
崔子安　熊宏辉　张佚楷　沈嘉懿　陈心语　张佳凝　王亿瑞　朱辰文　管弦乐
于宜杉　曹顺龙　王逸昺　孙健博　沈淑娴

4班　班主任　赵　霞

谢子宸　张智宇　何宏宇　陈宜萌　陆毓炜　刘馨怡　金徐逸　王乐乐　黄弘蔚
张炜祺　罗子俊　徐嘉敏　金忻毅　刘一荨　汪　姿　冯杨斌　江雨柳　张哲煊
兰　迪　黄书尧　王若禹　王　昊　王晓贝　胡佳榕　侯佳俊　徐昀苇　杨　楠
严菁宸　顾琳幸　李　乐　陶佳珺　刘馨怡　陆海帆　侯金言　胡　帆　吴天妤
肖　杨

5班　班主任　郁　梅

李昱坤　冷　暖　沈修羽　王品尧　汪　喆　朱周凯　王淦隆　费楒迪　姜　琪
陈　侃　洪　杰　景子琦　陈雨婧　刘益桢　王永嘉　陈　吉　汪宇琪　张育伟
李　昂　陈逸洋　吴雨淳　柏宇旸　朱湘君　邓海涛　陈惊磊　周思佳　章海峰
沈逸群　刘天朋　刘嘉明　YANG PEDRO FURONG

6班　班主任　张秋红

左　琪　李贝妮　彭　瑜　赵锦程　王智慧　陈知遨　李　昂　王荣生　龚　颖
俞璐琳　俞泽君　周　延　高宇杰　茅顾伟　袁雯莉　朱天宇　马　昊　戴诗琨

黄　豪　洪　浩　杨芸帆　张培峻　费云翔　朱　颖　黄嘉骏　沈子尧　陈俊豪
沈奕俊

7班　班主任　金　花

李　叶　葛晓涵　陆懿玲　陆　斌　盛琦琦　保逸雯　施佳莹　沈玥骐　杨采清
刘　洁　刘欣宇　张思凡　杨欣然　张雪雁　王诗滢　何秀琳　孙渝添　包　颉
沈宇航　顾　怡　丁煜迪　庞　靓　张思睿　杨翊枫　张　欢　翁佳莉　杜奕婷
陆顺页　陈品儿　戴云驰　冯予祺　朱孟飞　倪乐彤　张　恒　容嘉穗　彭　晨
邹金晶　金怡玮　胡佳怡　邵安琪　李晓维　贾瑞泽

8班　班主任　康维佳

曹佳骏　任奇豪　黄轩喆　张　臻　郭　晖　刘思琦　孙　朵　孟知之　李佳慧
蔡译佳　张一鸣　范文轩　张　慈　顾伊琳　朱宇杰　包桦祺　刘天嵛　梁艺蓝
李超然　沈敬乔　顾心悦　朱　钰　李天乐　袁　洁　黄昊泽　李若琪　倪骏杰
顾敏杰　虞一凡　王费滟　王绮云　徐瑞琪　吴凝宇　陶　磊　顾欣彦　徐淳越
王晨露　王文倩　余　尚　周佳琦　段　蕾

9班　班主任　鄢辉琴

黄亦骏　黄绮薇　杨潇辉　李恺祺　杨雯燕　周　旭　徐艳青　平紫纯　夏雨婷
陆　琦　朱　奕　王世杰　沈琳颖　刘恒超　唐嘉炜　张海涛　沈至诚　王小雨
孙　珺　王英颖　龚俊彦　伏永杰　黄昱雯　陈伊宁　陶　成　李芸湘　季佳睿
许瀚文　李顾俊　竺清蕾　江漪冉　朱奕帆　米培瑶　徐玉洁　王如萱　陈依帆
顾辰兮　徐俊彦

10班　班主任　蒋菁菁

张晟昱　唐欣然　吴孚嘉　陈　赞　陆毓骏　方嘉慧　郑　轶　朱昱萱　焦启东
颜家琦　徐晨浩　宋曜胧　陈贤宇　易炊萱　陈睿哲　严丽敏　李凤蛟　周玮怡
贾思俊　卢俊杰　毛琪玟　沈娅婷　赵益亮　吴　迪　钱俊伟　刘轶诚　韩　彧
张昱雯　赏清清　周佳萍　金远帆　陈若霖　江鸿儒　施露凝　李春雅　赵雨晨
黄　蕾　潘喆云

11班　班主任　李　昆

杨辰睿　付弘毅　张林晶轩　阿塔尼白克　艾力亚尔　多斯木拉提　杰吾兰
艾尼瓦尔　玉米提　布英达拉　阿力马斯江　比拉力　热依沙　木克地斯
马菲菲　代多　张芸香　美合日阿依　吴雪倩　祖丽凯麦尔　谢姆斯努尔
廖紫嫣　阿尔孜古丽　阿依努尔　古力孜旦木　来地娜　古扎丽阿依　柔鲜古丽
阿米娜　努热斯曼姑丽　迪达尔　努斯热提古丽　布威则热　古丽胡马尔　王龙骧
米尔扎提·麦合木提　陈文轩　再依努尔·吐尔地拜克　谢宇轩

12班　班主任　伊　娜

李晨昱　田木多　艾日潘江·艾则孜　阿尔新·别克努尔　陈　乾　依日凡江·日介甫
白合提叶尔·买买提阿不拉　西尔买买提·吐尔洪　亚力坤·牙生　崔晗辰
麦尔旦·吐尔逊　谢仁阿依·吐尔逊江　郭钰洁　刘鲁郁　祖拉亚提·吐尔逊

扎吾列·沙恒得克　涂玉玲　毕祖拉·加汗　万星宇　田星月　依巴代提·牙库甫
赛吾力·库那衣　加依娜古丽·麦仁别克　图尔荪阿依·阿卜杜热合曼　吉毕克·金斯汗
艾丽菲热·阿卜杜热依木　赛山古丽·沙阿提别克　阿依加玛丽·阿力木
妮萨古丽·图尔荪　阿迪莱·阿卜杜热伊木　帕孜兰木·乃赛尔丁

2021届

1班　班主任　刘　伟
杨晟浩　曹思文　陈思喆　施松辰　张潇艺　王正阳　王雨晴　金语潇　周轶恺
徐铭佳　丁士高　袁文翔　严　炎　王飞燕　杨嘉颖　李奕萱　赵　样　吴潇哲
支嫣岚　黄时雨　李雪妍　章子颐　陆天池　王亚轩　王雨虹　朱昕怡　陆怡珺
李晨鸣

2班　班主任　邵宏宏
施　琪　陆茗玥　金翊茗　李欣仪　王佳明　夏润杰　谈伽辉　陆天懿　贾未名
李　想　蔡天慧　杨懿豪　奚博文　胡越华　徐　捷　任喆轩　谢斯坦　王　涛
吴书菀　沈胤扬　吴艾佳　费一凡　李金彦　宋越儿　奚骏浩　益佳榆　郭逸凡
范书瑜　刘明健　苏冰慧　张　婕　陈张烨　顾思琪　汪仲杰　秦宇航　王健灏
隋晓岚　郑垚瑜

3班　班主任　周继彦
吴　欣　苏　岚　王乐瑶　施佳奕　郑　磊　胡可欣　赵思琪　夏宇恒　陈焱东
王佳豪　杨晓蕾　陈圣龙　沈宇辉　李海川　李思颖　顾嘉宇　陈　阳　黄家杰
牟宏喆　邓浩卿　王天皓　沈欣瑞　晏泽弘　张程雷　戴馥因　李震宇　牛嘉桢
吕晓亮　杨羽菲　蔡斐凡　顾志明　聂华磊　张艺赫　邹思喆　徐翌羿　张旭峰
王欣宇　陈宇涵　朱天昊　陈芷琦　戚天元　朱启昊

4班　班主任　郁　梅
陆　佳　李欣玥　陈佳琦　夏子俊　陈思栋　归子禹　张庭玮　倪奕杰　朱鸿森
陈佳业　徐一飞　韩启越　管映童　朱林青　邱安琪　王亦辰　周唐婕　徐　麟
刘嘉伟　王久馨　吴宸宇　吴怿冰　季英昊　王维鑫　黎一鸣　沈彦婷　陈俊杰
孙劲松　黄　思　陈　弢　周嘉琪　张鹏程　邹长阳　王逸菁　吴旻懋　陈　晨

5班　班主任　康维佳
俞　涛　王怡婷　周王帅　施云华　姜祎阳　姜浩强　孙佳漪　陆梓俊　李富晨
徐含昇　广明毅　张恺文　余诗悦　朱周晖　徐天羽　陆子昂　黄子健　邱　雨
龚　敏　王慧迪　杜一飞　沈英骐　章艺峰　沈奕杰　郭思睿　祖宇航　乌悦诚
张子昂　陈昊昇　张艺严　宗张裔　张　蔚　况贵元　施佳斌　俞峥豪

6班　班主任　季莉莉
施能艺　戴　薇　梁佳郢　陆宇曦　施俊洋　尹鑫纯　朱彧彧　江　楠　余润阳
顾文轩　茅顾婷　张佳珺　马　赫　林淑玉　郭奕君　危　李　黄　鑫　黄徐君
郁申杰　王采薇　郁思凡　杨　珂　陈言为　张思晨　付锦华　倪佳婷　曾佳惠

吴　昊　陆鑫艳　何婕扬　郑爱颖　沈逸阳　朱俊杰　沈泽欣　李思佳　王逸宸
许一诺　张雨婷　于　洁　唐已晴

7班　班主任　陈　露
宋鑫阳　叶子吟　魏　巍　闫玮琦　徐典哲　张文艳　林孜怡　王子昂　苏俊尧
张安琪　杨　浩　李泽田　蒋曹怡　俞韵婕　季艳辰　陈思琦　张晨卿　陆沁怡
黄昕宇　应佳琪　刘春含　高　铃　杨　菲　陈　灿　傅芸萍　樊亦涵　李　燕
倪欣瑜　朱欣怡　张宇滔　戴　翔　阮　鑫　陆彧琦　曾宇炀　顾钧韦　余方潇
郑原语

8班　班主任　姚　珺
袁雪菲　徐奕寒　刘思好　成　盟　臧天骏　陈奕文　徐伊玚　朱顾宇　吕葭禾
王欣骐　郑思洋　高文欣　李　缘　钱　詹　叶子萌　王静雯　杨祎雯　邱铭玥
张悦婷　陈庭祺　邓滢滢　杨韵诗　陈季菲　严晨曦　张佳怡　沈逸阳　王奕泽
缪欣玉　侯倩云　刘　好　黄蔚蓉　王易君　许如清　陈星羽　李浏雨浓

9班　班主任　邓珊荣
彭悠然　刘彦如　郭家承　朱乐宜　丁智超　樊欣艾　顾天添　田依佳　安　多
董雨杰　徐佳雯　孙海宁　黄筱婷　顾思琪　管晶莹　周金瑜　刘诗雯　顾　颖
朱怡宇　朱晶晶　张　洋　姚嘉琪　陈毅敏　洪　弘　刘禹剑　杨婧宇　曹嘉杨

10班　班主任　金　花
龚逸文　顾静怡　康逸宁　徐诗妍　徐心琦　田　雪　王　曦　金　蕾　李晓频
詹澄忆　周佳雯　秦佳妮　朱思佳　毛文怡　顾梦娴　冯喆昊　汤秦天　顾旋佳
吴　殷　王峻奕　施沈懿　石亦萌　徐一飞　高俣程　余慧婷　鲍骏杰　侯书悦
王怡雯　李嘉顾　鲍天傲　金黄婕　刘　好　高腾诗珈　马文骏　宁静雯　沈　越
张子菁　杨雨沁　赵湘麟　顾翼佳

11班　班主任　刘宏圣
刘　阳　赛力克宝力　寿晓辉　张博渊　艾尼卡尔·托合尼亚孜　艾则麦提·阿迪力
巴音巴图　托拉江·托乎达洪　阿里马斯·阿布拉　艾依古马尔·苏力坦
迪拉然·那斯江　日孜万古丽·牙库甫　张新运　付丽媛　阿依努尔·努尔买买提
陈济媛　申　畅　马　晶　迪丽热巴·麦麦提托合提　古丽则巴·吾吉麦麦提
丁凯茜　帕提古丽·阿洪　苏比努尔·赛买提　茹扎·热斯开力德　苏比努尔·艾尼瓦尔
阿尔娜·努尔旦艾力　阿丽燕·沙拉木　麦迪娜·托呼达吉　麦热姆妮萨·麦麦提
阿热孜古丽·库尔班　热沙来提·艾合买提　阿丽米热·阿力木　黄栎竹　张倬源
常嘉慧

12班　班主任　陈　颖
伊克拉木·艾山江　郭宇豪　张学栋　徐博潇　潘新新　禹永鹏　亚森·赛麦尔
阿力木·买买提　本亚敏·艾散江　努尔艾合买提·塔依尔　赛依提·依力哈木江
瓦热斯江·阿不力肯木　冶馨悦　李梦璐　杨田田　苟　旭　库丽加孜·叶尔兰
夏迪亚尔·乌木尔汗　帕孜力亚克孜·艾合麦提

段　恋　马国娜　麦妮萨·凯尤木　阿依菲日·艾海提　祖丽阿亚提·艾则孜
马永美　阿丽耶·图尔荪　冯雪艳　单娅荣　巴图欧其尔·才仁巴图　麦迪娜·艾尼瓦尔
阿皮巴克·木塔力浦　图尔荪阿依·麦合木提　古丽努尔·艾热提　阿亚图拉·艾力
阿尔祖古丽·哈帕尔　阿尔祖古丽·吐尔逊　寇妍颜　周彦胜　申青河　杨东升

2022届

1班　班主任　陈　丽
胡雅清　徐　方　施　昊　章予辰　程天卓　陈群杰　邵之祎　陆志诚　孟凡蓉
盛韬哲　吴沁妍　盛佳雯　陈彬潇　于怡雯　罗智渊　毛嘉麒　马啸岩　殷晗清
沈心宇　陈　诺　朱新宇　柴文哲　帅晓玥　吴韬琦　党婉心　张非凡　刘　毅
李润玥　郑烨煜　张亦驰　毛鑫宇　王子悦　蒋艾雯　李润悠　胡一楠　徐冰清
杨卿延　陆欣妍　沈俊杰　黄佳玮

2班　班主任　韩　菁
陈知杰　郭　鹏　陆欣桐　邹天宽　刘亦承　陈一舟　向文杰　俞文凯　杨韵文
孙昊天　宋淑婕　俞鸿伟　吴谦之　程　睿　蒯　捷　蒋晓宇　吕俊先　严旭辰
施卓丞　蒋思远　陈梓仪　张　瑞　段莲馨　雷兴月　王奕杰　郑昱恒　朱　皓
朱文豪　刘星怡　刘　铤　苏莱曼　王思淇　顾天琦　王诺天　贺祺恺　王泽宇
叶　华　黄婉芸　张倪杰

3班　班主任　郁　梅
施清诚　沈欣怡　朱宸宇　徐顺鹏　王　健　陈　涛　许　暮　顾家盛　王佳煜
葛奕雯　杨申翼　姜泊钰　贾盛哲　朱一言　王彦菲　王子俊　钱　添　黄俊杰
徐若珂　邱天宇　季元杰　吴雅洁　吴珊珊　张云翼　陈之涵　张梓杭　徐俊睿
沈冯皓　申　坤　王靖琰　林泓旭　宫语思　张康晟　陆雯怡　罗虹宇　杨雄天
程佳乐

4班　班主任　沈　吟
江　铮　朱奕涵　张浩楠　黄泽安　杨逸栋　江明韩　简云天　陈云天　陈　峒
赵莹琳　陈悦文　严　超　李永健　刘润泽　张慕申　钟　宇　童晓轩　张雨茜
叶戡祺　张笑恒　徐辰希　韩宇轩　杨晓奕　付用恒　王霑媌　曹淇栋　冯悦霖
郑浥豪　陈瑞祺　翟怿飞　车子涵　奚子瞻　应　倩　捨海宇　李佳依　马　权

5班　班主任　李春晖
乔　涵　杨　雯　储黄成　孙书芳　潘涵婧　刘馨妍　顾佳怡　李依芸　龚睿阳
曾一鹤　郑佳仪　王凯蕊　蒋晗玉　张艾昕　徐　祯　殷嘉琪　周靖博　李　响
周　依　汤童彤　施钰冰　成韦茜　张智杰　张颖杰　顾秦瑶　钱依蕊　张嘉楠
陈婉珠　王　奕　王屹程　章　晟　王欣晨　吴梦薇

6班　班主任　康维佳
章燕婷　张涵栋　项靖宇　叶颖盈　戴　霓　江以飞　朱俊贤　黄　成　徐恒炜
杜益凡　杜滟泽　张　玥　孙祺赟　孙逸凡　李蔚豪　沈昊宇　王子韩　张晋嘉

陈禾昕　刘晨瑛　施羽豪　高嘉韵　何　雯　严　瑾　樊佳元　范如杰　周　瑾
肖歆雨　黄裕阳　杨佳烨　黄骏鸿

7班　班主任　张凡凡

李沛彦　陈鑫怡　翟舒弘　龚　晔　严嘉怡　李浩楠　丁心丸　黄悦辰　罗　睿
黄紫婷　郭静雯　袁姝婧　郑　迪　叶宇思婕　盛道优　李汶喆　应越辰　陈施彤
李思齐　陈语彤　范汶婕　杨晶怡　吴嘉峄　朱紫涵　钱欣晴　沈浩宇　王毅伟
张　晗　周冰慈　黄哲宇　樊可欣　华文雨歆　杨为洁　邢　瑞　王佳妮　邬婕慧
沈傲玮　梁佳琪

8班　班主任　司　南

熊欣怡　黄若雯　施瑜璐　纪佩孜　陆隽禾　陈　哲　郭祎萌　蔡懿婷　张桢哲
王菁琪　徐蔚樱　王昕柔　朱歆瑶　施嘉瑜　陈煜琪　姜天鸿　李凯文　项思琪
姜明萱　唐　邈　吴　桐　胡启祥　李若瑜　陈思瑶　李好儿　章　颖　吴新磊
谢逸斌　王嘉漪　姜文轩　王思睿　季昀韬　王嘉璇　赵欣愉　李兆宇　钱洋栋
江雨晨　倪隽逸　赵昀晖

9班　班主任　张秋红

龚紫湛　陈　婧　张汪沭　侯苏宜　吴佳怡　郭文婕　卞睿洋　吴　彤　张思媛
钱韵懿　蔡依林　施喻晗　黄　瑾　杨济帆　潘乐怡　刘　梦　徐　浩　闵珺如
敖语晗　方周俪　朱佳悦　刘　钰　严艺瑶　黄佳雯　张悦雯　郭君宇　丰光美子
朱中慧　朱诗语　陈静菡　刘思佳　王俊楠　顾俞皓　徐　琳　周怡君　金文豪
俞顺丽

10班　班主任　沈雅茜

张歆然　支辰彦　耿文轩　费驰野　王凌思　薛怡苇　胡鸿翔　秦佳妮　罗昆阳
钱卓嵘　汤欣玥　朱欣瑜　李泽茹　吕佳雯　周　敏　刘　征　潘月蕙　曹晓悦
朱芯越　谢雨萌　顾博文　朱祎婕　王乐飞　杨凌怡　黄珊珊　沈怡闻　秦文卿
袁芝瑶　张睿漪　陈馨爱　李与同　王雪莹　姜彬彬　徐　悦　郑欣宇　冯韵涵

11班　班主任　伊　娜

刘志杰　阿不都肉苏力·艾则孜　马绍宇　塔伊尔江·图尔苏托合提　向　昊
买买提沙力·吐尔逊　阿力木江·麦提赛伊迪　艾麦尔·阿布杜萨拉木
扎恩哈尔·塔勒道　伊力哈木·穆萨　夏米斯卡麦尔·图尔麦麦提　李悦昕　王雨帆
那迪热·牙生　马晓玉　合孜力哈提·革木什　穆凯代斯·艾则孜　马星宇
古丽斯曼·阿仑别克　阿合迪达尔　买丽哈巴·迪力木热提　闻小彤
布威热比耶姆·阿卜杜热合曼　买热阿巴·买提肉孜　努尔比耶·艾麦尔
努尔比耶·阿卜杜凯尤木　娜迪热·买合木提　托合提古丽·奥卜力艾山
哈丽米热木·哈力木拉提　祖丽卡丽艳·热合木江　艾克代·艾尔肯
麦迪娜木·阿布力肯木　祖丽皮耶·艾海提　马清宇

12班　班主任　卢春龙

姚逸飞　迪力亚尔·克热木　艾柯力亚尔·哈力穆拉提　佧米力·艾海提
祖力克尔江·艾尼瓦尔　沙尔坎·吐来白克　阿卜杜拉·阿不都热合曼
艾孜提艾力·吾舒尔　麦吾兰·麦麦提艾力　姑再丽努尔·如苏勒　古雪莲
努尔阿米乃姆·阿卜杜萨塔尔　石　靓　阿吉古丽·艾山江　苏比耶努尔·麦麦提祖农
皓尔娃　海杨晨星　李佳欣　苏比努尔·萨伍提　艾柯代·依沙卡热　姬　芮
布合丽切木·吾买尔　阿姨努尔·吾甫　马欣宇　阿丽米热·依拉木
艾比拜姆·阿卜杜热合曼　冶　静　苏里娅木·哈帕尔江　巴音才次克
古力达娜·叶尔江　芒尼萨汗·买买提明　艾克达·艾则孜　赛乃外尔·艾拉
祖丽阿娅提·艾合麦提

13班　班主任　沈倩韫

陈志坤　艾力亚尔·努尔买买提　阿卜杜萨拉木·艾散　塔依马斯·哈孜别克
安赛尔·安外尔　马宏伟　伊木然江·阿卜力克木　高志斌　宁世欣　迪丽达尔·柯尤木
黄雯越　马静雯　李卓然　孙鹤菲　侯颖华　古丽拜合热姆·如孜托合提　谢欣雨
祖拜热·麦麦提　巴格兰·奴鲁　麦迪努尔·麦提图尔荪　麦什吾热合妮姆·艾麦尔
高羽洁　优力吐孜·阿布都艾尼　古丽革乃·吾布力哈司木　艾克达木·阿力木江
努尔孜巴·努尔麦麦提　姜婉茹　努尔比耶·托合提　马奇楠　麦热排提·努尔艾力
骆鸣尧　阿力亚·木扎帕尔　艾丽皮努尔·图鲁贡　布再乃普古丽·阿卜杜克力木
哈丽代·吾买尔

14班　班主任　王　涛

阿卜杜克热木·阿卜赛麦提　努苏坦·木合亚提　叶尔波力·乌拉斯汗　刘俊乔
边靖凯　伊力亚尔·库尔班　麦尔·叶尔肯努尔　阿卜杜扎伊尔·麦麦提
怕米日·阿布力米提　伊木热尼·依马木　谭全海　努尔扎提·阿尼克别克
米热扎提·图尔荪　阿合特列克·胡安别克　罗天宇　哈尔很·努尔兰
阿布来提·奥布力塔力普　艾则提艾力·麦麦提　图马日斯·吾普尔　何　甜　王安欣
王悦晨　吐玛热斯·甫拉提　曹瑛豪　王安冉　玛依拉·玉苏音　帕提买·阿木提
艾迪耶·麦麦提　热伊莱·穆太力普　故丽亚尔·买合木提　史宏蕊
巴合达尔·努尔包拉提　张可可　阿孜古丽·亚生

2023届

1班　班主任　周　云

陈品含　陈子皓　戴翼飞　邓鹏程　丁嘉瑞　丁　旭　董兴宇　韩庆威　金怿哲
金倬昊　陆嘉晖　陆宇程　潘　言　王晨曦　王思恒　王子隽　徐曹阳　徐玺旻
周广复　周梓霖　朱俊涛　纪　奕　李思妍　刘　畅　刘颖绮　茅靖慧　孙中宜
王乐懿　王熠翎　卫暄妍　邬佳颖　吴昕怡　徐若婷　詹奕喆　张自萌　赵　静
周立婷　朱文茜

2班　班主任　季剑炜

陈君豪　褚　陈　董晗烨　冯冀轩　顾佳辰　侯昊宇　胡天翼　姜　珂　金涵宇
金慧琦　孔佳宸　李　鸣　李　垚　陆瑞霖　倪嘉宏　任健鑫　沈宇轩　谈君逸
陶斯予　王林煦　王正男　吴俊杰　吴若宇　夏阳刘留　许屹云　张一鸣　陈　佳
丁诗羽　丁子曦　龚欣卉　管佳韵　李临宜　刘佳祎　孟嘉佳　倪圆裕　祁雨情
王吴桐

3班　班主任　赵　霞

蔡　璐　崔佳裕　顾世杰　洪天翔　胡嘉文　金博文　李宇浩　陆周豪　彭彦淳
秦珅浩　施宇杰　宋昊锋　孙康智　孙欣昀　唐博涵　陶　喆　滕智琦　王树一
王　炜　吴　磊　吴明翰　徐浩峰　杨旭宇　袁金琦　张楚豫　钟　羿　朱恺怿
朱楹栋　曹俪馨　陈　纯　金　静　厉思言　裘妍翎

4班　班主任　潘道胜

陈　龙　陈天白　董振浩　方天予　甘浩程　郭家福　寇舫舟　林旭峰　刘明宇
刘宇轩　陆钰垒　马佳越　钱文杰　秦天宇　沈嘉炜　吴彦钧　徐少涵　杨卢誉
殷晨棱　俞思卿　郁易蒙　张鸿辉　赵丞扬　赵文浩　支逸峰　钟晨铭　朱亦成
胡媛菲　金哲昕　李皓然　刘子涵　沈诗琪　舒曼君　朱陈婷

5班　班主任　童治英

董之巍　杜承霖　刘景灏　刘亦豪　马毅豪　孙祁斌　杨皓铭　张心恺　周星宇
邹东赟　陈心齐　顾佳怡　郝嘉琦　洪妍婷　胡怡航　胡英琪　金羽彤　刘鸿嘉
钱　红　沈诗瑶　沈熙媛　汤宋阳　唐家琳　滕云馨　万芷君　王可书　王　琦
王　昕　须思琪　徐晓菲　徐　杨　严　莹　杨静宜　周靖玟　周玉玲　朱依晨

6班　班主任　陈　露

陈安桐　龚李阳　黄达赟　李昊轩　李　臻　刘志伟　鲁子浩　陆一鸣　毛子谦
钱泽弘　宋卓恒　王　凡　王熙原　王哲宇　王振杰　徐　图　鲍嘉蕊　归淑婷
何欣芮　陆小月　陆心愉　秦梓萌　沈小棠　孙　昱　唐诗妍　王凯悦　王　意
吴　粤　徐诗雨　张贾玓　张鲁媛　王李安　巢庭皓　冯君豪

7班　班主任　韩　菁

曹瑜杰　范懿陈　龚傲林　黄晨曦　黄喆涵　金语乐　马天宇　肖世杰　徐俊凯
尤昊添　虞奕辰　张旻昊　朱文宇　池　莹　樊怡霖　葛菲琳　郭雅鑫　冷　霜
李　佳　陆佳怡　吕雯婷　孟　晔　沙　蕾　唐昳晨　汪歆迪　张玲燕　周　婕
周抒言　朱君亚　朱彦虹

8班　班主任　李海侠

曹　瑞　陈　实　陈轶恺　顾皓宇　金翔宇　李浩宇　陆理浩　陆玛尼克　马　赛
苗　林　彭靖康　王瀚博　温博翔　徐睿迪　严皓赟　张　欣　赵志豪　毕筱涵
陈　果　陈芮莹　龚一凡　龚奕榕　顾子璇　过佳雯　贺嘉仪　黄亦婷　李刘卓尔
马佳音　施煜辰　石欣雨　史欣怡　王依凡　吴小雨　印　姿　张敏倩　朱雅丽

9班　班主任　张秋红

陈　陆	管　晨	胡伟强	黄岩杰	嵇伟建	金瀚鸣	李梓涵	许斯祺	严佳琪
严晓楠	郁海威	张浩斓	张锦程	张智强	包雨菲	卞雪怡	丁　悦	杜海玲
傅　晓	郭诗钰	何伊婷	胡瑜潼	赖佳欣	李靖雯	李梁源	柳雁北	陆艳萍
吕雅楠	马馨怡	钱雨苓	沈欣语	王　巧	王思源	夏　优	徐锦媛	徐妙妙
杨黄嫣	姚安雅	余　睿	袁　婷	袁张乐	张安琪	朱煦珺	易爱川	

10班　班主任　李春晖

蔡咏琰	曹逸飞	高俊杰	侯橙澄	沈毅豪	施海川	杨运豪	杨泽旭	章羽丰
蔡丽君	蔡刘玉	曹舒雅	崔嵩婷	高诗涵	顾可芯	郭小帆	蒋璟俪	金佳璐
李梦芊	李　彤	刘星语	倪李妍	沈婵澍	王希婕	王溢瑶	邬嘉楠	吴奕雯
夏子莹	须馨怡	徐　可	宣甜恬	杨芷柔	张家悦	周芷琦	朱婧妍	朱　琳
庄悦兮	宗思悦	胡嘉容						

11班　班主任　黄　艳

吾那尔·也尔江　艾力达尔·阿力木　迪力夏提·艾则孜　伊尔潘江·麦提图尔荪
哈热斯江·艾尔肯　张伟峰　周佳宇　阿力马斯·阿布力孜　张宏宇　吴槟宇
艾合麦提江·麦合木提　艾孜海尔·艾合买提　阿里木·努尔江　包　烨　冯关颖
阿依江·加尔恨别克　张文莉　肖贺珍　艾黑旦·阿布里米提　热伊赛·伊敏
热孜亚·麦麦提图尔荪　姑丽孜巴·麦麦提艾力　汪志情　赵晨阳　全心怡　郭子璇
艾克达木·阿布力米提　努尔比耶·麦丁　麦地那·艾麦提江　伊丽姆努尔·麦麦提江
居　平　田梦娇　马梓璇　阿依木可孜·库尔班　曼孜热木·依布拉依木
米热姑丽·艾尼瓦尔　阿丽米热·麦麦提江　阿米乃·阿吉
阿卜杜热合曼·麦麦提阿卜杜拉

12班　班主任　李　昆

张　辉　拜合提亚尔·艾尼瓦尔　郝欣宇　冯多亮　艾科拜尔江·图尔荪　张宏利
白皓天　杨力行　阿卜杜热合曼·木明　艾克热木·艾合麦提　李则磊
阿尔库德·帕尔哈提　塞皮丁·吐合塔吉　胡启霖　艾克热木江·玉孙
吾萨力麦·努尔麦麦提　李佳雪　张馨月　努尔阿米乃姆·阿卜力米提
阿丽耶·阿布力米提　地丽白热·塞买提　阿丽娜·苏力坦　谈　烨　孔文俐
苏比努尔·阿帕尔　阿丽米热·阿力木　古丽胡玛·吐拉克　阿依库吾孜·卡生别克
热伊拉姆罕·阿卜杜为力　阿依达娜·阿曼太　地力尼各尔·吾术尔　胡宁格
宋紫英　祖丽皮耶·奥布力艾散　祖拜达·玉苏甫　程娅青　木尼热·买买提江
玛伊热·麦麦提力　阿伊夏·麦合木提　魏　菀

十二、历年学生获奖情况 *

学科类

时　间	获奖学生	奖　项	级　别	等　第
2004 学年	高子轩、徐沛达	第十五届"希望杯"全国数学邀请赛	国家级	三等奖
2004 学年	赵敏	上海市中学生诗歌竞赛	市级	一等奖
2005 学年	高子轩、徐沛达	第十五届"希望杯"全国数学邀请赛	国家级	铜牌
2005 学年	陈瑛	上海市春之声"自我激励"格言比赛	市级	一等奖
2005 学年	尔雅戏剧社	第二届"鲁迅杯"上海市中小学课本剧大赛	市级	一等奖
2006 学年	乔宗懿	ACT 第二届全国青少年外语口语（英语）电视大赛（中学 B 组）	国家级	金奖
2006 学年	唐佳宁、陈曦	ACT 第二届全国青少年外语口语（英语）电视大赛（中学 B 组）	国家级	银奖
2006 学年	杨威、宋鸿哲	ACT 第二届全国青少年外语口语（英语）电视大赛（中学 B 组）	国家级	铜奖
2006 学年	乔宗懿、陈曦	ACT 第二届全国青少年外语口语（英语）电视大赛（中学 B 组）上海分赛	市级	一等奖
2007 学年	秦磊	第三届全国语文规范化知识大赛	国家级	一等奖
2007 学年	张思思等 18 人	第三届全国语文规范化知识大赛	国家级	优胜奖（18 项）
2007 学年	胡骏	上海市青少年"白猫杯"应用化学与技能竞赛	市级	一等奖
2009 学年	何瑛	2009 年上海市中小学生暑期读书系列活动	市级	一等奖
2010 学年	叶勒太、马冰儿、韦君研、希尔扎提、达吾然、得丽娜尔、马敬文、热孜亚、古丽努尔、艾散、祖力比亚、迈尔热宾	第 12 届全国推广普通话宣传周活动——第六届全国语文规范化知识大赛	国家级	优胜奖
2010 学年	朱欣韵、周雯、黄家鸿、冯哲卿、马玉衡、王玲燕、杨安琪、张子卓	爱满天下杯第七届全国中小学生创意作文大赛	国家级	一等奖
2010 学年	吴旸林、马春丽、高梦洁、陆思铭、薄秋烨、陈菁菁、胡慧、王正阳、陆文豪、严怡青、吴小娟、黄旻怡、顾文婧、胡佳莹、蒋佳佳、杭璐瑶、徐沁澄、王思明、沈晓艳、周佳颖、王怡、徐涛、黄律、黄滔、褚艳、李洁、苏清	爱满天下杯第七届全国中小学生创意作文大赛	国家级	二等奖

* 仅收录部分市级一等奖及以上奖项。

续表

学年	姓名	竞赛名称	级别	奖项
2010学年	蔡慧悦、沈梦娇、刘时雨、戴怡君、李佳伟、池文慧、孙欣怡、朱雨霜、陈英姿、金伟枫、马思炯、杨萧笛、郭祉初、岳家辉、朱海燕、项嘉怡、黄佳慧、王汐泠、丁忆紫、毛捷豪、葛宸傲、李彦蓓、沈泽明、郭佳时、吴关鑫、王周明、吴诗怡、龚思悦、曹伊婷、毛欣玥、袁欣悦、肖月华、张诗佳、杨学思、董如涵、葛慧洁、朱婧媛、陈桑芳、万嘉博、葛金强、帅羲、李菁、阎晶、方旖、秦艳、余冰、赵萱、陈莹、蔡洁、茅薇、曹馨元	爱满天下杯第七届全国中小学生创意作文大赛	国家级	三等奖
2010学年	王怡倩、王嘉仪、常祺、葛梦婷、潘云婷、苏琳、贾超琪、郑丹丹、史蕾	爱满天下杯第七届全国中小学生创意作文大赛	国家级	创意奖
2010学年	张喆灏	第五届高三物理竞赛（上海市物理业余学校杯）竞赛	市级	一等奖
2010学年	徐艳芸、陆嘉豪、周超蓉、庄亦颖、陈菁菁、顾修芸	2009—2010"恒源祥文学之星"中国中学生作文大赛上海赛区"新课标·新知杯"作文竞赛	市级	一等奖
2010学年	郭强	2010年上海内地中学生民族班师生"感恩伟大祖国"演讲比赛学生组	市级	一等奖
2011学年	赵亦双	（2010—2011）"恒源祥文学之星"中国中学生作文大赛上海赛区"新知新课程"作文竞赛	市级	特等奖
2011学年	彭笑宇、周珍妮、张颖倩、陈桑芳	"恒源祥文学之星"中国中学生作文大赛上海赛区"新知新课程"作文竞赛	市级	一等奖
2011学年	尼格拉	上海内地高中民族班征文大赛	市级	一等奖
2012学年	陈淑媛、李思平、支云菁	爱满天下杯第八届全国中小学创意作文大赛	国家级	二等奖
2012学年	李润超、潘云婷、金放倩、刘丹、华晨研、杨心怡、李晴、张研、虞佳、徐泽、夏洁玮	爱满天下杯第八届全国中小学创意作文大赛	国家级	三等奖
2012学年	吴晔婷	爱满天下杯第八届全国中小学创意作文大赛	国家级	最佳作品
2012学年	高梦洁、严思琪、郭欧丽	爱满天下杯第八届全国中小学创意作文大赛	国家级	优秀作文
2012学年	吕行、汤伊唯	第十八届中华圣陶杯中学生作文大赛	国家级	一等奖
2012学年	吴佳滢、周丹妮、钱佳妮	第十八届中华圣陶杯中学生作文大赛	国家级	二等奖
2012学年	范思扬、黄宇喆、郭欧丽、宗逸君、陈玉霞、倪垠佳、柏诗怡、王骅骏、徐怡雯、陆梦园	第十八届中华圣陶杯中学生作文大赛	国家级	三等奖
2012学年	李依琛	全国中学生英语翻译大赛高二年级组	国家级	一等奖
2012学年	蒋思扬	第26届全国高中学生化学竞赛（省级赛区）	国家级	二等奖
2012学年	王朝阳	"365杯"第26届上海市中学生作文竞赛	市级	一等奖
2012学年	阿尔腾图娅	光明优+杯第五届"让青少年读懂中国"征文比赛	市级	一等奖
2013学年	费一笑	第24届全国希望杯数学竞赛	国家级	二等奖
2013学年	李同宇	第24届全国希望杯数学竞赛	国家级	三等奖
2013学年	刘金霞、金倩、李晴、徐睿	第三届"语文报"杯全国中小学原创文学（作文）大赛	国家级	金奖
2013学年	朱华靖、史国宇、杨迁、姚伟杰、叶茹凝、陈仕元、宋思唯、郭健哲、迪丽娜依·特麦尔江	第三届"语文报杯"全国中小学生原创文学（作文）大赛	国家级	银奖

续表

时间	获奖学生	奖项	级别	等第
2013 学年	沈顾遥、赵卿、唐皆颖、陈康、杨佳悦、吕行、陶晶、杨心怡、沈泽惠、陈颖、王婷婷、古丽妮戈尔、米扎普、马龙、玛丽旦、李晨曦	第三届"语文报杯"全国中小学生原创文学（作文）大赛	国家级	铜奖
2013 学年	陈鑫、严晓晨、吴怡豪、吴涵、吴月、梁珏莹、尤婧蓉、曹诗莹、季祎、周懿莹、潘春钰、赵子翙、郎晓荣、古丽布斯坦、阿尔腾图娅、海比班、马孟欣、迪力胡马尔	第三届"语文报"杯全国中小学原创文学（作文）大赛	国家级	优秀奖
2013 学年	雷胜广	第三届"优赛·联合杯"海峡两岸中小学生作文大赛总决赛高中组	国家级	优胜奖
2013 学年	杨欣怡	365 杯第 27 届上海市中学生作文大赛	市级	一等奖
2013 学年	钟子杰	中国中学生作文大赛"恒源祥文学之星"上海赛区"智立方教育·新知杯"	市级	特等奖
2013 学年	孙金悦、范佳宜	中国中学生作文大赛"恒源祥文学之星"上海赛区"智立方教育·新知杯"	市级	一等奖
2013 学年	唐宁	上海市第十届中学生时政知识大赛	市级	一等奖
2013 学年	张蓉蓉、柏诗怡	中国中学生作文大赛	市级	一等奖
2014 学年	孙子平	第 31 届全国中学生物理竞赛	国家级	二等奖
2015 学年	程雪菲	第 32 届全国中学生物理竞赛	国家级	三等奖
2018 学年	任喆轩、陆彧琦、陆天懿	第 18 届全国高中生数学论文竞赛	国家级	二等奖
2018 学年	董炫辰、沈铭昊、周洁	2019 年全国中学生生物学联赛	国家级	三等奖
2018 学年	范维灏	科普英语竞赛	市级	一等奖、优秀辩手
2019 学年	史晨越、李东宇、王乐乐	第 27 届高中学生科普英语竞赛	市级	一等奖
2019 学年	张哲祥	上海市中学生物理实验竞赛	市级	一等奖
2020 学年	杨济帆	"外研社杯"全国中学生外语素养大赛（上海地区决赛）	市级	一等奖
2020 学年	胡怡航、吕雅楠、包雨菲	2021 年上海市首届高中生五分钟科研英语演讲大赛	市级	特等奖
2020 学年	王琦、任健鑫、朱煦珺、张浩澜、李婧雯	2021 年上海市首届高中生五分钟科研英语演讲大赛	市级	一等奖
2021 学年	郑佳仪	2021 上海市中学生作文竞赛	市级	一等奖
2021 学年	孟嘉佳	上海市中学生劳动技术学科竞赛	市级	一等奖
2022 学年	赵晨星	第十九届"外研社杯"全国中学生外语素养大赛	市级	一等奖

科技类——创新大赛

时 间	获奖学生	奖 项	级 别	等 第
2006 学年	黄河、杨潇嘉	第 21 届英特尔上海市青少年科技创新大赛	市级	一等奖
2007 学年	孙丹丹	第 22 届英特尔上海市青少年科技创新大赛	市级	一等奖
2009 学年	谢宇、陈文皞	第 24 届英特尔上海市青少年科技创新大赛	市级	一等奖
2011 学年	金薇婕	全国青少年科技创新大赛优秀科技创新项目	国家级	一等奖

续表

时间	获奖学生	奖项	级别	等第
2011学年	金薇婕	第26届上海市英特尔青少年科技创新大赛（动物学）	市级	一等奖
2011学年	唐宇韡	第26届上海市英特尔青少年科技创新大赛（工程学）	市级	一等奖、耶鲁大学最佳国际专项奖
2011学年	吴昊天	第26届上海市英特尔青少年科技创新大赛（工程学）	市级	一等奖
2011学年	张喆灏	上海市英特尔青少年科技创新大赛	市级	明日科技之星
2012学年	陈诗琪、王静怡、王啸天	全国青少年科技创新大赛	国家级	一等奖
2012学年	陈诗琪、王静怡、王啸天	第27届上海市青少年科技创新大赛（创新成果）	市级	一等奖
2013学年	胡治权、朱熠、陆雪枫	第28届全国青少年科技创新大赛	国家级	二等奖、英特尔英才奖
2013学年	胡治权、陆雪枫、朱熠、	第28届上海市英特尔青少年科技创新大赛	市级	一等奖
2013学年	王君、顾家伟	第29届上海市青少年科技创新大赛	市级	一等奖
2014学年	徐翊宸	第30届上海市青少年科技创新大赛	市级	一等奖
2015学年	张凌峰、周艺、岳美如、王嘉仪	第31届上海市青少年科技创新大赛	市级	一等奖
2016学年	袁一静、周致君、张宇宸、秦斐然、马良程、王宇、徐玥、翁颖、陈子梁、吴实超、陈宇涵	第32届上海市青少年科技创新大赛	市级	一等奖
2017学年	刘邦威、谢晔辉、周致君、蔡龙昊、葛尧、曹与点、沈诗韵、曹明枫、吴士滢、陈嘉依、周灵茜、吕逍洋	第33届上海市青少年科技创新大赛	市级	一等奖
2018学年	张子熠、孙渝添、杨雯燕、王亿瑞	第34届上海市青少年科技创新大赛	市级	一等奖
2019学年	敖语晗、施羽豪	第35届上海市青少年科技创新大赛	市级	一等奖
2020学年	应越辰、任健鑫	第36届上海市青少年科技创新大赛	市级	一等奖

科技类——明日之星

时间	获奖学生	奖项	级别	等第
2009学年	孟祥泽	上海市青少年"明日科技之星"评选活动	市级	科技希望之星
2010学年	陈浩然	上海市青少年"明日科技之星"评选活动	市级	讲演奖
2010学年	朱婧媛	上海市青少年"明日科技之星"评选活动	市级	科技希望之星
2010学年	张喆灏	上海市青少年"明日科技之星"评选活动	市级	最佳讲演奖
2011学年	朱婧媛	上海市青少年"明日科技之星"评选活动	市级	科技希望之星
2012学年	李同宇	上海市青少年"明日科技之星"评选活动	市级	希望之星
2013学年	聂健赟	第十二届明日科技之星	市级	一等奖、明日科技之星
2015学年	徐佳健	第十四届明日科技之星	市级	一等奖
2017学年	曹与点	第十六届明日科技之星	市级	一等奖
2018学年	周致君、王乐乐	第十七届明日科技之星	市级	一等奖

科技类——其他比赛

时　间	获奖学生	奖　项	级　别	等　第
2004学年	杨懿晨	上海市中小学"卡西欧"杯信息科技学科竞赛	市级	一等奖
2004学年	邹佳亮、孙定祥、陈海飞、余奕中	上海市青少年"上大附中杯"机械奥运比赛	市级	一等奖（5项）
2004学年	陈海飞、余奕中、孙定祥	中国上海海洋探索比赛暨联校机械奥运会2004埠际赛	市级	冠军
2004学年	上大附中	上海市青少年科技中心"SVA未来工程师大赛"	市级	一等奖
2005学年	孙定祥、陈海飞、卢玮	沪港澳机械奥运比赛（澳门大赛）	国家级	金牌
2005学年	卢玮、赵辉、曹宇铖、张效乾、陈海飞、许红娇	沪港澳机械奥运比赛（澳门大赛）	国家级	铜牌
2005学年	许红娇、杨波、仲逸、陈志青、黄河、张积慧	沪港澳机械奥运比赛（澳门大赛）	国家级	优胜奖
2005学年	杨波、仲逸、陈志清、孙定祥、陈海飞、卢玮、孙红娇、钟珊丽	上海市青少年机械奥运比赛	市级	一等奖
2005学年	杨懿晨、尤培根	2005年上海市青少年"慧鱼杯"机器人创新大赛	市级	一等奖
2005学年	尤培根等	第六届"广茂达"杯智能机器人大赛	市级	一等奖（3个）
2005学年	张臻	上海市第五届"西部集体杯"青少年计算机应用操作竞赛	市级	一等奖
2006学年	钱凡、杨阳、龚佳玉、朱林、宗琦伟	上海"进才杯"未来工程师大赛机器人	市级	一等奖
2006学年	龚佳玉	2006"未来工程师"大赛CAD灯具创意设计（中学/职校组）	市级	一等奖
2007学年	李思钒	首届中国青少年创意大赛暨知识产权宣传教育活动	国家级	一等奖
2007学年	宗绮玮、姚智豪等9人	首届中国青少年创意大赛暨知识产权宣传教育活动	国家级	二等奖（9项）
2007学年	安世栋	第八届"广茂达杯"中国智能机器人大赛	国家级	一等奖
2007学年	杨阳	第八届"广茂达杯"中国智能机器人大赛	国家级	二等奖
2007学年	姚鑫、李恒	第八届"广茂达杯"中国智能机器人大赛	国家级	三等奖
2007学年	上大附中	上海市青少年"莘格杯"机器人大赛创意项目	市级	一等奖
2007学年	陈曦	第17届上海市青少年金钥匙科技竞赛（市级）决赛高中组	市级	一等奖
2007学年	姚智豪	第十二届上海市"上大附中杯"中学生创造发明设计竞赛	市级	一等奖
2008学年	谭震	第九届全国中小学电脑制作活动高中组网页项目	国家级	三等奖
2008学年	陈默、王承尧、姚鑫、乐伟勤	2008年华东青少年VEX机器人联赛暨VEX机器人世界锦标赛华东赛区选拔赛	国家级	一等奖
2008学年	殷悦、陶丹青	2008年华东青少年VEX机器人联赛暨VEX机器人世界锦标赛华东赛区选拔赛	国家级	三等奖
2008学年	安世栋	第三届上海市中学生创意设计竞赛	市级	一等奖
2009学年	赵铮、赵欣浩	第九届中国青少年机器人竞赛	国家级	三等奖
2009学年	赵铮、赵欣浩	2009VEX华东选拔赛	国家级	二等奖
2009学年	田华南、黄卉亭、陆元凤	第七届全国"中小学信息技术创新与实践活动"	国家级	二等奖
2009学年	朱君琪	第七届全国"中小学信息技术创新与实践活动"	国家级	二等奖

续表

2009 学年	葛俊杰、沈家楠、阿力木江	2008 年上海市未来工程师大赛	市级	一等奖
2009 学年	赵欣浩、姚鑫、徐旷喆	全国第十届中小学电脑制作比赛上海市机器人竞赛	市级	一等奖
2009 学年	谭震、朱君琪	第七届全国"中小学信息技术创新与实践活动"上海赛区选拔赛	市级	一等奖
2009 学年	杨梦帆、沈嘉楠	第九届中国青少年机器人竞赛上海选拔赛	市级	一等奖
2009 学年	陈默、包谷之、苏钦、王烁臻、张冰沁、童佳庆、周晓枭、刘文祺、毛仲南、黄黠一、王楠楠、金志杰、冯哲卿、陆雪松、沈家楠	第十四届上海市青少年创造发明设计竞赛	市级	一等奖
2010 学年	唐宇韡	第二届上海发明创新大赛（青少年组）	国际级	三等奖
2010 学年	王烁臻	第二届上海发明创新大赛（青少年组）	国际级	优胜奖
2010 学年	蒋思扬等 7 人	中国上海第二十四届头脑奥林匹克创新大赛（能折叠的结构高中组）	国家级	第一名
2010 学年	甘芸芸等 7 人	中国上海第二十四届头脑奥林匹克创新大赛（疯狂老鼠车高中组）	国家级	第一名
2010 学年	方向心等 7 人	中国上海第二十四届头脑奥林匹克创新大赛（戈德堡装置高中组）	国家级	二等奖
2010 学年	竺祺等 7 人	中国上海第二十四届头脑奥林匹克创新大赛（古典导游高中组）	国家级	三等奖
2010 学年	黄英杰等 7 人	中国上海第二十四届头脑奥林匹克创新大赛（变来变去高中组）	国家级	三等奖
2010 学年	李豪、吴昊天、甘芸芸、苏阳、刘玄鹤、钱超逸、茅薇、程小旻、浦凤飞	"上大附中杯"上海市青少年创造发明设计竞赛暨创新能力竞赛	市级	一等奖
2011 学年	郁勋赛、陈思谣、王楠	第九届"全国中小学信息技术创新与实践活动"决赛视频创作赛项高中组	国家级	二等奖
2011 学年	上大附中	上海市"新沪杯"中学生法律知识竞赛（决赛）	市级	一等奖
2011 学年	杨安琪、环雪莹、朱嘉晨	第三届 OM 亲子擂台赛决赛（节日盛装秀）	市级	第一名
2011 学年	方向心、宗浩、詹章	翔星杯第十六届上海市青少年创造发明设计竞赛（投石车的设计和制作）	市级	一等奖
2011 学年	杨安琪家庭	第三届头脑奥林匹克创新学习活动亲子擂台赛上海市赛"节日盛装秀"项目中学组	市级	第一名
2011 学年	季晨昊	第三届头脑奥林匹克创新学习活动亲子擂台赛上海市赛（习惯飞行器）	市级	一等奖
2011 学年	邱烨	第三届头脑奥林匹克创新学习活动亲子擂台赛上海市赛（我爱我家创意大比拼）	市级	一等奖
2011 学年	吴梦婕	第三届头脑奥林匹克创新学习活动亲子擂台赛上海市赛（纸绳拖重）	市级	一等奖
2012 学年	侯雨奇、孙子平、袁施薇、李同宇	美国中学生数学建模比赛（高中组）	国际级	一等奖
2012 学年	陈诗琪、王静怡、王啸天	第 27 届全国青少年科技创新大赛（动物学）	国家级	一等奖、科协主席奖
2012 学年	高安捷、徐悦诚	"未来伙伴杯"中国智能机器人大赛（机器人灭火）	国家级	一等奖
2012 学年	徐翊宸、徐悦诚	"未来伙伴杯"中国智能机器人大赛（机器人足球）	国家级	一等奖
2012 学年	方向心、陈玉霞、尤婧蓉	陈嘉庚创造发明选拔赛（青少年组）	国家级	二等奖
2012 学年	伊力亚尔	第八届上海未来工程师大赛"创意设计"项目	市级	一等奖
2012 学年	杨陈筠、詹章	翔星杯第十七届上海市青少年创造发明设计竞赛（未来岛创意设计）	市级	一等奖

续表

2012学年	邱泽宇	第12届"西部杯"青少年计算机应用操作竞赛（网页制作）	市级	一等奖
2012学年	蒋思扬	第二十三届上海市金钥匙知识竞赛决赛（高中组）	市级	一等奖
2012学年	聂健赟	第三届赛复创智杯青少年创意大赛	市级	一等奖、智慧奖
2012学年	邱泽宇	上海市"卡西欧"中小学信息科技学科竞赛（个人作品创作高中组）	市级	一等奖
2013学年	顾家伟、李星、严徐迪、吴越、王佳怡、刘子汉、沈志豪、邱昱博	第16届美国中学生数学建模比赛（HiMCM）	国际级	特等奖
2013学年	孙子平、吕正、王颖之、柯友杰	第16届美国中学生数学建模比赛（HiMCM）	国际级	一等奖
2013学年	吕正	全国信息学联赛上海赛（NOIP）提高组	国家级	一等奖
2013学年	朱嘉晨	全国中学生生物学联赛	国家级	一等奖
2013学年	孙子平	全国信息学联赛上海赛（NOIP）提高组	国家级	二等奖
2013学年	仲宏阳、陈陈、丁玺、刘徐诚、刘瑾辉、曹定宇、姚尧	中国头脑奥林匹克创新大赛	国家级	二等奖
2013学年	施宇杰、张佳欣、王为红、崔毅浩、钱晓阳、顾清崟、吴婧瑶	中国头脑奥林匹克创新大赛	国家级	三等奖
2013学年	徐翊宸、顾子威、冯弘毅	上海市明日之星开放式论坛机器人项目	市级	一等奖
2013学年	伊力亚尔	第九届上海未来工程师大赛（自控程序设计）	市级	一等奖
2013学年	叶涵城、吴越、陈啸	同济大学玩建筑模型大赛	市级	第一名
2013学年	徐翊宸、顾子威、冯弘毅	上海市未来工程师大赛	市级	新品开发一等奖
2013学年	王雨昕	上海市未来工程师大赛	市级	三维设计一等奖
2013学年	侯诗莹、张顾卿、黄沁涵	上海市未来工程师大赛	市级	云霄飞车一等奖
2013学年	董梦婕、施佳怡	第十八届上海市青少年创造发明设计竞赛	市级	一等奖
2015学年	缪黄静逸等	F1在学校科技挑战赛	国家级	Falcon车队第五名
2015学年	徐佳健	第十七届全国中小学电脑作品竞赛（创意智造）	国家级	一等奖
2015学年	缪黄静逸	第十七届全国中小学电脑作品竞赛（创意智造）	国家级	二等奖
2015学年	武军哲等	登峰杯全国青少年学术科技作品竞赛（数学建模）	国家级	二等奖
2015学年	徐佳健、袁一静	登峰杯全国青少年学术科技作品竞赛（学术论文理科组）	国家级	二等奖
2015学年	沈思聪、任许乐	登峰杯全国青少年学术科技作品竞赛（学术论文理科组）	国家级	三等奖
2015学年	许佳奕、周艺、岳美如、王嘉仪、龚贝贝	登峰杯全国青少年学术科技作品竞赛（学术论文文科组）	国家级	三等奖
2015学年	张凌峰	第六届赛复创智杯青少年创意设计评选活动（创意设计）	市级	一等奖
2015学年	张凌峰	上海市第十二届未来工程师大赛（物联网单片机编程）	市级	一等奖
2015学年	李思宇、陈帅杰	上海市第十二届未来工程师大赛（高尔夫机器人）	市级	一等奖
2015学年	徐佳健	全国中小学电脑作品竞赛上海赛区（创意智造）	市级	一等奖
2015学年	陆圣浩、武军哲	上海市21届翔星杯创造发明设计竞赛（创意风暴）	市级	一等奖

续表

2015学年	袁一静、沈思聪	登峰杯全国青少年学术作品大赛上海赛区（学术论文理科组）	市级	一等奖
2015学年	武军哲等	登峰杯全国青少年学术作品大赛上海赛区（数学建模）	市级	一等奖
2015学年	吕晓、朱雨齐、金轶炜	上海市第二届创客新星嘉年华活动（身边的创造物）	市级	一等奖
2015学年	黄家成、陈帅杰、金淑怡、马良程	上海市第二届创客新星嘉年华活动（哥德堡装置）	市级	一等奖
2016学年	蔡龙昊等	第38届头脑奥林匹克世界决赛	国际级	第六名
2016学年	秦斐然等	第38届世界头脑奥林匹克中国区决赛（奇特的机器人项目）	国家级	一等奖
2016学年	蔡龙昊等	第38届世界头脑奥林匹克中国区决赛（套材结构）	国家级	一等奖
2016学年	杨仕初	第十八届中小学电脑制作活动创客项目	国家级	一等奖
2016学年	秦斐然等	第38届头脑奥林匹克创新大赛上海市赛（奇特的机器人）	市级	第一名
2016学年	七人团队	第38届头脑奥林匹克创新大赛上海市赛（有本事来抓我）	市级	第一名
2016学年	蔡龙昊等	第38届头脑奥林匹克创新大赛上海市赛（套材结构）	市级	第一名
2016学年	五人团队	F1在学校科技挑战赛	市级	第一名
2016学年	郑斌	第十三届未来工程师——3D创意设计	市级	一等奖
2016学年	徐昭旸、徐天天	第十三届未来工程师——创客新秀	市级	一等奖
2016学年	陈帅杰、杨帆	第十三届未来工程师——高尔夫机器人	市级	一等奖
2016学年	跳绳创业团队	上海市进出口技术交易会	市级	青少年发明金奖
2017学年	周致君等8人	上海市第十四届未来工程师大赛	市级	一等奖
2017学年	朱孔阳、张哲煊、刘智轩、金徐逸、柏宇旸、刘嘉明	2018年F1在学校科技挑战赛上海赛	市级	最具创新精神奖
2017学年	焦启东	2018年F1在学校科技挑战赛上海赛	市级	最佳发车手
2017学年	张哲煊、黄时雨、王欣宇、李奕萱、陈佳琦、杨韵诗	2018年市西中学STEAM科创活动邀请赛F1在学校市西中学邀请赛	市级	最佳维修区展示奖
2017学年	朱孔阳、李震宇、赵子涵、苏俊尧、黄鑫、沈英骐	2018年市西中学STEAM科创活动邀请赛F1在学校市西中学邀请赛	市级	优秀外观奖
2017学年	李震宇、黄鑫	2018年市西中学STEAM科创活动邀请赛市西杯"一带一路"无人机挑战赛	市级	优秀操控奖
2017学年	赵子涵、黄时雨	2018年市西中学STEAM科创活动邀请赛市西杯"一带一路"无人机挑战赛	市级	优秀组织奖
2017学年	周致君	第十九届全国中小学电脑制作活动	市级	一等奖
2017学年	陆薮飞、夏思明	第四届创客新星大赛	市级	一等奖
2018学年	施云华等7人团队	40届全国头脑奥林匹克创新大赛	国家级	二等奖
2018学年	陆薮飞	第二十届全国中小学电脑作品比赛创客项目	国家级	三等奖
2018学年	黄时雨、王欣宇、李奕萱、陈佳琦、杨韵诗	2019年F1在学校上海交流赛	市级	最佳赛车设计奖
2018学年	黄时雨、王欣宇、李奕萱、陈佳琦、杨韵诗	2019年F1在学校上海交流赛	市级	创新思维奖
2018学年	沈子尧、黄时雨	2019上海国际发明创新展览会	市级	金奖

续表

2018 学年	季英昊	第五届上海创客新星大赛（0 和 1 的世界）	市级	一等奖
2018 学年	施云华	第五届上海创客新星大赛（不同凡响的服饰）	市级	一等奖
2018 学年	陆蓺飞	全国中小学电脑作品竞赛上海选拔赛	市级	一等奖
2018 学年	章子颐、宗佳浩	2019 年上海市第二届延陵模拟联合国大会	市级	一等奖
2018 学年	夏思明、陆蓺飞、乌悦诚	第 15 届上海未来工程师大赛软件工程师项目	市级	一等奖
2018 学年	沈子尧、陈言为	第 15 届上海未来工程师大赛轻量座椅项目	市级	一等奖
2020 学年	张潇艺、袁文翔	第十八届全国中学生水科技发明比赛	国家级	二等奖
2020 学年	张潇艺	第十八届全国中学生水科技发明比赛	国家级	三等奖
2020 学年	李海川	上海创客新星大赛	市级	一等奖
2022 学年	杨竞轩、樊昊隽、黄宇孟	2023 年全国青少年电子制作锦标赛"智能运输"	国家级	冠军
2022 学年	刘业千、陆彦杰、潘弋洋	2023 年全国青少年电子制作锦标赛"智能运输"	国家级	亚军
2022 学年	陆彦杰	2023 年全国青少年电子制作锦标赛"智能编程"	国家级	二等奖
2022 学年	杨竞轩、黄宇孟	2023 年全国青少年电子制作锦标赛"智能编程"	国家级	三等奖
2022 学年	陆彦杰	上海市青少年航海模型锦标赛暨"我爱祖国海疆"上海地区活动（自控船创意赛项目）	市级	一等奖

艺术类

时间	获奖学生	奖项	级别	等第
2004 学年	祖端倪、贾佳	上海市春之声心情素描漫画比赛	市级	一等奖
2005 学年	上大附中	第五届 PHE 国际青少年书画大奖赛	国家级	一等奖
2005 学年	上大附中	第五届 PHE 国际青少年书画大奖赛	国家级	二等奖
2005 学年	上大附中	第五届 PHE 国际青少年书画大奖赛	国家级	三等奖
2005 学年	顾菁、李智超	2005 年上海市学生艺术单项比赛	市级	民乐唢呐、笙高级金奖
2005 学年	邵骥骋	上海市"尚德杯"美术、书法、摄影大赛	市级	一等奖
2006 学年	邵骥骋	2006 上海市中小学生暑期艺术作品创作大赛	市级	一等奖
2009 学年	严佩琦、刘辙、哈尼克孜	第二届全国校园明星才艺展示活动（上海选区）	市级	一等奖
2010 学年	朱晓丽、王斯加、张欢奕、石佳琪、朱嘉磊、陈桑芳、朱莉、张烨、周瑜	2010 肯德基全国青少年校园青春健身操大赛（高中组健身操自选动作）	国家级	三等奖
2010 学年	古丽格娜·买买提、阿依西古丽·麦合木提、王斯加、倪萍、竺祺、胡文靓、薛小寒、杨雪梅、徐薪颖、黄旻怡、赵丹旋、朱谨真、朱靖奕、徐思语	2010 肯德基全国青少年校园青春健身操大赛（高中组健身操规定动作啦啦操）	国家级	三等奖
2013 学年	胡诗羽	"和平、友谊 放飞梦想"中小学生绘画征集活动	市级	一等奖
2014 学年	赵浩盛	学生艺术节打击乐	市级	金奖

续表

2016 学年	甄梓祎	第 11 届"天眼杯"中国国际少年儿童漫画大赛	国家级	金奖
2016 学年	乔雯婷	第 11 届"天眼杯"中国国际少年儿童漫画大赛	国家级	铜奖
2016 学年	马思敏	第五届中小学生艺术展演活动	市级	一等奖
2017 学年	合唱团	中小学纪念中国建房军建军 90 周年军歌大赛	市级	一等奖
2018 学年	蔡译佳	第六届中小学生艺术展演上海市活动艺术作品展	国家级	三等奖

体育类——乒乓球

时 间	获奖学生	奖 项	级 别	等 第
2009 学年	团体	2009 年上海市中小学生乒乓球锦标赛（男子高中组团体）	市级	第一名
2009 学年	马鲜丽、张佳叶、阿丽耶、古丽凯麦尔、陈文杰	2009 年上海市学生阳光体育大联赛（乒乓球高中组）	市级	一等奖
2011 学年	团体	上海市"曹燕华·振杨杯"上海市中小学乒乓球锦标赛（高中男子团体）	市级	第一名
2011 学年	团体	上海市"曹燕华·振杨杯"上海市中小学乒乓球锦标赛（高中女子团体）	市级	第一名
2011 学年	团体	上海市"曹燕华·振杨杯"上海市中小学乒乓球锦标赛（高中男子单打）	市级	第一名
2011 学年	团体	上海市"曹燕华·振杨杯"上海市中小学乒乓球锦标赛（高中男子双打）	市级	第一名
2011 学年	团体	上海市"曹燕华·振杨杯"上海市中小学乒乓球锦标赛（混合双打）	市级	第一名
2012 学年	团体	全国中小学生乒乓球赛（男团）	国家级	第三名
2012 学年	依阳、郑思佳	全国中小学生乒乓球赛（女双）	国家级	第六名
2012 学年	唐嘉濠	2012 年上海市运动会（男团）	市级	第一名
2013 学年	顾季军、唐嘉濠、韩喆、高蒙涛、罗威恒	亚洲中学生乒乓球锦标赛（团体）	国际级	第二名
2013 学年	唐嘉濠	亚洲中学生乒乓球锦标赛（单打）	国际级	第二名
2013 学年	唐嘉濠	亚洲中学生乒乓球锦标赛（双打）	国际级	第二名
2013 学年	罗威恒、顾季军	亚洲中学生乒乓球锦标赛（混双）	国际级	第二名
2013 学年	唐嘉濠、韩喆、刘天元	中国中学生乒乓球锦标赛（男团）	国家级	第七名
2013 学年	唐嘉濠、陈千里	中国中学生乒乓球锦标赛（混双）	国家级	第七名
2013 学年	唐嘉濠、罗威恒、段天成、孟元	上海市乒乓球锦标赛暨青少年十项系列赛乒乓球比赛（男子 B 组团体）	市级	第一名
2013 学年	罗威恒、唐嘉濠	上海市乒乓球锦标赛暨青少年十项系列赛乒乓球比赛（男子 B 组单打）	市级	第一名
2013 学年	慈玺	上海市乒乓球锦标赛暨青少年十项系列赛乒乓球比赛（男子 A 组单打）	市级	第一名
2013 学年	慈玺、耿鑫	上海市乒乓球锦标赛暨青少年十项系列赛乒乓球比赛（男子 A 组双打）	市级	第一名
2013 学年	陈千里	上海市乒乓球锦标赛暨青少年十项系列赛乒乓球比赛（女子 A 组单打）	市级	第一名

续表

时间	获奖学生	奖项	级别	等第
2013 学年	陈千里、陈露	上海市乒乓球锦标赛暨青少年十项系列赛乒乓球比赛（女子 A 组双打）	市级	第一名
2014 学年	罗威恒、莫昊林	上海市第 15 届运动会乒乓球比赛 B 组（男团）	市级	第一名
2014 学年	陈明佳、赖美伊、刘之慧	上海市第 15 届运动会乒乓球比赛 B 组（女团）	市级	第一名
2015 学年	彭浩翀	全国中学生乒乓球锦标赛（男单）	国家级	第五名
2016 学年	彭浩翀、莫昊林	上海市学生运动会（男团）	市级	第一名
2017 学年	彭浩翀、张誉文	全国中学生乒乓球锦标赛（混双）	国家级	第二名
2018 学年	张誉文	全国中学生乒乓球锦标赛（女单）	国家级	冠军
2018 学年	李浏雨浓	上海市第十六届运动会 A 组男团	市级	冠军
2018 学年	陈星羽、朱辰文	上海市第十六届运动会 B 组女团	市级	第一名
2018 学年	陈星羽	上海市第十六届运动会 B 组女单	市级	第一名
2019 学年	张誉文、段蕾、管弦乐、朱辰文	全国中学生乒乓球锦标赛（女团）	国家级	第三名
2019 学年	张誉文	全国中学生乒乓球锦标赛（女单）	国家级	第一名
2019 学年	段蕾、朱辰文	全国中学生乒乓球锦标赛（女双）	国家级	第二名
2020 学年	顾翼佳、李浏雨浓	上海市曹燕华杯冠军赛（男双）	市级	冠军
2021 学年	罗昆阳	全国中学生乒乓球锦标赛（男单）	国家级	第三名
2022 学年	严佳慧、顾学欣、陈静怡、郭小帆	全国中学生乒乓球锦标赛（女团）	国家级	第四名
2022 学年	张涵	全国中学生乒乓球锦标赛（男单）	国家级	第三名
2022 学年	严佳慧、顾学欣	上海市第十七届运动会 A 组（女双）	市级	第一名
2022 学年	严佳慧、张涵	上海市第十七届运动会 A 组（混双）	市级	第一名
2022 学年	季楷淳	上海市第十七届运动会 B 组（男团）	市级	第一名
2022 学年	陈静怡	上海市第十七届运动会 B 组（女团）	市级	第一名
2022 学年	陈诗瑶	上海市中小学生乒乓球锦标赛（女单）	市级	第一名

体育类——其他

时间	获奖学生	奖项	级别	等第
2005 学年	杨成林	"徐教院附中"杯上海市第二十届无线电测向、定向竞赛（定向越野高中男子组）	市级	一等奖
2008 学年	卢涵	上海市学生运动会（女子羽毛球比赛单打）	市级	金牌

续表

2009学年	郑文斯友、努艾尼、陈金来、徐名煜、吾不力、钱俊、黄家鸿、如库也木、夏扎提古丽、经磊、曼妮热、哈斯叶提、侯嘉仪、周雯、库尔班、哈尼克孜、卡木力江、卢兆华、马曼璐、张逸舟、艾力江、蒋沁园、李扬、钱风娇	2009年上海市学生阳光体育大联赛高中组冬季长跑比赛	市级	一等奖
2009学年	周雯、曼妮热、米尔班、韦君妍、夏扎提古丽	2009年上海市学生阳光体育大联赛"华泾－位育杯"定向越野比赛（女子高中组）	市级	一等奖
2010学年	周依静、哈斯叶提、韦君研、曼尼热、周雯	2010年度上海市学生阳光体育大联赛定向越野比赛（高中女子组）	市级	一等奖
2011学年	朱志豪	上海市学生阳光体育大联赛（50米男子自由泳）	市级	一等奖
2011学年	严远恒、王俊龙、陈加伟、周航正、谢尔扎提	崇明东平国家森林公园2011年上海市学生阳光体育大联赛定向越野比赛	市级	一等奖
2011学年	曹伊婷、竺琪、吴诗怡、杨雪梅、赵丹璇、黄旻怡等14人	上海市学生阳光体育大联赛中小学健身操比赛（啦啦操规定动作）	市级	一等奖
2011学年	团体	上海市学生阳光体育大联赛跳绳、踢毽比赛高中组（A组）	市级	一等奖
2011学年	团体	上海市学生阳光体育大联赛跳绳、踢毽比赛高中组（B组）	市级	一等奖
2012学年	团体	上海市第一届市民运动会上海市阳光体育大联赛中小学定向越野比赛（男高团体）	市级	一等奖
2013学年	团体	上海市第二十八届青少年无线电测向、定向越野比赛（男高2米测向团体）	市级	第一名
2013学年	吴昊、沈飘、杨川、刘安东	上海市学生定向越野锦标赛（高中男子短距离团体）	市级	第一名
2013学年	吴昊、董传珺、杨川	上海市学生无线电测向锦标赛（80米高中男子团体）	市级	第一名
2013学年	刘安东、赵子卿、沈飘	上海市学生无线电测向锦标赛（2米高中男子团体）	市级	第一名
2013学年	吴昊	上海市学生无线电测向锦标赛（80米高中男子个人）	市级	第一名
2013学年	团体	上海市阳光大联赛中小学生定向越野比赛（高中男子团体）	市级	金奖
2013学年	杜梓蔚、陈美文、李紫璇、龚雅俊、张璇	上海市阳光大联赛中小学生定向越野比赛（高中女子团体）	市级	金奖
2013学年	李晓敏、施金宇、杨倾、彭晨	上海市学生阳光体育大联赛中小跳踢比赛（双人双飞）	市级	第一名
2013学年	张佳璐、吕唯一、顾子威、沈钧谊、倪晶、陈昇、孟婷、徐天云、冯弘毅、李星、仲宏阳、金王涛	上海市学生阳光体育大联赛中小跳踢比赛（长绳）集体	市级	第一名
2013学年	陆鹏燕、张明珠、臧志豪、刘俊飞	上海市阳光体育大联赛跳踢拍比赛30分钟耐力踢	市级	一等奖
2013学年	李晓敏、杨倾、彭晨	上海市阳光体育大联赛跳踢拍比赛2分钟双人双飞	市级	一等奖
2013学年	阿卜杜许库尔、巴图巴依尔、阿卜杜述库尔	上海市阳光体育大联赛跳踢拍比赛交互速度赛	市级	一等奖
2014学年	刘亚飞、朱凯文、申宇宁、李晓敏	上海市阳光体育大联赛跳踢拍比赛30秒双摇跳	市级	一等奖
2014学年	沈章颖、浦雅洁、孙锦昊、朱启蒙	上海市阳光体育大联赛跳踢拍比赛30分钟耐力踢	市级	一等奖
2014学年	张佳璐、熊郁森、张耀周、宋云霞、陆鹏燕、高宽、陈家豪、邵思捷、张佳鑫、钱晓阳、邹玥琳、姚君、杨洋、龚雅俊	上海市阳光体育大联赛跳踢拍比赛2分钟齐心同步跳长绳	市级	一等奖

续表

学年	姓名	赛事	级别	名次
2015学年	刘梦迪	上海市青少年十项系列赛总决赛（青年组女子标枪）	市级	第一名
2015学年	刘亚飞、李祎炜、申宇宁、刘星雨	宝山区阳光体育大联赛跳踢拍比赛30秒双摇跳	市级	一等奖
2015学年	沈诗韵、沈钰颖、孟俊如、顾颉	上海市阳光体育大联赛跳踢拍比赛30秒单摇跳	市级	一等奖
2015学年	甘伟、李思远、朱媛、潘婧怡	上海市阳光体育大联赛跳踢拍比赛3分钟单摇跳	市级	一等奖
2015学年	顾颉、李思远、徐泽慧、张逸苗	上海市阳光体育大联赛跳踢拍比赛1分钟双人跳短绳	市级	一等奖
2015学年	沈汪涛、田国钦、沈俊辉、杨渊、武婷、顾怡然、蔡圆圆、吕相怡、陈雯露、吴倩倩	上海市阳光体育大联赛跳踢拍比赛3分钟8字长绳	市级	一等奖
2015学年	廖海燕、张嘉祺、施恺闻、伏阳、单辰麒、徐诗韵、陆莹洁、严泠舟、蒋书慧、刘紫倩、王燕、高梦晴、庄子言、罗沛跃、焦扬、袁嘉键、沈赢、晓夏雨	上海市阳光体育大联赛跳踢拍比赛2分钟齐心同步跳长绳	市级	一等奖
2016学年	团体	全国校园阳光体育足球班级联赛上海站城市赛	市级	冠军
2016学年	刘亚飞、李祎炜、申宇宁、刘星雨	上海市阳光体育大联赛跳踢拍比赛30秒双摇跳	市级	一等奖
2016学年	沈诗韵、沈钰颖、孟俊如、顾颉	上海市阳光体育大联赛跳踢拍比赛30秒单摇跳	市级	一等奖
2016学年	甘伟、李思远、朱媛、潘婧怡	上海市阳光体育大联赛跳踢拍比赛3分钟单摇跳	市级	一等奖
2016学年	顾颉、李思远、徐泽慧、张逸苗	上海市阳光体育大联赛跳踢拍比赛1分钟双人跳短绳	市级	一等奖
2016学年	沈汪涛、田国钦、沈俊辉、杨渊、武婷、顾怡然、蔡圆圆、吕相怡、陈雯露、吴倩倩	上海市阳光体育大联赛跳踢拍比赛3分钟8字长绳	市级	一等奖
2016学年	廖海燕、张嘉祺、施恺闻、伏阳、单辰麒、徐诗韵、陆莹洁、严泠舟、蒋书慧、刘紫倩、王燕、高梦晴、庄子言、罗沛跃、焦扬、袁嘉键、沈赢、晓夏雨	上海市阳光体育大联赛跳踢拍比赛2分钟齐心同步跳长绳	市级	一等奖
2017学年	韩彧、陆懿玲、陆琦、邵安琪、杜奕婷、陈若霖、金怡玮、徐艳青、顾伊琳、章海峰	2017年上海市学阳光体育大联赛啦啦操比赛（高中组街舞示范套路）	市级	一等奖
2017学年	团体	上海市青少年校园足球精英赛暨校园足球联盟杯赛男子高中（B）组	市级	第一名
2017学年	廖海燕、张嘉祺、施恺闻、伏阳、单辰麒、徐诗韵、陆莹洁、严泠舟、蒋书慧、刘紫倩、王燕、高梦晴、庄子言、罗沛跃、焦扬、袁嘉键、沈赢、晓夏雨	上海市阳光体育大联赛跳踢拍比赛2分钟齐心同步跳长绳	市级	一等奖
2017学年	须家豪、候金言、武筱茜、张誉文	上海市阳光体育大联赛跳踢拍比赛30秒单人双摇跳	市级	一等奖
2017学年	吴朱辰、唐嘉炜、谢子辰、沈琳颖、唐欣然、施鑫雅	上海市阳光体育大联赛跳踢拍比赛3分钟快速踢	市级	一等奖
2018学年	阿丽耶古丽·阿卜都热伊木	上海市田径系列赛第二站（青年组女子标枪）	市级	第一名
2018学年	陆斌、彭晨、赵祥、王亚轩	上海市阳光体育大联赛跳踢拍比赛1分钟双人跳	市级	一等奖
2019学年	钱詹	上海市学生运动会男子长拳	市级	第一名
2019学年	钱詹	上海市学生运动会男子剑术	市级	第一名

续表

学年	姓名	比赛	级别	奖项
2019学年	韩彧、陆懿玲、陆琦、杜奕婷、陈若霖、金怡玮、徐艳青、梁艺蓝、顾伊琳、倪乐彤、陆羽彤	2019年IWF上海市民运动会街舞自选	市级	一等奖
2019学年	金翊茗、贾未名、袁芝瑶、王佳妮	上海市阳光体育大联赛跳踢拍比赛 1分钟双人跳短绳	市级	一等奖
2019学年	唐嘉炜、顾敏杰、谢子宸、许洁、平紫纯、沈琳颖	上海市阳光体育大联赛跳踢拍比赛 3分钟快速踢	市级	一等奖
2019学年	李奕萱、王天皓、金语潇、赵样、杨嘉颖、王雨晴、王亦辰、陆天池、王飞燕、姜浩强、吴潇哲、梁佳琪	上海市阳光体育大联赛跳踢拍比赛 2分钟齐心同步跳长绳	市级	一等奖
2020学年	李奕萱、王天皓、金语潇、赵样、杨嘉颖、王雨晴、王亦辰、陆天池、王飞燕、姜浩强、吴潇哲、梁佳琪	上海市阳光体育大联赛跳踢拍比赛2分钟齐心同步跳长绳	市级	一等奖
2020学年	盛佳雯、陆欣妍、杨卿延、郑烨煜、钱卓嵘、李思齐、赵莹琳、陈峒、程睿、殷嘉琪	上海市阳光体育大联赛跳踢拍比赛 3分钟8字长绳	市级	一等奖
2020学年	华文雨歆、沈逸阳、王奕杰、苏莱曼	上海市阳光体育大联赛跳踢拍比赛 30秒单人双摇跳	市级	一等奖
2021学年	盛佳雯、陆欣妍、杨卿延、郑烨煜、钱卓嵘、李思齐、赵莹琳、陈峒、程睿、殷嘉琪	上海市阳光体育大联赛跳踢拍比赛 3分钟8字长绳	市级	一等奖
2022学年	陈纯、汤宋阳、唐家琳、厉思言、袭妍翎	上海市阳光体育大联赛在线游泳专项素质比赛（高中女子组）	市级	一等奖
2022学年	王品丹、姜振飞、钱子超、颜雪	上海市阳光体育大联赛中小学跳踢拍比赛 30秒双摇跳	市级	一等奖

跋

在学校迎来建校二十周年之际，我们编写了这本《百年追寻——上海大学附属中学发展历程》。意在给过去以总结，给现在以激励，给未来以启示。

在书稿即将付梓之际，首先表达的是我们对"先辈"的无比敬意！

对"上大附中"而言，二十年其实不是她的全部。一百年前，她作为"红色学府"上海大学的重要组成部分，"为了适应社会迫切的要求"而生，短短的五年，其功绩载入史册，其精神光芒万丈。把这段"百年记忆"作为本书的一部分，不仅是因为共同的名称，更是因为我们的使命初心。追忆往昔，她是我们不竭的精神源泉，传承血脉，她是我们无前的办学追求。今天的我们赓续曾经的"上大附中"未竟的事业，恰是"跨越百年的追寻"！

二十年间，学校从零起步，经过"十年跨越"到"十年深耕"。抚今追昔，感谢之情由衷而生！

感谢所有为学校发展流汗出力的教职工！他们把职业当事业，用心作太阳，用汗水作雨，在实现个人价值的同时创造了不凡的业绩。特别是张雪霖、卢广华两位老校长，审时度势，深谋远虑，倾尽了自己的智慧心血，与全体教职工一起书写了学校发展的历史篇章。这本书里记载的就是他们埋头苦干，不断创新的事业！

感谢全心全力支持我们的上海大学。从钱伟长先生开始的历任学校领导把附中当作大学的一部分，他们欣然受聘附中名誉校长不仅仅停留在名誉上。上海大学三度与宝山区委区政府签署《合作意向书》，并给予我们全方位、全过程的支持，成为我们办学的实实在在的依托。没有上海大学落户宝山，就没有上大附中当初的建立，没有上海大学的扶持，就没有上大附中今天的发展。

感谢各级领导对学校的厚爱。他们把上大附中作为打造宝山基础教育优质资源，提升区域教育水平，造福当地学子的重点工程，从方案设计到征地建设，从筹划开办到开学典礼，从资源配置到政策扶持，一次次精心拍板决策，一次次悉心调研指导，托付重任，寄予期望，是推动学校建设与发展的巨大动力。

感谢社会各界对我们的期待，感谢兄弟学校对我们的帮助，感谢家长、学生对我们的选择……

上大附中一路走来，得到和承载了无法计数的爱！站在新的起点，我们除了表达由衷的谢意之外，还将把学校推向新的高度，办出新的水平来回报社会，真正实现我们跨越百年的追寻！

本书由王坤玉书记和刘华霞校长主持编写，学校全体行政干部，语文组、历史组、政治组等部分教师参与了资料搜集整理。上海大学胡申生教授等提供了部分资料和照片。学校原副校长王葆华与蔡文瑛、徐海音两位主任参与了编写提纲的讨论与拟定，并执笔撰写。附录部分由办公室会同有关处室整理。张雪霖、卢广华两位老校长审阅了全书，并提出了宝贵的修改意见。感谢上海大学出版社名誉总编傅玉芳老师的大力支持，上海大学出版社的编辑为出版付出了辛劳。在此一并致谢！

编　者
2023 年 8 月